高等学校应用型系列规划教材

大学应用写作教程

主　编　严蓓蓓　冒志祥
副主编　陈　露　庄怀芹

编　委　（以汉字拼音为序）
端传妹　郝学华　庞东霞
肖　虹　杨奇维　庄亦男

WRITING

南京大学出版社

内容摘要

本书是"高等学校应用型系列规划教材"之一,是对现有应用写作教材的借鉴和扬弃,打破了以往教材或过多偏重理论、或过多偏重党政公文、或忽视大学生特殊群体、或过多呈现格式加例文、或按文种介绍文体知识的单一思维态势。全书按照高等学校应用型专业学生渐进式能力培养要求,以教学板块分类,分专题介绍应用写作文体知识。

本书共分七章,除绪论外,设六个专题,分别为管理专题、策划专题、会务专题、信息与经济专题、学年与毕业论文(设计)专题、求职专题。本书的教学资源部分,还呈现了与知识点匹配的思考练习和各类例文,更好地引导和帮助大学生完成本课程的学习,知识点体现了时代性特点。

本书主要面向高等院校应用型本科专业的学生,也适合各行业的工作需要。

图书在版编目(CIP)数据

大学应用写作教程 / 严蓓蓓,冒志祥主编. —— 南京:南京大学出版社,2019.8(2020.7 重印)

高等学校应用型系列规划教材

ISBN 978 - 7 - 305 - 22357 - 0

Ⅰ. ①大… Ⅱ. ①严… ②冒… Ⅲ. ①汉语－应用文－写作－高等学校－教材 Ⅳ. ①H152.3

中国版本图书馆 CIP 数据核字(2019)第 122994 号

出版发行 南京大学出版社
社　　址 南京市汉口路 22 号　　　邮　编 210093
出 版 人 金鑫荣
书　　名 大学应用写作教程
主　　编 严蓓蓓 冒志祥
责任编辑 徐　媛　　　　　　编辑热线 025 - 83592655
照　　排 南京南琳图文制作有限公司
印　　刷 盐城市华光印刷厂
开　　本 787×1092 1/16 印张 17.5 字数 432 千
版　　次 2019 年 8 月第 1 版 2020 年 7 月第 2 次印刷
ISBN 978 - 7 - 305 - 22357 - 0
定　　价 44.80 元

网址:http://www.njupco.com
官方微博:http://weibo.com/njupco
官方微信号:njupress
销售咨询热线:(025) 83594756

* 版权所有,侵权必究
* 凡购买南大版图书,如有印装质量问题,请与所购
　图书销售部门联系调换

目 录

第一章

绪　论

　　应用写作是写作的重要组成部分,从认字开始,各种应用写作的文本就伴随着我们的人生走过不同的阶段,不同阶段的应用写作文本呈现的是人们各个阶段工作、学习、生活不可或缺的重要经历。

　　大学应用写作主要是大学生经常接触、使用并可能对大学生活乃至从大学走向工作岗位产生深远影响的写作形式。相对于一般应用写作,大学应用写作文种更趋复杂,写作要求更高,更具大学生活的特点,是在大学学习生活期间经常使用并进而影响未来就业、发展的重要技能。

　　《大学应用写作教程》之所以定位在大学应用写作,主要是考虑到大学生能力建设的需要。大学生的论文选题、各种就业策划等,都需要涉及各类文书,而这些文书的写作方法往往又不能在应用写作的教材中充分体现出来。很多高校反映,学生在碰到类似问题时往往都需要专门"补课",而教学人员的不足,往往又会制约相关写作知识的传播,故大学迫切需要一本为大学生服务的《大学应用写作教程》。开设大学应用写作课程,也是希望用文本众筹的方式,达到更大的"价值＋"的效果。

　　重视大学应用写作,首先是大学教学体系构建的需要,作为学生能力建设的一部分,通过开设适应各类理工科院校的写作课程,既是以本为本、全面提升本科生能力的体现,也是理工科院校通修课的一项重要建设内容。其次,重视大学应用写作,也是学生自我完善、自我提高的要求。在校大学生掌握一定的应用写作知识和技巧,不仅能很快适应大学的生活和学习,而且也是大学不同学习阶段各种能力展示、自我呈现的重要平台。大学应用写作对我们每一位在校大学生都是非常重要的。

　　从古代开始,对应用写作的作用有很多论述和强调。曹丕在《典论·论文》中指出:"盖文章,经国之大业,不朽之盛事。"曹丕对此还提出了著名的"四科八类"说,即"奏议宜雅,书论宜理,铭诔尚实,诗赋欲丽。"从曹丕所列"四科八类"具体文种看,除"诗赋"以外,其他均为当时的应用文体,是所谓的"时文",所以,认为曹丕强调应用写作的重要性一点不为过。关于文章"有补于世,以适用为本",文章可以"明道、致用、事信、言文",强调文章可以经世济民的观点一直存在,而这些观点,一般都是针对应用性文字提出来的。

　　中华人民共和国成立之后,诸多国内学者和专家也提出了相似观点,以肯定写作尤其是应用写作的重要性。如叶圣陶先生在1981年8月同《写作》杂志社编辑人员谈话中就明确指出:"大学毕业生不一定要能写小说诗歌,但是一定要能写工作和生活中实用的文章,而且非写得既要通顺又扎实不可。"著名流体力学家、理论物理学家、中国科学院院士周培源也认为,大学生作为国家之栋梁,必须学习和掌握写作技能,提高自身写作能力,才能更好地在今后工作和生活中发挥这种能力。

曾几何时,各个高校都很重视应用写作能力的学习和培养,理工科的很多研究人员也都具备扎实的文字功底和写作能力。但随着互联网的飞速发展,社会环境发生了翻天覆地的变化。通俗化、趣味化的网络语言,在展现互联网世界的活力的同时,也让语言规范化逐渐消失于无形。加之一些急功近利的"成功学"忽视对大学生基本能力的培养,使得一些理工科学生的写作能力出现滑坡,词不达意、无法将自己的研究成果展现出来的现象不断出现。据调查显示,大学生的写作现状不容乐观。14.33%的大学生认为他们写作的主要问题是"语言表达不流畅",59.63%的大学生因"表述问题不深刻"而苦恼,7.7%的大学生认为自己的写作容易"偏题、跑题",18.34%的大学生认为"结构混乱"影响写作水平的提高。

很多高校已经意识到教学中出现的问题,并在强化学生能力建设方面开始注重培养学生的表达与沟通协调、人际交往能力的训练。相信随着各高校对大学应用写作等类似写作与沟通、协调等课程的重视,大学生"论文愁"等表达愁、展示愁、呈现愁的问题会从根本上有所改观。

第一节 大学应用写作概述

一、大学应用写作的特性、功用与类型

应用写作在长期发展的进程中,已经逐渐形成了自己的"个性",在文章写作的大家庭里,其共有的"性格"日趋明显,其在社会中的作用日益强化,并逐渐被社会所认同。大学应用写作尤其如此。学习大学应用写作,首先要明确相关的概念。

当然,这些概念总体来说是相对的。主要包括应用文、应用写作、文书、公文、文件等。

(一) 大学应用写作的特性

1. 应用文

关于"应用文"的性质及其相关的概念,目前尚需辨析。

《辞海》对应用文的解释是:应用文是指人们在日常生活、工作和学习中所应用的简易通俗文字,包括书信、公文、契约、单据等。这个概念的不准确之处在于:一是"简易通俗"不准确,有的应用文三五句,确实简易通俗,而有的则洋洋万言,哲理深奥;二是"单据"不都是"文",有的单据全部内容均为表格,不是"文章"或连缀成的文字,用"文字"的表述与举例不符。

《现代汉语词典》对应用文的解释是:应用文指日常生活或工作中经常应用的文体,如公文、书信、广告、收据等。这个概念的不准确之处在于:一是"书信""广告""收据"不能与"公文"并列,"公文"全属公用,但"书信""广告""收据",公用、私用的都有,举例不够精当;二是"经常使用"不准确,"经常使用"的如账单等不一定是应用文,而不经常使用的如"命令"等却是应用文,"经常使用"无法说明应用文的本质特征。

比较有影响的《语文知识词典》对"应用文"的解释是:应用文是处理日常事务最常用的文体。其目的是为了解决日常生活和工作中的实际问题,要求实用,大都有一定约定俗成的

格式,语言准确,内容简明扼要,种类较多,有计划、总结、报告、书信、日记、记录、通知、规则、条据等。这个概念的不准确之处在于:一是违背应用文文种名称的法定性,随意命名;二是文种举例杂乱无章,应该先列举公用文种,再列举私用应用文种,先列举主要文种,再列举非主要或次要文种。

综上所述,应用文是机关单位、社会团体和人民群众,在日常工作、学习、生活中办理公务以及个人事务而使用的具有特定形式或惯用格式的、能够直接产生某种或某些特定作用的文字。这里有几点值得注意:一是应用文的主体包括单位和个人,即个人与个人之间、单位与单位之间、个人与单位之间往来之文字;二是既可以用于处理公务活动中的事务,也可以用于人们的生活、交际等,而且对公私事务的作用是直接的,而不是间接的;三是有特定形式或惯用格式,这些格式为社会所遵循、使用;四是既包括文章,也包括零星文字材料等,形式多样。

与"应用文"相关的概念比较多,主要有应用文体、应用写作、文书、公文、文件等。

2. 应用写作

杨柏主编的《应用写作教程》认为:"应用写作不同于文艺创作。它是运用文字工具掌握和吸收信息、交换和创造信息,从而解决各种实际问题的行为过程;其精神产品——各类应用文章,则是信息积累的主要手段和传播的载体;是科学技术转化为社会生产力的桥梁和工具,是人类社会的'黏合剂'。"王正则认为:应该将"其精神产品——各类应用文章"改为"其精神产品——各类应用文体表述的内容(包括文字、图、表、数字、符号等)"更为准确。也就是说,应用写作是运用文字、图、表、数字、符号等表述信息的行为过程。

既然应用写作是一种精神活动的过程,那么大学应用写作就是大学生在大学学习、工作、生活中运用文字将各类应用文体表述的过程,是对应用文字进行的主观或客观的自我印象陈述。由于大学生活不是封闭的,大学生活的相对性,让我们既关注大学生在校期间的各种应用写作,也关注进入大学前和大学生初入社会的某些应用写作。大学应用写作是一个动态系统的写作思维过程。

3. 大学应用写作

大学应用写作是将写作基础知识与人文精神关怀、人格素质培养有机结合,并侧重于培养大学生应用文体写作实际能力的写作实践活动。

应用写作能力是各个层次、各类对象都必须掌握的能力。但是,面对浩如烟海的应用文体,个人是难以全盘接受的,也用不着对所有应用文体都把握、理解和熟练掌握,加之应用写作本身的时代性特征,新文体层出不穷,客观上也限制了我们对各类文体的认知水平。从对象需求和应用写作本身的目标出发,对大学生经常涉及的应用写作文体进行介绍,帮助学生更好完成大学生活目标,成为本书的追求。本书编写的目的就是为进一步提高大学生的应用写作能力,基于循序渐进培养大学生应付大学生活、为步入社会做好必要准备的目的和诉求,本书将相关应用写作知识定性为大学应用写作。

(二) 大学应用写作的功用

各种文章、各类文体都可产生作用,应用文也是如此。作为处理各种公私事务的工具,应用文对社会生活所发挥的作用体现在很多方面,大学应用写作同样具有类似的作用。

1. 帮助大学生全面提升适应大学生活的能力

应用文的内容主体是公私事务,应用文体现了行文者的意志。学校通过各种文本将对学生的各项要求广而告之,更好地制定学生管理规范,明确提出大学生应该达到什么要求,可以从事哪些活动,要防止和防范哪些行为的发生。大学生群体按照学校提出的各项要求来规划大学的学习、生活,有计划、按步骤实现自己的学习任务和目标,不断提升自己的各项技能。学生的学习情况如何,往往需要通过考试考核来体现,而学年论文、毕业论文、学习计划、年度总结、思想汇报等,就成为此类考核的重要体现形式。因此,大学应用写作既可以帮助大学生自己吃透要求,明确任务,又可以展示自我,更好地适应大学管理的需要,完成大学学习阶段的各项任务。

大学生活的多元化,使得各种创意写作应运而生。创意写作不是简单的信息呈现,它以表达思想、感情和情绪为目的,但创意写作依然是写作,创意写作的形式和基础是写作,创意是时代的要求和审美多元化的特征。要想有很好的创意,必须把写作作为最基本的条件。创意写作仍然有必要的材料和基本的构造规则。了解基本的规则,熟悉必要的材料,才能让创意写作迸发出"创意"。大学生是活跃的群体,对新生事物具有一种天然的适应能力,而这种能力的发挥,离不开必需的基本功。大学应用写作能力的提升,可以让大学生如虎添翼,让大学生活充满魅力,让大学的创意写作达到一个全新的高度。

2. 推进大学生强化信息交流、更好沟通联络

应用文是人们应付生活、处理事务的直接而特殊的文体。要应付生活、处理事务,首先要让收文者实现相互沟通,这种沟通,既可能是个人与个人的沟通,也可能是个人与机关单位的沟通,还可能是机关单位之间的沟通。只有在沟通的基础上,才能解决具体事务,完成具体工作。而应用写作,是一种重要的沟通工具,大学应用写作也是如此。

就私务应用文而言,通过特定文书,可以沟通信息、交流情况、联络情感,可以化解矛盾、消除隔阂、增进友谊,可以互致问候、加强联系、消解烦恼。当今社会,由于人们观念的变化、交通工具的发展、市场经济的繁荣,人们的流动性越来越大,这是社会进步的体现。流通的基础和前提是信息的畅通,流动的人们之间的交流也越来越依赖于各种文书,包括网络文书、手机文书等,现行传播手段的现代化和传播文书的多元化、传播方式的即时化,充分说明了人们交流的重要性和可能性,即使相隔很远,只要有一定的载体条件,具备一定的文字和言语沟通技巧,我们依然可以顺畅地联系。

就公务文书而言,各单位通过公务文书,可以把工作中的实际情况、经验教训、成绩和失误,以及工作中的困难和需要解决的问题完整、全面、准确地揭示出来,提出切实可行、符合实际的安排,形成行之有效的建议,推动问题的解决和措施的落实。

当前,我国正在推行各种政务公开制度,包括校务公开。学校官网的事务中心有各类应用文体。政务公开扩大了人们的知情权,也将应用文体交流信息的功能强烈地彰显出来。人类社会逐步进入知识时代,社会的分工越来越严密,各部门之间的相互依存性也越来越明显,只有充分掌握信息,了解事实真相,掌握一手资料,才能在风云变幻的社会背景下更好地求发展。学校管理者只有充分地占有信息,才能实事求是地作出科学决策,推进学校各项事业的发展。而信息的不对称,则可能引发各类矛盾,导致管理工作陷入被动。

交流信息的沟通联系功能,要求应用文体的写作者眼观六路、耳听八方,多提供有用的信息、多获取有价值的信息,也要求收文者从实际出发,恰当地领会文本意图,避免信息的失真或传播的偏差。

3. 强化各方协调，形成发展动力

当今社会，各种利益关系错综复杂，各类矛盾层出不穷，机遇与挑战并存，危机与机会同在。要在各种利益面前处理好各类关系，协调工作是一个非常重要的环节。

从现代管理学的角度看，协调是使一个群体或一个系统内部与相关的组织和个人的活动趋于同步化、和谐化的一种控制，这是建立和谐社会、保持良好人际关系的基础。

就私务活动而言，由于每个人的知识水平、认知程度、利益纠纷、思维角度等不同，矛盾是难免的，这也是社会进步、人们认识水平提高的前提。即使是儿女与长辈之间，也或多或少地存在代沟，沟通协调不可避免，而沟通离不开文书。可以说，现代社会比任何时候都更需要各种快捷方便的文书，私务文书的重要性可见一斑。但是现代文书的载体、形式等已经发生了巨大的变化，私务文书也必须不断适应新的形势、新的变化，比如传统大学生以写信形式与亲人沟通，而现在更多以微信等形式表达自己的情感诉求，但形式的变化不能全然抛弃文书本身的基本功能。

就公务活动而言，管理工作中的协调，主要涉及事权、人权、物权等多方面的组织行为的矛盾，管理工作面临的协调任务越来越繁重，协调工作也越来越重要，而公务文书正好承载了公务协调的任务。

应用文体还可以对人们的思想、行为等产生约束控制作用。长辈给晚辈的应用文，可以教育晚辈端正思想、要求进步、刻苦学习、不断成长；学校给各学院下发的文书，可以指导、约束各学院的行为，通过组织控制，部署工作、安排事项；校院给学生所发的知照性、约束性文书，则可以对一定范围的个人、团体在某一方面的行为进行规范、作出指导、明确任务、强化要求。如学生违反了《大学生行为规范》，不按照学校的要求完成学习任务，经常迟到、早退、旷课等，则可能面临校纪校规的约束和处分。

公务文书的约束控制作用如此明显，这就要求文书拟制者慎重、严谨、唯实，也要求有关单位和人员对应用文的内容认真领会，并做好每一项工作。2019年4月初，苏州相城区渭塘镇在扫黑除恶宣传材料中，将医院列为十大黑心企业之首，就是相关人员在材料写作中，宣传资料照抄不当内容，镇相关负责人未严格履行审核把关职责，从而造成不良社会影响。这再次说明，文书写作者与审核把关者必须仔细认真，否则可能会造成严重后果，导致管理工作陷入被动。

4. 为大学生提供学养查考方面的依据凭证

应用文可以在一定范围给人们办事、理事、行事提供一定的依据。大学应用写作则会对师生的教学、科研、学习、活动等提供基本的依据和要求。

现代社会，人们之间的交往不断增加，原始简单的人事关系已经被各种利益关系所取代，人们往来关系错综复杂。学年论文（设计），是衡量学生阶段性学习的依据；毕业论文（设计），是考量学生能否毕业的依据；思想汇报，是全面考察学生思想进步的依据；各种活动计划，是判断学生开展活动的基本依据；各种规约，是对学生进行管理的依据……可以说，应用写作的工具性在现代社会被明显地突出出来，大学生越来越依赖各种应用文学习、工作、活动，越来越离不开各类应用写作。

依法治国的具体体现是依规行事，依规行事就必须有规范来作为行事的依据和指南。"法无禁止则为许可"，规则意识在学校各项事务中也是如此。学校对教学、科研、人事、后勤等的一系列管理活动都要依赖具体而翔实的规则。在学校这样一个"小社会"，依规行事从

各个部门、院系可以得到体现。依规行事是应用文体依据凭证作用最好的诠释和体现。

公私文书还完整地记录着机关单位和个人活动的情况，是各类管理活动的具体台账，也是各种事务的"痕迹"，反映了机关单位和个人在壮大中的足迹和过程。公私文书还成为以后诸多工作和活动的重要依据，是机关单位和个人发展的历史见证，具备一定的史料价值。历史学家可以透过公务文书，总结今后工作可资借鉴的经验或教训，并通过查阅历史长河中的公务文书，对历史做出客观公正的评价，还历史本来面目。个人则可以回顾过往，发现自我，明确责任，取得更大进步。

应用文体的功能还有许多方面，以上是主要的几个方面，也是就大学应用写作强调的几点。

（三）大学应用写作的特点

应用写作具有基本一致的特点，大学应用写作当然也必须遵守基本的写作特点。大学应用写作的特点主要体现在以下几个方面。

1. 价值的直接实用性

任何文字的材料都具有一定的价值，或历史的，或审美的，或办事的……古人特别强调"文以载道""经世致用"，都是就其实用性而言的。应用文也是如此。但是，"文以载道""经世致用"还特别强调如何"载"、如何"经""致"，这就涉及文体和文类的问题，不同的文体"载道""经世""致用"的方法和途径是千差万别的，文章学研究的一个主要核心就是强调"以体论文"，进而研究不同文体的社会功用。从文体学的角度判断，不同体类文体的作用和实现作用的途径千差万别，大学应用写作的各类文体，其发挥作用的范围是特别的、方式是特殊的、形式也是多元的，但相较于其他文类，其作用总体来说是直观的、直接的、直白的。

中国政治是一种文件政治，"文件"是较为宽泛的说法，"文件政治"也可以说称为"文书政治""公文政治"。

应用文的主要工具是文字。只有文字的成熟或成熟的文字，才使应用文的产生有了不可缺少的客观条件。从历史上看，应用文的载体包括甲骨、青铜、竹简、缣帛、纸张等，现在则进入无纸化阶段。欧阳修《与陈员外书》云："古之书具，唯有铅刀、竹木。而削札为刺，止于达名姓；寓书于简，止于舒心意，为问好。"我们的先辈无论大事小事，必先"率民以事神，先鬼而后礼"，从而形成了以神、鬼、上天、祖先为精神依托的神权政治统治模式，用刀笔把神事活动的情况记录下来，这记载下来的东西也便成了最早的应用文，这些刻在龟甲和兽骨上的应用文，从一开始就体现出其异乎寻常的实用性。从古至今，这种实用性只是在不断加强和深化，从来没有被弱化。

"直接实用性"是应用文区别于其他文章的根本属性。与应用文相比，理论文章重在析理，为的是提高人们的认识；文学作品重在给人以审美愉悦，以陶冶读者性情为主。而应用文不同，它重在为人们处理公私事务服务，作为临民治事的工具，它的功能是通过直接的实用价值体现出来的。

应用文直接实用性的体现是多方面的。在内容上，应用文应有很强的目的性和针对性，要能反映社会生活实际，切实解决公私事务，处理与特定管理一致的具体事项。在形式上，应用文的结构、格式、语言等要为直接实用性服务，语言要浅切、易懂、规范，讲求准确无误、直观明了。在效能上，应用文要讲求内容的单一性和强烈的时效性，一切从提高工作效率出发，要迅速及时，以免延误时机，影响工作，造成损失。

应用写作的直接实用性,还提示我们,大学应用写作能力与基础写作能力虽然有一定的共通性和普适性,但两者不能完全等同。有个性的作家不一定能写出好的应用文,应用写作也不仅仅是格式的问题。

2. 材料的完全真实性

应用写作以"应"付生活,"用"于事务为目的,它必须以事实为依据,不允许虚构、虚拟、虚作,不允许合理想象、移花接木、张冠李戴。这一点与文学作品不同。文学作品也讲求真实,但文学作品的真实更强调艺术的真实,允许艺术的虚构,其"真实"是文学的真实,是相对的,它来源于生活但又高于生活。

应用文材料的真实,是一种完全的真实。要做到完全的真实,至少要做到"三真"。一是选用的材料本身必须是真实的,是符合客观实际和社会生活现实的。二是写作时运用材料的方式是得当的,反映给阅读者即受众的材料必须是真实可靠、准确无误的。有的材料是真实的,是生活中发生的,但使用可能不得当。三是材料的选用与事实核心或实质是一致的,即材料的取舍与应用文主旨之间的关系是紧密的,材料必须充分地支撑观点。材料与观点之间,不能互相脱节,更不能生拉硬扯。如一份揭示高校"梁上君子"的文稿,写作者将各地高校发生的偷盗事件全部加在南京某综合性高校头上,尽管使用的材料确实都发生在高校,都是各类简报曾经登载的,是真实的,也是很有警醒借鉴意义的,但这种写法使得真实的材料在呈现的过程中"不真实"了。如果从文学创作角度来说,虚构甚至借鉴都未尝不可,但在新闻报道中,这种将"种种真实"化为"一个真实"的做法,恰恰背离了新闻报道等的真实性,是不可取的。

3. 建构的直观规范性

模式化的建构是应用写作区别于文学写作的重要特点。所谓模式,指的是事物的标准样式。模式化建构,指的是应用文的文种、格式、语体语境、布局等有大致相近的样式,有大体统一的形式要求,有一致而允许的语体样式和话语语境。

文学讲求标新立异、变化多样,力图摆脱模式的束缚,强调"惟陈言之务去"。文学中的"陈言",既包括内容,即所谓的"人之说",也就是所谓的人云亦云,缺乏新意,又包括僵化呆板的形式,只有力戒陈言,才能满足读者多方面的审美需要。应用写作则不同,为了更好地、快捷地处理公私事务,必须有便于帮助大家理解的模式。这样,作者写起来简便、快捷,读者理解起来清楚省心、一目了然、贴近原意。而且,建构的模式更便于公文的传播,便于读者做出准确的判断和快速的反应,更好地处理各种事务。

应用文的模式化建构形成的原因主要有两点。

一是"约定俗成"。即在长期的写作实践中,应用文的格式、用语、布局代代相传,互相效仿,从而被大家认同,形成社会公认的模式。这种文书以私人文书最为常见,如书信、条据、碑志等。过去的过继书、出嗣书、典当书等,随着时代的发展,目前已难觅踪影,而一些报告书、网络文书、策划类文书、房产类文书、各类自媒体文书等则不断出现。

二是"法定使成"。有些文书,主要是由各级领导机关或标准认证机构以规定或制度形式对文种性质、使用规则、格式要求等加以认定,虽然有些标准不是强制性标准,但在行业内、在管辖范围内是普遍执行的。如现行的《中国共产党重大事项请示报告条例》《党政机关公文处理工作条例》《党政机关公文格式》等对行文的生态构建和党政公文的种类、公文格式、行文规则、公文拟制、收发文处理、公文归档与管理等做了规定。这些规定构成的格式要求是固定规范的,是"法定使成"。

应用写作的建构规范,还体现在话语体系的特殊性。在学术论文等文体中,切忌内容的复制,但在有些应用写作中,相关术语是必须的,且是被允许的。如"贯彻习近平新时代中国特色社会主义思想""坚持创新、协调、绿色、开放、共享的发展理念""树立'四个意识',坚定'四个自信',坚决做到'两个维护'""深入贯彻落实党的十九大和十九届二中、三中全会精神"等,这些在公务写作中是必须呈现的。

应用文的行业化特点也是应用写作模式化建构的体现之一。应用文针对内容的特殊性,使得应用文在内容上体现出了行业、对象乃至常用语言的相似。如学校工作总是相对集中于教学、科研、学生管理、人事、后勤等方面。公安刑事工作相对集中于侦查、拘留、预审、逮捕、通缉等几个方面。不同对象的应用文的内容相对集中于某些固定范围,应用文的写作要求充分体现行业内容的稳定性,这是应用文写作规定性的体现。

应用写作强调建构的规范性、模式化,并不是说应用文就是呆板僵化的,相反,建构的规范性更强烈地要求提高应用写作的技巧,培养应用写作者的特殊思维,充分展示写作者的主观参与。此外,应用文的各种格式、规范,也随着时代和社会的不断发展而发生着或多或少、或快或慢的变化,而适应这些变化,是对写作者的又一要求。

4. 表述的直白简约性

应用文表述的直白简约性,是由应用文价值的直接实用性派生出来的。应用文的效用只有通过应用文接受这一环节才能得以发挥,从接受者对语言的期待来看,应用文的语言必须明了简约,尚质朴直白,忌浮华不实。只有这样,应用文接受主体才能够准确地抓住应用文的主旨和中心。

简约表现在概念清楚、详略得当、轻重分明、说理明确上。配合简约的要求,应用文应多用说明,叙述上多用直笔,不兜圈子,不绕弯子,语言要如明代人吴讷所言:"篇中不可有冗章,章中不可有冗句,句中不可有冗字。"(《文章辨体·序说》)要简洁省俭,要言不烦。

当然,简约不是简单、简短,简约要"简而有法",简约的前提是明了清晰,切不可为简而简,简要是看需要,该长则长,该短则短,简约不能影响应用文内容的正确表达。"短句易气势挺拔,长句多气势舒缓。短句字少,常使语促,不过,句短而有转折,则不嫌其促;长句子多,易生冗滥,不过,句长而有劲气,则不失之冗。"(朱容智《文气与文章创作关系研究》,书苑有限公司1988年版,第246页)欧阳修在谈到对应用文修改时也说:"勉强简节之,则不流畅,须待自然之至。"(《欧阳文忠公集》150卷)所以,简约必须是"自然之至",不是为简而简。

上面所述只是应用文的主要特点,其他如写作主体的服从性、写作过程的及时性、构思行文的逻辑性等,虽也是应用文的特点,但多是由以上特点派生出来的,或者尚算不上应用文区别于其他文体的本质属性,故这里不再一一叙述。

(四)大学应用写作的类型

大学应用写作的类型,按照大学生在校期间的能力诉求和进入工作角色的要求,按照本书所倡导的能力培养的需要,主要分为以下几个板块。

一是管理专题文书,主要介绍公务文书的格式和常见公文文种,包括指令公文如决定、意见、通知,请复公文如报告、请示、批复、复函等,知照与商洽公文如知照性公报、公告、通告和商洽性函等。本章节力求避免求全贪多、相互因袭,介绍的都是最为常见的文种,其他公文还需大学生在步入社会后进一步学习。

二是策划专题文书,如活动策划文书、项目策划文书和广告策划文书等。策划是一个人最基本的能力展示,是大学生必须学会的基本功,也是大学培养目标的重点,由策划形成的策划文书就是策划能力的呈现。策划的基本功和策划书的拟写,是应用写作的起点和基本要求之一。

三是会务专题文书,主要介绍会前、会中、会后使用的各类常见文书。作为有组织有领导地商议事情的集会,会务的策划与会议管理,已经成为党政机关、企事业单位、社会团体实行集体领导的基本方法之一,各类民主决策、各项重要事项的决定、各类日常工作的管理都离不开会议。大学生小到班组、大到学校的各项活动,都不能离开会议。掌握必备的会议策划、会务服务,了解并熟练运用各类会议文书,是大学生能力的重要体现。

四是信息与经济专题文书,本章按照目标定位和大学生能力培养要求,选择了与大学生生活有较大关系的各类文书,重点介绍了调研预测文书、新闻信息文书和各类规约文书。

五是学年与毕业论文(设计)专题文书,主要介绍学年论文(设计)、实践报告、毕业论文(设计)常用文种格式和规范。这类文书主要面对大学生,是大学生活的基本要求。

六是求职专题文书,围绕毕业求职,主要介绍求职信、自荐信、应聘书、个人简历、自我介绍等传志类文书,大学生生活总结、个人工作总结、自我鉴定、竞聘书等总结述职类文书,竞聘演讲稿、就职演讲稿和离任演讲稿等演讲文书和面试通知书、面试提纲、录用通知书等面试文书。这类文书主要是为大学生职业选择做一些基本的介绍和准备。

而绪论部分,主要呈现大学应用写作的基本理论、思维能力,让大学生对常见应用写作有个理性的认识、思考。

本书各章节的设计,一是考虑大学生尤其是理工科类大学生应用写作要求和能力培养的特点,对文书有所选择、侧重和删减;二是充分结合大学生整个能力培养的渐进式要求,采取文书专题介绍与能力要求逐步提升相结合的方式,既考虑入学要求、在学要求,也考虑出学就业的初步要求;三是知识介绍以适量、需要为前提,不过多进行学术探讨,重点介绍文体的最基本常识。

本书编写的目的是为在校大学生写作能力的适应性和渐进式提升提供必要的帮助和训练。

二、应用写作的结构方式

应用写作与一般文学文本写作的最大差别在于其讲求一定的写作格式。古人为此还专门汇编了有关文书格式和用语的写作指导书籍,这就是《书仪》。《书仪》本来是关于书札体式、典礼仪注的著作,但《书仪》中也有很多公务性文体的体式介绍。现存较早、较完整的司马光的《书仪》,内有专门的《表奏》《公文》《家书》《私书》等分卷,详细列举各种常见文书格式及结构用语。

应用写作的传播需要完整规范的结构形式和写作要件,这也是其传播效率的重要体现。当然,仅仅具备写作格式而没有应用写作的思维和对文书涉及工作的熟悉,也是无法呈现有针对性的应用写作文本的。

(一)结构的性质

结构,指文章的各个组成部分的搭配和排列。结构包括外在的格式和内在的要素模式两部分。格式部分将在后面叙述,这里只就内在的要素模式而言。

应用文内在的要素模式有共性模式和个性模式两种。共性模式即应用文最基本的通用模式。应用文的基本结构由缘起、展开、收束三部分组成。个性模式因文体不同差别较大。如请示,包括请示原因、请示事项几部分;所有司法文书则由首部、正文、尾部组成;学术论文则包括题目、署名、前言、正文、结论、注释或参考文献等几个部分组成。即使是同一文种,其不同的使用形式也形成不同的内在要素模式,如会议通知、事项性通知、转发性通知等,尽管文种相同,但其模式大不相同。因此,应用文的结构,尤其是内在的要素模式要根据文种加以选择。

(二)应用文文本呈现的结构要求

应用文的文本呈现,与一般文章具有相同的结构要求,按照朱光潜先生的观点,应用文的文本结构必须做到:完整、合适、结构整一、一以贯之,必须做到以下几点。

一是要有头有尾有中段,结构要完整。

即文本呈现要有头有尾有中段,头尾和中段各在必然的位置,要有一股生气贯注于全体。一篇应用文,其结构要完整连贯,不残缺,不遗漏,通体圆合。如一篇综合性的工作总结,在结构的安排上必须写清基本情况、成绩经验、问题教训、今后的努力方向等诸多方面,如果只是写所做的工作,该总结就变成流水账,显得不完整,同时,综合性的工作总结还要既能呈现所做的工作,又要有理性的思考,明确在工作中的经验教训,这样才能更有利于今后的工作。

二是头尾和中段各在必然的位置,结构要合理。

应用文的文本有了完备的内容还不够,这些完备的内容谁置于前,谁置于后,谁先说,谁后说,还有严格的要求。总的来说,应用文文本结构的安排要和谐、匀称,总体疏密相间,既要符合人们认识规律的认知程度,又要思路通畅、主次分明、脉络清晰、起承转合得当。对实际工作的考量,既要有战略性的思辨,又要有战术性的规划,既要解决"做正确的事"的战略问题,又要解决"正确地做事"的战术问题。要能将站位与做法统一,思想指导与具体作为结合。

三是要有一股生气贯注于全体,结构要整一。

朱光潜先生在谈到文章的选择与安排时认为,文章整一才能完美。应用文文本具备了完整、合理的要求还不行,还必须做到首尾贯通、气势连贯、组织得体、无懈可击,结构的安排要严密、因果呈现要合理。应用文文本要做到整一完美,必须注意以下几点。一是要围绕应用文的主旨安排结构,所有材料围绕主旨展开,要避免多中心齐头并进、转移中心、丢掉中心等现象的发生。二是要考虑不同的应用文文体对结构的不同要求。如处分性决定与批评性通报,在结构安排时大相径庭。处分性决定内容一般要写清楚当事人的姓名、性别、年龄、家庭出身、本人身份、政治面目、入党入团时间、职务等情况,所犯错误事实、认错态度、组织处理决定等;而批评性通报只要写清楚情况介绍、原因分析、通报要求等即可。关于这一点,在本书后面具体文种的写法中再详细叙述。三是要反映出人们的思维习惯和认识规律。应用文是应付生活、用于事务的特殊文体,因此应用文的写作不能违背社会生活实际中人们正常的逻辑思维习惯,结构的安排或以时间为序,或以空间为序,或以事件的过程为序,或由因到果,或由果溯因,必须遵循一定的规律。

(三) 应用写作文本呈现的结构考量

应用写作文本的呈现必须从宏观与微观两个角度考量其结构方式。

1. 宏观结构的考量

应用文本结构,从宏观方面认知,主要必须注重要素构建、要领构建和要旨构建。

要素构建,既可以从思维层面设计,也可以从文本层面设计。从思维层面设计,就是在写作某种(或某类)应用文本时,头脑中对文本的结构组成是非常明了的。从文本层面设计,就是指任何应用文本都有其基本的结构要求,写作某类应用文,必须满足文本呈现时的基本结构要求。换句话说,要素建构实际上就是文体学建构。如写作计划(策划)类文体,无论呈现的文本是方案、计划、策划、要点、提纲、规划的哪一种,其内容要素必须写清楚指导思想(工作原则、具体方针)、内容(目标、任务)、步骤和分工、措施保障和要求。所以,学习应用写作、呈现应用写作文本,首先要满足文本的基本要素组成,然后再去考虑文本结构顺序、呈现方式和呈现方法等。

当然,有些文种(文类)没有规定式的结构组成,这时一般按照人们的认知基本规律,或以纵式展开,或以横式展开,或将纵横结合使用。纵式结构,即应用文文本呈现是根据人们的认识方式、事物的发展、活动的开展由浅入深、由眼前到长远纵向展开,这种结构或以时间的先后安排层次,或以事理的递进关系安排层次,或以认识的过程安排层次,绝大多数应用文的文本结构都是以纵式结构安排的。横式结构,即应用文文本的呈现是沿着横向展开的,材料之间呈并列关系。它们可以按照事件的类属关系展开,也可以按照事件的归纳关系展开。这种结构多见于规范性文体如条例、规定、办法、制度、职责、规定、公约中,也见于综合性的工作报告、总结、会议的纪要以及通告、公告、决定等文体中,这种文体结构形式多采用条文化写法,以链环式的思维来安排结构形式。而对那些内容丰富、容量较大、篇幅较长的应用文文本,布局时纯粹采用横式、纵式,很难合理地组织材料,这时可采用纵横结合式结构。

要领构建,实际上是解决应用文本的具体内容的组成。就应用文本来说,只了解其文本的基本要素,很难写好应用文。而对工作的理解、了解和熟悉,则往往呈现多样化的文本表达形式。如请示类文体,一般的要素包括请批理由、请示事项,最多还有请批建议,但只是笼统知道其要素组成,很难写出好的请示。如要呈现一份有关举办金花节的请示,就要将某地油菜花的种类、面积、特点,举办金花节的条件(食、宿、行)、举办金花节的好处(形成旅游品牌、发展乡村旅游、带动乡村振兴、给农民增收致富)等写出来。换句话说,每一类文种,其所涉事项都会根据现实状况呈现千差万别,要领构建就是将这类根据具体情况体现的地区、行业、内容、要求等不同方面的呈现。

要旨构建,实际上就是对核心内容的提醒、展示和突出。如果只是考虑要素、要领,则呈现的文本会给人死板的感觉,而且对文本呈现主体的主观写作特点、时代性展示和文本的亮点也无法予以强化。在考虑要素、展现要领时,如果对核心要素等予以强化、突出,则文本会呈现出自身特色。如每年的政府工作报告,作为总结性文体,一般需要说明:过去一年的工作回顾、新的一年发展的总体要求和政策取向、新的一年的工作任务等。但有时在政策取向或者工作体会、主要做法方面需要强化某些内容,则可以在工作介绍部分约略带过,而以专节介绍核心内容,如 2015 年《政府工作报告》,则在基本内容表述的基础上,单列"把改革开放扎实推向纵深""协调推动经济稳定增长和结构优化""持续推进民生改善和社会建设""切实加强政府自身建设",从而既突出了 2015 年的核心工作,又使得政府工作报告的文本呈现更加多元化。

当然,在宏观结构的具体建构中,采用何种方法、以何种面目呈现文本,是对写作者综合素质的考量,大学生应该切实提高自己的文字水平和表达能力,只有这样才能写出充满个性、有特色、高质量的文稿。

2. 微观结构的考量

微观结构主要是写作中的起承转合,这是技术活儿,是应用写作基本的规范要求。微观结构包括以下几个方面。

一是在应用写作文本的起承转合各个环节,常用哪些关界词语。从"起"开始,常用"为了""遵照""按照"等。从"承"来说,常用"如下""此"等,如"现将有关事项通知如下""特作如下通知""批复如下""决定如下""函复如下""特制定本条例"等。从"转"来说,如讲话稿的文中称谓语"同志们!",再如"有鉴于此""综上所述"等。从"合"来说,常用一些惯用语或收缩语,也可以自然关合,常用"特此""专此""此"等。如"特此通知""特此通告""特此函达""特此批复""此告""此令""妥否,请批复""以上意见如无不妥,请批转各有关方面执行""专此肃达""此致敬礼""请审议""专此报告,请审核""望即函复"等,有时也可以通过文字表述自然收尾。

二是在文本呈现时,哪些关界语是准确的,哪些是不准确的。如"请示"的关界语使用"妥否,请批准"就存在歧义,因而是错误的。再比如"通知"一般可以用"特此通知"作为惯用语,但是,不是任何情况下都可以使用"特此通知"的,一般情况下,批转转发印发类通知不使用,在起承转合中已经使用了"现将……通知如下"的不使用,通知本身已经使用了诸如希望式、总结式、说明式结尾的不使用,批准(同意)通知不使用。类似的细节要特别予以关注,切不可出现写作错误。

三是在文本呈现时,用词用语乃至标点符号等都要符合需要。用词用语方面,因为应用文体文本的呈现是以满足公众阅读需要并能解决实际问题为目的的,有很多语体、语境、语用、语序方面的问题必须考虑。新华社公布过两批禁用词,网络上也经常有一些诸如《公文写作常用错的词语》《公务写作用语错误一百例》等,很值得大学初学应用写作的同学们学习参考。在标点符号的使用方面,要严格遵守《标点符号用法》等国家标准,并能在文本呈现时准确使用。如对文件的连续列举,一般文件书名号之间就不能点顿号,类似的书籍列举、专用语列举等都照此执行。再比如"现就有关事项做如下通知""特制定本条例"等后面均应该标注句号,对跨时间段时间标识等可使用"2015—2020 年",完成时间在"3～5 月"等。

常言道,细节决定成败。应用写作文本呈现一定不能败在一些细节方面。

第二节 大学应用写作的思维培养和过程训练

一、大学应用写作的思维培养

应用写作从结构的安排到文本的表达,是一个完整的过程,我们将之称为应用写作的物化过程。

应用写作的物化过程,是指应用写作从写作动机产生到写作文本最终形成的过程。

写作过程应从两方面加以体现:一是写作需要过程,亦即为什么要写作,这是写作的动机;二是写作主体的物化过程,亦即写作主体如何展开文本、完成写作任务,最终形成文本表达。这里从写作主体的物化过程着笔,兼论写作需要过程。

(一) 应用写作的接受授意

文学的创作动机是主观需要,是作家胸中块垒的流露和宣泄,而应用文的写作虽不能完全排除这种"一吐为快"的宣泄,但总体来说,主体创作欲望的体现呈现弱化的态势,写作活动更多的是客观的需要,是一种被迫意识的冷静流露。

作为应付生活、用于事务的文章,应用文写作的客观动因有如下几种。

一是管理公共事务。应用文可以作为临民治事、实施管理的一种有效工具。大量的法定公文即担负着此项职能。

二是处理日常工作。工作中,有时需要处理大量而繁杂的实际问题,需要对所做的或所要做的事情进行总结、规划、安排、办理,应用文则充当了处理这些日常复杂事务的工具。

三是应付日常生活。社会生活是丰富多彩的,人们除了满足生存需要外,还有各种不同的场面和情况,可借助应用文这一形式来实现这种交往、交际的需要。如献辞、迎送词、请柬、书信等都是这种需要的产品。

客观需要是写作的动因,但真正意义上的应用文写作,还要通过写作主体即作者去实现。这既说明了应用文写作被动性、制约性的特点,又说明应用文写作的过程首先是"知",即首先必须观察客观对象,了解客观需要,领会写作意图。"知"的过程实际上是调研、认知、熟悉、把握的过程,从一定意义上说,应用文质量的高低、应用文内容是否可行等,与应用文作者"知"的深入度、真实度是密切相关的。

"知"的过程首先是授意,即接受授意,从而全面认知写作的意图和需要,准确把握写作目的。

"知"还要全面、细致、反复地去研究写作对象,即各种现象、各个事件,事实的来龙去脉等,尽可能地占有真实、全面、完整的写作材料。

(二) 应用写作的思维准备

有了起因,只是有了写作的动机;占有素材,只是具备了将客观需要物化的基础。应用文的写作者必须对客观需要的素材进行仔细分析、研究,才能写出较有质量的应用文,这就需要认真思考,具备一定的思维能力。

思维,通常指大脑的活动。思维是基于人的生理机能的,首先是一种能力。只有具备了这样的能力的人,才有可能通过思维活动来产生意识。而意识的产生,又可以将各种概念在逻辑上连接,并最终形成某些产品。

清华大学人文学院副院长彭刚教授在开设"沟通与写作"课程时强调:"写作水平在很大程度上是思维水平的体现,写作训练同时也是——甚至首先是思维训练。"要写出好的文本,关键是培养一些特殊的应用文本呈现的基本思维能力。

应用写作来源于实际生活,又服务于实际生活,因此,应用写作只有通过缜密思维才能深入反映生活,揭示生活的本质及规律。从这一意义上说,思维是写作主体心理机制的内核。在写作行为中,从定题选材到练意构思,从谋篇布局到起草润色,都离不开思维的介入。所以说,应用写作文本的呈现实际是写作主体思维物化的结果。由于应用写作是直接用来办事、处理问题和反映情况的,其思维具有一定的抽象性,而在抽象思维过程中,思维具有确定性、一贯性,因此,在应用写作实践中,人们逐渐形成了较为固定的思维模式,于是,出现了一种由于应用写作程式化、简明化而形成的思维单一化。但要写好一篇应用文,就要"取人所未用之辞""取人所未谈之理""取人所未布之种"。呈现一篇高质量的应用文,确实是一件不容易的事情。要做到匠心独运、慧眼独具、妙手独生,必须注意培养以下几个方面的思维。

1. 先识思维

思维的前提是知觉,应用写作文本的呈现,应该有一种知觉,这种知觉就是先识,所谓的先识,即先见远识。《晋书·索靖传》中说:"靖有先识远量,知天下将乱,指洛阳宫门铜驼,叹曰:'会见汝在荆棘中耳!'"宋王辟之《渑水燕谈录》卷二中提道:"魏公始叹文靖之先识过人远矣。"《吕氏春秋·先识》在说到"先识"的重要性时曾强调:"凡国之亡也,有道者必先去,古今一也。地从于城,城从于民,民从于贤。故贤主得贤者而民得,民得而城得,城得而地得。夫地得岂必足行其地、人说其民哉?得其要而已矣。"《吕氏春秋》将先识上升到得地、得城、得民、得贤、得国的高度,可见先见远识之重要。

就应用文本的写作来说,阅读目标是多种多样的,不同场合、不同事项、不同文体对接受者而言,也会有不同的目标需求。文本在呈现前,要对目标诉求有明确的思考,这样写出的文稿才能被接受者欣赏并得到接受者的肯定。有些领导希望从基层的汇报中听到存在的问题及基层的解决良方,对这类的汇报总结就应该基于领导的需求做出。

培养先知思维,一是要有目标意识。无论是自己呈现文本要达到的目的诉求,还是文本接受者的希望,我们在动手写作前要心中有底,这样才能用功到位。二是要有定位意识。我的文本呈现给谁,文本接受者的学业背景有何特点,他的阅读习惯和兴趣爱好是什么,社会对文本所涉事项的关注度如何,都要在动笔前仔细思量。三是要有文体意识。选择了某种文体,就要考虑为什么选择该种文体,通过文体想表达什么。下行文和上行文是不同类型的文体类型,在语体、语气和目标上都会不同,写作时就必须明确区别。四是要有优先意识。经济学的核心命题研究的是,如何在有限的资源约束下,使得单位和个人的效率最高、效用最大,在应用写作的文本呈现中,要有紧迫性和重要性两个维度的考量,把那些最需要展现的内容优先呈现出来,并在呈现的过程中适度放大。

2. 对象化思维

对象化思维是指写作主体的思维被写作对象全部占有,并完全围绕写作对象的各个方面进行思维的活动方式。由于很多应用文本的写作主体是受命而作或因事而作、因时而作,应用文的主旨主要来自领导者的写作意图、决策性意见或某些现实的需要等,因此,应用文的写作者必须主动地、有意识地将自我转化为对对象的关注。说到底，应用文对象化思维的目的是把握对象的本质，摆脱自我的过多呈现，让文本呈现得到对方的满意与认可。因此，运用对象化思维，才能更好地实现应用文文本的价值，使应用文的写作能最大限度地体现目标意图，更能有针对性地解决现实问题，更能实现文本诉求和目标。

应用写作的最大困境是，我不是参与者，却要呈现整个过程；我不是领导，却要做领导的外脑，有领导的思维；我不是专家，却要有专家的水平；我没有像领导那样的学习、工作过程，却要我把领导的思路、思想、思辨、观点表达出来。如何与对象保持契合和站位，这是应用写作文本呈现必须优先考虑的问题。培养对象化思维，找到契合点，使自己与对象思维同步、思想同频、意志共振，应该从以下几个方面多思考。

一是文本呈现要符合主体定位，不能越权越职。比如，区领导到企业去调研，你呈现的文本是企业如何抓发展，而企业如何抓好发展是企业的事儿，是市场的事儿。你的定位就有了偏差，领导只能从企业在地方经济中的贡献、区委区政府如何为企业服务好、如何让企业感到温暖入手，多讲一些政策层面的话、多讲一些鼓励的话、多讲一些区政府如何帮助企业解决发展困境的话，看似务虚，其实却是最实际的。

二是符合职责分工，不能越俎代庖。比如，区长讲话，不能讲部门的工作；部门讲话，不能讲区长的工作。区长的讲话，只能从战略和全局的高度，灌输理念、政策，强调工作标准和要求，而不是去谈某些具体工作，具体工作应该由职能部门去谈。这一点写稿时如果拿捏不准，缺乏对象化思维，会导致区长的稿子被部门领导的稿子比下去的尴尬。因为要谈具体工作既不符合领导的身份，也肯定不如部门领导谈得到位。再比如，县里召开安全生产工作会议，会上县长和县应急办负责人都要发表讲话。县长的讲话稿只能从宏观角度讲安全形势、谈安全的重要性、笼统提出工作要求，而应急办主任则可以结合安全生产工作实际，结合自身职能，具体布置安全工作，提出安全生产具体要求。这说明，政府的稿子要实，但不能出现在不应该实的地方，对不同对象，要结合各自分工，明确各自主体责任，符合讲话者的定位。

三是符合身份站位，不能脱离情势。比如，要写一篇贯彻学习习近平重要讲话批示指示的讲话稿，文本呈现的是谈重要性，实际上，就学习贯彻来说，关键是少讲道理、多讲落实，因为道理已经在总书记的讲话中讲得很清楚了，对上级来说，关键是看你如何落实、怎么去开展具体工作。

现代领导工作具有高度的综合性、复杂性、艰巨性，领导个人角色也具有多元化的特征。这对文稿起草提出了多重严峻挑战，必须引起高度重视。高度重视对象的多元化。

运用对象化思维，还可以克服先入为主、凭空想象的写作习惯，防止应用文脱离社会实际。

3. 立体生态思维

应用写作中，单一性思维占着主导地位。这种思维模式只能从单一角度、在一个思维模式中反映事物的发展、变化规律。然而，事物总是立体式多侧面的，"横看成岭侧成峰，远近高低各不同"，在应用写作中不应只使用单一的思维，而应使用立体思维，拓宽应用写作的思维面，形成文本呈现角度的生态构造，更好地把握应用文的本质。

所谓立体生态思维，是指采用空间思索的方式，对于一个认识对象进行多方位、多层次、多形式的思考与探索，力图真实反映这个对象的整体以及这一整体与其周围事物构成的立体画面的思维方式。运用立体思维可以通过对对象或事物的联想、类比、回溯，而最终找到解决问题的办法；可以由此及彼、由表及里不断让思维进行流动，从事物的联系和相互关系中去思考问题，从事物的发展、变化中去思考问题；可以从多个思维目标、多个思维起点、多种评价标准、多条思维线索、多个思维结论组成的思维网络中，分析、研究新生而复杂的事物，提出解决问题的办法。如在研究引进人才时，既可以从人才本身的角度去研究，又可以从引进人才的部门去研究。多起点、多角度、多方位地去看问题，可以为引进人才的有关决策提供强有力的文字论证依据。

立体生态思维的构建，既可以从纵向，以现在为基准点，导向过去和将来，也可以围绕一个基本点横向扩散。如要围绕乘客上公交不排队的话题写一篇文字，一般思维下很容易只从乘客的角度考虑问题，但这样的思维角度既浅又抓不到问题的实质。如果以公交站台为思维基点，向周边扩散，构建生态思维，相对来说就有话可说，且对问题的分析既深且透。如"公交资源投入严重不足""公交设施设置的不科学不合理""公交公司缺乏严格的绩效考核和标准规范""公交司机不按规程操作""乘客文明素养程度不高，从众心态明显"，这样的思维方式可以让自己笔下游刃有余。

此外，要写好应用文，还应具备行政思维、站位思维等。

二、大学应用写作的过程训练

（一）大学应用写作的物化过程

所谓"物化"，是指用文字将客观需要和思辨分析表达出来的过程，它是应用文写作由萌发期、模糊期到明朗期的重要转变。大学应用写作"物化"的过程，与一般应用文本物化过程没有本质的区别，主要包括材料积累、撰制提纲、文本呈现、修改定稿几个部分。

1. 材料积累

清代学者章学诚在《文史通义·文理》中提出了"夫立言之要在于有物"的主张，强调写文章的关键在于要有材料。材料是应用文确立主旨、形成观点的依据，材料也是支撑主旨的基石。

应用文中的材料，指作者从实际生活和工作中搜集、提取以及写入文章的事实和论据，即感性形态的具体材料和理性形态的抽象材料。从实际使用情况看，材料有广义和狭义之分。广义的材料，是指作者应付生活、用于实务、办理事务的过程中认知、搜集的全部观点和现象，亦即所说的素材，它内容庞杂、内涵广泛、良莠不齐、真假相杂，对这些材料要经过认真的分析、提炼、集中，去粗取精，去伪存真。狭义的材料，是指经过作者精心选择并写入应用文中的各种事实现象和理论论据，它是支撑主旨的重要因素。

应用文写作中使用的材料，分类方法很多。从内容上分，有事实材料和观点材料。从来源上分，有直接材料和间接材料。从时间上分，有历史材料和现实材料。从性质上分，有正面材料和反面材料等，不一而论。应用文的材料，有如下要求。

一是要准确真实。任何文章的材料都源于生活，但因文体不同，文章的功用不同，对材料的处理、加工也就不同。应用文的材料以事实性材料为基础。这些材料包括实际情况、方针政策等，应用文的功用是临民治事，故材料不真实，会直接带来效用的降低，甚至会出现反作用。材料的真实，不仅是指材料是实实在在发生的和客观存在的，而且还指材料的细节必须符合生活的原貌，使用在文本中的材料也符合事实本身的每一个方面。有时候，材料是存在的，但在某个文本中则可能是不真实的，如张冠李戴、移花接木等。

二是要典型具体。现实世界是丰富多彩、千变万化的，故应用文的材料也是相当多的。

在写作应用文时,只有选择那些最具代表性、最能准确揭示事件本质的材料,才能使文章言简意赅,更有表现力,这就要求应用文所选用的材料具有典型性,要能以一当十。当然,应用文材料的典型性是相对的,要因时、因地、因人、因文书的不同有所区别。也许有的材料在这篇应用文中是典型的,但到了另一篇应用文中则不够典型,甚至会成为赘疣。因此,应用文材料的典型性还必须充分考虑到材料的针对性,要做到主旨和材料的统一。

三是要新颖。新颖的材料是指符合实际的需要,符合改革和发展的大趋势,能解决实际问题的,与热点、难点、要点、重点密切相连的各种材料。现实生活中的新问题、新情况、新经验、新矛盾层出不穷,只有使用了这些新颖的材料,应用文才最有吸引力、感染力,才能切实地解决问题、指导工作。即便是历史材料,应用文作者也要善于在陈旧的、原有的材料中写出新意,变换角度,使老树开新花,让旧有的材料再次闪光。

2. 撰制提纲

撰制提纲不是每位应用文的作者都要完成的任务,也不是每篇应用文都要使用的。但撰制提纲可以帮助初学者写好应用文。

撰制提纲所要考虑的是应用文主要内容的次序、部分内容的主次及它们之间的内在逻辑联系。撰制提纲有详略之分,在写作时宜细不宜粗,这样便于应用文的表达。同时,许多应用文还可以用提纲提请集体讨论。提纲的撰制对于重大的、重要的、内容复杂的应用文写作尤其重要,它有助于把问题想得更周到、更全面,便于集思广益、博采众长。

撰制提纲的形式很多,其中以图表法和条文法最为常见。

图表法即通过画图列表,展示文章的思路,理清应用文的逻辑关系。如有一篇《××省出版局关于严厉打击非法出版活动有关事项的通知》,可用列表法撰制提纲。格式如表1-1所示。

表1-1 提纲示例表

事项内容	摆情况	做分析	下结论
总	××省非法出版活动猖獗	这种非法出版活动危害大,已经成为社会的公害	必须打击
分	如: ××市 ××县 ××区	(1) 侵犯著作权人的合法权益 (2) 影响青少年的健康成长 (3) 污染社会风气 (4) ……	(1) 严禁出版 (2) 严禁印刷 (3) 严禁发行 (4) 加大查处力度 (5) ……

条文法主要是用简要的话语将构思过程分条列项记录下来。国家标准局制定的纲目写法比较适宜条文法提纲(如图1-1)。

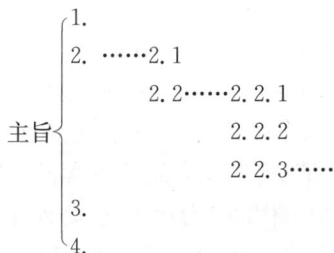

```
        ⎧ 1.
        ⎪ 2.……2.1
        ⎪      2.2……2.2.1
  主旨 ⎨           2.2.2
        ⎪           2.2.3……
        ⎪ 3.
        ⎩ 4.
```

图1-1 条文法示例图

无论是哪种条文法结构，其层次之间所构成的关系都有可能有两种形式，即直线推论（纵深式递进结构）和并列分论（进层式并列结构）。

3. 文本呈现

表达成文指用合理的结构、规范化的语言把构思过程予以物化的过程。表达成文首先要选择合适的表达方式。在叙述、描写、说明、议论、抒情等表达方式中，应用文最常用的是叙述、说明、议论。

（1）应用文的叙述

叙述主要是把事情的来龙去脉表述清楚的一种方式。在应用写作中，叙述主要用来介绍情况、交代问题、说明原委。叙述主要使用在通报、请示、报告等文体、新闻信息类文体、传志类文体等应用文体中。

叙述不是每份应用文都有的，但就叙事性应用文，无论从角度、方式方法来讲，都有其自身的特点。

首先是叙事主旨的直露性。任何文章的叙事都有明确的主旨，应用文写作也不例外。但是，文学叙事多追求"言外之意""韵外之味"等审美意蕴，文学叙事多通过情节等曲折表达主旨。而应用文尤其是公文主旨则讲求开门见山、直入主题，这样才能提高应用文尤其是公文的办事效率。

其次是叙述时间和事件的变形幅度被弱化。不管是什么样的作品，完全呈现社会的真实是不可能的，只有通过时间的变形或事件的变形才能完成文本的叙述。但是，文学叙述中的变形与应用写作中的变形相比，应用写作的变形具有典型的弱化倾向。

就时间变形而言，叙事必须交代事实发生的时间、地点等。应用写作文本的呈现属于纪实叙事，但纪实叙事从时间的角度来看也有事后叙事、事前叙事、同时叙事等。应用文在叙事时，多选用同时叙事的方式。当然，这里的同时叙事中的"同时"只是相对于一个时间段而言，不可能用计量得十分精确。应用写作文本呈现也存在时间变形，但其时间变形往往以较短的时间呈现，这与应用写作的功用目的一致，如时间段多为"最近""近一段时间以来""近年来""近几个月来""开春以来""十八大以来"，稍长一点的也就是"建党以来""建国以来""十一届三中全会以来"等。也就是说，应用文本呈现的时间变形幅度小，变形幅度被弱化。而且，有些叙事类的文本不允许时间变形，而采用准确时间，如"×年×月×日"甚至"×时"。

就事件变形而言，叙事是离不开事实的，在什么时间于什么地点发生了什么事，这是叙事最基本的要素。就叙事本身而言，事件有"无中生有""有中生有"的发生机制。但就应用写作文本而言，其叙事只允许存在"有中生有"，且不允许移花接木、张冠李戴，不允许运用嫁接的手段叙述事件。当然，不是说应用写作文本的呈现不存在叙事变形。世界是复杂的，社会是千变万化的，构成世界中的人或事本身极具复杂性。如果事无巨细地写出社会中的事件，而不加以变形，显然也是不科学的。但是，应用写作中的叙事，对事件来说只是"典型再现"。首先是再现，即事件本身是存在的。其次是"典型"再现，即事件是能反映真实的本质的，是具有代表性、普遍性的。所以，应用文的选材必须真实典型。因此，应用写作文本的呈现往往不能过多使用文学的叙事笔法，较少使用环境烘托、借景生情等。

就文本呈现的手段而言，应用写作的主体往往是局外人、代言者，叙述者只是客观公正地把事件的来龙去脉、因果关系交代清楚，他们在叙述事件时不一定要自己参与其中。同时，叙事的口吻应该是一贯的，人称是固定的，多以机关单位身份出现。如"我们认为……""国务院决定……""省政府决定……"等。

应用写作文本的呈现在使用叙述时还应注意以下方面。

一是在叙述方法的使用上,应用文本以顺叙为主,较少使用倒叙、插叙等表现手法。

二是在叙述人称的选择上,应用文本较为客观,以第一、第三人称居多,少用第二人称。但下行公文如批复、复函中,使用第二人称的现象较为常见。叙述的人称要贯穿始终,不要出现人称的变化和交互使用。人称的选用不能出现违和感,要与文本诉求相一致。如海南省给国务院行文《关于审批海南省海洋功能区划(2011—2020 年)的请示》,如果国务院直接只给海南省批复,开头可以直接引用"你省关于审批海南省海洋功能区划的请示收悉",但是,国务院在批复该文时,根据需要将主送机关扩容为"海南省人民政府、海洋局",此时的人称代词若使用为"你省",显然已不合适,于是,《国务院关于海南省海洋功能区划(2011—2020 年)的批复》开头引据就转化成"海南省人民政府关于审批海南省海洋功能区划的请示收悉",这一叙述人称的变化,就符合该批复的行文要求而无违和感。此外,公文中一般不使用"贵×"的代称,如"贵区""贵办""贵县"等,机关单位是同志式关系,直接用"你×"。

三是在叙述形式的确定上,叙述往往用概述等手法。叙述要求线索清楚,层次分明,详略得当,逻辑规范。交代清楚"什么对象""用什么方法(平台)""按什么原则""在什么时间""做什么""怎么做""达到什么效果""要特别注意和防范什么"等事项。

(2)应用文的说明

说明是以客观地解说事物、剖析事理和介绍对象为内容,使人们明白了解和认识的表达方法。用于被解释、解说、介绍的对象,既可以是实体的事物,如器物、山河等,也可以是抽象的道理,如思想、意识、修养、观点、概念、原理、技术等。应用写作文本的呈现,在规范性文体如制度、职责、条例、规定、守则等,策划类文体如计划、策划、要点、规划等,学术论文类文体等中,常常被使用。

应用文体的说明顺序主要有三种:一是以时间为序,二是以空间为序,三是以逻辑关系为序。

应用文体使用说明方法时,一般侧重于四个方面。

一是做诠释,即解释事物或事理的属性,或给其下定义、或解释其成因、或概说其性质特点、或对事物的范围类别进行介绍。诠释一般用判断句的形式,如"男女平等是我国的一项基本国策""在中华人民共和国领域及管辖的其他海域勘察矿产资源,必须遵守本办法"。

二是举例子,即通过实例让抽象的概念、原理具体化。

三是列数据,通过确凿的数据来说明事物或事理。

四是谈依据,很多抽象的道理可以通过交代依据的方法来强调说明开展某项工作的可靠性、必要性和准确性。

另外,说明还包括用图表介绍、用对比阐述、用分类说明。

(3)应用文的议论

议论是一种评析、论理的表述方法。应用文的议论服从于主旨的需要,一般不做理论上的深入探讨或见解上的争鸣,除学术类文体外,一般不需要多方面、多角度地论证同一观点,不追求完整性,只要抓住要害,将观点点透即可。在应用写作中,议论既可以用论据直接论证论点或者批驳错误论点,也可以采用排他法,用论据证明与论点相矛盾的反论点的虚假性,从而推出论点的真实性,即议论存在"立论"与"驳论"两种情形。

应用文中常用的议论方法有例证法、引证法、比较法、因果法。应用文中的议论一般不宜太长，要恰如其分、恰到好处，要防止出现事大理小或事小理大的不协调现象，防止出现事实与道理两张皮的情况。

社科类、人文类学术论文会常用议论。

4. 修改定稿

修改定稿是应用文写作的最后一道工序，是提高文稿质量的一个重要环节。事实上，修改贯穿于写作的全过程，从主旨的提炼、结构的设计、语句的表达、修辞的选用到文书成稿后征求意见，无不存在着修改。我们这里所说的，是指有关人员对应用文初稿的润色、加工。

毛泽东同志在《反对党八股》一文中曾说："我看重要的文章不妨看它十多遍，认真地加以删改，然后发表。"作为应付生活、用于事务的应用文，其修改工作非常重要。这是因为，一是人们对问题尤其是对新问题的认识都有一个过程，应用文的作者也不例外，同时不少应用文的作者所领会的，与文书制发机关所要求的，往往有差距；二是应用文写作时间短，不少应用文还是受命而作的产物，制作的被动性强，往往起始时有"意不称物"的缺陷；三是现实生活丰富多彩，非常复杂，应用文的写作者难免挂一漏万；四是应用文的规范性、严肃性较强，必须对其字斟句酌。

应用文修改的对象主要有三个方面。

一是内容方面的修改。内容方面的修改，包括修改主旨，修改观点，修改材料三方面。修改主旨首先是看应用文的主旨是否正确，是否与党和国家的方针政策相抵触，还要看主旨是否准确、鲜明。修改观点，主要是看应用文中的观点和提法是否准确，内容是否科学，能否清楚地表达行文意图等。修改材料主要是看材料是否真实，是否能充分地支撑文章的中心论点。

二是形式方面的修改。形式方面的修改包括修改布局，修改格式，修改语体语言等。修改布局主要是看应用文结构的安排是否得当，是否在必然的位置，布局是否合理，分段是否合适，起承转合是否自然，详略安排是否均衡等。修改布局涉及修改层次颠倒、上下脱节、详略失宜、段落重滞、处置不当等问题。修改格式主要是修改应用文中不合乎要求的文种、文号、标题等应用文文本组成部分及其位置，使应用文文本更加规范。

三是处理方面的修改。处理方面的修改包括修改行文关系，修改批转与转发、印发，修改主送机关、抄送机关等。修改行文关系，主要是看是否要行文，文种的选择是否合适，发文主体与收文对象的关系是否规范等。修改行文关系尤其要注意行文单位、收文单位、发文单位之间的关系。

应用文修改的对象很多，包括写作者、审定者、会签者、签发者等。修改的形式也很多，如送专家审定、会议讨论、个人修改等，不一而论。

经过反复认真修改，一篇应用文经确认也就完成了其写作过程。

（二）大学应用写作的语言运用

语言是文章的载体，应用文是借助语言来实现文本形式的，应用文的语言有其特殊性。

1. 应用文文本语言的特殊性

应用文的语言有其自身的特殊性，主要体现了以下一些特点。

第一，超前性与稳定性的统一。作为应用文的载体，应用文的语言与社会交往和人们的各种事务活动密切相连，是人们对现实世界最直接、最直观反映的工具。人们生活交往中的情况可最快地在应用文中借助语言反映出来,因此,应用文的语言具有超前性,很多社会流行语、网络用语会在应用文本中很快体现。流行语如"我们都是追梦人""共有产权房""租购同权""灰犀牛""黑天鹅""地条钢""通俄门""共享"等,网络语如"点赞""众筹"等。但是,从应用文的发展看,其语体变化缓慢,语言表达的语法、句法相对稳定,同时,语言表达缺少多变性,古词古语经常使用,语言形式也具有稳定性。

由于大学生是个特殊的群体,接受新信息、获得新知识的速度比较快,对网络流行语非常熟悉,所以,大学生会较多使用这些网络流行语,但是,网络流行语的使用一是要有度,二是要相对规范,三是要讲底线、讲原则,不能乱用、混用、错用。

第二,庄重性与灵活性的统一。一般说来,应用文的语言必须典雅、庄重,措辞必须得体、准确,语言与文种、行文者的身份必须一致,其庄重性不言自明。当然,应用文语言的庄重性并不等于呆板、僵化,应用文的语言也要追求准确基础上的生动活泼,在不违反表达效果及庄重性的基础上,仍要充分考虑文字表达的灵活性。如"领导干部要防止上错床、放错口袋""我们在工作中既要把方向,又要踩油门""要深入推进反腐败斗争,下大气力拔'烂树'、治'病树'、正'歪树',使领导干部受到警醒、警示、警戒"等,形象生动,金句频出。

大学生活与社会有一定的脱节,但应用文本的呈现是一个社会化的过程,大学生应该多关注社会的经典新颖的语言,让语言在庄重的前提下灵活多样。

第三,明快性与完整性的统一。应用文是应付生活、用于事务的文章,只有接受主体广泛参与,积极实施了应用文所涉事项,应用文的效用才得以体现。接受主体对应用文的接受程度,直接关系到应用文效用的大小。而要让接受主体充分理解应用文,其语言必须明了快捷,直观外显,让读者一览无余地抓住应用文的主旨、中心。但在追求明了快捷的同时,也要注意内容表达的完整性,不能出现内容疏漏、前后矛盾、语意模糊、一句多意的情况。

大学生以往较多接触的是各种文学的表达技巧和文学的笔法。应用写作不强调言在意外、不强调隐晦曲折、不强调春秋笔法,所以,应该多看社会实践的样本,多看别人文本呈现的方法,在大学生活中及早完成蜕变、完成转型、完成社会化。

2. 应用文文本语言的要求

针对上述特点,应用文语言有如下特殊要求。

一是准确。准确是对应用写作的基本要求。准确包括用词准确、概念清晰、定性精准、褒贬得当,合理使用模糊语言,句子无语法错误,句与句之间逻辑联系紧密。如现在很多单位常常使用"不该收的礼坚决不收,不该吃请的坚决不吃请""决不允许台外宰人""不得以领导干部名义嫖娼"等都不准确。

二是得体。得体就是措辞恰当、分寸得当,用词用语与行文关系适应,和具体语境相吻合。要扣住写作主旨选择语体环境,选择与文种相应的语言结构、词语色彩和表达方式,语序和语位符合基本的规范标准。应用文的文种多,文体差异大,用语要顺体而为。古人研究文体,就是试图揭示文体的不同,探讨文体写作的规律。曹丕在《典论·论文》中提出的"奏议宜雅,书论宜理,铭诔尚实,诗赋欲丽",既揭示了不同文体的语体要求是不同的,也强调对每一种文体的要求是不同的,完全掌握各种文体的写作技巧也是"能之者偏也",在文本呈现时,无论是行文方向还是具体文类,都会有明显的语体差异,得体就成为基本语言要求。如上行文,往往要谦虚谨慎,不使用命令、要求、祈使的语气,平行文多商量商洽。下行文多提要求,明确责任,强化落实。如"请示"中使用"妥否,请速批准"、商洽函中使用"现决定"等,都不是很得体。

三是简质。要做到语言明快朴素，语意实在，不用文学描绘的笔法行文，不兜圈子，不绕弯子，不弦外留音、闪烁其词，可使用包括简称和统括的缩略语，做到文约意丰。

简称和统括是应用文写作中经常使用的语言形式。简称又称压缩，如把"外交部长"写成"外长"。统括又称抽取，如把"定产量、定质量、定成本、定利润、超收奖励"写成"四定一超"，把"对于那些财力达不到的又不一定需要投资的项目，要把它砍下来，要想出办法压缩各种各样的费用开支，要尽可能补充增收这一块，如确有困难，可向下边借一点"写成某市开展双增双节运动决定采取的"砍、压、增、借"四项措施。再比如，许多单位把自己的目标定为"五四三二一"工程，用的都是统括这种语言形式。

简质的前提是"简而有法"，应用文重在"言事"，语言要简约平顺，不要过于晦涩艰深，堆砌华丽的辞藻，更不能矫揉造作。

3. 应用文文本常见关界语

（1）应用写作文本常用结构语

一是起首者。开头常用领叙词，领起文书撰写的根据、理由或具体写作内容。领叙词的目的是开宗明义，表达站位。常用的领叙词有"据""根据""依据""遵照""按照""由于""关于""对于""鉴于""为了""为""兹""兹定于""兹因""兹将""为……特……""据查""接报""据了解""欣悉""收悉""敬悉""电悉"等。领叙词的主要功能是：表达行文依据、强化文书因由、提示行文目的。

二是收复者。一般在文末，表达行文的终结。常用的如："特此报告""特此通知""通知通报""特此函复""特此批复""专此肃达""此致敬礼""特予公布""此复""敬请审议""烦请审核""以上意见如无不妥，请审核""当否，请批示""妥否，请批复"等，收复语的功能是：强化行文要求、表达祈请愿望、表明自我敬意。

三是承起者。如"通知如下""函复如下""提出如下意见""故此""鉴此""有鉴于此""为此""据此""总之""总而言之""批转""转发"等。承起语的主要功能是：承上归纳、启下展开。有时，承起语还可以起到段落层次切割的目的，如讲话稿等，通过"同志们""尊敬的各位代表"等，完成层次的自然分割，形成不同层次的转换。

四是指称者。行文过程中，对不断出现的单位名称，按照行文的惯例，常用代词。包括人称代词和事件代词。

事件（事物）代词，如"本案""本件""本条例""本法"等；有时还用"该"体现事物，如"该产品""该事件""该个案"等。

人称代词有以下几种。

第一人称代词：常以"本""我"加所代表的单位简称。如"本校""我校""本所""我所""本省""我省""本市""我市""本镇""我镇""本局""我局"等。

第二人称代词：常以"贵""你"，后面加上所代表的单位简称。如"贵局""你局""贵厂""你厂"等。原则上，单位之间在法定公文中，不适用"贵"，也不用"您"，直接以"你"来表示单位之间平等的关系。

第三人称代词：常用"该"加上所代表的单位简称。如"该厂""该局""该校""该省""该市""该县""该同志"等。

人称代词在使用的过程中，要与文种、行文方向、行文目的、语境场合等吻合。一般情况下,第一人称多用于请示、报告、述职等文体。第二人称多用于函、批复等平行文或涉外文书等。第三人称常用于客观叙述的文体,如通报等。就是相类似的人称,也要考虑具体场合,如在向别人介绍某人时,一般就要考虑当事人在场的语境,直接用"他"而不用"×××同志"。

（2）应用写作文本常用态度语

一是请示语。如"请""恳请""祈请""拟请""务请""提请""报请""希望""恳望""希盼""切盼"等。主要用于恳求的语气。

二是协商语。如"当否""妥否""可否""能否""愿否""是否可行""是否妥当""如无不妥""如无不当""如有不当"等。协商语主要表达与对方的商议、商量、商讨。

三是谆嘱语。如"遵照执行""遵照办理""照此办理""如实呈报""如实上报""按时完成""如期完成""责令""责成"等。敦请主要是要求对方必须怎么做。

四是表态语。如"同意""不同意""可行""不可行""可""不可""应""应该""照办""拟同意""批准""确认""遵照执行""酌情处理"等。表态语是表达受文者的态度。

五是经办语。如"经""业经""兹经""已经""前经"等。

此外,还有时限语、模糊语等。

（三）提高大学生应用写作水平的途径与方法

第一,多阅读。阅读是一种习惯,阅读是一种能力,阅读也是一种智慧。阅读的过程,不仅是积累的过程,获取知识的过程,也是学习别人经验的过程。大学生自身缺乏社会经验,而应用写作需要社会经验的支撑,通过阅读,可以极大增加社会经验,弥补自身不足,提高自己的应用写作素养。

阅读的途径、内容和方法很多。从应用写作本身来说,我们主要关注以下几个方面。一是党和国家的路线、方针、政策。应用写作的内容必须与党和国家的路线、方针、政策高度契合,如果不了解相关政策,是无法写出好的稿子的。二是阅读学科和行业的知识。大学生专业性强,比较专注于某一个方面的知识体系,融会贯通、专精结合,是确保高质量稿件的基础,通过学习学科和行业知识,能游刃有余展现专业、呈现特色、防止成为门外汉。三是学习实践知识。应用写作不同于文学文本的写作,应用写作文本的呈现必须有现实的支撑,实践的知识来自领导的指示、各级各类机关的做法,先进群体的经验和群众的智慧。这些知识,既可以通过各类信息途径积累,也可以通过观察获得。阅读可以将精读和泛读结合起来,将眼耳鼻舌声充分利用起来。在阅读过程中,可以多看书报、多读文件、多关注各类时事评论,多看看别人各类精彩的文字材料。

自媒体时代,传播格局的剧烈变化,带来了很多文体传播方式和传播途径的嬗变。作为一手连着传统写作,一手连着社会关切的应用性文体,文本的呈现不仅需要传播形式增量、表达方式变量,还需要保持文本价值放量。这就需要大学生特别适应这样的变化,充分考虑文本的社会影响力。

任何作品都会有不同的阅读群体,不同阅读群体往往会体现在不同的阅读兴趣、阅读方式、阅读途径、阅读习惯。应用文文本呈现要充分考虑主流阅读对象、不放弃一般阅读对象。要了解不同群体的阅读习惯,有意识去阅读各种当下的作品,品味其表达习惯至关重要。

第二,多实践。提高应用写作水平,仅仅停留在阅读阶段是远远不够的。书读得再多,即使"学富五车",满腹经纶,若不能凭此指导实践,不能转化成写作能力,也只是"两脚书橱",丧失了阅读的意义。因此,大学生在广泛阅读和专门细读的基础上,必须重视实践活动,在实践中获得写作素材,体会写作规律。

首先是要重视写作实践。舞台再大,自己不参与,永远是个观众;平台再好,自己不参与,听到的永远是别人的好消息。看别人的文章,永远觉得别人的文章不如自己的。不实践不知道写作的艰辛,是骡子是马,要拉出来遛遛。只有自己动手,才能对写作有理性的认识,才能知道自己的不足,才能不断提高自己的写作水平。

其次要重视工作实践。应用写作有着特殊的规律和属性,其和机关单位的管理目标、工作实践有着更直接、更具体的关联。仅仅重视写作实践而忽视工作实践,最多只是一个写手,而不能成为高手;只是一个写匠,而不能成为写家。文字工作者的认知能力、思维能力、组织能力更多的是在实践活动中增强的,发现问题、分析问题、解决问题的能力更多的是在处理事务中提升的。多写多练,有助于技术层面上的提高,参与实践、重视实践,有助于智慧层面上的提升。只有深入基层,接近群众,亲历一线,才能让应用写作文字完成便出彩。

第三,多思考。孔子说:"学而不思则罔,思而不学则殆。"圣哲之言强调了思考在学习过程中的意义和重要性。一个人如果仅仅重视学习,强调实践,但不注重思考,则可能事倍功半;如若在重视学习与实践的同时,又能善于思考总结,无疑会有事半功倍的效果。因此,应用写作者在长期的写作实践中,只有养成勤于思考、善于思考、自觉思考的习惯,才有可能不断进步,不断超越自己。写作是一场考试,规律是在考试中总结出来的。

首先要勤于思考。有些人错误地认为,了解了特定文体的格式,就能写好一篇应用文了,其实这是误解。应用文本的呈现,必须认真思考,包括文本具体是否分段、分几段、如何分段、按照什么标准分段等,都是值得思考的问题。如有一篇公文实务题,根据材料改写,给的材料是关于将三处办公地点合并为一处,需要上级给予经费支持的请示,原文的写作时间是 2017 年 4 月 22 日,全文只有一段。在改写的过程中,有些文本呈现的是一段文字,有的呈现的是三段文字。从呈现效果看,三段更好一些。而三段的安排,第一部分是讲大背景,第二部分是讲合并的迫切性,第三部分是对经费支援的具体要求。而有些文本在第一部分结合"放管服"改革和基层审批制度改革、"互联网+智慧政务"等展开,这些内容的添加到底是否合理呢?我国是 2015 年提出"放管服"改革的,2016 年的政府工作报告也写入了"放管服"改革,根据原材料提供的写作时间,这一内容的添加应该是合适的。这就是勤于思考、认真学习的结果。这样可以避免"开口见喉咙"。

其次要善于思考。俗话说,实践出真知。真知从哪儿来?只能从实践中来,但不可能自然呈现出来,需要实践者思考并将其总结出来,体悟并将其归纳出来。所以,大学生要养成自觉思考的意识,善于把握实践活动的特点和规律。

具体说来,大学生首先要思考有关路线、方针、政策对本单位的指导意义,要思考有关经验做法对本单位的参照借鉴作用,要分析文本材料和观点表达、文本结构和主旨呈现的关联,要学会从主旨、结构、语言等方面立体感悟优秀文本的成功原因和病例文本的失败根源。在工作实践中,要善于从正反两方面思考工作得失,要积极探寻工作中成功和失败的原因,要总结归纳工作中应该吸取的经验和教训,要学会在平凡、琐碎的工作中,挖掘工作的特色和亮点。特别是在写作实践中,要高标准,严要求,要思考有没有更好的写法,是否有更好的角度和高度。

　　最后要自觉思考。平时,当应用文文本呈现的时候,各种审美需求和对文字的把关,往往会成为我们提升写作水平的宝贵财富。我们要自觉将别人修改的文本与自己写作的文本进行比较,看看别人为什么会如此修改,修改后与你所写的文本在效果上有何不同,在比较中欣赏、在比较中鉴别、在比较中审视。长此以往,慢慢地,你的写作能力就自然得到了提升。

【微信扫码】
学习辅助资源

第二章

管理专题

人类文明发展到一定阶段便出现了管理。管理是指一定组织通过计划、组织、指挥、监督、协调、控制等职能来协调组织内外关系和他人的活动，以共同实现既定目标。管理是公文的首要作用。作为管理活动的载体，公文的使用伴随着管理活动的始终，成为组织管理不可或缺的重要工具。所有组织要取得管理成效，就必须使用各种公文进行决策部署、指挥领导、沟通协调、通报情况、商洽事务、交流信息。行政公文的运转规范及其要求都是进行有效管理的具体运用，对公文进行有效控制的最终目的也是为了实现组织机构的有效管理。

第一节　行政公文概述

行政公文指机关单位在行政管理过程中形成的具有法定效力和规范体式的文书，是依法行政和进行公务活动的工具。公文随着国家的产生、文字的出现而产生，也随着国家的发展、社会的进步以及实际工作需要而变化。我国现行的公文法规性文件主要有 2019 年发布的《中国共产党重大事项请示报告条例》、2012 年颁布的《党政机关公文处理工作条例》（中办发〔2012〕14 号）和《党政机关公文格式》国家标准（GB/T 9704—2012）。

一、基本概念辨析

公文的使用源远流长，在不同时代、不同领域、不同场合，形成了不同的理解和称谓习惯。与之相关的概念主要有应用文、文书、公文和文件等。

（一）应用文

应用文是人们在社会活动和日常生活中经常运用的具有一定格式的各种实用性文体的总称，与记叙文、议论文、说明文并列为文章的四分类之一。这里要注意与"应用文体"进行区分，应用文体种类繁多，不只是文章形式。如各种票据、表格等，明显不是"文章"，却是应用文体。所以，应用文只是应用文体的一部分，应用文体的外延大于应用文。

应用文有很多分类。因其用途和价值的不同分为以下两类。一类是不能直接处理公私事务的，如个人的日记、教师的教案等，称之为一般应用文；另一类是可以直接处理公私事务的,如通知、信件等,称之为文书①。可见,应用文和文书又不是同一层次的概念,文书是应用文的一个重要组成部分,应用文的外延又大于文书。

(二) 文书

文书是社会组织和个人为处理公私事务所形成的、具有直接使用价值和文章体式的文字材料②。根据作者和使用目的的不同,可以分为公务文书和私人文书。公务文书是指机关及其他社会组织在公务活动中为行使职权、实施管理而形成的一切文字材料,包括机关收发的公文、内部使用的文件,以及其他书面或附注文字说明材料。私人文书即个人或群体处理私人事务,表达个人意愿,为实现个人某种目的而形成的一切有应用价值的文字材料。

(三) 公文

公文有广义和狭义之分。广义的公文也就是公务文书的简称。狭义的公文,指党政机关、企事业单位以及各团体在管理过程中形成的,按照特定程序并在法定范围内使用的、具有特定效力和规范体式的文书。狭义的公文概念认为,公文仅仅是公务文书中的一部分。所谓的狭义指的是公文的作者是法定作者,公文的效用具有法定权威性,公文的体式具有规范格式和特定文体,其制发和生效都要履行法定的程序和手续。狭义的公文称谓准确直观又不失规范,在机关单位和其他社会组织工作中已被普遍认可和使用。所以,从公文实际运用来看,狭义的公文概念更适合实际工作的需要。

(四) 文件

文件也有广义和狭义之分。2000年颁布的国家档案行业标准《档案工作基本术语》将文件定义为:"国家机关、社会组织或个人在履行其法定职责或处理事务中形成的各种形式的信息记录",可以采取不同的书写方式、制作方法,使用不同的材料。这里的文件就是指广义的文件,包括书面文字记录材料,也包括以摄影、录音、计算机等技术手段制作、形成的各种信息记录。在涉及归档和档案工作时,一般采用广义的文件概念。狭义的文件是指公务文书中具有法定效力和规范体式的文字材料。在机关以及其他社会组织管理活动中,为了照顾实际工作的习惯用法,一般采用狭义的文件概念。

这些基本概念出现的时间不同,性质不同,目的功能不同,使用范围也不同。在历史发展的洪流中,这些基本概念的含义和外延在不同时期也存在一定的差异,模糊处理,不严格区分,混用的情形也常常出现。总的来说,应用文体的外延大于应用文,应用文的外延大于文书,文书的外延大于公文,公文的外延大于文件。

二、行政公文格式

《党政机关公文处理工作条例》(中办发〔2012〕14号)第三章《公文格式》和《党政机关公文格式》(GB/T 9704—2012)对行政公文的格式要素、编排规则以及技术指标有明确要求、详细规定和式样模板。行政公文格式各要素划分为版头、主体和版记三个部分。行政公文首页红色分隔线(含)以上部分称为版头;公文首页红色分隔线(不含)以下、公文末页首条分隔线(不含)以上部分称为主体;公文末页首条分隔线(含)以下、末条分隔线以上的部分称为

① 陈天恩:《公文是什么文章》,《新闻与写作》,2006年第2期。
② 叶黔达:《应用写作》,成都:四川人民出版社,2002年,第1页。

版记。《党政机关公文处理工作条例》(中办发〔2012〕14 号)要求行政公文格式必须规范、标识必须明确、全国必须统一,各机关必须认真遵守。

(一) 公文的标准格式

1. 版头

版头部分位于公文首页上方,包括份号、密级和保密期限、紧急程度、发文机关标志、发文字号、签发人、红色分隔线等七个要素。

（1）份号

公文印制份数的顺序号。份号是多份公文正本的唯一区别,掌握公文的印制份数能够明确公文分发的范围和对象。当公文需要回收或销毁时,对照份号,便于查验回收情况以及遗失情况。并不是所有的公文都需要编制份号。只有涉密公文才标注份号,一般用 6 位 3 号阿拉伯数字,顶格编排在版心左上角第一行。

（2）密级和保密期限

涉及国家秘密的公文应当根据涉密程度分别标注"绝密""机密""秘密"。保密期限是对公文密级时效的规定。如需标注密级和保密期限,一般用 3 号黑体字,顶格编排在版心左上角第二行;保密期限中的数字用阿拉伯数字标注。涉密等级和保密期间之间用黑色实心五角星"★"连接,如涉密等级为绝密,保密期限为 20 年,应标为"绝密★20 年"。如果只编排密级不标注保密期限,密级两字之间空 1 字。根据《文献保密等级代码和标识》(GB/T 7156—2003)规定,无特殊要求,国家秘密的保密期限,绝密级不超过 30 年,机密级不超过 20 年,秘密级不超过 10 年。

（3）紧急程度

公文送达和办理的时限要求。根据紧急程度,紧急公文应当分别标注"特急""加急"。电报应当分别标注"特提""特急""加急""平急"。如需标注紧急程度,一般用 3 号黑体字,顶格编排在版心左上角。如需同时标注份号、密级和保密期限、紧急程度,按照份号、密级和保密期限、紧急程度的顺序自上而下分行排列。如果没有份号,也没有密级和保密期限,紧急程度则编排在版心左上角第一行。如果只有份号,没有密级和保密期限,紧急程度就编排在版心左上角第二行。如果既有份号,又有密级和保密期限,紧急程度则编排在版心左上角第三行。三个要素上下依次分行编排。

（4）发文机关标志

发文机关标志,俗称"红头",是公文版头的核心要素之一。由发文机关全称或者规范化简称加"文件"二字组成,也可以使用发文机关全称或者规范化简称。发文机关标志居中排布,上边缘至版心上边缘为 35 mm,推荐使用小标宋体字,颜色为红色,以醒目、美观、庄重为原则。联合行文时,发文机关标志可以并用联合发文机关名称,也可以单独用主办机关名称。联合行文时,如需同时标注联署发文机关名称,一般应当将主办机关名称排列在前。如有"文件"二字,应当置于发文机关名称右侧,以联署发文机关名称为准上下居中排布。《党政机关公文处理工作条例》(中办发〔2012〕14 号)规定:"(信函格式)联合行文时,使用主办机关标志。"也就是说,信函格式联合行文不能联署所有发文机关名称。

（5）发文字号

发文字号是为了便于公文区别、分类、登记、保管、查询、处理而制定的公文编号。发文字号的常见形式有两种形式。

一是普遍的发文字号，由发文机关代字、年份、发文顺序号组成。机关代字一般以机关名称中二至四个字为宜，也可用别称，要注意避免一定区域内的重复。如"江苏省人民政府"机关代字用"苏政"，"苏州市人民政府"则不能再用"苏政"，必须加以区别而用"苏府"。年份应标全称，用六角括号"〔〕"括入。发文顺序号是一个机关一年内制发文件的统一流水号，用阿拉伯数字标注，编排时不加"第"字，不编虚位（即 1 不编为 01），在阿拉伯数字后加"号"字。如苏政发〔2019〕1 号，表示江苏省人民政府 2019 年发的第 1 号文件；苏府发〔2019〕1号，表示苏州市人民政府 2019 年发的第 1 号文件。发文字号编排在发文机关标志下空二行位置，居中排布。以同一个机关的名义制发公文则用统一编号，而与本机关同一系统内的其他机关名义制发的公文则另行统一编号。联合行文时，使用主办机关的发文字号。

二是流水号。公文中最常见的流水号就是"令号"，即命令格式的发文字号，一般标注为"第××号"。如 2015 年国务院通过的《地图管理条例》就是以中华人民共和国国务院令的形式颁发的，发文字号标注为"第 664 号"。流水号多用于以国家高级领导人名义发布的各类公文。这种编号方法一般是以领导人的任期开始为起点，任期结束为终点，且任期不受年度的限制。流水号常标注于标题下方。

实际上，并非所有公文都有发文字号，如向全社会公布的普发类公文就不会编排发文字号，如通告、公告、公报等。

上行文的发文字号居左空一字编排，与最后一个签发人姓名处在同一行。

编写发文字号不仅是格式问题，也是内容问题。日常工作中，行政机关使用的文种，如函、议案、批复、部分通知、部分意见等，其发文字号均可编写函号。如果文种是"函"，而编写"函号"，代表的是文种。议案、批复、通知、意见等文种，编写"函号"代表的是内容相对具体、简单的下行文或平行文。

其实，发文字号不仅可以通过编写"函号"来体现公文内容属性，还可以变更"机关代字"中的个别字来表现机关的职权分工。如国家发展和改革委员会下设"西部开发司""东北等老工业基地振兴司""基础产业司""农村经济司"等，对外公文编号都用"发改委"，但涉及相关部门职权内容时，会添加部门代字来界定文件内容及其所属部门，西部开发司所属的编为"发改西部"、东北等老工业基地振兴司所属的编为"发改振兴"、基础产业司所属的编为"发改基础"、农村经济司所属的编为"发改农经"。

（6）签发人

签发人指发文机关的主要负责人。所有公文都有签发人这个概念，但只有上行文才在公文正本上标注签发人，以便上级机关领导人在处理下级机关公文时，了解下级机关谁对上报的事项负责。《党政机关公文处理工作条例》（中办发〔2012〕14 号）第二十二条规定："公文应当经本机关负责人审批签发。重要公文和上行文由机关主要负责人签发。党委、政府的办公厅（室）根据党委、政府授权制发的公文，由受权机关主要负责人签发或者按照有关规定签发。"由"签发人"三字加全角冒号和签发人姓名组成，居右空一字，编排在发文机关标志下空二行位置。"签发人"三字用 3 号仿宋体字，签发人姓名用 3 号楷体字。

联合行文时有多个签发人，签发人姓名按照发文机关的排列顺序从左到右、自上而下依次均匀编排，一般每行排两个姓名，回行时与上一行第一个签发人姓名对齐。

（7）红色分隔线

发文字号之下 4 mm 处居中印一条与版心等宽的红色分隔线。

2. 主体

公文主体是公文格式的关键部分,阐述具体内容,表达发文意图,使受文者对文件所传递的信息获得具体、明确的认识,主要包括标题、主送机关、正文、附件说明、发文机关署名、成文日期、印章、附注、附件等内容。

(1)标题

公文标题是对公文主旨的精炼和概括,直接反映了公文运行的目的。好的公文标题要做到"标题现旨"。《党政机关公文处理工作条例》(中办发〔2012〕14 号)规定:"标题由发文机关名称、事由和文种组成。"一般情况下,公文标题应该同时具备发文机关名称、事由和文种三个要素。发文机关和事由之间会用"关于"连接,事由和文种之间用"的"连接。发文机关名称要用全称或者规范化的简称,联合行文机关较多时,标题中的发文机关名称可简化为主办机关名称加"等部门"字样;事由多编拟成动宾词组,也有部分用主谓词组,少数用名词性词组;文种要根据行文目的、行文关系以及机关职权范围,从《党政机关公文处理工作条例》所规定的 15 种文种中准确选用,不能生造、混用、错用。总体而言,公文标题的编排有严格的规范和要求。

公文标题的形式,可以分为完整式公文标题和省略式公文标题。完整式公文标题就是同时具备发文机关名称、事由、文种三个要素的标题。省略式的标题有三种情形。一是机关名称+文种,如《北京市人民政府公报》,有时为了强化发文机关,可将发文机关名称单列一行,文种单列在下一行。由于省略事由,受文者会看不出公文反映的内容、事项,不利于文件的贯彻、执行,除一些非重要的简短的通知、通告以及特殊机关发出的特定公文外,一般情况下不得省略事由。二是事由+文种,如《关于全面加强乡村小规模学校建设的意见》,这种情形可以出现在有版头(发文机关标志)的公文标题中,没有版头的上行文、下行文均不得省略发文机关名称。三是只有文种,这种标题一般不用于正式文件,常供登报、张贴、广播等时使用。

公文标题中除法规、规章名称加书名号外,一般不用标点符号。发文机关名称中出现多个机关名称,原则上不加标点符号,使用空格。事由部分出现多个机关、人名等并列时,每个机关名称、人名之间应该用顿号分开,不使用空格。

公文标题的编排,一般用 2 号小标宋体字,编排于红色分隔线下空二行位置,分一行或多行居中排布;回行时,要做到词意完整,排列对称,长短适宜,间距恰当,标题排列应当使用梯形或菱形。

(2)主送机关

主送机关指公文的主要受理机关,要周知、执行、答复公文内容,对公文内容具有办理责任。《党政机关公文处理工作条例》规定,主送机关应当使用全称、规范化简称或者同类型机关统称。同类型机关的统称,主要用于下行文,且收文单位较多的情况。一般为下级党委、政府,本级直属党的机关、行政机关,各直属单位。如:

各省、自治区、直辖市党委、人民政府,各战区党委,中央和国家机关各部委,军委各总部、各军兵种党委,各人民团体:

各省、自治区、直辖市人民政府,国务院各部委,各直属机构:

各市、县(区、市)党委、人民政府,省各部委办厅局,各直属单位:

各镇(乡、区)党委、人民政府，县各部委办局，各直属单位：

各区、县委，各区、县政府，市委、市政府各委办局，各人民团体，各高等院校：

如主送机关名称过多导致公文首页不能显示正文时，应当将主送机关名称移至版记，除将"抄送"二字改为"主送"外，编排方法同抄送机关。既有主送机关又有抄送机关时，应当将主送机关置于抄送机关之上一行，之间不加分隔线。

上行文，根据行文规则规定，除上级机关负责人直接交办事项外，一般不以本机关名义向上级机关负责人报送公文，不以本机关负责人名义向上级机关报送公文。原则上主送一个上级机关，根据需要同时抄送相关上级机关和同级机关，不抄送下级机关。

人民政府令、公告、通告、公报、部分通报、部分党的机关的意见、决定、决议等，向全社会公布，没有特定的主送范围，一般不标注主送机关。通过报纸、电视、广播电台、网络向国内外公开发送和传播的公文，一般也没有特定的主送机关。

（3）正文

正文是公文的主体，用来表述公文的内容，是公文写作最核心、最重要的部分。一般按照"缘由—事项（事实）—要求"这一思路进行安排。

缘由，是公文正文的开头部分，主要指公文写作的因由，一般要写明公文写作的背景、目的、意义、作用等，主要强调发文的必要性、紧迫性和针对性，起到统领和引出事项（事实）的作用。公文缘由部分不宜过长，要开门见山，直抒胸臆，简洁明了，大多用说明性的文字。

事项（事实），是公文正文的核心和关键内容，要如实地反映情况或表明意图，如说明做什么，怎么做；或表达做了什么，获取了怎样的经验或教训；或明确需要解决的问题，指出原因，提出要求等。总之，要使受文者对公文缘由所表达的信息获得具体明确的认识。同时应做到主旨明确，重点突出，直陈其事。事项（事实）的展开方式因文种的不同差异较大，将在后面章节详加介绍。

要求，是公文正文的结尾部分。一般有指令式、号召式、期请式和希望式四种方式。指令式结尾用于下行文，对如何贯彻执行公文做出规定，提出要求，如"请遵照执行""照此办理"等。号召式结尾主要用于针对文件所述内容，向有关方面发出贯彻、实施以及学习的号召。期请式结尾用于对公文所列事项提出处理、解决的请求和希望；提出请求，多用于上行文，如"恳请批复"（请示），"如无不妥，请批转各地区贯彻执行"（意见）。希望式结尾提出希望，多用于平行文公函，如"盼予函复"。

公文首页必须显示正文。一般用3号仿宋体字，编排于主送机关名称下一行，每个自然段左空二字，回行顶格。文中结构层次序数依次可以用"一、""（一）""1.""（1）"标注。一般第一层用黑体字、第二层用楷体字、第三层和第四层用仿宋体字标注。

（4）附件说明

附件是公文正文的补充材料，包括随文颁发的规章制度，或随文报送的报表资料等。附件说明是对公文附件的顺序号和名称的标注，是公文主体的一个格式要素。公文附件说明应当在公文的正文之下、公文生效标志（即发文机关署名、成文日期和印章）之上，用3号仿宋体字在正文下空一行之后，左空两个字开始标注"附件"，后标全角冒号，接着标注附件顺序号和附件名称，名称后没有标点符号。若是公文只带一个附件，标记为"附件：××××"。如果带有两个及两个以上附件，附件名称前面用阿拉伯数字，标记附件的顺序号，顺序号后

面紧跟全角实心点,再书写附件名称,名称后仍然没有标点符号,标记为"附件:1. ×××
×"。如果附件名称较长需要回行时,应当与上一行附件名称首字对齐,附件名称后不标任
何标点符号。

实际上,附件并非每份公文都有。无附件的公文,就不需要作附件说明。此外需要注意
的是,公告、通告、公报等普发类公文不能带附件,批转、转发、印发类公文中的被批转、转发、
印发的公文不属于附件,这些都无需作附件说明标注。

(5)发文机关签署

发文机关签署应当署发文机关全称或者规范化简称。公文一般以发文机关名义署名,
像议案、命令(令)等文种,特殊情况下需要由签发人署名的,应当写明签发人职务并加盖签
发人签名章。发文机关署名应该与发文机关标志、标题中的发文机关名称相一致。联合行
文时,若发文机关名称并用联署发文机关名称,则发文机关署名的顺序应该与发文机关标志
的排列顺序一致。

(6)成文日期

成文日期是公文的生效时间,是党政机关公文生效的重要标志。《党政机关公文处理工
作条例》规定:"署会议通过或者发文机关负责人签发的日期。联合行文时,署最后签发机关
负责人签发的日期。"成文日期确定的原则如下。

会议通过的决议、决定等以会议正式通过的日期为准;

经发文机关负责人签发的公文,以签发日期为准;

联合行文的公文,以最后签发的机关负责人的签发日期为准;

法规性公文,以批准日期为准;

一般电报、信函等则以实际发出日期为准。

成文日期在公文中的标注位置有两种:一是在公文标题之下,写全年、月、日并用圆括号
"()"括起来,适用于经会议集体讨论通过批准而又不以"红头文件"(即带有红色版头的文
件)形式发出且无主送机关标识的公文,如会议通过的决议、决定等公文;二是成文日期在公
文正文或附件说明的右下方标注,写全年、月、日,并统一使用阿拉伯数字书写,月日不编虚
位,如"2018年9月8日"。

(7)印章

印章是公文生效的形式标志,也是鉴定公文真伪的重要依据。《党政机关公文处理工
条例》规定:公文中有发文机关署名的,应当加盖发文机关印章,并与署名机关相符。上行
文,一定要加盖印章。联合下行文,所有联署行文机关均须署名并加盖与发文机关署名、发
文机关标志相符的印章。纪要一般不加盖印章。有特定发文机关标志的普发性公文和电报
可以不加盖印章。需要明确的是,签发人签名章也属于印章的一种特殊形式,公文需要以机
关负责人名义制发,要加盖签发人的签名章。印章的编排规则主要依据以下三种类型进行
区分。

一是不加盖印章的公文。单一机关行文时,在正文(或附件说明)下空一行右空二字编
排发文机关署名,在发文机关署名下一行编排成文日期,首字比发文机关署名首字右移二
字。如成文日期长于发文机关署名,应当使成文日期右空二字编排,并相应增加发文机关署
名右空字数。

联合行文时,应当先编排主办机关署名,其余发文机关署名依次向下编排。

二是加盖印章的公文。成文日期一般右空四字编排,印章用红色,不得出现空白印章。单一机关行文时,一般在成文日期之上、以成文日期为准居中编排发文机关署名,印章端正、居中下压发文机关署名和成文日期,使发文机关署名和成文日期居印章中心偏下位置,印章顶端应当上距正文(或附件说明)一行之内。

联合行文时,一般将各发文机关署名按照发文机关顺序整齐排列在相应位置,并将印章一一对应、端正、居中下压发文机关署名,最后一个印章端正、居中下压发文机关署名和成文日期,印章之间排列整齐、互不相交或相切,每排印章两端不得超出版心,首排印章顶端应当上距正文(或附件说明)一行之内。

三是加盖签发人签名章的公文。签名章一般用红色。单一机关制发的公文加盖签发人签名章时,在正文(或附件说明)下空二行右空四字加盖签发人签名章,签名章左空二字标注签发人职务,以签名章为准上下居中排布。在签发人签名章下空一行右空四字编排成文日期。

联合行文时,应当先编排主办机关签发人职务、签名章,其余机关签发人职务、签名章依次向下编排,与主办机关签发人职务、签名章上下对齐;每行只编排一个机关的签发人职务、签名章;签发人职务应当标注全称。

当正文之后所剩空白处不能容下印章或签发人签名章、成文日期时,一般应当采取调整行距、字距的措施解决,适当加宽行距,至少将一行文字移到下一页;或缩小行距,挤出能容下印章的空间,使印章与正文务必同处一页,不留任何空白。如果调整正文字距或行距的措施无法实现正文与所有发文机关的印章同处一页,就应将印章加盖在下一页,并在用印页标注"此页无正文"字样,用以说明正文内容在前页已经完结,也防止末页之前加入新内容或撕下,伪造公文。

(8) 附注

《党政机关公文处理工作条例》规定:"附注是公文印发传达范围等需要说明的事项。"附注表明公文发送范围和阅读对象进行限定时,一般针对平行文和下行文,例如"此件公开发布""此件发至县团级""此件发至乡镇级""此件可登党刊"等。请示主送一个直接上级机关,可在附注处注明联系人姓名和电话号码。

并非所有公文都需要标注附注。

公文如有附注,根据《党政机关公文格式》的规定,应当使用3号仿宋体字,紧接成文日期之下一行居左空两字,并在文字外加圆括号,回行时顶格。

(9) 附件

《党政机关公文处理工作条例》规定:"附件是公文正文的说明、补充或者参考资料。"附件是附属于公文正文的其他文字、图表、图形等材料,对公文正文起到解释、补充、说明、印证、参考作用,是公文正文的重要内容,与正文具有同等效力。附件不直接置于行文中,应当另面编排。

附件应在版记之前,与公文正文一起装订。"附件"二字顶格编排在版心左上角第一行,使用3号黑体字。如果有多个附件,后面必须紧跟附件顺序号,顺序号后无须加冒号。附件标题居中编排在版心第三行。附件顺序号和附件标题应当与附件说明的表述一致。附件格式要求同正文。

如附件与公文正文不能一起装订,应在附件左上角第一行顶格编排公文的发文字号,并在其后标注"附件"二字及附件顺序号,标为"×××〔××××〕×号附件×"。

3. 版记

版记,是公文结束的标志,包括分隔线、抄送机关、印发机关和印发日期等部分。版记先用一条与版心等宽的分隔线与主体隔开。这条分隔线称为首条分隔线,是版记中的第一个要素,末条分隔线与公文最后一面的版心下边缘重合。

版记使用 4 号仿宋体字,字体比正文字体小。

(1) 分隔线

首条分隔线和末条分隔线用粗线(推荐高度为 0.35 mm),中间的分隔线用细线(推荐高度为 0.25 mm)。首条分隔线位于版记中第一个要素之上,末条分隔线与公文最后一面的版心下边缘重合。

(2) 抄送机关

《党政机关公文处理工作条例》规定,抄送机关是除主送机关外需要执行或者知晓公文内容的其他机关,应当使用机关全称、规范化简称或者同类型机关统称。这些机关需要了解公文内容或与执行任务有关,但并不负责办文,可以是上级机关,可以是下级机关,也可以是不相隶属机关。

《党政机关公文处理工作条例》第四章《行文规则》规定:"特殊情况需要越级时,应当同时抄送被越过的机关""向下级机关的重要行文,应当同时抄送发文机关的直接上级机关""向上级机关行文,原则上主送一个上级机关,根据需要同时抄送相关上级机关和同级机关,不抄送下级机关""受双重领导的机关向一个上级机关行文,必要时抄送另一个上级机关""上级机关向受双重领导的下级机关行文,必要时抄送该下级机关的另一个上级机关"。此外,批复给某一机关、某一单位的文件而其他单位也依照此批复精神办理的,应当抄送有关单位。但以"命令"形式发布的公文,以"公报""公告""通告"形式发布的泛行文,一般既不标注主送机关,也不标注抄送机关。需要注意的是,"纪要"不分主送、抄送,统一标注分送。

如果抄送的机关单位或领导人较多,可按照机关单位、领导人的职级确定,其他情况按照党委、人大、政府、政协、军队、法院、检察院、党委部门、政府部门、群众团体、民主党派、事业单位、企业单位的顺序排列。同一级别、同一性质的机关单位,按照习惯顺序排列,如组织部、宣传部、统战部。其中,相同性质的单位一般要归类在一起,不要夹杂其他机关单位之间。如"省委组织部、省委宣传部,省公安厅、省人社厅、省教育厅"。

公文的抄送机关,一般用 4 号仿宋体字,在印发机关和印发日期之上一行、左右各空一字编排。"抄送"二字后加全角冒号和抄送机关名称,回行时与冒号后的首字对齐,最后一个抄送机关名称后标句号。

如需把主送机关移至版记,除将"抄送"二字改为"主送"外,编排方法同抄送机关。既有主送机关又有抄送机关时,应当将主送机关置于抄送机关之上一行,之间不加分隔线。

(3) 印发机关和印发日期

《党政机关公文处理工作条例》规定,公文的印发机关是指公文的送印机关,是指公文印制主管部门,一般应是机关或单位的办公厅(室)或秘书部门。它与发文机关中的发文机关名称不是同一个概念,即印发机关不是发文机关。但是,若是发文机关没有设立专门的秘书部门,那么发文机关和印发机关就会一致。

公文的印发日期就是公文的送印日期,也就是公文的印制和发出日期,要以公文的付印时间为准,用阿拉伯数字,标注于公文版记中的抄送机关之下,并且用宽度同版心的分隔线与抄送机关隔开。公文的印发日期与成文日期不同,两者可能一致,也可能不一致。在不一致的情况下,印发日期只能晚于成文日期。

印发机关与印发日期编排在末条分隔线之上,印发机关左空一字,印发日期右空一字,用阿拉伯数字将年、月、日标全,年份应标全称,月、日不编虚位(即 1 不编为 01),后加"印发"二字。印发机关和印发日期占一行位置。

《党政机关公文格式》规定:版记中如有其他要素,应当将其与印发机关和印发日期用一条细分隔线隔开。如印制份数、翻印机关、翻印时间、翻印份数等要素,编排方法与印发机关和印发日期相同,各要素之间用宽度同版心的细分隔线隔开即可。

4. 其他格式要素

(1)页码

页码指公文页数顺序号,是保证公文完整性和连续性的重要格式要素。一般用 4 号半角宋体阿拉伯数字,编排在公文版心下边缘之下,数字左右各放一条一字线。单页码居右空一字,双页码居左空一字。公文的版记页前有空白页的,空白页和版记页均不编排页码。公文的附件与正文一起装订时,页码应当连续编排。

(2)表格

表格横排时,页码位置与公文其他页码保持一致。单页码表头在订口一边,双页码表头在切口一边。

(二)公文的特定格式

1. 信函格式

发文机关标志使用发文机关全称或者规范化简称,居中排布,上边缘至上页边为30 mm,推荐使用红色小标宋体字。发文机关名称后面不加"文件"二字。联合行文时,使用主办机关标志。发文机关标志下 4 mm 处印一条红色双线(上粗下细),距下页边 20 mm 处印一条红色双线(上细下粗),线长均为 170 mm,居中排布,长于版心。

如需标注份号、密级和保密期限、紧急程度,应当顶格居版心左边缘编排在第一条红色双线下,按照份号、密级和保密期限、紧急程度的顺序自上而下分行排列,第一个要素与该线的距离为 3 号汉字高度的 7/8。发文字号顶格居版心右边缘编排在第一条红色双线下,与该线的距离为 3 号汉字高度的 7/8。

标题居中编排,与其上最后一个要素相距二行。第二条红色双线上一行如有文字,与该线的距离为 3 号汉字高度的 7/8。首页不显示页码。

信函式公文版记中不加印发机关和印发日期、分隔线。只有抄送机关,抄送机关上下不加分隔线,位于公文最后一面版心内最下方。

2. 命令格式

命令格式公文的发文机关标志由发文机关全称加"命令"或"令"字组成,居中排布。一般不使用发文机关规范化简称。命令和令是一种文体的两种使用方式。如果公文标题由"发文机关+文种"方式构成,用"令",例如"江苏省人民政府令";或者文种之前规定的法定限定词如"嘉奖令""戒严令""特赦令"等,也用"令"。若公文标题文种之前出现结构助词"的",应当用"命令",如《国务院　中央军委关于授予×××同志"保持英雄本色的忠诚卫士"荣誉称号的命令》。

发文机关标志下空二行居中编排令号。令号相当于发文字号,一般采用"第×号",不编虚位。令号下空二行编排正文,正文的内容一般较为简短。签发人职务、签名章和成文日期的编排,单一机关制发的公文加盖签发人签名章,在正文下空两行右空四字加盖签发人签名章,签名章左空两字标注签发人职务,以签名章为准上下居中排布。在签发人签名章下空一行右空四字编排成文日期,签名章一般用红色。

联合发布命令(令)的,发文机关名称按顺序分行编排,两端对齐,"令"置于所有联署机关名称的右侧,上下居中排列。应先编排主办机关签发人职务、签名章,其余签发人职务、姓名依次向下编排,每行只编排一个,与主办机关签发人职务、签名章上下对齐。

3. 纪要格式

纪要标志由"××××纪要"组成,居中排布,上边缘至版心上边缘为 35 mm,推荐使用红色小标宋体字。

标注出席人员名单,一般用 3 号黑体字,在正文或附件说明下空一行左空二字编排"出席"二字,后标全角冒号,冒号后用 3 号仿宋体字标注出席人单位、姓名,回行时与冒号后的首字对齐。

标注请假和列席人员名单,除依次另起一行并将"出席"二字改为"请假"或"列席"外,编排方法同出席人员名单。

纪要格式可以根据实际制定。

三、行政公文的分类

行政公文的分类是根据管理活动的实际需要,运用适当的标准对行政公文进行类别的划分。参照的标准不同,分类的归属也会不一样。行政公文的分类方法很多,最常见的有以下七种。

(一) 按照公文使用范围和作用领域

行政公文主要分为通用公文和专用公文。

通用公文是指党、政、军各级机关及人民团体、企事业单位普遍使用的公文,具有在全国各类、各级机关通用的特征。《党政机关公文处理工作条例》以法律形式对 15 种党政机关公文的文种类型、名称以及适用范围进行了明确规定。该条例对 15 种法定公文的准确运用有重要的导向作用。

专用公文是指在专门的工作部门和业务系统内,处理专门业务工作而使用的公文,其适用范围和使用场合具有极强的专门性和限定性。如外交文书、司法文书、经济文书、外事文书等。随着各项专业管理工作的发展,专用文书文种数量有所增加,使用范围有所拓展。

(二) 按照公文性质和功能

行政公文可以划分为指令公文、请复公文、知照公文、奖惩公文等。

指令公文是指行政领导机关发布的具有指示性和规定性相结合的措施或要求的一类公文,通常会明确具体的任务、要求或方法、措施,是领导机关意图的集中反映,具有决定的权威性,要求下级单位坚决执行,但执行时,根据实际情况可以有一定的灵活性。

请复公文是请求类公文和答复类公文的合称。缘于请求和答复的对应关系,本书将两者放在一起讨论。请求类公文是为了便于上级了解本机关的工作情况,恳请上级对本机关的工作予以指示,对需要解决的问题予以明确表态,期盼对询问事项给出具体答复和指导的一类公文。答复类公文往往是针对请求类公文形成的被动性文书。

知照公文是向社会或有关方面公布、告知有关事项、通报情况、联系工作、商洽事宜、交流信息的各类公文的统称,可以庄重威严地宣布需要周知的重要事项,也可以发布要求人们共同遵照执行的重要政策、行政措施以及行为规范等,具有显著的晓谕性,以发布、宣传、告知、沟通各类信息为主要目的。

奖惩公文主要指专门用于表彰奖励或者批评处分的公文种类,可以分为两类:一类是用于表彰奖励的表彰类公文,包括嘉奖令、表彰性决定和表扬性通报三种;另一类是用于批评处分的惩戒类公文,包括处分性决定和批评性通报两种。

(三) 按照公文行文方向

行文方向是以发文机关为立足点向不同机关运行的公文去向。在区分行文方向之前,要先明确行文关系。行文关系由机关之间的权限范围不同而形成:一是同一组织系统中的上下级之间属于领导与被领导的关系,如政府系统中的中央政府与各省、自治区、直辖市政府以及政府与同层的职能部门;二是统一组织系统中的上级主管业务部门与下级主管业务部门之间的业务指导与被指导的关系,如文化部与各省、自治区、直辖市文化厅;三是同一组织系统中同级机关之间的平行关系,如政府系统中同级的各职能部门;四是非同一组织系统的机关之间的不相隶属关系,不论级别高低,如教育部与财政局之间的关系。这四种类型的机关之间由于管理需要互相行文,就构成了发文机关与受文机关之间的行文走向,根据行文方向的不同可分为上行文、下行文、平行文。

上行文是指具有直接隶属关系的下级机关向上级机关报送的各类公文。

下行文是指具有直接隶属关系的上级机关向下级机关卜发的公文。

平行文是指同一组织系统的同级机关或非同一组织系统的任何机关之间往来的公文。

此外,还有一些公布性的公文,没有特定的受文对象,也不按行文方向进行归类,被称为泛行文、通行文或普发类行文。

(四) 按照公文涉密程度

按《文献保密等级代码和标识》(GB/T 7156—2003)标准,将公文划分为绝密、机密、秘密、限制和公开五个等级。

绝密公文指公文内容涉及最重要的国家秘密,又称绝密件。

机密公文指公文内容涉及重要的国家秘密,又称机密件。

秘密公文指公文内容涉及一般的国家秘密,

限制性公文指公文内容不涉及国家秘密,但在一定时间内限制其交流和使用范围的情形。

公开公文指公文内容不涉及国家秘密,可直接在国内外进行公开发行和使用。

(五) 按照公文办理时限

行政公文可以划分为特急公文、加急公文和普通公文。

特急公文是指内容至关重要,形势特别紧迫,必须在最短时间内以最快速度优先送达和办理的公文,又称特急件。

加急公文是指内容重要,形势多变,要求打破工作常规迅速送达、办理或在限定时限内办理完毕的公文,又称紧急件。

普通公文是指无时限方面的特殊要求,按照工作常规送达、办理的公文。

(六) 按照公文接受角度

行政公文可以分发文和收文。

发文是指本机关单位制发的公文,可以发往其他机关单位,也可以发给本机关内部,根据内外之别,可以划分为对外发文和内部发文。

收文是指本机关单位收到的其他机关单位制发的公文。

收文、发文在一定的处理程序下可以相互转化,收文可以通过批转、转发性通知转化为发文。内部公文也可以转化为外部发文。内部发文可以通过印发性通知、报送报告等以随文形式转化为对外发文。

(七) 按照公文稿本形式

一份公文在拟制、办理和使用的过程中,会形成不同性质、不同作用的稿本,包括公文草稿、公文定稿、公文正本和公文副本等。

公文草稿是公文拟制过程中最初期的原始文稿,用于机关单位内部对公文文稿内容进行讨论、修改、审批、征求意见之用,有时称讨论稿、报批稿、征求意见稿或代拟稿等。重要公文或法规性公文草稿拟就后需提交法定机关或会议通过,在审议通过之前称草案。

公文定稿是指拟就的草稿经负责人审阅签发或经会议通过后的最后完成稿,是缮印公文正本的依据。公文草稿经过生效程序成为公文定稿,已经具备了法定的权威和特定的效力,不经同意,不得再作任何更改。

公文正本是指根据公文定稿缮印的、供受文者使用的具有法定权威和特定效力的公文正式文本。除了内部公文或非正式公文外,公文正本一般是具有规范体式和生效标志的主送件。

公文副本是指再现正本内容以及全部或部分外形特征的公文复份或复制本,代替正本和定稿供制作、抄送、传阅、参考和存档之用,包括归档被查的存本,为工作需要或其他目的的公文副本以及用于抄送、催办、备查、排版等的复本。

以上是对 15 种文种所做的整体分类。实际上,每一个文种自身内部根据性质、内容和用途也存在着一定的分工。

决议可分为公布性决议、批准性决议和阐述性决议。

决定可分为指挥性决定、知照性决定和奖惩性决定。

命令(令)可分为公布令、行政令、嘉奖令、授衔令、任免令、通令、通缉令和赦免令等。

公报可分为会议公报、统计公报和联合公报。

公告可分为重要事项公告和法定事项公告。

通告可分为事项性通告和规范性通告。

意见可分为上行意见(包括呈报意见和呈转意见),下行意见(包括指导意见、实施意见)和平行意见。

通知可分为指示性通知、印发性通知、批转性通知、转发性通知和告知性通知等。

通报可分为表彰性通报、批评性通报和情况性通报。

报告可分为工作报告、情况报告、答复报告和报送报告。

请示可分为请求批准性请示和解答疑问性请示。

批复可分为事项性批复和政策性批复。

议案可分为重大事项议案、立法议案和批准条约议案。

函可分为商洽函、询问函、请批函、告知函和答复函。

纪要可分为办公会议纪要、工作会议纪要和讨论会议纪要等。

第二节　指令公文

指令公文是指上级行政机关开展工作、处理事项时具有指导、部署、决断和安排意图的一类公文，它要求下级机关贯彻执行，具有明显的权威性和强制性。指令性公文在行政公文中所占比例最大，是行政管理工作中接触最多的一类公文，主要有决议、决定、命令(令)、意见(下行)、批复、部分通知等文种。

一、指令公文的性质与文体种类

(一) 指令公文的性质

决议，适用于会议讨论通过的重大决策事项。作为一种具有指挥性、领导性和法规性的公文，决议的内容往往是某些关系全局、原则的重大事件、问题、方针和政策，须经过法定会议讨论研究，与会代表民主表决通过，形成书面文件，并以会议名义发布，要求贯彻执行。

决定，适用于对重要事项做出决策和部署、奖惩有关单位和人员、变更或者撤销下级机关不适当的决定事项，具有较强的制约性、指挥性，是一种具有领导性和规定性的公文。

命令(令)，适用于国家行政机关、军队机关，尤其在纪律性或在约束性要求非常强的事项中。《党政机关公文处理工作条例》规定："命令(令)适用于公布行政法规和规章、宣布施行重大强制性行政措施、批准授予和晋升衔级、嘉奖有关单位和人员。"命令具有严格的权威性和约束力，具有一定的法律效力。

意见，适用于对重要问题提出见解和处理办法，意见的行文方式比较灵活，可以上行，可以下行，也可以平行，其发文机关也没有特别限定，是使用极其广泛的一种文种。意见在功用和效能上具有建议性、指导性和规范性特点。在执行的过程中，意见具有灵活性，可以根据实际情况适度变通。指令公文中的意见主要指下行意见。其中，有明确执行要求的，下级机关应遵照上级要求实施；无明确要求的，下级机关则可以根据自身实际情况参照执行。下行意见的主体功能是部署性的，带有一定的政策性和法定效力，实际工作中常常使用。

批复，适用于答复下级机关请示事项，是一种具有答复性和批示性的下行公文。批复中提出的要求、办法和意见，是上级机关对下级机关所请示问题的决策结论，对下级机关具有行政约束力。批复一旦下达，下级机关必须遵照执行，不得违背，具有很强的权威性。

通知，适用于发布、传达要求下级机关执行和有关单位周知或者执行的事项，批转、转发公文。按照《党政机关公文处理工作条例》规定，通知可以用于发布命令、法规、规章性文件，批转和转发公文，传达指示，晓谕事项。通知的适应性比较强，使用限定少，功能多样，受文对象广泛，是行政管理中使用最频繁的公文。作为下行文使用的通知，具有指挥、指导作用，是典型的指令公文。

（二）指令公文的文体种类

决议、决定、命令（令）、意见（下行）、批复、部分通知等由于性质相近和功能相似被统称为指令公文。这些文虽然性质功能相近相似，但适用范围不同，必须严格辨别，才能做到正确使用（见表 2-1）。

表 2-1　各种指令公文区别表

分类 文种	规格	内容	程序	效用	执行
决议	高规格法定会议，如人代会、党代会、团代会及其产生的委员会、常委会等	对重大决策事项提出原则性、纲领性、指导性的意见和要求，战略性强	特定会议集体表决通过	指导性	提出希望，发出号召
决定	发文单位广泛，基层组织、群众团体也可以	对重要事项或重大活动提出具体的步骤、措施、要求等决定事项	会议通过或领导机关直接产生	指令性比决议强，比命令弱	执行中不解的可以要求解释
命令（令）	发文机关级别高，宪法和各级政府组织明确规定的法定机关或法定领导人，使用权限有严格限定	重大政策法规、重大问题决策、重大任务、重大嘉奖活动	通常以国家机关最高领导人的名义签发	强制性强	无条件服从执行
意见（下行）	上级机关直接向下级机关布置工作	针对没有先例和经验的新情况或新问题提出建议思路、出台措施方案以供参考和选择	从思想上、原则上、理论上指导下级机关工作	建议性强	一般没有十分明确的具体要求，要求下级知道可以做什么和可以怎么做，注重原则性和方向性、规定性和变通性，结合实际情况灵活地贯彻执行
批复	上级机关对下级机关请示事项要明确表态	批复是对下级请示事项的决策结论	必须以下级单位的请示为依据	针对性	一旦下达，必须遵照执行，不得违背
部分通知	上级机关向下级机关布置工作，使用主体无特别限定	针对具有普遍性的工作做出相应指示	可以依据本机关职责主动制发，也可以根据其他机关文件制发	可操作性	要求明确具体，下级便于执行，知道做什么和怎么做，行动起来

决议和决定有时都会经过会议讨论,一般而言,凡是没有经过法定会议(指根据有关法律法规规定必须举行的会议以及特定组织履行法定职责而举行的会议)讨论通过这一程序,但由相关领导代表集会(指一般会议)讨论,以领导机关的名义制发的议决性文件,用决定;经会议讨论通过,但做出的规定和要求相对具体,明确要求有关部门执行的,也用决定;由会议或领导机关直接制发行政法规时,用决定。若只是简要地表示肯定或否定的态度,履行法律程序,指导有关部门遵照办理的,用决议。

决定、通知通常是把上级确立的原则、想法或者具体做法交代给下级机关,告诉下级"做什么"和"怎么做",要求下级"必须"贯彻执行,不能随意变更;下行意见则通常是针对没有先例和经验的新情况或新问题提出见解、方案和处理办法,告诉"可以做什么"和"不可以做什么",一般没有十分明确的具体规定,只是为下级机关处理问题提供原则和方向,下级机关可以结合当地实际情况贯彻执行,具有明显的参照性和灵活性。

二、指令公文的作用与特点

(一) 指令公文的作用

1. 指令作用

指令公文主要用于上级机关向下级机关发出明确指令性要求,或部署工作,或明确任务,或办理事项,具有突出的约束力。上级机关的指令具有不容置疑的权威,下级机关在收到上级机关的指令要求后,须认真贯彻落实。在命令(令)、批复等指令性、针对性强的公文中,下级机关必须不折不扣地执行上级指令,没有商洽、变通的余地。指令公文之所以具有指令作用主要是因为党的方针政策,国家的法律法规,会议精神、决定和决议,领导集体的思想智慧,科学定律等常常成为指令公文制发的缘由和依据。这就决定了指令公文具有强烈的规范作用,上级机关要求下级机关严格执行其发布的意见、要求和措施,同时也会对下级机关违抗、拖延或不适当执行指令要求的行为或现象进行督查、处理、惩罚。这就是所谓的"令行禁止"。

2. 决策作用

上级机关使用指令公文时,所涉及的内容一般都是重大的、重要的、重点的问题或事项,是经过相关领导集体或领导者慎重考虑、研究、决定后发布的,对相关形势发展、事件走向、事务办理起着决定性的作用。从行文方向来看,指令公文是下行文,体现了上级机关明显的指挥意图。不管是阐述工作活动的总体指导原则,还是发布贯彻执行的具体措施要求,都是国家和政府意志的象征,下级机关及其人员必须无条件服从和执行。在具体行政管理工作中表现为下级机关必须执行上级机关发布的落实性、检查性、执行性意见、要求和措施,当出现违抗、拖延或不适当执行上级机关决策的行为或现象时,上级机关可以给予一定的惩罚。这些都是上级机关决策功能的具体表现。

3. 传达作用

传达作用主要是指受文机关对上级决策或意见的接受和处理,是从受文者的角度来看的。指令公文的内容一般是重大事件、重要事项、重点安排,是上级机关长期酝酿、调查、研究、决策的结果。它们的发布将对某些事件、活动或行为产生非常巨大而深远的影响。一旦下达,就意味着对某个或某些事项具有无可商讨的约束力,就意味着某一或某些决策具有不容置疑的确认性,任何受文机关单位均无权随意改动、删改和扣压,否则就意味着失职甚至渎职,就要受到批评、制止,情节严重者还要受到查处。

(二) 指令类公文的特点

1. 指挥性

指挥性指这类公文主要是为传达、贯彻党和国家的方针政策、法律法规、规章制度,上级机关的意图、思想、智慧及其他相关规定而制发的。这部分能够直接成为指令公文的制发缘由,同时也是指令公文执行的法定依据。指挥性使指令公文具有不容置疑的力量和法定权威性。但不同指令公文的指挥性强弱存在着一定的差异,如决定和决议同属指令公文,都要求下级机关认真贯彻执行,但决定指挥性更强。决议指挥性较弱:有时偏重号召,表现出较强的呼吁性;有时偏重理论,表现出明显的论证性;有时偏重结论,表现出鲜明的认定性。

2. 约束性

指令公文是上级机关对特定时期、特定阶段、特定工作的安排和部署,是上级机关决策的具体体现,代表了上级机关的指示意图,是上级关机意志的集中反映。一经发布,就会对受文机关产生一定的约束力,要求受文机关必须认真贯彻落实,并以此作为处理工作的法定依据。如果上级机关发布的是原则性指示,下级机关则可以根据自身工作的实际情况在执行的时间、方式方法等方面进行合理变通。如果上级机关发布的是具体工作事务的安排、布置,下级机关必须严格按照上级机关的规定认真贯彻执行,绝不能拖拖拉拉、自行其是或者顶着不办。

3. 权威性

从行文方向来看,指令公文一般都是下行文,其发文者通常为较高级别的机关单位(人员)或特定单位(人员),其内容大多涉及一些重要或重大的安排和决策,一些重要的法律、法规、规章、政策等也是通过指令公文来发布。指令类公文是上级机关领导意图的具体呈现,是上级机关意志的直接反映,也是国家和政府权力的象征。一经发布,即具有法定权威性和效力,就会对受文机关及其相关人员产生强制作用,在法定的时间和空间范围内具有行政约束力,要求受文机关及其相关人员必须认真遵循、执行或参照处理。

4. 执行性

指令公文是上级行政机关在开展工作、处理事项时,根据需要而发出的具有指导、部署、决断和安排意图的一类公文。收文机关及其相关人员要按照指令公文所传达的精神、原则,所规定的程序、办法、措施,结合自身实际情况和工作任务,合理有效地调配人力、物力和财力,严格执行并具体落实,减少机关单位之间不应有的层级博弈,最大限度地提高工作效率。

三、常用指令公文的格式与写法

(一) 决议

1. 基本结构

决议的基本结构: 标题 + 成文日期 + 正文

标题,参照"公文格式"标题写作要求,只是发文机关是特定会议名称,可以写成"特定会议名称+事由+文种"的形式,如《南京市人民代表大会常务委员会关于聚焦突出环境问题加强生态环保监督依法推动打好污染防治攻坚战的决议》。决议标题还可以采取"会议名称+文种"的形式,如《第十三届全国人民代表大会第二次会议关于全国人民代表大会常务委员会工作报告的决议》。

成文日期，即决议正式通过的日期，一般放在标题下，在小括号内注明通过时间及会议名称，如"(2018 年 3 月 20 日第十三届全国人民代表大会第一次会议通过)"。有时也可只写时间。

正文，一般由 决议依据 ＋ 决议事项 ＋ 结语 三部分组成。由于决议的种类不同，写作思路上存在着一定差异，如图 2-1 所示。

图 2-1　决议结构图

2. 写作要领

(1) 合理安排决议主体结构。决议篇幅较长，必须注意谋篇布局，才能做到结构合理，层次分明。决议结构安排一般有以下两种情形：一是采用"倒金字塔"结构，把决议事项的、总体精神主要情况或目标结论先呈现在开头，然后再分段详细展开；二是采用横向并列写法，把决议内容并列分成几个部分，各自独立，但意义相关。若是每一部分内容含量较多，其内部可以继续分隔，这也被称为"豆腐块式"写法。

(2) 立意高远，选材谨慎。决议内容事项一般较为宏大，撰写者应统摄全局，高瞻远瞩，着眼于全局性的、宏观性的、长远性的主题事项。用来组织立意的材料要根据现实情况，实事求是，也要紧扣会议精神，与会议的主题紧密相连，体现较高的理论性。

(二) 命令(令)

1. 基本结构

命令的基本结构：

标题 ＋ 发文字号 ＋ 主送机关 ＋ 正文 ＋ 签发人 ＋ 成文日期

标题，在使用时要注意"命令"和"令"的区分，依据前文"命令格式"，如果标题由"发文机关＋文种"方式构成，用"令"，如"中华人民共和国国务院令"。如果文种之前是规定的法定限定词如"嘉奖""戒严""特赦""动员"等时，也用"令"，如"中华人民共和国主席特赦令"。若标题文种之前出现结构助词"的"，则用"命令"，如《国务院关于授予和晋升×××等 68 名同志人民警察警衔的命令》。

发文字号，命令(令)的标题由"发文机关＋文种"形式构成"××××令"的形式，其发文字号用流水号标注，为"第××号"，标注于标题下方，如 2018 年国务院公布的《中华人民共和国个人所得税法实施条例》即以中华人民共和国国务院令的形式颁发，发文字号标注为

"第 707 号"。命令(令)发文字号有时可以在"第××号"前加"年份",如《中华人民共和国交通运输部令》的发文字号为"2018 年第 38 号"。有些特定命令标题下方有时不加发文字号,如《中华人民共和国主席特赦令》。以"××××的命令(令)"标题发布的命令,则在版头部分按照发文机关代字、年份、发文顺序号编写发文字号,如甘肃省公安厅发布的《关于给 3 个集团和 41 名同志记功嘉奖的命令》发文字号为"甘公奖字〔2018〕10 号",又如 2018 年 10 月 15 日甘肃省公安厅发布的《关于给定西市公安机关圆满完成首届中国(甘肃)中医药产业博览会安保任务的嘉奖令》发文字号为"甘公奖字〔2018〕19 号"。

正文,命令主要有公布令、任免令、嘉奖令和行政令等。命令(令)的种类不同,正文的写法也有一定的差异,如图 2-2 所示。

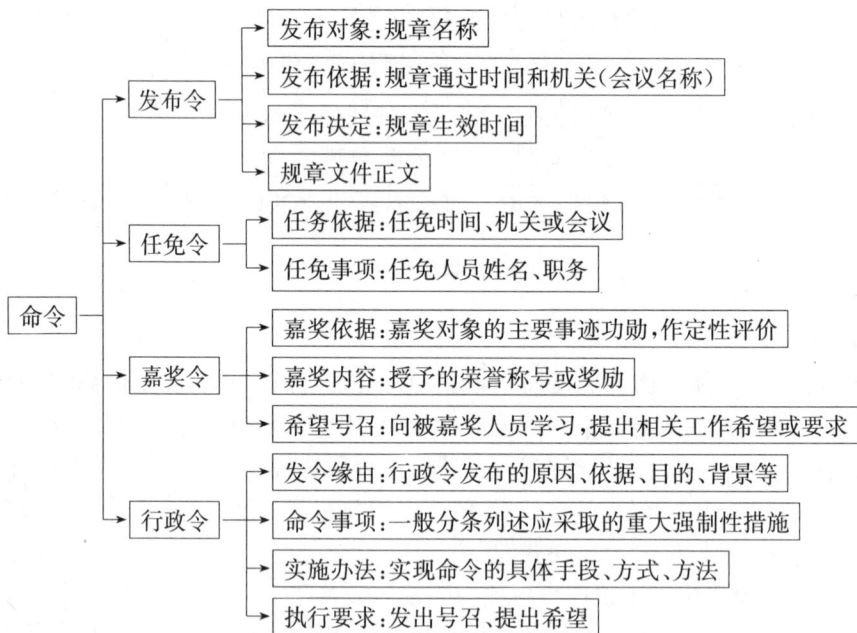

图 2-2   命令结构图

签发人,命令的制发者有特别的限定。按规定,只有国家主席、全国人大常委会及其委员长,国务院及其总理,县以上各级人民政府及其首脑以及其他法定机关和负责人才有权发布命令。所以,只有这些特定的机关或者人员才是合法的签发人。命令的联合行文,则由联合机关负责人共同签发,如《中华人民共和国交通运输部   中华人民共和国商务部令》是由"交通运输部部长   李小鹏"和"商务部部长   钟山"联合签发。

2. 写作要领

(1)语体要庄重精确。命令用于指导党和国家重大社会活动,肩负着统一行动,统一步调的使命。令行禁止,一旦发布必须坚决服从、严格执行。语体必须凝练,言简意赅,一丝不苟,字字千钧,坚定有力;开头、过渡、转承、收合,要连贯、紧凑,造就"排山倒海"的气势。

(2)结构要条理严谨。非重大或特殊情况不能用命令来行文,令行则行,令禁则止。不论是篇段合一、一段到底还是条分缕析、分条列述,都要做到交代清楚发令的缘由,阐述明白命令的具体事项,然后再提出明确执行要求。因此,命令在制发时,一定要注意内容必须明确集中,结构严谨完整,逻辑清晰辩证。

(3)命令文种的使用要慎重,选用时判断要准确。我国法律规定,只有国家主席、全国人大常委会及其委员长,国务院及其总理、县以上各级人民政府及其首脑以及其他法定机关和负责人才有权发布命令。命令(令)的使用要严肃审慎,必须根据法律相关规定。

(4)命令的格式与一般公文格式不同,使用时要注意区分和规范。与通用公文格式不一样,命令(令)有自身的特定格式。在使用首先要注意命令和令的选择,若是"命令"或者"······的嘉奖令"的形式时,则采用一般公文的版式进行编排。若是是发文机关名称直接加"令"的形式,那么其规格、构成要素、标志方法等方面具有独特性,采用命令(令)的特殊格式,并要特别注意与公文通用格式、信函格式进行区分,不能混用、错用、滥用。

(三)决定

1. 基本结构

决定的基本结构:

$$\boxed{标题}+\boxed{主送机关}+\boxed{正文}+\boxed{发文机关签署}+\boxed{成文日期}$$

标题,决定的标题基本上由发文机关名称、事由、文种三个要素组成,大体形成"××××关于×××××××的决定"格式。

主送机关,决定的主送机关指需要办理或答复决定内容或事项的主要受理机关,应当使用机关全称、规范化简称或者同类型机关统称。有时候,在决定主送机关位置看不到主送机关名称,也有可能是主送机关被标注在版记里,排列在抄送机关之上。普发性决定的主送机关可以省略,没有主送机关的决定大多属于此种类型。遇到这种情况时,决定发文时间的位置也会进行调整,会将成文日期用括号括在决定标题之下,若是会议通过的决定,还要注明会议通过及发布时间会议名称,如《中共中央关于深化党和国家机构改革的决定》一文就无主送机关,其标题下方就标注了"(2018年2月28日中国共产党第十九届中央委员会第三次全体会议通过)"。

正文,决定正文大体可以根据"决定依据—决定内容—决定要求"这样的写作思路进行(见图2-3),不同类型决定其具体表述仍然有一些差异,将其分为指挥性决定、知照性决定和奖惩性决定三类进行详细论述。

发文机关签署及成文日期,在一定范围内发送的决定,应该根据决定内容标注主送单位,并要签署发文机关名称以及成文日期;普发性的决定,无须签署发文机关名称,需标注成文日期。经会议通过的决定,在标题正下方标注会议通过的时间、会议名称,并用圆括号括入,不再标注发文机关名称以及成文日期。

2. 写作要领

(1)标题要准确简明。在拟写决定标题时,通常采取完整式公文标题形式,即决定标题由"决定的机关+决定事项+决定"组成。如果是经会议讨论通过的决定,还要在标题正下方标注会议通过的时间、会议名称,并加圆括号。

(2)内容要切实可行。决议和决定同属于指令公文,都要求下级机关贯彻执行,但决定的指令性更强。在拟写决定时,在充分论述决定依据的基础上,提出的决定事项、内容、要求等当确有必要,注重实效,具备针对性和可操作性,政策界限清晰,措施得当合理,便于下级机关贯彻执行。

決定依据:决定原因、目的、背景、根据、意义

指挥类 → 决定事项:决定具体内容、实施措施等

决定结语:与决定事项相应的执行要求

决定依据:被奖励对象身份、先进事迹以及客观评价

奖励类 → 决定内容:奖励形式,即称号、授勋、奖章、证书等

决定结语:发出号召或提出希望

奖惩类

决定依据:被惩戒人员简历,犯错的主要事实,后果危害,定性分析

惩戒类 → 决定内容:处分的决定,指出应吸取的教训

决定结语:警诫,发出号召或提出希望

决定

批准类 → 决定机关:机关名称或会议名称

决定事项:批准了何种文件

决定依据:做出决定原因、目的、根据、背景等

知照类 → 法规类 → 决定事项:实施决定的目标、原则、措施、方正等

决定结语:保障决定事项实施的要求,提出希望

决定依据:变更(撤销)的原因、目的、根据、意义等

变更(撤销)类 → 决定事项:变更(撤销)的具体内容、条目

决定结语:决定施行的时间

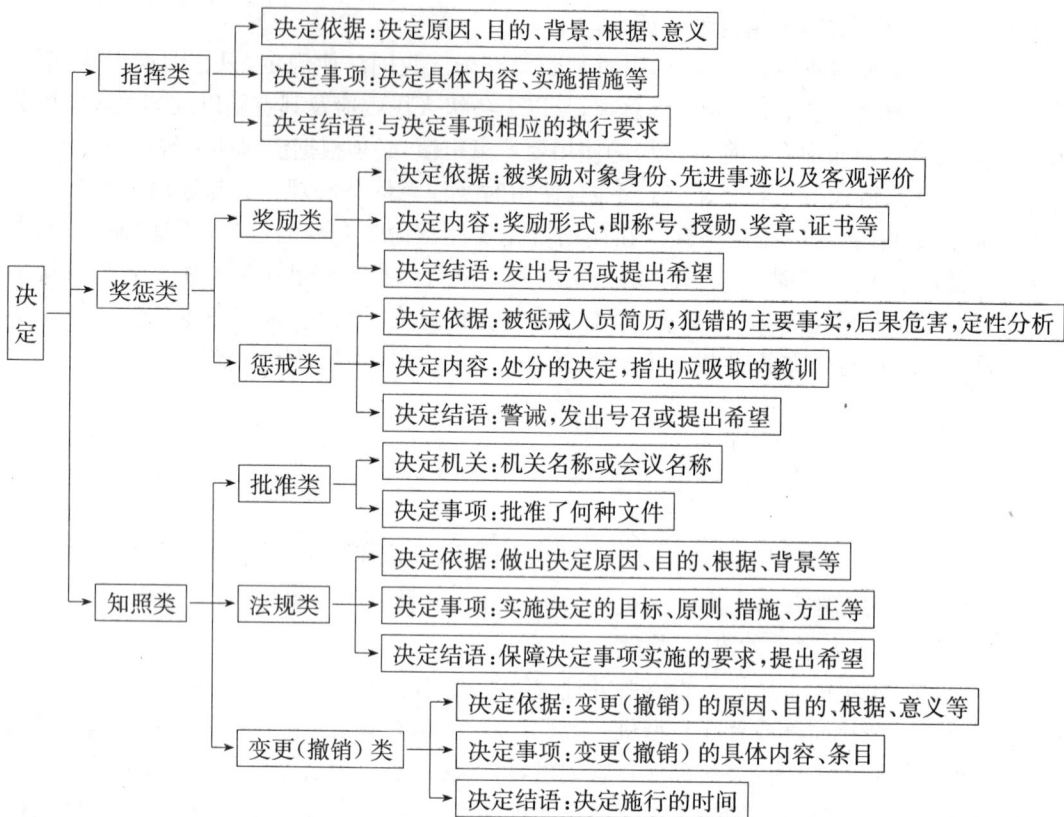

图 2-3　决定结构图

（3）行文要灵活变通。决定事项（内容）多样,临案不同的决定事项时,要根据客观情况,灵活安排内容结构。内容单一,结构简单的决定可以一气呵成,一段到底。部署具体工作、安排的决定要交代背景、依据、目的、意义等,然后再写决定的具体内容,分条列项将相关要求、措施等交代清楚。奖惩类的决定要先介绍奖惩人员情况,再写奖惩的依据,然后客观评价,定性分析,接着写奖惩决定,最后提出希望、要求或者发出号召。一般情况下,约束力强的宏观决定比较重视决定依据与决定内容;约束力弱的事项性决定比较重视决定内容和具体执行要求。

（四）下行意见

意见重在出谋划策,提供参考,行文方式灵活。意见有上行意见、下行意见和平行意见,指令类公文中的意见主要指下行意见。下行意见根据内容侧重点的不同可以分为指导性意见和实施性意见两种。

1. 基本结构

下行意见的基本结构:

标题 ＋ 主送机关 ＋ 正文 ＋ 发文机关签署 ＋ 成文日期

标题,意见标题要根据意见的行文方向和内容,准确地概括出意见事由,再根据公文标题三要素原则拟写,一般写作"××××关于××××××××的意见"。指导性意见的标题在拟定时,有时会在文种"意见"前面加上"指导"二字注明,写成"××××关于××××

××××的指导意见",例如《中共中央国务院关于支持河北雄安新区全面深化改革和扩大开放的指导意见》。实施性意见,则会在"意见"前面加上"实施"二字注明,写成"××××关于×××××××××的实施意见",如《江苏省政府办公厅关于规范校外培训机构发展的实施意见》。

主送机关,指导性意见有时会作为普发性公文使用,这时不用特别标注主送机关,而实施性意见规定了某一特定时期内的目标、任务,并提出了实施的方式、方法、措施、步骤等具体规定,要求特定的下级机关去执行,所以一般都会有主送机关。

正文,意见的正文一般较长。大体上由"开头+主体+结尾"的形式组成。其中,"主体"是意见的核心部分,可以采取并列式结构或者递进式结构。所谓并列式结构就是指围绕意见行文内容的各部分并列排列。所谓的递进式结构是意见内容根据工作逻辑展开,各部分之间存在着一定的先后顺序。指导性意见所涉及的事项一般是宏观的、全局的、整体的,而实施性意见所涉及的事项一般是具体的。这两种意见在正文部分的思路会存在着一定的差异,特别是主体部分,如图 2-4 所示。

图 2-4 下行意见结构图

2. 写作要领

(1)判断意见类型,用规约性语言概括、拟写指令性意见标题。意见的行文方向比较灵活,涉及事项,有时宏观,有时具体;有时是事关全局的,有时是较为单一的。先要根据意见行文方向确定意见的类别,然后再根据意见涉及内容以及意见出台的背景,用指令性或指导性语言准确地概括出意见事由,拟定指令性意见标题。

(2)合理安排意见行文结构层次。意见大多篇幅较长,要想收文机关快速领会意见内容及其精神,就要主题集中,条理清晰。根据其现实表达需要,可以采用并列式结构或者递进式结构。并列式结构就是要围绕意见中心议题,将各个部分内容横向排列,层次清晰,分工明确。递进式结构就是要注意不同部分之间的逻辑顺序,符合基本认识规律。各部分内容可以适当设置小标题,突出发文机关的见解和主张。在层次推进方法上,意见一般使用连贯性排列顺序,如"一、(一)(二)(三)二、(四)(五)(六)……"

(3)根据指导性意见和实施性意见之间区分,科学撰写意见具体内容。下行意见带有一定的政策性、指导性、部署性,是管理公文实践中的常见形式。指导性意见一般用于阐述工作原则,指导下级开展工作;在执行的过程中,下级机关有较大的创造空间,要根据自身的工作实际和指导性意见的规定、要求,进行灵活变通。实施性意见则将具体工作何时开展,采用怎样的方式方法开展,达到什么样的目的要求等,都安排地比较具体详细,有关单位必须按照要求贯彻落实,灵活变通空间较小。

(五)通知

通知用途广阔,功能多样,种类繁多,大体上可分为指示性通知、印发性通知、批转性通知、转发性通知和告知性通知。除了告知性通知外,其他四类通知都属于指令公文范畴。

指示性通知,用于传达指示、布置工作。其内容不适宜使用命令、决定时可以用通知。

印发性通知,用于发布规章制度性文件,如条例、规定、办法、细则、方案等的通知。

批转性通知,用于上级机关将某一下级机关呈报的文件用通知的形式批转给其多个下级机关贯彻执行。

转发性通知,用于各机关将上级机关、同级机关和不相隶属机关的重要公文转发其下级机关,并要求其贯彻执行。

1. 基本结构

通知的基本结构:

标题 ＋ 主送机关 ＋ 正文 ＋ 发文机关签署 ＋ 成文日期

标题,通知标题可以分为完整式标题和省略式标题两种。完整式的标题,一般由"发文机关名称＋事由＋文种"三要素组成,写成"×××关于××××××××的通知"的形式。省略式的标题则在完整式标题的基础上省略一个或两个要素,分三种情形:一是"事由＋文种"组成,写成"关于×××××××的通知";二是"发文机关名称＋文种",写成"××××通知"的形式;三是直接写成"通知"的形式。这种文种式标题一般不用于正式文件中,主要供张贴、登报。可以根据实际情况在文种前面加特定的定语,如"紧急通知""重要通知""联合通知""补充通知"等。

指示性通知的标题,根据其通知内容、决策要求准确概括通知的主要事项即可,如《中共中央办公厅　国务院办公厅关于调整工业和信息化部职责的通知》。

印发性通知的标题,写成"××××关于印发×××××××××的通知"的形式,如《国务院关于印发个人所得税专项附加扣除暂行办法的通知》。若印发的文件是法规性文件,则须用书名号标注法规性文件,如《中共中央办公厅　国务院办公厅关于印发〈党政机关公文处理工作条例〉通知》。

转发性通知标题的写法类似于印发性通知,只是需要注明"转发"字样,若被转发的文件名称是"关于"式公文标题形式,则"转发"前面一般要省略"关于",如《江苏省政府办公厅转发省发展改革委等部门关于规范我省主题公园建设发展实施意见的通知》。若不是"关于"式公文标题形式,"转发"前面就无须省略"关于",如《江苏省政府办公厅关于转发省审改办"不见面审批"标准化指引的通知》。若被转发的文件本身也是一个通知,则要省略被转发文件中"的通知"三个字,如省政府办公厅要转发的是《江苏省发展改革委等部门关于规范我省主题公园建设发展的通知》这一文件,写成《江苏省政府办公厅转发省发展改革委等部门关于规范我省主题公园建设发展的通知》。层层转发有关文件的通知,标题应只标明转发来源机关的文件,如《中共××县委宣传部关于转发××市委宣传部关于转发××省委宣传部关于转发中央宣传部办公厅等关于组织观看电影故事片〈百团大战〉的通知的通知的通知的通知》,应直接写成《中共××县委宣传部转发中央宣传部办公厅等部门关于组织观看电影故事片〈百团大战〉的通知》。

批转性通知标题,需标明"批转"两字,如某下级机关的意见经上级机关认可后,用通知批转给其他下级机关贯彻执行,写为《××市政府批转××市住建委关于进一步深化城建投融资体制改革意见的通知》。

主送机关,通知一般被用作下行文,通知的主送机关一般都是发文机关的下级。

正文,通知功能多样,用途广泛,行文自由、较灵活,不同通知的正文结构编排、内容含量,存在着一定的差异,如图2-5所示。

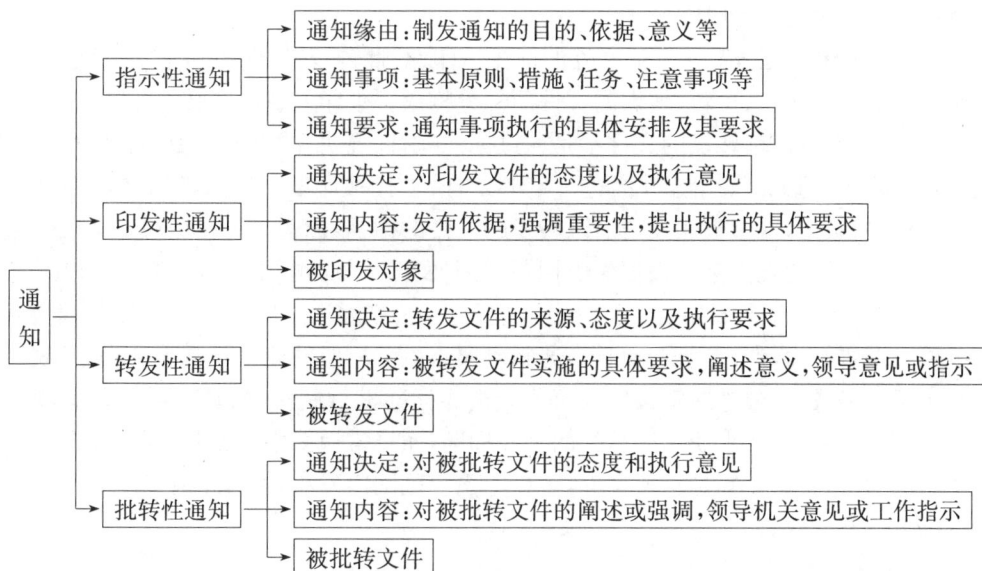

图 2-5 通知结构图

2．写作要领

（1）对通知事项的拟写要明确、具体,充分考虑其可行性。通知功能多样,使用范围广阔,要根据通知行文的目的、对象、范围,结合本地区、本单位的实际情况,准确地阐述相关事实,提出的办法、措施、要求具体明确,切实可行,便于下级理解和贯彻执行,不能含糊不清。

（2）注意通知的程式用语。特别是印发、批转、转发文件的通知,其写作的程式化特点非常突出。除补充的内容外,拟稿时可以直接套用成熟的模式,无须离开固定模式另行撰制。此外,不同通知的惯用结尾用语也存在着一定的差别,如果通知内容涉及全局性的重大方针政策,需令行禁止的,一般写"请认真贯彻执行""请遵照办理""请依照执行""请立即贯彻执行"等;如果是提出了政策性要求,允许下级机关结合本地区实际情况办理的,或通知内容属于探索性的,需要下级机关探索中执行的,结尾一般写"请研究试行";如果通知是根据一定区域特点,或批转转发下级机关文件,具有参考价值,写"请参照执行"。

（3）"特此通知"的用法和规范。"特此通知"是通知的一种结束语,表示重视、强调。发文机关在阐述完正文内容后,郑重其事地以"特此通知"结束全文,表明所通知事项非常重要,发文机关十分重视,也有提请收文对象予以特别关注,认真贯彻落实通知事项之意。"特此通知"标注在正文结束后的下一行,前面缩进两个字的位置,加句号结束。在一些重要的人事任免、机构调整、预算决算执行完成情况通知中,为了强调和保持公文结构完整性,常常使用"特此通知"结尾。但"特此通知"不能滥用。一是印发、转发、批转性通知不使用"特此通知"。印发、转发、批转性通知以"请认真贯彻执行"或"以上意见如无不妥,请批转各地区执行"等结束语结尾。"请认真贯彻执行""以上意见如无不妥,请批转各地区执行"与"特此通知"同属结束用语,不再使用"特此通知"。二是通知正文开头如果已经写明了"现将……情况通知如下"为避免前后重复,结尾一般不再使用"特此通知"。三是通知本身已经有了结尾。总结式结尾,总结全文内容,以深化观点,加深读者印象。或希望式结尾,发出号召,提出希望,展望未来,激励斗志。或说明式结尾,说明生效与施行时间、适用对象及有关事项。后面也没有必要再写"特此通知"了。

(4)注意被印发、批转、转发的文件的标注。印发、批转、转发性通知是复合型公文。它是由通知文本和被印发、批转、转发的文件两部分构成。被印发、批转、转发的文件不视为附件。因此,被印发、批转、转发的文件不是通过标注"附件说明"的方式呈现,而是置于本通知的成文日期之下,"版记"之前,并经过一定的处理:去掉被印发、批转、转发文件的版头、印章、落款、附注、版记,保留被印发、批转、转发的文件的标题,标题之下在加写发文机关名称,处理后原公文文件的发文字号根据先引标题,后引发文字号的要求,标注到主公文中。

(5)注意公文通知与日常通知的区分。内容上,公文通知一般都是本机关、本系统内的重大事项或重要行为,严肃庄重;而日常通知多属本机关一般的简单日常事务,如发放物品、发布开会等。格式上,公文通知按照国家公文格式标准进行制作,而日常通知则比较随意。标题上,公文通知一般要求使用完整式的公文标题,而日常通知常常就只写"通知"二字。发布方式和范围上,公文通知是正式文件,多在本系统范围内发布,而日常通知不是正式文件,仅在本机关内部有效。

(六)批复

批复,适用于上级机关答复下级机关请示事项,是一种具有答复性和批示性的下行公文。批复中提出的要求、办法和意见,是上级机关对下级机关所请示问题的决策性结论,对下级机关具有行政约束力。批复一旦下达,下级机关必须遵照执行,不得违背,具有很强的指令性。由于请示和批复之间的对应关系,将其放入第三节"请复公文"。

第三节　请复公文

请复公文是报请公文和答复公文的统称。报请公文主要是指下级机关向有直接隶属的上级报告情况、请求事项的一些公文,如报告、请示等,其目的是要下情上达,希望上级对工作予以指示或对需解决问题明确表态,提供意见。答复公文主要是指相关机关对有关机关的行文进行回应或处理的一类公文,具有明显的批答回复功能。答复公文与报请公文之间存在较为明显的对应关系。

一、报请公文

报请公文是向上级机关反映情况、汇报工作,请求指示、批准的一类公文,内容以陈述事实为主,介绍情况,说明问题,呈现过程,要少发议论或者不发议论,不可大发议论。报请公文主要有报告、请示、议案等。上行性意见、请批函也有报请公文的功能。

(一) 报请公文的性质与文体种类

1. 报请公文的性质

请示适用于向上级机关请求指示、批准。主要用于下级机关就无权决定的事项或不能解决的问题必须向直接上级机关请求指示或批准时所使用的上行文。请示应按照隶属关系向直接上级机关行文,一般不得越级请示,特殊情况需要越级请示的,应当同时抄送被越过的机关。请示应当一文一事。原则上主送一个上级机关,根据需要同时抄送相关上级机关和同级机关,不抄送下级机关。《中国共产党重大事项请示报告条例》规定:党政机关联合请示报告的,一般应当将上级党政机关同时列为请示报告对象。

报告适用于向上级汇报工作、反映情况、回复上级机关的询问。报告是陈述性公文,主要是将自身相关情况、工作进展汇报给有行政隶属关系的上级单位,以便上级机关及时了解工作动态,指导工作。

意见适用于对重要问题提出见解和处理办法,有上行意见、下行意见和平行意见之分。上行意见具有报请功能,其办理程序和要求和请示相似。上行意见报请的上级机关是其直接上级机关。上行意见最常用的用途是解决属于自身机关职权范围但又需要其他单位共同周知、办理或执行的事项,行文目的是呈请上级机关审批转发,也就是解决无权对其他单位发文的问题。

函适用于不相隶属机关之间商洽工作、询问和答复问题、请求批准和答复审批事项。有商洽函、询问函、答复函、请批函和告知函之分。其中,请批函具有报请功能。函的报请功能,侧重于“请”,主要用于向无隶属关系的主管部门请求批准。

议案适用于各级人民政府按照法律程序向同级人民代表大会或者人民代表大会常务委员会提请审议事项。“提出审议事项”可以归入报请性公文。这里,议案的发文者只能是人民政府,收文者则只能是人民代表大会或人民代表大会常务委员会。

2. 报请公文的文体种类

(1) 请示和报告的区别

从行文方向上来看,请示、报告都属上行文;从性质上来看,两者都属报请公文;从功能上来看,两者都是要做到下情上达。但是两者存在明显的区别(见表2-2)。

表2-2 请示和报告的区别

文种 因素	请示	报告
主送机关数量	一个或两个	可以一个或多个
行文时间	在请示事项发生之前	在报告事项发生后,事项可在进行中,也可结束
事项数量	一文一事	一文数事
文种性质	办件,须回复	阅件,可以不回复汇报单位
临安语气	请求性,请求指示或批准	陈述性,陈述事实或过程
结束用语	妥否,请批示等	特此报告等

（2）请示和上行意见的区别

上行意见具有报请功能，其报送机关是意见报请的直接上级机关，与请示办理程序和要求相似，一经批转或批准，上行意见就从参谋建议性文件转化为具有指导性和约束性的文件。两者在行文方向上和目的上比较接近，也有着明显的区别（见表2-3）。

表2-3　请示和上行意见的区别

文种 因素	请示	上行意见
缘由	主动表态性请示	主动或被动地提出自己的见解和办法
事项	大多为个案或个别问题	带有一定普遍性的问题
结构	由缘由、事项等组成	由缘由、事项、办法、措施等组成
结束用语	妥否，请批示等	以上意见如无不妥，请批转有关单位执行

（3）请示和请批函的区别

《党政机关公文处理工作条例》明确界定"函"用于"询问和答复问题，请求批准和答复审批事项"。其中"询问""请求批准"就是函报请功能的体现。函与请示的区别在于主送机关的不同（见表2-4）。函是用于"不相隶属机关之间"，即函用于向无隶属关系的有关主管部门请求批准，而请示一般用于向有隶属关系的有关主管部门请求批准。

表2-4　请示和请批函的区别

文种 因素	请示	请批函
主送机关	直接隶属关系的上级机关	不相隶属机关之间
惯用语	当否，请批示；妥否，请批复；以上请示，请予审批；以上请示如无不妥，请批转有关部门执行等	妥否，请审批
受文单位办理方式	批复、通知、函等方式回复	只通过函方式回复

（二）报请公文的作用与特点

1. 报请公文的作用

（1）下情上达，为上级机关指挥、决策提供参考。通过信息的向上传递，上级机关能够了解下级机关工作中遇到的问题、困惑以及难以处理的疑难事项和重大事项。根据对这些情况的判断和把握，上级机关可以做出适应下级机关工作情况的决策，进一步推动和指导下级机关更好地开展工作。

（2）沟通协调，争取上级机关的理解、支持和指导。报请公文的行文目的都是希望上级了解本机关的工作情况，对本机关的工作给予肯定和指导，体现了上下级之间的管理关系，保证了上下级之间的有效沟通和交流，有助于上级机关在更大的范围内对有关事项进行组织、协调。

2. 报请公文的特点

（1）呈报性。报请公文的主送机关大多为具有直接隶属关系的上级机关。报请公文的机关与上级机关或存在领导被领导的行政上下级关系,或存在着指导被指导的业务上下级关系。即便有些报请性公文是在不相隶属机关之间使用,但仔细分析,就会发现被呈报机关实际是呈报机关在职级或管辖上的上级单位,是一种特殊上级单位,相当于上级机关。

(2)陈述性。报请公文的内容比较注重摆事实、讲道理,让上级机关准确清晰地把握下级机关的工作状态或者面临的难题,字里行间体现出请求性的或者报告性的特点,在表达方式上,要以叙述为主,说明为辅,要少议论或者不议论,不可大发议论。

(3)广泛性。报请公文行文目的是希望上级肯定自己的工作或对自己的工作给予指导,是上情下达、交流沟通的重要工具。其内容繁多,应用范围广泛,请示、报告、函等在日常政务管理中特别常见,是机关之间普遍使用的公文载体和工具。

(三)常用报请公文的格式与写法

1. 请示

(1)基本结构

请示的基本结构: 标题 + 主送机关 + 正文 + 发文机关签署 + 成文日期

标题,请示的标题一般为完整式公文标题,即"发文机关名称"+"事由"+"文种",写成"××××关于×××××××的请示"格式。单位内部使用时可以省略"发文机关名称",一般不会使用仅有"请示"文种的标题形式,并且在编写事由时,注意不要语义重复,一般情况下,恳请"人"(如领导、专家等)可以用"恳请""请""请求"等字样,而请求"事"尽可能避免出现与"请示"重复的词语。

主送机关,"请示"应当逐级进行,一般不得越级请示。2019年1月31日实施的《中国共产党重大事项请示报告条例》明确规定:党政机关联合请示报告的,一般应当将上级党政机关同时列为请示报告对象;重大事项请示报告一般应当经党组织领导班子集体研究或者传批审定,由主要负责同志签发或者做出。必要时应当事先报上级党组织分管负责同志同意。也就是说请示党内重大事项时,如果党政机关联合行文的,请示须主送上级党、政府机关。这点与一般请示主送一个机关的情形不一样,请示的主送机关不再是请示行文机关的是唯一上级机关。此外,除领导人特别交办的特别事项,主送机关不能写成上级机关领导人,如"×局长"等。

正文,一般由 请示缘由 + 请示事项 + 请示结语 三部分组成。请示适用范围比较广,内容比较庞杂,文种也较为多样,但大体上遵循以下写作思路,如图2-6所示。

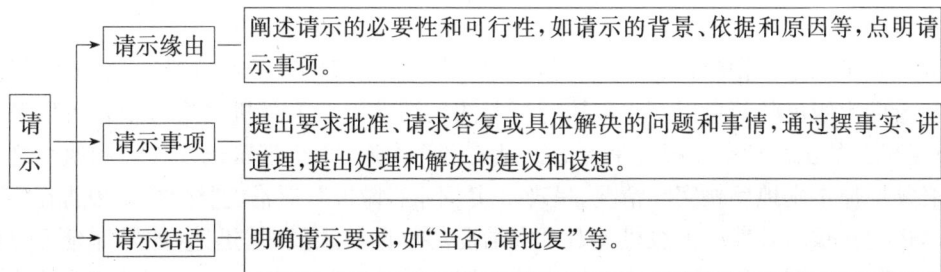

图 2-6　请示结构图

（2）写作要领

第一，注意请示格式的完整性。请示行文要求在版头部分标注签发人姓名，联合行文时，要标注会签人姓名，不标注机关名称，表示对请示事项负责。

第二，请示须"一文一事"。请示的内容要集中、单一，应当一事一请示，不要一文数事。一文数事可能会出现上级机关对数事的处理态度不一致的情况，就会影响请示事项批答，并且机关单位都有自身的职权范围，事项多可能超出职权范围，给上级机关带来困扰，会影响请示目的的顺利实现。"一文一事"有助于主旨明确，立意清晰。如果多个事项都需要请示的，应该分别写成几份请示。

第三，注意把握好请示的内在逻辑。一份请示不论长短，其内在逻辑由"为什么要请示"和"请示什么问题"两大层次组成。"为什么要请示"也就是"请示缘由"，把解决问题的必要性和迫切性说清楚。"请示什么问题"则需要围绕请示问题的可能性、现有的条件以及可行性解决方案，主要包括情况与意见两个方面。情况说明是让上级快速了解请示事项的基本情况，意见是为上级机关提供决策参考。两者同时具备才能让上级机关迅速做出决断。

第四，下级机关的请示事项，如需以本机关名义向上级机关请示，应当提出倾向性意见后上报，不得原文转报上级机关。这是《党政机关公文处理工作条例》对较低级别机关向较高级别机关进行间接性请示所做的明确的限定，即对越级请示情况所做的特殊规定。

第五，请示临案语气要谦恭。请示的请求性决定了请示的写作态度必须是诚恳、情真意切，在提出请示事项时，必须是真实、准确、有理有据，态度上要礼貌谦和，用商量的口气与上级对话，避免使用"必须""决定"等硬词，结尾要使用征询期复性的词语。

2. 报告

（1）基本结构

报告的基本结构：标题 ＋ 主送机关 ＋ 正文 ＋ 发文机关签署 ＋ 成文日期

标题，报告的标题和请示写法类似，在文种上要注意"请示"和"报告"的区分，不能混用，也不能误用。其中，回复性报告是被动的，但标题写法可以与其他报告类型相同，写成"××××关于×××××情况的报告"，也可以写成"××××关于×××××情况的回复报告"，有时还可以写成"××××关于×××××情况的回复"。

主送机关，一般只有一个，是其直接上级机关。

正文，一般由 报告引语 ＋ 报告主体 ＋ 报告结语 三部分组成。报告分为工作报告、情况报告、回复报告和报送报告四个不同的类型。类型不同，主体思路存在一定的差异，如图2-7所示。

（2）写作要领

第一，实事求是，讲究时效。报告是向上级机关汇报工作、反映情况、回复上级机关询问，承担着向上级反映信息以及决策执行情况的反馈功能。上级机关通过报告可以及时地了解下级机关的工作动态。报告是上下级机关之间沟通的"纽带"，也是决策和执行之间的桥梁，必须原原本本地反映实际情况，呈现事实，不能"谎报"，更不能"注水"。报告在实事求是之外，还要注重时效性。下级机关对事实情况的反馈必须及时、迅速，如果拖延、滞后，就会影响上级机关的判断，进而影响上级机关决策的及时性和科学性。《中国共产党重大事项请示报告条例》明确提出：报告应当具有实质性内容和参考价值，有助于上级党组织了解情况、科学决策,力戒空洞无物、评功摆好、搞形式主义。报告应当简明扼要、文风质朴,呈报党中央的综合报告一般在 5 000 字以内,专项报告一般在 3 000 字以内,情况复杂、确有必要详细报告的有关内容可以通过附件反映。

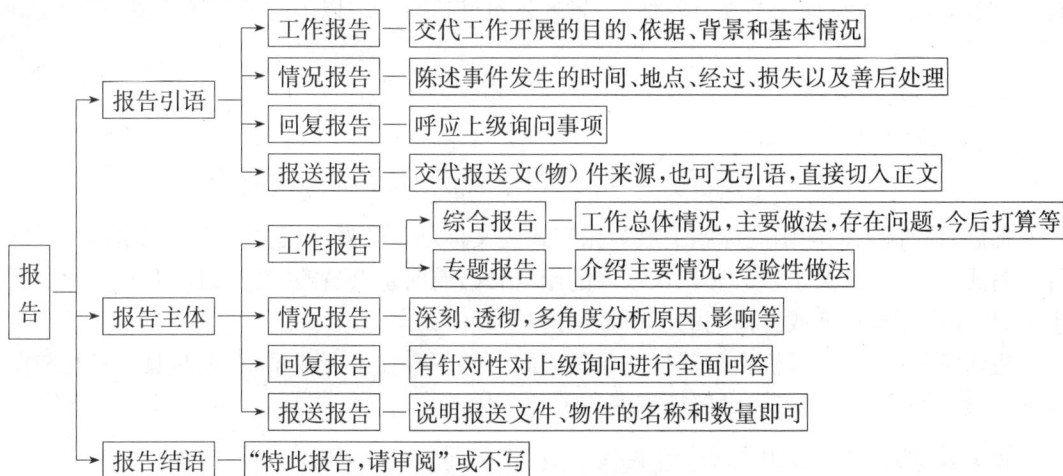

图 2 - 7　报告结构图

第二,理清思路,把握重点。报告种类较多,但不管哪一种报告都要凭事实说话,把报告缘由、报告事项的总体情况、主要经验和存在的问题讲清楚,然后进行恰当分析、判断,反映事情原委、性质以及基本看法。在思路清晰的基础上,把握重点,突出中心,明确问题,避免事无巨细,泛泛而谈。这样便于领导掌握情况,指导工作,做出处理。

第三,掌握大量的第一手材料,筛选重点材料。对材料和事实的把握是写好报告的前提。选材要认真、典型、精到,特别关注重点材料。要重点关注那些能够影响全局工作或情况的材料,能够对当前或今后工作有重要指导和推动作用的材料,能够充分显现本机关工作成效、工作状况和工作水平的材料,能够代表和反映本机关或本地区工作存在的带有普遍性和倾向性问题的材料。①

第四,报告中不能夹带请示事项。这是《条例》对报告写作提出的明确要求。请示报告虽然都是报请类公文,但是它们的侧重点有一定的差异,报告主要是呈报事实,请示主要侧重请求批准。前者不要求上级机关做出答复,而后者则要求上级机关必须做出明确批复。在实际行文中,两者必须明确区分,不能在报告中夹带请示事项,以免延时误事,影响工作,造成更大损失。

3. 上行意见

上行意见的基本结构和上文中讲到"下行意见"类似,需要注意的有两点。

一是主送机关不一样。上行意见的主送机关和请示相似,是有隶属关系的直接上级机关,并且是唯一的上级机关。

二是正文写作思路相似,行文目的存在差异。上行意见可分为呈报型意见和呈转型意见两种。呈报型意见,主要是下级机关向上级机关为某方面工作献计献策,需要上级机关对

---

① 岳海翔:《最新公文写作规范与格式标准》,北京:中国文史出版社,2017 年,第 175 页。

意见内容给予同意或批准。呈转型意见用于报请上级机关批转并转发属于自己工作、业务范围内的,又要其他部门配合的措施、办法、规定等,其意见内容属于发文机关单位自己分内的事情,只不过要求上级解决"不能发文"的问题,上级机关在审核同意后批转有关单位执行,一般以"以上意见如无不妥,请批转××××贯彻执行"或"以上意见如无不妥,请予批转执行"收尾。

4. 请批函、询问函

(1) 基本结构

$$\boxed{标题}+\boxed{主送机关}+\boxed{正文}+\boxed{发文机关签署}+\boxed{成文日期}$$

标题,请批函、询问函的标题一般为完整式公文标题,即"发文机关名称"+"事由"+"文种",写成"××××关于×××××××的函"格式,有时也会省略"发文机关名称",在编写事由时,要将请求批准或者询问的事项拟写清楚。

主送机关,函的主送机关与其行文单位之间一般不存在隶属关系,一般是具有审批权限且不相隶属的单位或者不相隶属而事项相关的单位。

正文,函的正文一般由$\boxed{缘由}+\boxed{事项}+\boxed{结语}$三部分组成,如图2-8所示。

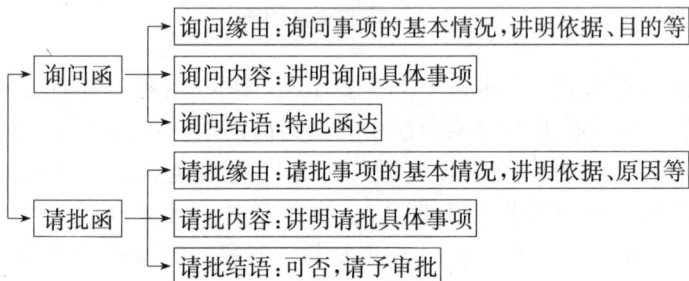

图 2-8　请批函、询问函结构图

(2) 写作要领

第一,叙事清晰。函是机关向外联系沟通、商洽事情、请求帮助的重要工具,要想取得对方的支持、理解,达成圆满结果,要尽量做到一函一事,内容描述应当开门见山,清楚明了,详略得当,让人易于理解、接受和支持。这样才能取得比较圆满的结果。

第二,语气谦和。函用于不相隶属机关之间的行文往来,要用诚恳、尊重、商量的态度,用谦和、恳切的口气,不要过分寒暄客套,也不要过于奉承对方,要掌握用语分寸,礼貌、平等、尊重对待对方,避免产生误解或者反感。

第三,格式特殊。函的格式一般采用政府函件的格式,发文字号为函号,即机关代字一般编为"×函",标注为"×函〔××××〕×号"。

5. 议案

(1) 基本结构

议案的基本结构:$\boxed{标题}+\boxed{主送机关}+\boxed{正文}+\boxed{落款}$

标题,议案标题一般采用完整式公文标题,由"议案提出机关"+"提请审议的事项"+"议案(文种)"组成,写成"××人民政府关于提请审议××××××的议案"的形式。

主送机关,只有一个,是与发文人民政府同级的人民代表大会或人民代表大会常务委员会。

正文,一般由 议案引语 + 议案主体 + 议案结语 三部分组成。议案虽然可以分为重大事项立案、立法立案和批准条约立案等不同类型,但其主体思路却非常类似,如图 2 - 9 所示。

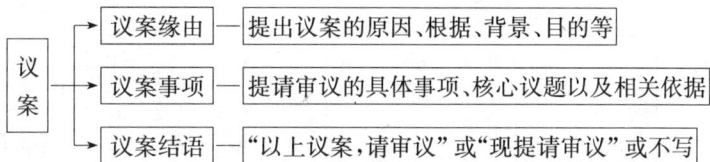

图 2 - 9　议案结构图

落款,即议案提出的人民政府和提出时间。

(2) 写作要领

第一,一案一事。为方便审议与处理,应注意议案内容的单一性和有限性,不能把内容不同的两件事情写在同一个议案里,否则会影响提请审议的顺利实现。

第二,做好调查研究。撰写议案除了要符合党和国家的政策法规外,还要在提出议案之前进行大量深入细致的观察,了解实际情况,认真分析所提请审议的事项,全面、准确、有效地掌握现实情况和第一手资料,内容能反映社会热点问题或普遍需求,措施充分有力,方案切实可行。

第三,注意区分议案和提案。公文的议案只能提交人大或人大常委会审议,而提案可以提供给相关部门今后决策做参考。议案只能由各级人民政府提出,提案的主体较为多样化。人大或其常委会通过的议案,具有法律效力,而提案则没有法律约束力。议案一般只在人大或常委会召开期间提出,提案则相对宽松。

二、答复公文

(一) 答复公文的性质与文体种类

1. 答复公文的性质

批复,是上级机关用来答复下级机关请示事项的具有批示性的下行公文,与请示相对应,是答复性公文中最典型的文种。

复函,用于不相隶属机关"答复问题"或"答复审批事项",与"函"对应。

回复报告,主要用于回复上级机关询问,对应下行意见、通知或者函等文种。

审批性决议,一般用于需经党的代表大会、人民代表大会、政协代表会议等法定会议审定的议案。

通知,也具有答复功能,主要包括批准通知和同意通知。批准通知实际是"批复"加"通知"。而"同意通知"一般用于项目审批、奖项申报、城市功能定位等事项的请示。部分报请性公文(如报告、上行意见等)可以用批转、转发型通知,进行答复;也可以直接使用指令类通知进行答复。这种答复性通知与批复、复函颇为相似,不同的是,其行文的主体可以在更大的范围内就相关事项提出具体的建设性的部署和要求。

2. 答复公文的文体种类

(1) 批复与复函的区别

批复和复函是不同的答复公文。差别非常明显,如表2-5所示。

表2-5　各种答复公文区别表

文种 因素	批复	复函
行文机关关系	有直接隶属关系	不相隶属单位
行文方向	下行文	相对灵活,答复问题是可以下级对上级、平级,答复审批事项,一般在不相隶属机关之间进行
针对文种	请示	函,有时通知

(2) 报告、复函、批复性通知

报告可以"回复上级机关的询问",是下级机关回复上级机关询问而使用的回复性公文。不相隶属机关之间"询问问题"用"函",回复用"复函"。相隶属的上级机关询问下级机关用"函"或"通知",下级机关单位答复上级机关单位则使用"报告"。通知的答复功能主要由"批转、转发文件"的性质引起。批转、转发可以由"请示""意见"引起,即求转性请示可以用"批复",也可以用"批转"性通知,也可以用"批准""同意"通知进行批答。上行性意见可以用除了"批复"外的批答方式进行回复。如南京市城市管理局就"全市渣土车联合管理"这一问题向南京市政府行文《关于建立全市渣土车联合管理的意见》,提出见解和处理办法,希望得到市政府答复。南京市政府同意这份公文,使用"批转性通知"发布出去,这时通知就具备了答复性,拟写为《南京市政府批转南京市城市管理局关于建立全市渣土车联合管理意见的通知》。有时,政府审批的公文也可以由政府办公厅(室)转发,即部分"批转通知"也可以转化为"转发通知",像南京市城市管理局的意见,经市政府批准后,以市政府办公厅的名义给予答复,拟为《南京市政府办公厅转发南京市城市管理局关于建立全市渣土车联合管理意见的通知》,一般政府批转的多为重大事项。

(二) 答复公文的作用与特点

1. 答复公文的作用

(1) 批答作用。批答公文是相关机关对报请公文进行批示、答复和办理,具有鲜明的针对性。相关上级机关就有关下级机关及其人员报请事项、问题,表明自身态度,提出意见、办法,具有决策、批示、指导的作用。

(2) 部署作用。答复公文的部署作用是以批答作用为基础的。批答的表态,意见和要求实际上就是针对有关机关单位及其人员报请事项、问题所做的批示,反映了上级机关及其人员的决策意图,是对收文单位的具体部署,下级机关单位及其人员应该贯彻执行。

2. 答复公文的特点

(1) 被动性

答复公文的核心是做出表态和回复,属于被动行文。在行政管理过程中,某单位就一些不明确的问题向相关机关进行询问,或者就提出某些事项请求相关机关表明态度,给予适当答复的公文。答复公文是以报请公文的呈请为前提的,与报请公文之间存在对应关系。正是缘于报请公文的呈请,为了处理报请公文中涉及的问题和事项才制发了答复公文。如果没有报请公文,一般就没有答复公文的出现。被动性是答复公文的显著特点。从管理的权限和实际使用看,答复公文虽然是被动行文,但如何批答中也可以有"主动作为"的现象。

(2) 针对性

答复公文的被动性决定了其针对性。一是文种上存在着较为明显的"一对一"的针对性特征,批复针对请示,复函对应函,回复报告针对通知或者函,决定、决议、公报、纪要主要针对议案等,即答复公文往往是针对报请公文而形成被动性文书。[①] 二是内容上也必须针对报请公文所请求、询问的问题、事项表明自己的态度,提出自己的看法、意见和要求,与请求、询问不相关的问题、事项一般无须在答复公文中出现,不能答非所问,也不能借题发挥。

(3) 简要性

答复公文的针对性决定其要采取"一对一"的写作思路,即问什么答什么,简洁明了,就事论事,不能答非所问,也不能横生枝节。也就是说答复公文就是就其他机关所要询问的问题或事项有针对性地做出答复,一般只作原则性、结论性的表态、部署和安排,并提出希望或执行要求,不做具体分析和阐述。

(三) 常用答复公文的格式与写法

1. 批复

(1) 基本结构

批复的基本结构: 标题 + 主送机关 + 正文 + 发文机关签署 + 成文日期

标题,批复的标题应当根据请示事项和批复情况进行编拟。大体有两种表达形式。

一是"批复机关名称"+"事由"+"文种"的格式,一般写成"×××关于××××××的批复"的格式,如《国务院关于河北雄安新区总体规划(2018—2035 年)的批复》。有时在"事由"中也会出现明显的表态,表示肯定批准的,在批复标题中须标明"同意"字样,如《国务院关于同意设立"中国品牌日"的批复》;"原则上同意",表示部分同意,则不能在标题中明确表态;若是完全否定的,须在标题中使用"不宜"来进行引导性、建议性的否定。

二是"批复机关名称"+"事由"+"批复对象(请示主体)"+"文种",一般写成"××××关于××××××给××××的批复"的格式。如《国务院关于同意北京市设立燕山区给北京市人民政府的批复》。

主送机关,批复的主送机关即上报请示的机关。

正文,批复正文写作思路大体由"批复缘由"+"批复意见"+"批复结语"三个部分组成(见图 2 - 10)。

"批复缘由",交代批复产生的缘由,基本模式是引述来文。用第二人称"你×"称呼呈报请示机关,"×"是请示机关单位名称的最后一个字。接着用书名号标注请示标题,但是要将请示标题的发文机关名称去掉,从"关于"开始引。最后引发文字号,并且发文字号要用圆括号括注,一般写成"你×《关于××××××××××××的请示》(×发〔×××〕×号)收悉。"或"收到你×《关于××××××××××××的请示》(×发〔×××〕×号)。"的形式。如果被引原文件没有发文字号,如引用办法、条例等,则只引标题。

---

① 冒志祥:《浅论批答类公文的非针对性》,《应用写作》,2017 年第 12 期。

"批复意见",主要是将请示的事项或要求根据国家方针政策、法律法规以及管理权限或实际情况,给予明确答复,提出具体意见。批复一般有针对具体公务事宜所做的事项性批复和针对方针政策问题所做的政策性批复两类。

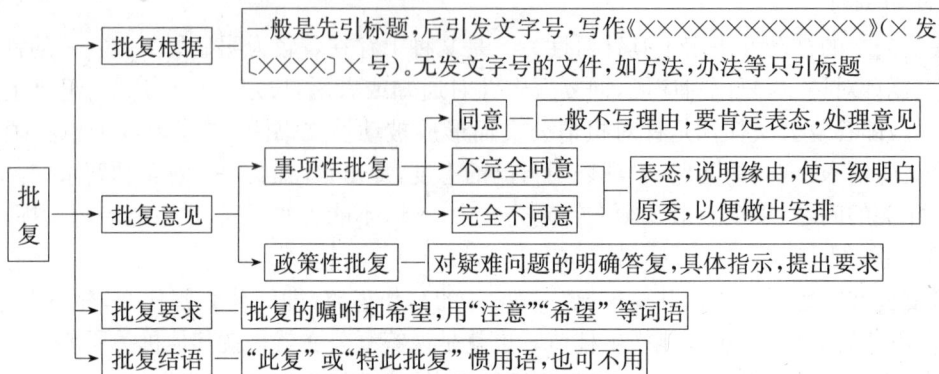

批复	批复根据	一般是先引标题,后引发文字号,写作《×××××××××××××》(×发〔××××〕×号)。无发文字号的文件,如方法,办法等只引标题		
	批复意见	事项性批复	同意	一般不写理由,要肯定表态,处理意见
			不完全同意	表态,说明缘由,使下级明白原委,以便做出安排
			完全不同意	
		政策性批复	对疑难问题的明确答复,具体指示,提出要求	
	批复要求	批复的嘱咐和希望,用"注意""希望"等词语		
	批复结语	"此复"或"特此批复"惯用语,也可不用		

图 2-10 批复结构表

(2) 写作要领

第一,先核实,后批复。上级机关收到下级机关的请示后,要对下级机关请示事项或问题进行认真调研,仔细把握请示内容背景,判断呈报请示的必要性,请示理由的合理性,请示意见建议的可行性,对请示情况认真核实,然后再根据国家有关方针政策、法律法规和现有案例对请示进行具体答复。但是核实时间不宜拖得太久,在形成一致意见后要及时批复,以免影响下级机关工作的正常开展。

第二,态度鲜明,答复具体。对下级机关请示的问题或事项要进行明确表态,并对请示内容给予明确具体可行的答复。若是同意批准的批复,同意的表态,可以在批复的标题中点明,也可以在批复的正文显现,然后再对具体事项或问题进行答复,提出具体的处理意见或建议,明确执行要求,提出希望。若是不同意或不能同意的批复,要进行必要的思考研究,并简要说明或阐述否定缘由。不能模棱两可,含糊其词,让下级机关无所适从。

第三,若下级不同的机关单位请示的是相同的事项,而批复单位的批复意见是相同的,且均为同意,则可以用一篇批复来答复下级机关。若有同意的又有不同意的,则可将同意事项以一份公文答复,不同意事项用另一份公文分别答复。如总厂党委接到一、二、三、四分厂的关于各自分厂的支部选举结果的请示,而总厂党委均表示同意,则可以合并成一份批复答复。

第四,注意批复的信函格式。实际应用中,批复常常采用信函式的方式发布出来。因为信函式的特殊性,造成批复文面整体格式有所调整。比如,发文机关标志只标注发文机关全称,不加"文件"二字;发文字号标注在标题的右上方,标注为"×复〔××××〕×号",实际使用中常常编写为函号,即写成"×函〔××××〕×号"。

2. 答复函

（1）基本机构

答复函在写法上与批复非常相似。其基本结构为：

$\boxed{标题}+\boxed{发文字号}+\boxed{主送机关}+\boxed{正文}+\boxed{发文机关签署}+\boxed{成文日期}$

标题，答复函的标题一般由"发文机关名称"+"事由"+"文种"组成，也可以由"事由"+"文种"组成。因为是答复函，标题文种一般写为"复函"或"答复函"，可以写成"××××关于××××××的复函"。

发文字号，答复函的发文字号编写为"×函〔××××〕×号"。

主送机关，答复函的主送机关多与发文机关平级或不相隶属的机关单位。

正文，答复函的正文由"答复依据"+"答复事项"+"答复结语"三部分组成，具体结构如图2-11所示。

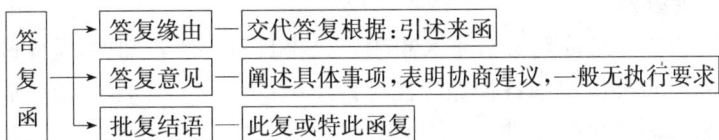

图 2-11　答复函结构表

3. 回复报告

回复报告是报告的一种，其结构可以参考报请公文中的"报告"，其内容主要针对上级机关单位的询问，针对性强，涉及内容一般比较具体，叙写应当翔实细致。回复报告多在上级机关用"通知"或"函"进行询问事项或问题时产生。"通知"有一定的部署性要求，下级机关单位必须无条件地予以回复。"函"带有一定的商洽性，下级机关单位可以有条件地答复。一般来说，下级机关单位答复"通知"的询问要详细具体；答复"函"的询问要简洁明了。

4. 批准通知

批准通知可以用批转、转发性通知来发文，也可以直接用"通知"形式来发文。请示的答复有可能是批复，也有可能是批转通知或同意通知。上行意见的答复有可能是批转性通知，也有可能是转发性通知。上级机关在收到相关请示或意见后，可以通过以下三种途径对来文进行答复。[①]

一是用批转性通知的形式处理，需在文中注明"政府同意"等字样。

二是由办公厅（室）用转发性通知的形式处理，需在文中注明"经政府同意""经政府审批"等字样。

三是由上级机关或者相关职能部门直接用"通知"形式处理。其具体格式和写作思路可以参见"通知"，但在标题中通知前面加上"批准"或"同意"二字，写作"……批准通知"或"关于同意……通知"，如《2018年度国家自然科学基金委员会与波兰国家科学中心合作研究项目批准通知》或《关于同意××同志辞去职务的通知》。

[①]　丁晓昌、冒志祥、胡元德：《新编应用文写作》，南京：南京师范大学出版社，2013年4月第1版。

第四节 知照商洽公文

知照公文是指向社会发布的一种告谕性公文,用于晓谕事项、告知情况、沟通信息、表明立场、态度等。知照公文主要有公告、通告、公报、纪要等,具有知照功能的公文还有通知、通报等。商洽公文往往是机关单位之间要商询某些问题或事项以便更好地履行职能而使用的一类公文,主要有函,意见、通知有时也具有商洽的功能。

一、知照公文

(一)知照公文的性质与文体种类

1. 知照公文的性质

公报,适用于公布重要决定或者重大事项。公报具有广泛告知性,是党政机关用来向国内外宣布重大事件、重要决定和各种综合性统计事项的一种知照性公文。常见的公报有会议公报、统计公报和联合公报三种。

公告,适用于向国内外宣布重要事项或者法定事项,是一种告知性的公文。公告分为重要事项公告和法定事项公告两类。"重要事项"包括国内外重大政治、经济活动,国家机关重要决策等。法定事项主要指国家重要职能部门制定的法律或法规等。公告可以通过报纸、电视台、电台等媒体发布。通过媒体发布的公告,视为具有特定法定效力的正式公文,无须另外行文。

通告,适用于在一定的范围内公布应当遵守或者周知的事项。通告使用范围较广,内容多样,使用普遍。既可以由国家、地方各级机关发布,也可以由基层单位发布。行政机关、司法机关、社会团体、企事业单位有应当周知的情况、注意的问题或遵守的事项需要向一定范围的社会公众公布时都可以使用。根据通告的性质和内容,可以分为事项性通告和规范性通告两种。

通报,适用于表彰先进、批评错误、传达重要精神或告知重要情况。通报是一种知照性和教育性相结合的公文,一般作下行文使用,用于上级机关将某种典型案例、重要精神或重要情况传达给下级机关,希望能够起到普遍的教育意义、警戒作用和示范价值。

通知,适用于发布、传达要求下级机关执行和有关单位周知或者执行的事项,批转、转发公文。其中,"有关单位周知"的功能说明通知具有明显的知照性特点,特别是通知中的告知性通知。

纪要,适用于记载会议主要情况和议定事项。纪要是根据会议记录提炼出来的主要精神和议定事项,要求收文机关单位遵守、执行、周知,也可以反映某一方面的情况。凡是没有取得一致意见的内容,不能写入纪要。纪要主要具备知照功能,为有关单位提供参考,也能统一认识,规范行动。当要贯彻执行会议精神时,可通过"印发""批转""转发"通知或"公报""决议""通报"的形式来实现部署功能。

2. 知照公文的文体种类

(1) 公告和公报(见表2-6)

表2-6 公告和公报的区别

文种 因素	公报	公告
发布内容	比较具体,可以是重大事项, 也可以是具体事项	重要事项,相对宏观
功能方面	不可以宣布法定事项	可以宣布法定事项
发布效力	公报具有新闻性,广而告之	约束力强

(2) 公告和通告

公告和通告都属于知照公文,都有告知作用。有时两者会被混用,多数情况是将通告错用作公告。实际上,两种公文的运用区别较大,具体如表2-7所示。

表2-7 公告和通告的区别

文种 因素	公告	通告
制发机关	最高国家机关及其职能部门	各级政府的职能部门
发布事项	重大事项或者法定事项	一般业务事项
发布范围	国内外	国内一定范围
发布方式	广播、电视等媒体发布	张贴、悬挂、下发等形式
发布目的	发布事项,传递信息,以"知"为主	周知并且遵守,"知且行"

(3) 公布令和公告

两者都是属于用来公布重要事项或内容的知照公文,但是区别很大,如表2-8所示。

表2-8 公布令和公告的区别

文种 因素	公布令	公告
发布内容	重要事项或法定事项	公布行政法规或规章
行文方向	下行文,发布机关所属范围	普发性,无限定对象
发布效力	"令行禁止",强制性	重在周知,无强制性
发布方式	行政公文格式	广播、电视等媒体发布

(4) 知照性通报和知照性通知(见表2-9)

表2-9　知照性通报和知照性通知的区别

文种 因素	知照性通报	知照性通知
发布内容	传达重要精神和告知重要情况	发布、传达有关单位 周知或者执行的事项
主送机关	不写主送机关，向社会公众发布	须写明主送机关或通过 抄送机关体现收文范围
发布效力	强调的是告知性，约束性较弱	一般还有执行性要求或 办理性要求，约束性较强
发布范围	涉及事项内容重要， 更受社会关注，更具有广泛性	事项比较具体，涉及范围有所限定
发布方式	报纸、电台、电视台等媒体发布	文件形式发布

（5）知照性通报与公告、通告、公报（见表2-10）

表2-10　知照性通报与公告、通告、公报的区别

文种 因素	知照性通报	公告、通告、公报
发布内容	具有典型示范作用的具体事实	较大范围内需要周知的信息
行文要求	一般写明约定性结论即可，需分析，需描述	介绍情况，交流信息， 不做分析，不做描述
发布效力	教育，警诫作用	具有一定的法规性和法律约束力
写作方式	文章式写法	条文式写法

（6）纪要与决议（见表2-11）

表2-11　纪要与决议的区别

文种 因素	纪要	决议
内容不同	可大可小，可轻可重	原则性重大问题
形成过程不同	需要正式会议按照法定程序表决通过	会议情况整理后领导人审核签发形式
显示效果不同	指令性、约束力较强	知照性，指令性弱
写法不同	采用条目式	不采用条目式

（7）纪要与会议记录（见表2-12）

表 2-12　纪要与会议记录的区别

文种因素	纪要	会议记录
目的不同	宣传、报道会议精神,贯彻执行会议决定	当场记载会议情况,反映会议的本来面貌
作用不同	具有公文的法定效力和一定的约束力	具有凭证依据作用,可保存备查
形成过程不同	会议结束后依据会议记录以及其他有关会议材料加工而成	会议同步进行在会议过程中形成
记叙方法不同	问题与观点,论事为主,表述的是会议整体的观点、决定、号召等	会议自然进程,以发言人为单位分段记载
写作要求不同	去粗取精,去伪存真,抓住要点,反映实质	要求真实、准确、详细、完整,能反映会议本来面貌
内容选材不同	遵循组织原则,能公开的内容才能在会议纪要中体现	要求忠实于会议的最原始状态,会上与会者的争论等要详细记录

(二) 知照公文的作用与特点

1. 知照公文的作用

(1) 具有告知作用。知照公文行文的主要目的就是要传递发文机关的立场、态度、观点等或其他需要周知的信息。其主要功能就是发布信息,晓谕事项,让社会公众或一定范围内的人员较为全面地获知社会、政治、经济等方面的信息、情况和动态,让社会公众以及相关人员对某些信息、事务发展具有一定的知情权。

(2) 具有法规作用。知照公文在传递信息的同时常常以结论性的规范或约定对收文者提出要求,具有规范秩序,约束行为的功能。收文者在获知这些规范约定后,必须按照发文机关相关要求严格遵守。反之,如有违背,将会受到一定的约束和处罚。

(3) 具有凭据作用。知照公文的凭据作用是建立在其法规作用的基础上的。约束和处罚当事机关单位或人员的依据就是这些已经广而告之的知照类公文的具体条文。收文、发文双方必须遵守这些约定和条款,它是双方对有关事项或信息进行查验的凭据。

2. 知照公文的特点

(1) 告知性

告知性是知照公文的最主要特点。知照公文用于向一定范围内的机关单位和人员告知情况、沟通信息、通知事项,其行文的主要目的就是将发文机关的立场、态度、观点等或其他需要周知的信息向相关单位和人员履行告知义务,以便让相关单位和人员知悉有关情况,并根据知照公文的具体安排、要求和部署认真落实执行。

(2) 普发性

知照公文一般没有明确的收文对象,而是以一种广而告之的形式对社会公众发布。这里的社会公众范围非常广泛,既可以是面向国内,也可以是面向世界的;既可以是全国的,也可以是一个地区、一个部门乃至一个行业的;既可以是一定区域全体范围的,也可以是一个区域局部范围的,甚至是需要知悉公文内容的任何一个团体或组织等。

（三）常用知照公文的格式与写法

1. 公报

（1）基本结构

公报的基本结构：标题 ＋ 正文 ＋ 发文机关签署、时间

标题，会议公报、事项公报和联合公报的标题惯用形式存在一定的差异。

会议公报，一般采用"发文机关名称"＋"文种"的格式，写成"×××××公报"或"×××××会议公报"，如《中国共产党第十九届中央委员会第三次全体会议公报》；也可以直接采用"文种"形式，写作《会议公报》。

联合公报，可以采用"发文机关名称"＋"事由"＋"文种"的形式，写成"××××和××××关于××××的联合公报"，如《中国和意大利关于加强全面战略伙伴关系的联合公报》；也可以采用"发文机关名称"＋"文种"的形式，写作"××××和××××联合公报"，如《中华人民共和国政府和保加利亚共和国政府联合公报》；也可以直接采用"文种"形式，写作《联合公报》。

统计公报，一般采用"地区"＋"年份"＋"事由"＋"文种"的形式，写作"××××××××统计公报"，如《中国 2018 年国民经济和社会发展统计公报》。

正文，公报正文写作思路大体由"前言"＋"主体"＋"结尾"三个部分组成。公报类型不同，各部分内容表述存在一定的差异（见图 2-12）。

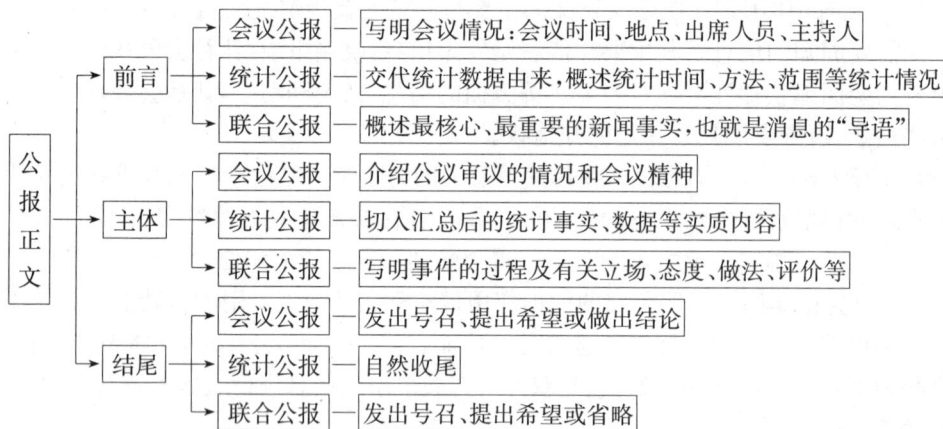

图 2-12　公报结构表

发文机关签署、时间，会议公报一般在标题之下正中位置注明什么时间，经过什么会议讨论通过，并用圆括号括入；统计公报一般在标题之下正中位置写明发布机关名称及发布的时间；联合公报则是在正文之后右下方写明双方签署人身份、姓名，签署日期及地点。

（2）写作要领

第一，公报带有很强的新闻性，注重借鉴新闻报道的写作方式。公报主要用来报道重要会议情况，发布涉及国民经济与社会发展的重要数据或基本情况，以及宣布一些重大事件、重要决定及其形成过程，具有较强的客观报道性，只要把信息的核心用干练简洁的语言表述出来即可，不做分析、不做描述。

第二，注重公报的时效性，写作时要注意迅速及时，语言要简洁明了，行文要开门见山，直陈事件，篇幅不宜过长。

第三，注重公报的权威性。公报是非常庄重严肃的文种，其内容必须是全社会所关切的重大事件，要根据其事件的重大程度选择适用公报，避免滥用，"小题大做"。

2. 公告

（1）基本结构

公报的基本结构：标题 ＋ 正文 ＋ 发文机关签署、时间

标题，可以采用"发文机关名称"＋"文种"形式，写成"××××公告"，如《中华人民共和国国家发展和改革委员会公告》；有时"发文机关名称"和"公告"也可以分别单列一行，写法如下：

中华人民共和国国家发展和改革委员会

中华人民共和国生态环境部

中华人民共和国工业和信息化部

公告

也可以采用"发文机关名称"＋"事由"＋"文种"形式，写成"××××关于××××的公告"，如《住房和城乡建设部关于公布 2019 年第二批造价工程师初始注册人员名单的公告》。有时也会直接写"文种"，即《公告》。

正文，内容含量较少的公告，可以直陈其事，篇段合一，如《住房和城乡建设部关于公布 2019 年第二批造价工程师初始注册人员名单的公告》的正文为"根据《注册造价工程师管理办法》（建设部令第 150 号）及有关规定，经审核，白宇琴等 1 036 人符合造价工程师初始注册条件，准予注册。特此公告。"

内容较为复杂的公告，一般可以采取"公告事由"＋"公告事项"＋"公告结语"的形式。"公告事由"交代公告发布的目的、依据或背景，一般是依据国家的某一法令或某一权力机关的决定及某种情况等。"公告事项"是公告的主体部分，需要分条分项宣布需要告知的重要事项或者法定事项。"公告的结语"一般写"特此公告"或"现予公告"，有时也可以提出执行要求，或者自然结尾。

（2）写作要领

第一，公告重在宣布，要求公众知晓，没有强制性，行文用语上要准确规范，概括简练，注意不能使用太过强烈硬气的词语，且要反复核实，确保无误。

第二，注重公报发文字号的编写。公告的标题只是文种"公告"的或者是"发文机关名称＋文种"形式的文号都编为流水号即"第×号"；而"发文机关名称＋事由＋文种"形式的公告，则编写成"×××〔××××〕×号"的形式。

3. 通告

（1）基本结构

通告的基本结构：标题 ＋ 正文 ＋ 发文机关签署、时间

标题，通告的标题一般可以采用三种形式。

一是"发文机关名称"＋"事由"＋"文种"的形式，写成"××××关于××××的通告"，如《南京市人民政府关于加强 2019 年清明祭扫管理的通告》。

二是"发文机关名称"+"文种"的形式,一般写成"××××××通告",如《北京市公安局通告》,有时,"发文机关名称"和"通告"也可以分别单列一行,写法和公告类似。

三是"文种"形式,直接写作《通告》。一般用于机关、团体、单位内部张贴使用。

主送机关,通告虽然是在一定的范围内发布,但其告知的对象往往不是限定性的,所以一般不写主送机关。如《南京市人民政府关于加强 2019 年清明祭扫管理的通告》,主送对象没用限定性,所以省略不写。

正文,事项性通告和法规性通告的写作思路有一定的区别。事项性通告写作思路采用"通告缘由"+"通告事项"+"通告结语"的形式,法规性通告的写作思路采用"通告根据"+"通告规范"+"通告结语"的形式,如图 2-13 所示。

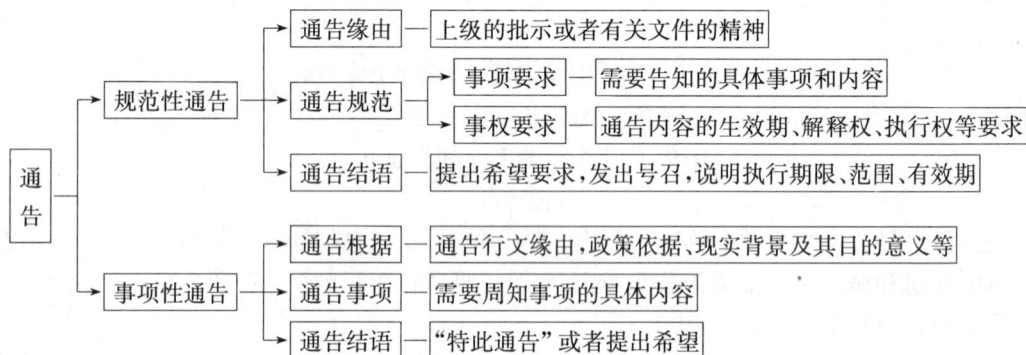

图 2-13　通告结构表

(2) 写作要领

第一,通告内容的写作要符合国家基本方针政策的规定和要求。通告具有较强的政策性、法令性,往往在某一专门问题上规定应该怎样行动,不应该怎样行动。因此,通告的内容必须符合党的路线、方针、政策和政府法令,符合实际情况和人民群众的利益。在撰写通告时,除写明发布本通告的原因外,必须重点写清楚发布本通告的法律或政策依据,有时还要写清楚事实依据。

第二,通告的发文机关必须是对社会有关事务具有决定权或执行权的有关部门,尤其是各级政府的职能部门,否则,便没有发布有关通告的权力。一篇通告只公布一个事项。

第三,通告的语言既要通俗易懂,又要注意专业行业性。通告的内容一般都具有专门性质,如涉及交通、房地产、供水等,常常要使用一些专门术语,因此,既要注意尽量使用通俗易懂的语言,又要注意尽量使用大多数人熟悉的行业用语,便于广大群众了解,以利贯彻执行。

4. 知照性通报

通报可以分为表彰性通报、批评性通报、情况性通报和部署性通报。其中,情况性通报具有知照功能,主要用于传达精神,告知有关情况,交流信息,向有关方面知照应该掌握和了解的动态,作为工作的参考。情况性通报具有一定的指导作用,一般在领导机关内部使用。现今,针对舆情的通报越来越多,其信息沟通作用越来越强。

(1) 基本结构

知照性通报的基本结构:标题 + 正文 + 发文机关签署、时间

标题，知照性通报的标题一般须在"文种"前加上"情况"二字，标题中往往不使用带倾向色彩的词或词组，可以写成"发文机关名称"＋"事由"＋"文种"的形式，即《××××关于×××的通报》或《××××关于×××××的情况通报》。

发文机关，通报的主送机关一般是本单位、本系统的下属单位，且常常抄送上级机关或有关单位。不设置特定主送机关的通报，可以通过报纸、电台、电视台等媒体发布。

正文，知照性通报的正文写作思路是"通报事项（情况）"＋"分析问题"＋"建议或要求"，以中性、中肯、平实的笔调将具体事项、情况叙写清楚，重点是对事实、事件处理的过程、进展情况等做详细的交代，对事实本身不做过多的评价。最后提出一定的建议或者要求，也可以不写贯彻执行要求，正文事实、事件写完即结束。

（2）写作要领

第一，通报在表达方式上采取叙议结合的写法。"叙"以表明通报的事实，事实要具有典型性，叙述时要清晰地表述情况。"议"主要是用来分析工作中出现的问题，对问题的分析不能浮于表面，要深刻，找出真正的症结。

第二，通报的语气比较平实，对事实的分析要实事求是，合情人理，讲解分寸，不能空发议论，借题发挥。

5．纪要

（1）基本结构

纪要的基本结构：标题＋开头＋正文＋结尾

标题，纪要的标题与一般公文标题不同，不使用介词"关于"，文种前不加"的"，不使用"发文机关＋文种"形式，也不使用"文种式"，而是用"会议名称"加"文种"形式，即"××××会议纪要"。其中，会议名称要写全，"纪要"前可写上会议性质，如办公会议纪要。有时还要写上"联合"或"×方会议纪要"。常见的有两种形式。

一是单标题。单标题由会议名称加文种构成，如《全市经济工作会议纪要》。这种标题简单清楚，写作简便，是惯用形式。

二是双标题。双标题由正副标题构成。正标题一般阐明会议的主要精神，或写出会议的主要内容，或展望未来，提出希望号召。副标题交代会议名称和文种。一般写成：

×××××××××

——××××纪要

开头，又称引子，是会议类文书的特殊要求，介绍会议的基本情况，包括：会议召开的依据，即会议是根据上级什么指示精神，或根据什么需要召开的；会议召开的目的，即会议要解决什么问题；会议召开的时间及会议地点；参加会议的机关单位、人员、主要负责人、会议的范围、会议的主持人或主持单位；会议的主要议程或主要活动；会议的主要议题或主要领导人的报告、讲话；会议的结果及对会议的基本评价。

正文，纪要的正文是纪要的主体部分，包括以下四个方面的内容，写作思路如图 2-14 所示。

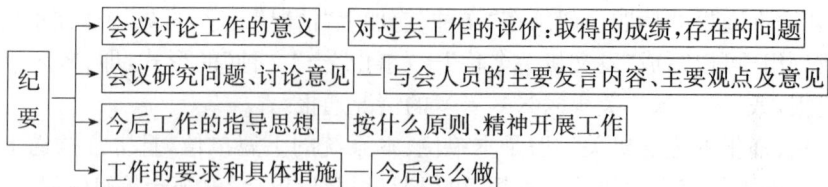

图 2 - 14　纪要结构表

结尾，纪要一般不单独结尾，在正文主体的最后一个问题写完即可。有时单独写一段结尾，或是提出希望，发出号召，或是写会议主持人或其他领导人的总结讲话。

（2）写作要领

第一，纪要须重点突出。纪要需真实反映会议的宗旨和精神，记的是"要"，需做到主次分明，不能不加选择、不进行取舍、面面俱到，要在生动而不违背原意的情况下，做必要的删减改动。

第二，合理安排正文的写作顺序。纪要的正文可以通过三种顺序展开。一是分项式，对会议内容做全面的归纳整理，概括出几个具体类别，每一类有一个独立的小中心，列出小标题或分段用数字标明。这种方法适用于大型会议或讨论议题比较多的会议，它能使问题集中突出，写作条理清楚。二是发言记录式，按照会议发言的某种顺序，集中归纳每个发言者的意见，把每个发言者的主要意见写出来。写作时，对发言者的意见必须进行整理，精选发言人的观点内容。这种方法多用于座谈会、学术讨论会或常委会、行政办公会议。三是综合式，即将上述两种写法综合使用，或以分项式为纲，以发言记录式为目；或以发言记录式为纲，以分项式为目。这种写法的好处是既能突出会议的各个要点，又能如实反映与会者的不同看法。

第三，注意纪要的写作格式。纪要的写作格式有三种。一是文件式，与普通文件格式基本相同。二是简报式，一般以通报、政报的形式发送，主要用于各种常务会议，如常委会、行政例会等。这种形式一般不带"文件"，不加盖印章。三是批转转发和印发式，用通知等文种强化纪要的部署指挥性，以传达会议精神。

6. 知照性通知

知照性通知的写法与一般通知没有什么区别，只是正文语气比较平实，内容带有比较强的告知性，多用于平级机关或不相隶属机关单位之间。

二、商洽公文

（一）商洽公文的性质与文体种类

1. 商洽公文的性质

函，适用于不相隶属机关之间商洽工作、询问和答复问题、请求批准和答复审批事项。函主要用于不相隶属机关单位之间。在公文实践中，相隶属单位之间就较为具体的职能事项，也可以使用函来询问和答复、部署和安排。

函是用于同级机关和不相隶属机关单位之间联系、商洽工作的载体，有时也用来委托其他机关单位代办公务或告知代办工作情况。

上级机关向下级机关询问一般性的问题也用函。不相隶属的下级机关单位答复上级机关询问用函,但有隶属关系的下级机关单位回复上级机关的询问不用函,而用报告。

2. 商洽公文的文体种类

商洽类公文主要是函,而具有商洽功能的公文主要是通知。当通知被用来商洽工作时,一般是指以团体、协会等名义向其他机关单位发出邀请等出现的商洽行为,是一种邀约行为。

(二) 商洽公文的作用与特点

1. 商洽公文的作用

(1)协调作用。商洽类公文就某项具体事务给对方行文,将自身的状况以及需要对方协助解决的问题和事项告知对方,希望能获得收文者的理解,给予一定的帮助。对方也可以将自身能否解决问题以及解决问题的程度、难题告知发文方,让发文方进行取舍和判断。

(2)沟通作用。函用于不相隶属机关之间商洽工作,答复或审批问题,是不相隶属机关之间沟通情况,互通有无的重要载体。它的使用不受级别高低、单位大小的限制。上至国家单位,下至基层组织,都可以使用。

2. 商洽公文的特点

(1)协商性。商洽类公文往往是发文者希望得到收文者提供某种帮助而制发的。这种帮助不是强制性的,而是双方所达成的收文者对发文者自愿的帮助。所以,发文者往往需要与收文者进行必要的商议,才能获得收文者的理解和支持。

(2)事务性。商洽类公文往往不涉及重大原则性问题,集中处理具体事或物,或是为了解决或者办好某项具体事务,或者是为了商议某项人事调动,或者请求协助了解某个具体的人物。

(3)平等性。函的发文机关与收文机关之间不存在隶属关系,是互相平等的。函是在不相隶属机关之间协商事项、请求批转时使用的文种,在措辞、语气以及姿态上与请示大不相同,要体现双方平等沟通的特点。

(三) 常用商洽公文的格式与写法

1. 函

(1)基本结构

函的基本结构: 标题 + 主送机关 + 正文 + 发文机关签署、日期

标题,函的标题一般有"发文机关名称"+"事由"+"文种"的形式,可以写成《××××关于××××的函》。若是复函的话,可以在文种中表明"复函",写成《××××关于×××××的复函》。

主送机关,函的受文对象一般比较明确、单一,函的主送机关一般只有一个。

正文,函按照行文方向分可以分为去函和复函两类。按照目的和功能分类,商洽函、请批函、询问函、告知函等都属于去函,对去函的回复则是复函。"去"与"复"之间存在着一定的对应关系,写作思路存在一定的相似之处,有着一定的关联,但也有差异(见图2-15)。

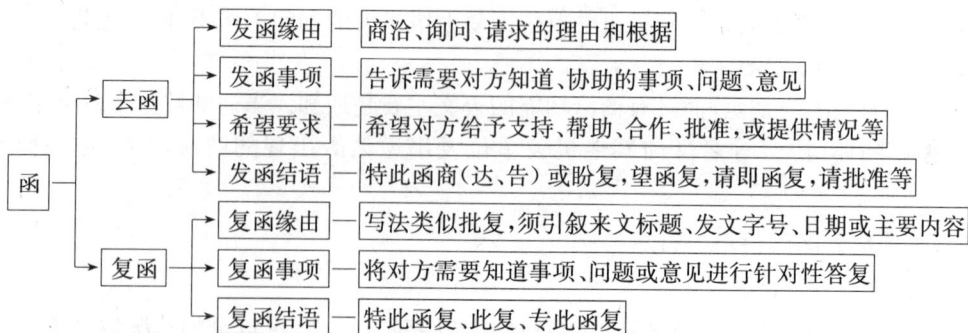

图 2-15　函结构表

（2）写作要领

第一，要开门见山，目的明确。无论何种类型的函，都要写得明确具体，一般一函一事，内容、事项开门见山，直截了当，不拐弯抹角，不能长篇大论，也不必详述过程，或者大发议论。要主动、真诚地把问题、事项或处理意见、要求告知对方，做到叙事清晰，言辞诚实可信。

第二，注意格式。函的格式一般采用政府函件的格式，发文字号为函号，即机关代字一般用"×函"，标注为"×函〔××××〕×号"。

第五节　奖惩公文

奖惩公文是用于表扬先进、批评错误，以此要求有关机关单位和人员学习先进，发扬成绩，或吸取教训，提前警戒的一类公文。奖惩公文主要有命令、决定和通报三种。

一、奖惩公文的性质与文体种类

（一）奖惩公文的性质

命令（令）适用于国家行政机关、军队机关，尤其在纪律性机关对约束性要求非常强的事项中。《党政机关公文处理工作条例》规定："命令（令）适用于公布行政法规和规章、宣布施行重大强制性行政措施、批准授予和晋升衔级、嘉奖有关单位和人员。"嘉奖令属于奖惩公文。

决定适用于对重要事项做出决策和部署、奖惩有关单位和人员、变更或者撤销下级机关不适当的决定事项，具有较强的制约性、指挥性，是一种具有领导性和规定性的公文。奖惩性决定属于奖惩公文。

通报适用于表彰先进、批评错误、传达重要精神或告知重要情况，一般作下行文使用。表彰性通报、批评性通报属于奖惩公文。

（二）奖惩公文的文体种类(见表2－13)

表 2－13 各种奖惩类公文的区别表

因素 \ 文种		命令	决定	通报
奖励类	机关级别不同	最高,以个人名义发布表彰令	省级以下,间接上级	省级以下,直接上级
	内容事项不同	表彰涉及事项重大有功人员和集体	授予荣誉称号或给予物质奖励,承载的是上级机关态度	宣传先进人物或先进集体的先进事迹,号召人们学习
	目的要求不同	强制性、指挥性和权威性,有严格的约束力,要求贯彻执	比通报严肃、庄重,具有一定的约束力和执行要求	以典型事例教育更多的机关单位和人员,具有参照作用
	写法不同	有事迹的介绍,更要有对当事人或集体的表彰决定		介绍先进人物或先进集体的先进事迹,无须表态做决定
惩戒性	机关级别不同		省级以下,间接上级	省级以下,直接上级
	内容事项不同		需要定性	不需要定性
	文种内容针对性	命令不具备惩戒性	只针对人员,不针对集体	可以针对人员,也可以针对集体
	公示范围不同		公示范围较大	公示范围较小
	写作方法不同		写清楚当事人自然情况,如性别、年龄、职业、政治面貌等,对人物惩戒,习惯使用决定	单位惩戒,习惯使用通报

二、奖惩公文的作用与特点

（一）奖惩公文的作用

1. 宣传教育作用

奖惩公文的宣传教育作用主要通过表扬先进人物和先进集体,促使下级机关单位和人员对照先进,查找差距,虚心吸取别人的先进经验,见贤思齐,不断改进自身工作,从而达到共同进步的目的。批评落后的或造成工作失误的人员或集体,促使下级机关单位发现自身问题,克服类似现象,吸取教训,防止类似事件再次发生。

2. 指导启发作用

奖惩公文的指导启发作用是以宣传教育作用为前提的。奖惩公文的目的就是让下级有关单位和人员在知晓相关情况的前提下,学习先进经验,吸收失败教训,了解全局工作的进展情况,掌握动态,注意容易出现的问题,在指导启发中更好地开展工作。

（二）奖惩公文的特点

1. 事实性

奖惩公文重在叙述事实,只有建立在充分而全面事实基础上的奖惩才更具有说服力,才能最大限度地发挥行政效力。因此,事实是奖惩公文的基础。奖惩公文要将奖惩性对象值得表扬或需要批评的事实告诉收文者,这是奖惩性公文最重要的特点。

2. 典型性

奖惩公文的事实具有典型性,只有典型性的事实才能在公务活动中发挥教育指导作用。具有代表性的典型事实才具有普遍指导意义,才能起到警诫示范作用,才有制发的必要性。所以,奖惩公文必须选择典型性、有代表性的事实,才具有强烈的说服力,给阅文者留下深刻的印象。

3. 教育性

奖惩公文具有明显的教育性。奖惩个人或机关单位的目的就是要明确地告诉收文机关单位,要发扬什么精神、要吸取什么教训、要注意什么事项等等。这种教育不是指挥性的,也不是部署性的,而是通过别的机关单位和个人的做法来启发,是一种比较委婉的、含蓄的希望、要求、告诫,其教育作用是其他文种所不具备的。

二、常用奖惩公文的格式与写法

(一) 基本结构

奖惩类公文的基本机构: 标题 + 主送机关 + 正文 + 发文机关签署、日期

标题,奖惩公文的标题一般写成"发文机关名称"+"事由"+"文种"。根据发文机关级别、权限和上文中的文种性质以及区别,选择合适的文种,或选择命令(令),或选择决定,或选择通报。

主送机关,命令、奖惩性决定多不写主送机关,通报一般要标注主送机关。

正文,奖惩公文一共有嘉奖令、表彰性决定、表彰性通报、处分性决定、批评性通报五种。这五种大体上又可以分为奖励类和惩戒类两类。奖励类公文的写法比较相似,惩戒类的也比较相似(见图 2-16)。

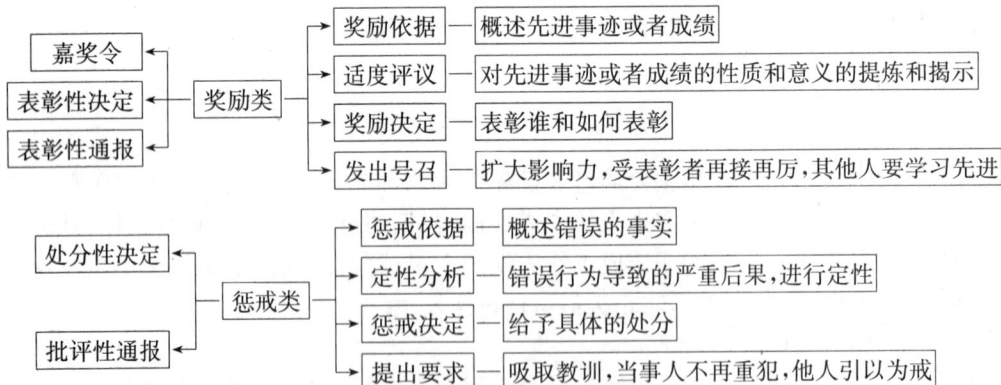

图 2-16　奖惩类公文结构表

（二）奖惩公文的写作要领

1. **事实陈述要简洁明了**

事实性是奖惩公文的主要特点之一。在写作时，作为奖惩依据的事实的叙述必须简洁精炼，应当概括，不宜详细描写、叙述，也不宜太过简单。要明确交代事情的来龙去脉，让人对事实形成一个比较完整的印象。如果奖惩的对象是群体，可以不写事实；如果是个体，则需写清事实。对事实或事件的分析，不同的文种也有不同的要求，通报中分析是不可或缺的内容；而决定、命令有时不做分析，直接写出处理意见或处理结论，文章内容简洁，措辞谨慎，非常简单。

2. **文种选用要准确恰当**

奖惩公文涉及三种不同文种，要根据发文机关级别状况以及奖惩事项的社会影响选择恰当的文种。命令，发文机关级别较高，只用于表彰重大有功人员或集体，不用于惩戒。决定，一般用于较高级别机关表彰或惩戒间接下级单位人员，可以授予荣誉称号，也可以给予物质奖励，一般只针对个人，不针对集体。通报一般用于直接上级机关通报其下级机关或人员的情况，具有显著的宣传教育作用。

【微信扫码】
学习辅助资源

第三章

策划专题

第一节　策划文书概述

策划一词最早出现在《后汉书·隗器传》"是以功名终申,策画复得"之句中,"策画"即"策划",意思是计划、打算。在《现代汉语词典》中,"策划"是指筹划、谋划,亦即想办法、定计划。

日本策划家和田创认为,策划是通过实践活动获取更佳效果的智慧,它是一种智慧创造行为;美国哈佛企业管理丛书认为,策划是一种程序,"在本质上是一种运用脑力的理性行为";更多人说策划是一种对未来采取的行为做决定的准备过程,是一种构思或理性思维程序。

策划是一种优先的、提前的指导性活动,一般有两种:一种是单独性的,对一个或几个事项或活动的策划;另一种是系统性的,具有较大的规模,视为目标而做的一连串各种不同活动的策划。策划是个人、集体以及各种经济实体在行使自己的职能、谋求自身利益的过程中具有计划性的体现。它的目的在于协调、拓展、理顺各种社会关系和各种经济关系。

在社会主义市场经济建设不断深入的今天,策划工作已经成为我们各项工作的基本点和出发点。而策划文书则是在谋划的基础上将其结果行之于文的应用文体形式。

一、策划文书的性质与文体种类

(一) 性质

策划文书,简称策划书,也叫策划方案,就是把策划的过程用文字完整系统地表达出来而形成的文字材料。即指针对各种商务活动、社会活动等,为了达到一定的目的所制订的具有创意性、可行性的行动计划,也称企划书、策划案等。策划书是谋略和对策,是实现目标的指路灯。

(二) 文体种类

依据中国策划学会和中国策划学院制定颁布并获得国家知识产权局批准登记的《策划师资格认证标准》中对策划的分类,策划文书一般可以分为商业策划书、创业计划书、广告策划、活动策划书、营销策划书、网站策划书、项目策划书、公关策划书、婚礼策划书、医疗策划书等。

因应用领域的不同,策划文书可以分为政治策划文书、军事策划文书、经济策划文书、文化策划文书、外交策划文书等。

经济策划文书的使用频率非常高,广泛地运用于现代各种社会活动中,一般包括广告策划书、商业策划书、活动策划书、营销策划书、项目策划书等。本章节不能一一列举,因此选择活动策划文书、项目策划文书和广告策划文书这三类使用频率极高的策划书,对其编写要点及构成进行详细解读。

二、策划文书的作用与特点

(一) 作用

策划文书是策划活动取得成功的重要保证,是策划方案的具体化,是执行策划的"蓝本",为具体策划行动提供纲领与指南。

1. 策划文书是策划活动取得成功的重要保证

策划的过程即认识、分析客观现实,发挥人的主观能动性的过程。建立在科学基础上分析、预测、设计、安排的策划就抛开了主观臆断、异想天开的成分,使主观意志活动更加符合客观现实,使人们的行动有了可执行的"蓝本",可以有计划、有步骤、有方法地开展工作、执行策划方案。

2. 策划可以增强自身竞争力

策划过程中,通过对优势和劣势、机会和威胁的综合评估与分析得出结论,然后再调整相关资源及应对策略,来达成自己的目标,有助于做到趋利避害,实现自身有利因素和有利资源的最大限度发挥,从而实现了竞争力的增强。

3. 策划可以改善管理

策划过程中,不断地发现问题,寻找对策,不断地提出行动目标、战略、策略、途径、方法,而这些活动有助于加强、改善内部管理,协调内部关系。

(二) 特点

1. 创意的新颖性

策划是一项创新性思维活动,将项目内容与人们最关心的社会、经济、科技与健康等领域结合起来。这就意味着在策划文书中体现的具体内容具有一定的创意,只有提出具有相对新颖性的观点、论点、决策点,不走寻常路,才能抓住人的眼球。

策划文书的创意价值在于它的新颖性,一个尚未被充分认识的想法才能引起人们的关注,进而提高知名度,获得广泛的社会认同。另外,创意的新颖性还意味着一定程度的领先性,会吸引投资者和消费者,进而产生收益,还会加大模仿的难度,使策划对象独占市场份额。

2. 格式的程式性

策划文书属于应用文体,其程式性较为明显。尽管策划文书分类较多,各种策划文书在格式上没有一定之规,但各自都具有相对稳定的写作模式,且变化不大,我们可以根据不同的情况进行构思和制定,区别主要体现在正文处。

一般来说,策划文书的常用结构由封面、正文和附件几部分组成。

策划文书的封面内容包括策划文书的名称、被策划的对象、策划机构名称、策划完成日期、策划文书编号。

正文包括目录、内容摘要、策划背景、策划战略、策划开展、经费预算（包括项目列支、费用分配）六部分。这几部分内容可根据写作时的实际需要进行增减。

策划背景具体项目有基本情况、主要执行对象、近期状况、组织部门、活动开展原因、社会影响、目的动机、环境特征（SWOT 分析），根据不同策划书的特点，选取内容重点阐述。策划战略是策划文书的核心环节，包括努力方向、预期效果和活动目的、意义。策划开展部分建议用文字详尽表述，为达到直观效果也可使用统计图表，按照时间先后顺序排列工作项目内容（可绘制实施时间表，方便方案核查），对人员组织配置、活动对象、相应的权责、时间地点做相关说明，同时考虑加入执行的应变程序。

附件内容包括制定策划方案参考的文献资料，对备选方案进行必要的补充说明，活动中注意的问题、细节，所需人力、物力资源，活动负责人、主要参与者名单，市场调查相关问卷材料等。

3. 内容的可操作性

策划文书的写作，不仅重点考察写作能力，还注重逻辑思维能力、分析思维能力、创新思维能力以及全面考虑、分析和解决问题能力的培养。因此，制作策划文书需要具备市场调研的常识、基本的统计学知识以及必要的消费心理学知识等，以此为基础对市场等各方面要素的状况进行调查分析，从而制定出具体的策划战略。这样的战略具备可行性，易于操作。

第二节　活动策划文书

活动策划是指为了某个特定的目的，围绕一定的主题而进行策划的行为。在商业领域，活动策划是提高市场占有率的有效行为。活动策划需从属于市场策划总的目的，为市场策划服务。同时每个活动策划也具有相对的独立性。创意突出且具有可操作性的活动策划书可以直接指导销售，提升品牌形象。

一、活动策划文书的性质与主要类型

（一）活动策划文书的性质

活动策划是组织在充分调查市场环境及相关联因素的基础上，有目的、有计划、有策略地开展活动，以期达到更好的经济和社会效益的策划行为。活动策划文书，也称活动策划方案，是指组织为配合各项目标，根据组织自身特点与所处环境的具体情况，遵循传播规律和大众心理特点，系统、周密、科学地制定活动方案，并以文字和图表的方式进行表述的应用文书。

（二）活动策划文书的主要类型

根据活动类型的不同，活动策划文书可以分为四类：营销型活动策划书、公关型活动策划书、组织主题型活动策划书、混合型活动策划书。

营销型活动策划书是指促进销售、提升市场占有率为目标的商业活动策划方案。

公关型活动策划书是指组织以构建组织与目标公众良好关系而开展的各类专题公关活动的策划方案。

组织主题型活动策划书是指各类组织围绕团建、党建、组织文化建设等内容、以组织内部成员为主要活动对象的各类专题活动方案。

混合型活动策划书是指兼具两个或以上活动类型、既可增加产品销售又可加强目标公众关系管理、同时扩大品牌知名度与美誉度的活动方案。

二、活动策划文书的作用与写作要求

(一) 活动策划文书的作用

众所周知,策划并实施各类型的专题活动是社会组织开拓市场、扩大社会影响及内部组织管理的必要手段。现代公共关系学和管理学的实践表明,一个社会组织要实现预定的经营目标必须在发展经营战略的指导下,经常地策划和实施多种多样的专题活动,以便有效地扩大自身社会影响力、提升组织的知名度和美誉度活动,增强组织凝聚力。

好的活动策划和传统的广告宣传或简单直接的营销活动相比,可以更有针对性地接触目标消费者,降低营销成本。如果所策划的活动具备一定的新闻价值,还存在被各类媒体多次宣传的可能。此外,好的活动策划可以加强与目标公众的思想情感交流并与之形成积极互动,这对组织品牌美誉度的提升和忠实消费的培养具有直接的作用。一份高质量的策划书是保证活动顺利开展的书面行动指南,是获得良好活动效果的必备条件。

(二) 活动策划文书的写作要求

一份高质量的活动策划书应符合以下写作要求。

1. 结构完整

结构完整是一份高质量活动策划书的基本要求。规范的活动策划书一般由标题、活动背景、活动目的、活动主题、活动对象、活动时间和地点、活动内容或流程、人员分工、活动经费预算、应急措施、活动效果评估等多个要素构成。根据活动规模的不同,要素可以适当添加或减少,但越是规模大、规格高的活动,其策划书越是要求完备细致。这样,在具体活动执行的时候才越有把握,面对突发情况才可以从容处理。活动策划方案最忌"粗陋",对活动组织、执行、宣传、应急等重要环节预计不足,遇到问题随机应付,导致过程失控或无法达到预期活动效果。结构不完整的活动策划书,也容易在执行过程中出现责任不明确、任务难落实的情况。在撰写活动策划书时,严格按照活动流程和执行环节拟定结构完整的活动策划书是确保活动质量和效果的第一步。

2. 内容可行

"理想很丰满,现实很骨感"的情况在活动策划和实施的时候经常发生。主要的问题在于活动策划书的内容在现实条件下不具备操作条件,可行性较差。有些策划者为了刻意追求创意的新颖而想出一些在实际中无法实现的活动项目,或者一个不大的促销活动却要邀请明星出席,导致预算分配严重不合理。这些问题都是在撰写活动策划书时要力求避免的。高质量的活动策划书在内容上应具有主题明确、流程清晰、易于操作、预算合理等特点。活动策划并不是预算越高、出席人员规格越高活动效果就越好,而是活动要求与具体内容、活动预算与实际操作之间达成平衡。针对组织自身的特点和不同活动类型的要求,合理地制定活动内容对任何撰写者而言都不是一件容易做到的事。高质量的活动策划书需要事前大量的资料收集和研究，也需要每次执行活动的经验积累与及时总结。

3. 逻辑性强

在实践中，我们经常看到一些活动策划书，局部看内容不差，结构也较为完整，但上下文统一起来看，就会发现策划书前后逻辑关系很差，甚至前后自相矛盾、难以自圆其说。例如，从标题看是一项资助社会慈善事业的公关活动，却在活动背景部分大谈社会慈善事业的现状和意义，具体活动形式仅是一台"精彩纷呈"的文娱晚会。也有的策划书在活动内容上很简单，但在传播策略上非常复杂，其活动内容、规模与预期的传播效果完全无法匹配。这样的策划书即使结构完整，内容可行，也终会因为缺乏策划逻辑而被否定。因此，活动策划书在完成之后，需要在整体上对策划思路和方案进行梳理，以保证策划书的质量。

三、活动策划文书的格式与写法

一份规范的活动策划书需由活动标题、活动背景、活动目的、参与对象、活动时间和地点、活动内容、活动流程、组织分工、活动预算、活动效果预期、活动宣传等众多要素构成，具体格式与写法介绍如下。

1. 封面

封面一般应包含活动名称、策划机构或策划人的名称、策划书完成的时间和活动策划书编号等信息，使阅读者对活动策划基本信息一目了然。

2. 标题

作为一份完整的活动策划书，标题是必不可少的部分。常见标题的格式分为两种，其一为：组织名称＋活动主题＋活动策划书。如"××公司关爱失学儿童活动策划书""××公司'七夕'促销活动策划书""××机关'五四'节活动策划书"等。其二为：活动主题（主标题）＋××组织××（专题）活动策划书（副标题）。如"'体验三农　服务三农'——××大学暑期实践活动策划书""'学习路上　与你同行'——××机关党建活动策划书""'勿忘山河血　追思中华灵'——××组织国家公祭日活动策划书"。这两种标题，前者容易把握，后者较为醒目。四类活动策划书中，一般营销型、公关型或混合型的活动需要广告公众的积极参与，对活动主题需要进行明晰、准确的定位以吸引公众，因此策划书的标题中需要突出主题，往往采用第二种格式。组织主题型活动方案一般参与对象明确，策划重点在具体的活动形式与流程，标题简约即可。

3. 主体

（1）活动背景

活动背景是活动策划书正文的第一个部分，也是比较容易被人忽视的部分。很多策划书一开始就直奔活动时间、地点和具体内容而去，对活动开展的必要性、重要性缺乏论述，这是需要引起注意的问题。活动背景的写作需要把握两个问题，一是社会和市场的热点、公众的需求，二是组织自身发展的特定情况或需求。不同类型的活动策划其活动背景的分析一定要有所侧重，比如营销型活动策划的活动背景应侧重介绍市场和消费者的需求，公关型活动策划的活动背景则要紧扣社会热点和大众需求，组织主题型活动策划需说明活动策划的政策、社会背景或组织建设的要求。没有充分的活动背景介绍，活动开展的必要性不被认识，在某种程度上活动策划就是为了策划而策划，为了活动而活动，很难调动参与者的积极性,活动开展容易流于形式。

《××食品饮料有限公司公益活动策划书》的背景描述如下:

> 我公司总部位于深圳高新技术产业园,拥有深圳、广州、成都三个生产基地和若干加工基地,总投资 32 000 万元,主要生产"怡清"牌系列包装水。我公司具备强大的系统监控能力,能实时跟踪出厂的每一桶水,杜绝假水,让消费者喝得放心。同时,桶装水专卖点强大的服务系统和管理系统,全市统一的客服中心,与各专卖店联网,进行实时信息交换,极大提高了配送效率和服务质量,为用户不断创造价值,提升用户生活品质。
>
> 为树立企业良好形象,呼吁人们保护水资源,企业策划一次大型公益活动,活动以"假如没有水,生活将会怎样"为主题。

这个活动策划书属于混合型策划书,活动背景部分由两个部分组成,一是组织的情况介绍,二是活动的形式和主题。策划者希望这个公益活动既可以宣传组织又可以唤起公众保护水资源的意识。但从行文来看,这两个部分缺乏必然的联系。"保护水资源"这个老生常谈的公益话题如何与罐装水企业建立联系,活动背景的介绍非常重要。大众对水资源的关心本质上是对自身健康的重视。在人们生活水平日益提高、健康意识越来越强的社会背景下,通过公益活动的形式宣传如何选择真正健康的饮用水可能比简单粗暴地提出"保护水资源"要更能吸引公众。而且,公益活动一定要把公众的需求放在第一位,组织的情况介绍应以满足公众需求为出发点,不能简单直接地写成组织基本信息介绍。写作时,应增强组织信息介绍与活动背景的关联度,注意表述的技巧。

（2）活动目的

活动目的是组织活动所期望达成的目标,是评估活动是否成功的标准之一。"活动目的"是建立在"活动背景"之上的。因此,活动背景介绍充分,活动目的也就顺理成章了。活动目的的文字表达有时是一句话,有时行文较长,但语言都要求简洁,有概括性。

《某大学"反哺故土　回报桑梓"春晖行动活动策划书》目的部分表述如下:

> 第一,树立当代大学生的科学发展观,发挥大学生的时代先锋作用,深入农村基层,了解贫困地区经济、教育发展状况,为建设社会主义新农村贡献力量。
>
> 第二,以"干实事、长才干"为中心、在实践中出贡献,增长见识,不断提高自身素质和服务人民的意识,提高大学生发现问题、分析问题、解决问题的能力。
>
> 第三,为贫困山区做宣传,呼吁更多的成功人士反哺故土、回报家乡。

从这个活动目的的表述,我们清楚地了解了这一活动可以实现的目标,为后面具体活动内容的开展指明了行动的方向,文字简练,表述全面。

（3）活动主题

活动主题可以说是活动策划书的"眼睛"。好的活动策划书都应有一个鲜明的活动主题。一个表述含糊、内容俗套的主题往往意味着内容设计上的混乱与活动目标的不明确。一个好的活动主题应既符合活动目标又能体现浓郁的文化气息,具有某种新的、富于个性的理念,从而提升活动的层次、引起媒体的宣传欲望。不同活动类型的活动主题在切入点上是有共性的——蹭热播或经典影视剧的流量、从情怀入手、关心公益、宣传正能量、利益诱惑等都是活动主题常见内容。如,2018 年国际护士节活动主题"护士,引领的声音——健康是人的权利。(Nurses A Voice to Lead-Health is a Human right)"。这一主题将护士的社会作用与人权并论,活动意义的重要性立刻得以凸显。又如,为深入宣传健康中国理念,呼吁全社会关注艾滋病防治工作,中华红丝带基金将 2018 年"世界艾滋病"日举办的公益活动主题定为——"行动起来向'零艾滋'迅跑"。这个主题巧妙地将艾滋病防治宣传与公益跑活动加以结合,使公众很容易记忆,让热爱跑步、热心公益活动的公众产生参与的想法。

(4)参与对象

参与对象是活动策划书中必须明确的要素。除组织主题型活动的参与对象相对比较明确外,其他三类活动的参与对象往往比较模糊。如营销活动的参与对象、公关活动的参与对象都需要在策划之初在市场调研的基础予以确定,目标公众的选择是否合适将直接影响活动效果。

参与对象的文字表述不复杂,直接明了就可。如:

例文 1:
关心自身健康和保健的 65 岁以上老人。
例文 2:
本单位全体党员。
例文 3:
追求时尚、喜欢新潮的 25—35 岁青年白领。

(5)活动时间和地点

活动时间和地点是活动策划文书中直接关系到活动具体落实和操作的部分,因此文字表述要求明确,不能模糊或有歧义。如果活动集中在一天内实施,最好在策划书中细化到小时进行表述。很多策划书在时间表述时随意将时间写为"某年某月某日"或"某年某月至某月",前者让人无法确定活动时间是一天还是半天,后者会出现对活动时间跨度在理解上的歧义,因为如果是 6 月 1 日至 7 月 1 日,那么活动时间历时 1 个月,如果是 6 月 30 日至 7 月1 日,那么活动时间就只有两天而已。在一些不规范的活动策划书中,也有将活动时间表述为"最近的一个双休日"或"本周五"这样极为不明确的表达。这些问题在活动策划书撰写过程中如果予以注意完全是可以避免的。

例 1:
活动时间:2016 年 3 月 20 日至 3 月 25 日
活动地点:××市希尔顿大酒店六楼多功能会议室
例 2:
活动时间:2017 年 5 月 24 日下午 1:30—3:30
活动地点:勤学楼三楼 306 教室

（6）活动内容

对活动策划书而言,活动的具体内容自然是最重要的部分。不同类型的活动内容可谓五花八门——活动规模有大小之别、具体活动项目有多少之分,在策划书中可用不同的方式进行表述。

营销型活动策划以吸引消费者参与、提高产品销量为目的,内容要能吸引消费者。如何在合适的时间节点、选择目标消费者乐于参与或接受的活动内容是此类活动策划书的重点。淘宝网的"光棍节""七夕节"表白活动、"母亲节"感恩活动等都是常见的营销活动。营销活动的内容设计一定要符合目标消费的喜好与需求,利益诉求在内容上要予以着重表现。

公关型活动策划以组织内外公众关系的维护为目的,在内容上更为灵活开放。小到一次读书活动,大到全社会参与的大型公益活动,公关类活动策划的内容强调平等互动、价值认同与正能量激发。公众投票、颁奖、公益捐赠、知识竞赛、文艺演出、体育比赛等,公众参与度高的活动内容都可根据活动规模进行选择。

组织主题型活动的内容多以专题学习、落实组织建设要求为主。内容上要求紧跟中共中央各类政策学习要求、各级组织建设的工作要求,有很强的针对性。如各类基层党组织的组织生活,其活动内容主要是围绕中央各类讲话和学习材料的传达而展开的。

（7）活动流程

活动流程是以时间线的形式安排流程,确保活动顺利推进。撰写者一定要把整个活动在心中模拟数遍,把各个细节考虑周到,紧凑而有一定弹性地安排各个阶段的时间。流程安排是否合理明确对活动执行具有重要的指导作用。如:

活动主持人:鹏宇体育 CEO　彭刚

13:00—13:50　签到

14:00—14:05　当代 MOMA 场地方领导致欢迎辞

14:05—14:10　主办方致欢迎辞

14:10—14:25

主题分享:数据解读 2019 网生内容市场

分享嘉宾:艺海解决方案中心总经理　王××

14:25—14:40

主题分享:2019 中国电影十大预测

分享嘉宾:一起拍电影　创始人　张××

14:40—14:55

主题分享:影视寒冬下的自媒体去向何方

分享嘉宾:娱乐独角兽　创始人　邹×

14:55—15:10

主题分享:待定

分享嘉宾:北京追踪影视文化股份有限公司董事长兼 CEO　张××

15:10—15:05　第一轮抽奖

15:05—15:20

主题分享:当商业遇见娱乐——Firstlook media 的娱乐营销之路

分享嘉宾：Firstlook CEO　朱××
15:20—15:35
项目推介：原创 IP 小说《死在昨天》《不存在之城》分影视合作化推介
分享嘉宾：作家　蓝××
15:35—15:50
主题分享：2018 网络大影视研究报告
分享嘉宾：烯财经 COO　王××
15:50—15:55
第二轮抽奖
15:55—16:30　2018 年度亿麦奖各大奖项颁奖
2019 年度电影整合营销奖
2019 年度电影海报设计奖
2019 年度电影预告片奖
2019 年度电视剧、网剧整合营销奖
2019 年度网大、电视剧、网剧海报设计奖
2019 年度影视类商务合作营销奖
年度神秘大奖：
改变中国娱乐营销历史的特别贡献人物
16:30—17:30
获奖人物临场即兴发言
17:30—17:35
第三轮抽奖
17:35—18:00
自由交流时间

　　这是一个颁奖盛典的活动流程，参与的嘉宾和活动执行人员通过这个流程可以准确把握好时间，便于活动过程的管理。

　　（8）人员安排与分工
　　人员安排与分工是为了确保活动执行过程中责任到人，遇到问题能及时明确责任人员并解决问题。策划书能否被有效执行，最关键的是人员的安排和分工。策划书中最好把活动流程切分成不同的工作小组，每个小组安排一个负责人，明确每个人的工作岗位和职责，避免出现一人多工或多人一工的情况，更不能出现责任不明的情况。

　　（9）活动预算
　　活动预算是决定活动策划书是否能通过的关键要素之一。组织机构需要了解活动所耗费的资金，权衡投入与产出之间的比例，以决定是否实施。此外，活动项目一旦批准，活动预算就是财务部门拨款和控制经费使用的重要依据。因此，合理、全面地编写每一项活动所需费用是活动策划书撰写者应该掌握的重要技能。

　　不管何种活动类型，活动预算主要包括场地租借及布置费用、活动用品及礼品费用、宣传费用、交通费用、招待费用、劳务费用及机动费用等。通常，以图表的形式表现更直观。

（10）活动效果预期

活动效果预期部分对营销型、公关型和混合型活动策划书而言更为重要。对活动开展进行策划主要是为了加强针对性和目的性，对产生什么样的活动效果做一些"预测"。活动效果预期是对活动尚未实施前的某种预估，因此在表达上既不要随意夸大活动效果，也不要过于低调。用适当得体的语言表达，掌握分寸是撰写者所要注意的。

（11）活动宣传

活动宣传是所有活动策划书不可或缺的重要部分。任何活动如果不借助宣传手段都无法在组织内部或社会公众中产生较大的影响。活动策划者在策划内容时要充分考虑活动本身的可传播性，一旦内容确定后，还必须围绕活动内容制定全面地活动宣传策略。随着传播媒介的多元化，各类活动的传播一般包括：大众传播媒介的宣传、新媒体的宣传和自媒体的宣传。如何将三种宣传手段进行配置和组合，力求以最少的投入取得最好的宣传效果，是考验策划者策划能力和策划方案水平高低的重要方面。

规模较小或内部活动的宣传通常在活动结束后以新闻稿的方式在组织网站、官方微信、微博上发布。大型营销、公关或混合型活动的宣传方案则需根据活动规模制定包括前期宣传、活动中宣传和后续宣传三个板块的宣传内容。前期宣传开展时间视活动而定，一般从活动开始前半个月开始宣传，同时也可以在活动开始前进行预热。通过预热达到一个小的高潮，然后在广告宣传的刺激下，维持相对稳定的关注度，并且在活动开始当天关注度达到最高。因此，合理安排好前期宣传的开展，对活动的效果有较大的影响。活动中通过不同广告媒介的组合，将平面、声频、图像等诸多广告媒体立体呈现，可以让目标公众形成深刻的印象。活动结束后通常会进行一段时间持续宣传，该阶段主要以建立品牌忠诚度为目的。

（12）活动评估

活动评估和活动效果不同的是，评估的指标应力求量化，尽可能在策划书中将可检测的客观指标明确以便活动结束后评估和验证。对于大型的公关型活动或混合型活动，因投入较大、社会影响面广，活动评估部分对活动参与人数、信息覆盖人数、媒介对活动的发稿数量、目标公众的意见、组织在活动前后知名度和美誉度的变化等都需要做详细说明。

（13）应急处理

应急处理是对活动流程中可能出现的突发状况的应对方法。在活动举行的过程中，会有很多情况出现，有时候一个很小的意外可能会给活动带来毁灭性的打击。因此，在制作活动意外风险控制方案的时候，考虑得越多，就意味着活动的风险越小，取得成功的可能性就越大。在可能发生的意外中，天气对户外活动会产生较大影响。活动方案中一定要有提前预防的相关机制，现场如果出现人员受伤应该如何立即处理。户外的大型活动，最忌讳的事情是发生现场混乱，如果出现人员受伤的情况，那么将给公司和举办方带来很严重的负面影响。活动现场很有可能因为一个小小的意外引起观众的恐慌，直接导致现场的混乱。如何加强现场的控制力，避免此类事情的发生，在风险意外控制方案中要予以重视。

任何活动的开展，都是以安全为第一位的。不同的活动策划书，一定要根据活动流程中可能出现的突发情况做好应急处理的方案。这是策划者策划经验和活动执行能力的体现。活动策划书中应急处理措施越到位，活动执行就会越顺利，这是实践中得来的经验，活动策划者需予以重视并认真完成。如：

依据上级文件精神及相关要求,为了确保我校本次工会会员春游及拓展活动的顺利进行,特制定本应急预案。

一、应急处理指挥领导小组

组长:刘强(校长 139 * * * * * * * *)全面负责应急处理。

副组长:秦海(副校长 138 * * * * * * * *)　冯萍(工会主席 138 * * * * * * * *)负责排查及疏散、安置工作。

二、应急处理程序

1. 在活动过程中发现可疑情况,立即报告,做好记载,按照预案立即处理。

2. 在工会委员中树立安全意识,时时防范事故的发生。发生紧急情况,采取以下措施。

(1)观察病情,对症处理;

(2)报告安全领导小组,启动应急预案,采取抢救措施;

(3)拨打急救电话120,联系救治。

3. 活动领导小组及工会委员负责开展思想工作,稳定情绪;负责家属的疏导工作;学校确定专人接受媒体采访;协助学校领导做好善后处理工作。

这是某校工会活动的应急预案,因为活动内容是拓展,可能出现危险情况。在活动策划书的最后,策划者做了一个应急预案——从领导组织到处理程序都做了明确的说明,尤其是如果出现突发情况,如何面对媒体采访都做到专人应对。这充分说明学校领导对本次活动的重视,也反映出策划者具有良好的公关意识。谁都不愿意看见意外发生,但做好应对措施是应对意外最正确的方法。

四、活动策划文书的写作要领与注意事项

(一)掌握相关活动背景资料,精心策划,避免草率

一般来说,活动的策划者就是策划书的撰写者。所以,活动策划的过程也就是活动策划书构思和酝酿的过程。如果策划时随随便便,漫不经心,在撰写策划书时就会难以下笔,找不到头绪。因此,策划书的撰写不是简单的文字表达而是思考的结晶。如果策划者在组织活动的整体背景下完成某一个活动的策划就能容易确定活动开展的必要性,也更容易找到活动的亮点。在进行具体活动策划书的撰写之前,建议多收集组织背景资料、同类活动的相关资料、当下社会生活的热点话题、相关行业政策和法规情况、了解所处地区的风俗人情及活动场地。这些背景资料为策划书具体内容的撰写提供了必要的写作依据。事实上,很多具体活动主题或内容的灵感往往来自策划者对相关背景的调查过程之中。有一种误解,认为活动策划就是活动创意,几个人凭着灵感随便想几个点子写出来就是策划书,这是完全错误的。活动策划应该是一个科学的决策过程,如果没有对社会整体环境、组织状况、市场背景等有深入的了解,高质量的活动策划书是无法完成的。撰写者,尤其是初学者,必须充分认识到这一点,注意平时写作素材的积累。

(二)精心策划和安排活动内容,力求新意,避免俗套

活动策划的初衷是为了引起公众的广泛参与和社会的广为关注,活动的内容及开展形

式需要策划者反复构思、精心策划，力求新意。鉴于目前各类组织、不同类型的活动开展甚为频繁，真正做到有新意非常不易。一个好的活动策划不是形式上的出位求新，而是组织具体要求与活动主题、活动形式之间的平衡。总体上，策划者需要对活动开展具备的资源进行整合，制定出活动策划书的基本框架。

资源整合的内容包括目标公众喜好分析，这是活动策划的起点。营销型活动策划首先考虑的就是目标消费者的购买习惯、购买心理、购买力、消费信息获取渠道等。这些问题研究清楚，活动举行的范围基本就可以明确了。活动策划的广度，也就是活动影响的范围，是由组织所在地区的媒体资源、场地资源、物品资源、人脉资源等决定的。我们发现，很多组织的大型营销、公关活动的地点都选在北京、上海、广州，主要是外部资源所决定的。在做策划时，一定要合理控制活动策划的广度，从当地的实际情况出发。

活动内容的新意体现在活动要素的灵活组合，并非形式的新奇。所谓俗套，主要是活动内容不做深入研究，简单粗暴，如不管什么活动都有歌舞表演、明星助阵等内容，一成不变，令人生厌。

（三）根据组织实力编写策划内容，确保可行，避免浪费

活动策划及实施是一个组织的常态。因此，根据组织的实力开展各类活动才是可行且持久的。策划的内容再新颖，组织没有足够的人力、财力支持，就只能"纸上谈兵"。即使预算充足，但组织内部的执行力跟不上，执行人员专业素质达不到要求，活动的档次也会被拉低。例如，有的组织所在地区拥有全国性媒体资源，也能邀请到全国知名人士，制定了一个"大规模"公关活动方案，但公司内部各方面条件都不成熟，活动内容在开展过程中处处"捉襟见肘"。这个"大规模"活动只能被确认为无可执行性活动，一意孤行将会严重削弱活动效果，将注定造成资金的巨大浪费。

高质量的活动策划书是一个完整的理性思维过程。具体的活动构思就是结合资源和目的，选择一个平台或载体，将活动提升到一个高度。如何将这个高度用一个主题体现出来，如何通过具体的活动流程来展现主题、通过创意达到目的。如何利用现有资源或潜在资源来支撑或提升这个高度，通过完整的框架将最终目的细分到每一个步骤。主题出来，围绕活动主题寻找活动内容的框架；框架出来，可以搜索尽量多的与主题相关的活动元素，虽然并不是每一个都可以运用到，但是可以供选择，最终选择最合理的活动内容和形式。整个内容的撰写过程，就是围绕活动主题，运用理性筛选活动内容和细节进行合理安排的理性思维过程。

一场活动，三分靠策划，七分靠执行。做得再有创意的活动策划书，如果执行过程中出现问题，或者执行力不够都将导致活动无法顺利开展或达不到预期效果。对于很多大型活动，一个笼统的活动方案无法解决所有问题。为了保证活动效果，实践中常常根据需要将活动方案细分，如细分为宣传方案、执行方案、公关方案、风险意外机制等，具体内容根据实际需要而定。

第三节　项目策划文书

项目策划文书与活动策划文书一样,在学生学习和今后工作中都是比较常见的策划文书。

一、项目策划文书的性质与文体种类

(一) 项目策划文书的性质

随着社会的发展,有组织的活动逐步分化为两种类型:一类是持续不断、周而复始的活动,人们称之为"运作"或"运营",如企业日常活动等;另一类是临时性,一次性的活动,人们称之为"项目",如公共基础设施的兴建等。有关项目的定义很多,美国项目管理协会认为项目是完成某一独特的产品或服务所做的一次性工作。德国标准化学会认为项目就是在总体上符合三个条件的唯一性任务,这三个条件分别是:具有特定的目标,具有实践、财务、人力和其他限制条件,具有专门的组织。

策划为项目成功提供了科学决策与行动的思维形式。项目策划是策划人员运用策划思维,在深入研究项目的基础上,提出经营、管理行动方案的过程。具体来说,项目策划是指在项目建设前期,通过内外环境调查和系统分析,在充分占有信息的基础上,针对项目决策和实施阶段或决策和实施阶段中的某个问题,推知和判断市场态势及消费群体的需求,进行战略、环境、组织、管理、技术和营销等方面的科学论证,确立项目目标和目的,并借助创新思维,利用各种知识和手段,通过创意为项目创造差异化特色,实现项目投资增值,有效控制项目活动态度的过程。

项目策划书也称为项目计划书,是指对某个未来的项目进行策划,并展现给项目负责人的文本。项目策划体现的是一种具有建设性、逻辑性思维的过程。

不论项目策划书的形式如何,其主要内容可以用5W1H概括,即Where(项目地点及环境)、What(项目的目标要求及范围)、Who(什么人做,各自的责任权利)、When(项目的起止日期)、Why(何种方法来实现管理目标)、How much(项目所花费用)。

(二) 项目策划文书的文体种类

项目策划书有不同的分类标准,有按照项目内容分的,有按照项目的进展分的,有按照项目的实施目的分的,有按照项目的用途分的,不一而论。本书按照项目实施目的划分为商业策划书和公益项目策划书。

商业策划主要包括各种营利性组织甚至个人开展的项目活动,如产品研发、电视剧策划、房地产开发、旅游项目规划等;公益项目策划主要包括政府或其他非营利组织发起的项目活动,如城市中心广场建设、新型武器研发、关注残疾儿童健康生活等。关于公益项目,这里指的是广义的公益项目,包括政府部门发起的,也包括民间组织发起的。

二、项目策划文书的作用与特点

(一) 项目策划文书的作用

无论是商业策划书还是公益项目策划书,都是项目实现顺利启动与有序实施的重要因素之一。

首先,项目策划书可以作为项目运作主体的沟通工具。项目策划书必须着力体现项目主体的价值,有效吸引投资、信贷、员工、战略合作伙伴,包括政府在内的其他利益相关者。

其次,项目策划书可以作为项目运作主体的管理工具。项目策划书可视为项目运作主体的计划工具,引导公司等组织走过发展的不同阶段,使规划具有战略性、全局性、长期性。

最后,项目策划书可以作为项目运作的行动指导工具。项目策划书内容涉及项目运作的方方面面,能够全程指导项目开展工作。

(二) 项目策划文书的特点

项目策划是一门新兴的策划学科,项目策划文书以具体的项目活动为对象,体现一定的功利性、社会性、创新性、经验性和动态性。

1. 功利性

项目策划文书的功利性是指策划文书能给策划方带来经济上的满足或愉悦。功利性也是项目策划文书要实现的目标,是策划文书的基本功能之一。项目策划的一个重要的作用,就是使策划主体更好地得到实际利益。无论是公益项目还是商业项目,它们都面临着收益(利润最大化)的现实诉求。

项目策划文书的主体有别,策划主题不一,策划的目标也随之有差异,即项目策划文书的功利性又分为长远之利、眼前之利、钱财之利、实物之利、发展之利、权利之利、享乐之利,等等。在进行策划创意、选择策划方法、创造策划谋略、制定策划方案时,要权衡考虑,功利性是撰写项目策划文书的一个立足点、出发点,又是评估一份项目策划文书的基本标准。因此,在写项目策划文书时,注意策划功利性的同时,还要注意策划投入与策划之利的比例是否协调。策划创意即使再完美,如果策划之利低于策划投入,那么这个策划也不能称之为好的策划,甚至说它是失败的案例。

2. 社会性

项目策划要依据国家、地区的具体实情来进行,它不仅注重本身的经济效益,更应关注它的社会效益,经济效益与社会效益两者的有机结合才是项目策划的功利性的真正意义所在,因此,项目策划文书要体现一定的社会性,只有这样,才能为更多的受众所接受。

各种商业化的组织往往通过赞助体育比赛、赞助失学儿童、捐款协办大型文艺活动等方式来构筑策划主题,塑造实体的社会形象。

3. 创新性

项目策划是一个通过创新、创意、寻求增值的过程。因此,好的项目策划书应具备创新性。《孙子兵法》中有言:"兵无常势,水无常形。"策划应随具体情况而发生改变,需要创造性的思维,不能抱残守缺,因循守旧,要想不断地取胜,必须不断地创造新的方法。即使成功的模式,我们也不要生搬硬套,要善于依据客观变化了的条件来努力创新,只有这样,策划文书才能别具一格,与众不同,吸引人,打动人,更能取得成效。

4. 经验性

项目策划文书重视类似项目的经验和教训。项目策划发生在项目实施之前,需要大量的历史数据来支撑。"没有调查,就没有发言权",同样,没有经过深入细致的调查研究,项目策划文书也无从下笔。要使项目策划文书科学、准确,必须深入调查,占取大量真实全面的信息资料,必须对这些信息进行去粗取精,去伪存真,由表及里,分析其内在的本质。因此经验性是项目策划的重要特性,在实践中运用得当,可以有力地引导将来的工作进程,达到策划的初衷。

5. 动态性

项目策划是一个动态过程。市场变化等因素无法完全预测,因此在项目策划文书完成之后还必须关注现实环境和市场条件的变化,加强策划文书与环境、资源等条件的动态匹配,控制并调整策划中存在问题的环节。

三、项目策划文书的格式与写法

项目策划文书的基本框架是包容策划所有内容的"容器",它会因项目的不同而不同,但同一类项目会有一定的相似性。为了满足大多数项目策划的需要,总结出项目策划书撰写的大致框架。

项目策划文书一般由封面、前言、目录、摘要、正文、结束语和附录七部分组成。

(一) 封面

封面一般由以下要素组成:策划书的名称、被策划的客户、策划机构或策划人的名称、策划书制作时间及本策划适用时间段。

封面是容易被忽视的部分。有很多组织认为内容比形式更重要。其实,形式是可以更好地表现内容的。注意封面的设计要有审美观和艺术性,一个好的封面会使阅读者留下好的第一印象。

(二) 前言

前言简单介绍委托情况、策划目的意义以及策划的概况。

(三) 目录

目录即策划书的大纲,是对整个策划书的归纳。目录的编写有助于读者对策划书的整体审阅,使读者能够非常便捷地接受策划书中的信息和重点。不管策划书的内容多么的丰富,如果没有一个可供检索的目录告诉人们哪一页内有哪类情报,那么策划书的影响也会大打折扣。

(四) 摘要

摘要列在项目策划书的最前面,它浓缩了项目策划书的精华。摘要涵盖了项目策划的要点,以便读者能在最短的时间内评审计划并做出判断。摘要一般包括以下内容:公司介绍、主要产品和业务范围、市场概貌、营销策略、销售计划、生产管理计划、管理者及其组织、财务计划、资金需求状况等。特别要详细说明自身企业的不同之处以及企业获取成功的市场因素。摘要要尽量简明、生动。摘要常用一句话表述。用一句话来清晰地描述你的商业模式,即你的产品或服务;用一句话来明确表述为什么你的创新及时解决了用户的问题,填补了市场的空缺;用一句话(包括具体数字)来描述巨大的市场规模和潜在的远景;用一句话来概括你的竞争优势;用一句话来形容你和你的团队是一个"成功组合";用一句话(包括具体数字和时间)来概述你将如何在最短的时间内让投资人获得收益;用一句话来陈述你希望融多少资金、主要用来干什么。

需要注意的是,尽管项目摘要部分排在策划书的前半部,但实际上,这一部分往往是在写完所有策划书以后才动手写的。

(五) 正文

这里以一般整体商业策划书和公益项目策划书为例介绍正文的基本写法。

1. 商业(项目)策划书

(1) 企业背景介绍

这部分主要对公司做出介绍,重点是公司理念和如何制定公司的战略目标。

(2) 行业分析

在行业分析中,应该正确分析评价所选行业的基本情况,包括竞争状况以及未来发展趋势等内容。关于行业分析典型问题包括以下几类。

① 该行业发展程度,现在的发展动态

a. 产品的市场性、现实市场及潜在市场状况。

b. 市场成长情况,产品当前处于市场生命周期的哪一阶段上;对于不同市场阶段的产品公司营销侧重点如何。

c. 消费者的接受性,这一内容需要策划者凭借已掌握的资料分析产品市场发展前景。

② 产品市场影响因素

主要是对影响产品的不可控因素进行分析,如宏观环境、政治环境、科技进步、居民经济条件,消费者收入水平、消费结构的变化、消费心理等。

③ 进入该行业的障碍和主要克服方法

进入该行业时,可能遇到的障碍、困境和干扰,将采取的克服和应对措施,该行业可能的典型回报率。

(3) 产品(服务)介绍

产品介绍是商业策划书中必不可少的一项内容。通常,产品介绍应包括以下内容:产品的概念、性能及特性、主要产品介绍、产品的市场竞争力、产品的研究和开发过程、发展新产品的计划和成本分析、产品的市场前景预测、产品的品牌和专利。

在进行投资项目评估时,投资人最关心的问题之一就是,风险企业的产品、技术或服务能否以及在多大程度上解决现实生活中的问题,或者,风险企业的产品(服务)能否帮助顾客节约开支,增加收入。简言之,产品和服务就是你的商业模式,也就是将来你的公司赚钱的主要方式、途径和方法。

在产品(服务)介绍部分,要对产品(服务)做出详细的说明,说明要准确,也要通俗易懂,使不是专业人员的投资者也能明白。一般的,产品介绍都要附上产品原型、照片或其他介绍,表达中尽可能客观中正,用事实或数字说话,避免使用"我们要成为中国最大的……""世界最好的""行业最优秀的"等空洞自夸的语言。

一般地,产品介绍必须要回答以下问题。

企业的产品能给顾客解决什么问题,企业产品能够给顾客提供何种便利?

企业的产品与竞争对手的产品相比有哪些优缺点,为什么可以吸引顾客优先选择本企业的产品？

企业为自己的产品采取了何种保护措施，企业拥有哪些专利、许可证，与已申请专利的厂家达成了哪些协议？

企业的产品定价可以使企业产生足够利润的理由有哪些，为什么会吸引用户大批量采购，企业产品的卖点在哪里？

企业采用何种方式去改进产品的质量、性能，企业对发展新产品有哪些计划，等等。

产品（服务）介绍的内容比较具体，因而写起来相对容易。虽然夸赞自己的产品是推销所必需的，但应该注意，企业所做的每一项承诺都是"一笔债"，都要努力去兑现。要牢记，企业家和投资家所建立的是一种长期合作的伙伴关系。空口许诺，只能得意于一时。如果企业不能兑现承诺，不能偿还债务，企业的信誉必然会受到极大的损害，因而是真正的企业家所不屑为的。

（4）人员及组织结构

在商业策划书尤其是创业项目策划书中，必须要对主要管理人员加以阐明。介绍他们所具有的能力，他们在本企业中的职务和责任，他们过去的详细经历及背景。因为企业管理的好坏，直接决定了企业经营风险的大小。而高素质的管理人员和良好的组织结构则是管理好企业的重要保证。因此，风险投资家会特别注重对管理队伍的评估。

企业的管理人员最好是互补型的，而且要具有团队精神。一个企业必须要具备负责产品设计与开发、市场营销、生产作业管理、企业理财等方面的专门人才。

年轻的创业团队如果有清华、北大等名牌学校的毕业生或有海外留学背景的人员自然是很有优势的。每个人的工作经历也都是重要的内容，要是你在大公司比如 Google、微软工作过，人们就有可能想象你的水平和比尔·盖茨也不相上下。

如果你既没有进过名牌的大学，也没有在著名大公司里工作过，千万不要有失落感。你最好不要含糊其词地说"我经验丰富、曾在某某公司工作……"你可以具体挖掘一下你的真实才能，你是学习什么专业的，曾在公司里担任什么职务，做过些什么项目。

（5）市场预测

当企业要开发一种新产品或向新的市场扩展时，首先就要进行市场预测。如果预测的结果并不乐观，或者预测的可信度让人怀疑，那么投资者就要承担更大的风险，这对多数风险投资家来说都是不可接受的。市场预测首先要对需求进行预测：市场是否存在对这种产品的需求？需求程度是否可以给企业带来所期望的利益？新的市场规模有多大？需求发展的未来趋向及其状态如何？影响需求都有哪些因素？其次，市场预测还要包括对市场竞争的情况——企业所面对的竞争格局进行分析：市场中主要的竞争者有哪些？是否存在有利于本企业产品的市场空当？本企业预计的市场占有率是多少？本企业进入市场会引起竞争者怎样的反应，这些反应对企业会有什么影响？

在商业策划书中，市场预测应包括：市场现状综述、竞争厂商概览、目标顾客和目标市场、本企业产品的市场地位、市场区格和特征等等。风险企业对市场的预测应建立在严密、科学的市场调查基础上。风险企业所面对的市场，本来就有更加变幻不定的、难以捉摸的特点。因此，风险企业应尽量扩大收集信息的范围，重视对环境的预测和采用科学的预测手段和方法。

（6）营销策略（具体行销方案）

营销是企业经营中最富挑战性的环节。

① 营销宗旨。一般企业可以注重这样几个方面：拓展市场，为产品精准定位，突出产品特色，采取差异化营销策略；以产品主要消费群体为产品的营销重点；建立起广泛销售渠道，不断拓宽市场。

② 产品策略。提出合理的产品策略建议。

③ 价格策略。无论如何调整就是使产品价格更具竞争力。

④ 销售渠道。销售渠道的选择，对销售渠道的维护和扩展。

⑤ 促销计划和广告策略。策划前期推出产品形象广告；销后适时推出诚征代理商广告；节假日、重大活动前推出促销广告；把握时机进行公关活动，利用新闻媒介，善于利用事件营销提供企业产品知名度。

⑥ 行动方案。根据策划期间各时间段特点，推出具体的行动方案。行动方案要具有可行性、前瞻性、灵活性。

（7）策划方案费用预算

策划方案费用预算包括项目运营中的总费用、阶段费用、具体各项费用等，其原则是以较少投入获得最优效果。

2. 公益项目策划书

公益项目策划书可以是一个机构的内部文件，用来向董事会、理事会汇报并希望得到他们的批准与支持；也可以是机构就某一项目寻求资金上支持的对外筹款计划书。我们所谈到的就是后一种情况。一般来讲，一个公益项目策划书正文要包括以下几个方面。

（1）项目背景、存在的问题与需求

在这一部分，需要详细介绍存在的问题以及为什么要设计这个项目来解决这些问题。要充分地说明问题的严重性与紧迫性，最好能提供一些数据，这样不但可以充分地说明问题，同时还能表明你对这一项目的了解。此外，还可以使用一些真实、典型的案例，以便在情感上打动读者，进而引起他们的共鸣。要说明项目的起因、逻辑上的因果关系、受益群体及其与其他社会问题之间的关联等。一般来讲，这一部分包括以下主要信息。

① 项目范围（问题与事件、受益群体）；

② 导致项目产生的宏观与社会环境；

③ 提出这个项目的理由与原因；

④ 其他长远与战略意义。

（2）目标与产出

在使资助机构确信"问题"的存在以后，明确提出你的解决方案。机构间的合作是被鼓励的。如果还有其他的机构合作伙伴，也要明确说明。

在这一部分中要详细地介绍项目计划、项目的总体目标、阶段性目标与任务以及各目标的评估标准。总体目标是一个长期的、宏观的、概念性的、比较抽象的描述。由总体目标可以分解成一系列具体的、可衡量的、可实现的、带有明确时间标记的阶段性目标。比如，"减少文盲"是总体目标，"到 2016 年 10 月，使 200 个农村妇女达到认识 1 000 字"就是一个具体目标。对目标的陈述一定要非常清楚。最重要的是，制定的目标要切合实际。不要承诺你做不到的事情。要牢记，资助者希望在项目完成报告里看到的是：项目实际上实现了这些既定目标。

（3）受益群体

这一部分中，要对项目的受益群体做一个更加详细的描述。有必要时，还可以把受益群体分为直接受益和间接受益群体。比如 NGO 信息咨询中心的能力建设项目的直接受益群体是国内 NGO 和 NGO 的从业人员，间接受益群体则是 NGO 的服务对象。因为通过能力建设，提高了 NGO 的服务能力与效率，从而使之能为其服务对象提供更好、更多、更完善的服务。又比如一个残疾人服务机构，其直接受益群体是残疾人群，间接受益群体则是他们的家庭，甚至是整个社会。

许多资助方都希望受益群体能从始至终地参与项目。尤其是在项目的设计阶段，受益群体的参与更加重要。你可以在附件中列出受益群体参与项目的活动，包括组织受益群体参加的讨论会、会议主题、时间、参加人员等；同时，也让资助方了解的项目不但是针对受益群体而设计的，而且也得到了他们的广泛支持与认可。

（4）解决方案与实施方法

通过以上的部分，你已经清楚地解释了存在的问题及你希望完成的事情。接下来，需要介绍你如何达到目标，即采用什么方法、开展什么活动来实现这些目标。在介绍方法时，你要特别说明这种方法的优越性。你可以同时列举出其他相关的方法，并对它们进行比较，还可以引用专家的观点和其他失败或成功的案例，等等。总之，要充分说明你选择的方法是最科学、最有效、最经济的。同时，也要说明你的机构在采用这种方法时，也存在一定的风险与挑战。此外，还要提到为了执行这一解决方案，都需要哪些条件与资源，包括：谁？在什么时候？使用什么样的设备？做什么样的事情？做这些事情的人要具备什么样的能力与技能等。最好能在附件中详细描述一下主要工作岗位的职务要求。

（5）项目进程计划（时间表）

在这一部分中，要详细地描述出各项任务的先后顺序以及起始时间。可以用一个带有时间标记的图表来表示，这样，就可以一目了然地告诉读者"在什么时候做什么"，以及各项活动之间的关联与因果关系。

（6）项目组织架构

在这一部分中，要描述为了达成上述目标，需要什么样的执行团队和管理结构。执行团队应包括所有项目组成员：志愿者、专家顾问、专职人员等。他们与这个项目相关的工作经验、专业背景、学历等也非常重要。执行团队的经验与能力往往在很大程度上决定了项目的成败，所以，这也是资助方非常关心的问题。

另外，还要明确项目的管理结构。应该明晰地写出项目总负责人、财务负责人及其他各分项目的负责人。如果是两个或多个机构合作完成一个项目，还要说明各机构的分工。工作流程也要很清楚，要说明各项工作的先后顺序、逻辑关系等。

（7）费用、预算与效益

这一部分所要提供的不仅仅是一个费用预算表（当然，预算表也是很重要的，你可以把它放在附件中），而是要叙述和列出预算表中的各项数据、总成本与各分成本，包括人员、设备的费用等。其中，人员经费类别包括工资、福利和咨询专家的费用；非人员经费类别可以包括差旅费、设备和通信费等。如果已经有了一部分资金来源，也要注明。而且，要很明显地写出你还需要总数为多少的经费上的支持。

上面提到的是投入，还有一个很重要的部分是产出的效益。

很多NGO(非政府组织)在项目计划中不谈效益，错误地认为NGO的服务是不谈效益的。事实上，除国际上正在推行的NGO合理收费外，NGO服务的另一大特点是产生巨大的社会效益。尽管社会效益比较难量化，但你还是可以尽量找一些数据来分析一下社会效益，哪怕只是估算也好。比如，一个戒毒人员的服务机构虽然为吸毒人员提供免费的服务，没有任何收入，但是，还是可以估算出通过服务一个吸毒人员，可以减少哪些方面的社会问题，可以对吸毒人员的医疗费用、失业、犯罪等相关费用进行估算。总之，你越明确地算出单位成本的投入可以产生的效益，就越能说明你的方法的优越性，也就越能得到资助方的支持。另外，与项目相关的财务与审计方法也要在这部分中提到。

(8) 监控与评估

监控是项目实施过程中尤其是公益项目实施过程中非常重要的部分，监控的执行机构与人员(可以是理事会、资助方或其他第三方机构)、监控任务等都应该写在项目计划中。与之相关的还有项目团队的自我评估计划。项目进行中的评估报告比项目结束的评估还要重要。在项目的不同阶段进行评估，可以使你及时地发现问题，尽早地解决。同时，可以使资助方得到一个信息，那就是你们不但提出了一个很好的计划，而且可以很好地实现这个计划。请注意，项目的实施方法是资助方评判是否给予资助的一个非常重要的因素。

有两种可供参考的监控和评估方式：一种是衡量结果，另一种是分析过程。其中一种或者两种都有可能适用于你的项目。你选择何种方式将取决于项目的性质和目标。无论选择何种方式，你都需要说明你准备怎样收集评估信息和进行数据分析，以及在项目进行到哪些阶段时，进行阶段性的评估。评估活动及时间也应该包括在项目实施计划的时间表当中。无论是监控报告还是评估报告，都应该包括：项目的进展与完成情况、原定计划与现实状况的比较、预测未来实现计划的可能性等。除总体评估报告外，还要提供一些子评估报告。比如，项目中期的审计报告等。

(六) 结束语

结尾对策划书的总结、预测和建议。主要是对策划方案全文做出简要总结，对策划方案实施过程中可能出现的问题和最终效果进行预测，并提出应对措施；对策划方案的有关事宜及其操作提出意见和建议。

(七) 附录

附录是随项目策划书附带说明的问题的展示资料，是方案的附件。主要内容包括：注明本项目所引用的文献资料，列出方案实施中所需的参考书目和经验材料，指出其他注意事项，展示策划操作日程表及组织机构等。最后还需注明策划案设计单位和执笔人的姓名，以及最终定案的时间。

任何你认为重要的文件或篇幅太长而不适于放在正文中的文件，都可以被放在附件当中，比如机构的介绍、年报、财务与审计报告、名单、数据、图表等。你也可以把那些在正文中会干扰读者或使他们的兴趣偏离主题的部分放到附件当中，但一定不要忘了在正文中标明：详细情况，请查看附件。

总之，附件的目的是使正文紧凑、干净；同时，如果读者对某些问题的细节感兴趣的话，他还可以在附件中找到需要的内容。在把上面的所有部分都写完以后，现在，你可以回来写项目策划书的最开头部分——"摘要"部分了。

摘要一定是高度概括性的,语言要简练、清晰,最好在半页左右,最长也不要超过一页。刚开始写摘要时,你可能会认为哪一部分都很重要,都想放在摘要部分中。如果你写了一个很长的摘要,你可以一点一点地把它缩短,你最后留下的一定是最重要的。另外,如果希望把项目策划书递交给国际机构,把一个项目策划全部翻译成英文的难度很大。这时,一个简单的处理办法就是只把摘要和目录部分写成双语。至此,一个完整、全面的项目策划书就宣告完成了。

四、项目策划文书的写作要领与注意事项

(一)项目策划文书的写作要领

1. 突出重点,抓准关键

突出重点即项目策划书要解决的根本问题及营销策略要明确,要简明扼要地把策划目的、要点写出来,同时也要把策划的核心明确地写出来。

2. 条理清楚,思路明确

下笔前弄清楚何人、何时、何因、何法、预算、预测等问题,策划的目标合理清晰。注意要综合运用图表、照片、模型来增强项目的主体效果。

3. 定位准确,建议合理

项目策划书中的建议一定是经过市场调研、研究、分析后的科学合理的结论,其前提是对该品牌的市场定位要准确。

4. 语言流畅,表意清晰

在项目策划书中,使用数字一定要准确到位,不可以模棱两可,含糊其词。"较多""大幅提高""广泛"这些很虚化的词语尽量不用。

5. 创意新颖,操作性强

策划书的点子要富有新意,体现创新价值。同时策划书的实施方案要具有可操作性、执行性,预算也要合理,因此市场调查与分析就显得非常重要。

(二)项目策划文书的注意事项

(1)避免对产品/服务的前景描述过分乐观,令人产生不信任感。

(2)要做好调研,调研是写好策划书的基础。不能主观臆断。

(3)观点要明确集中,策划书一般一事一写。

(4)谨防策划书显得不专业,缺乏应有的数据或者数据没有说服力,例如,拿出一些与产业标准相去甚远的数据。

(5)鉴于项目策划书具有很强的实用性,所以语言表达要简洁明确,因此要少用修辞。

(6)有些项目策划书对竞争没有清醒的认识,忽视竞争威胁。缺乏对竞争对手的分析。策划书要正视自身的优势劣势,才能制定出符合自身的实施方案,扬长避短,克敌制胜。

例文阅读(见章末二维码)

案例一:中国电信校园营销策划书

案例二:某电工品牌武汉市场开拓策划书

案例三:随手环保——石浦社区环保治理项目

第四节　广告策划文书

广告策划文书是广告活动不可或缺的部分,了解广告策划文书的内涵、明确不同类型策划文书的作用和写法对提高广告活动效果具有重要意义。

一、广告策划文书的性质

广告策划,是广告公司在市场调研的基础上,结合广告主既定的营销战略和市场目标,为广告主委托的广告标的所制定的广告计划方案。广告策划不是具体的广告业务,是对广告整体战略与策略的科学规划。我国自 20 世纪 80 年代中期将广告策划引入广告实践,逐步树立了"以调查为先导,以策划为基础,以创意为灵魂"的现代广告运作观念。广告策划是广告活动科学化、规范化的标志之一,对广告决策的提出与实施、检验广告决策的科学性、规范广告活动流程具有重要的作用。在实践中,广告策划文书包括广告策划书和广告文案,两者具体的功能不同,在写法上也存在较大差异。

广告策划书是广告计划方案的书面表达。它将广告活动中所涉及的背景、理念、具体实施策略详尽列出,相关人员按照其部署予以执行,是广告活动的正式行动文件。广告策划书根据广告策划结果而写,是提供给广告主加以审核并认可的广告活动策略性指导文件。进行广告策划的目的是追求广告进程的合理化和广告效果的最大化。进程的合理化,要求广告活动要符合市场的实际情况、遵守相关的法律法规并且能够适应市场的发展和需求;效果的最大化,要求广告策划能提供产生最佳广告效果的策略和方案。因此,广告策划书在内容上至少包含五个方面的内容:市场调查的结果、广告的定位、创意制作、广告媒介安排和广告效果测定。

广告主通过阅读广告策划书,可以了解广告策划的内容,评估广告策划的可行性与合理性并作为选择广告策划合作者的主要依据。同时,了解广告策划书的完整构成,也便于广告主对广告策划者提出明确的工作要求。对广告公司而言,随着组织对策划工作的强调与重视,对广告策划书的要求也越来越高。科学规范、高质量的广告策划书,是获取广告主认可、赢得合作机会的重要手段。

广告文案,即广告内容的文字表达。广义的广告文案是指广告作品的全部内容,不仅包括语言文字部分,也包括图画音效等。狭义的广告文案是通过富有感染力的表述打动消费者内心、产生消费行为的文字。消费者通过广告文案来认识企业、产品。广告文案很大程度上决定了受众能否准确接收组织或产品所希望传递的信息、能否唤起积极的态度并产生消费意向。

广告策划书的阅读对象是广告主,广告文案的阅读对象是公众。实践中,广告策划书与广告文案混淆不清的情况很普遍。其实,两者阅读对象的不同对写作提出了不同的要求,这一点在学习时要非常明确。

二、广告策划文书的作用与特点

广告策划文书包括广告策划书与广告文案两种类型。从字面上理解,广告策划书与广告文案是两个不同的概念,但在广告活动中经常出现两者混同或不加区分的现象。广告学产生之初就是一门综合性学科,是商业活动与艺术行为的有机结合。受广告媒介的限制,现代广告最初的广告媒介是报纸,表现的手段是文字。随着市场经济的日益发展、传播技术的不断升级、商品内涵的无限扩展,广告活动从最初单一产品的宣传发展为今天的品牌营销。在西方,广告文案就是广告活动全部的时代早已过去。但由于国内情况复杂,广告活动的不同阶段仍然共生。这是导致公众对两者不加区分的一个重要原因。

以"瓜子二手车直卖网"为例。随着国民拥有汽车数量的急剧增加,二手车交易市场无疑是一个孕育巨大商机的领域。二手车交易是一个典型的服务性行业:行业技术门槛不高,同行业竞争压力很大。一般公众无法看到"瓜子二手车"广告策划书的内容,对其具体的市场定位、广告策略、广告投入等无法也不需要做深入地了解。但它的广告文案可以直接进入公众的日常生活,以电视、网络、海报等载体,对公众产生直接的影响。这个广告文案的内容只有四句话:

> "瓜子二手车直卖网
> 没有中间商赚差价"
>
> 孙红雷形象代言人
> 下载瓜子官方 App

这个广告文案的传播非常广,一个很重要的原因是广告文案逻辑清楚,表达直接明确:
你是谁,能解决什么问题?
——我是瓜子卖二手车的。
潜在客户凭什么毫不犹豫找你买?
——瓜子没有中间商赚差价,省钱。
我凭什么相信你所说的事真的?
——孙红雷(黄渤)拿声誉代言。
这是我想要的,别人提供不了这个好处,我也相信你,该怎么行动呢?
——下载瓜子官方 App,一切尽在掌握之中……
虽然"瓜子二手车直卖网"的整体市场定位是否准确,盈利情况、市场占有率、竞争力等需要时间和市场的检验,但这个广告文案的传播效果还是非常明显的。

广告文案与广告策划书都以组织品牌的构建为目标。如果把广告策划书喻为品牌构建过程中的一次次战役,广告文案则是一场场小型战斗。战斗的胜负对战役的作用不言而喻,但对全局起决定作用的还是战役的结果。两者之间既紧密相关,又独立存在。对公众而言,广告文案是直观可感的,但广告策划书对广告活动的影响才是最深远的。对国际化 4A 公司而言,广告策划和广告文案是不同的专业分工。但我国的广告活动起步晚,且我国广告行业普遍的公司小型化现状决定了分工不可能那么细,广告文案的撰写者常常也需要撰写广告策划书。随着国内广告经营的规范化,品牌整合营销的日益发展,这一现状会逐步改善。对广告文案和广告策划书做明确的区分,是广告活动走向成熟的必然趋势。

三、广告策划文书的格式与写法

与公文不同，广告策划文书在格式和写法上并没有严格统一的要求。广告策划文书怎么写，以服务于广告活动为旨归。下面，结合具体案例，介绍广告策划文书通用的格式与写法。

(一) 广告策划书

1. 封面

一份完整的广告策划书文本应该包括一个版面精美、要素齐备的封面，给人以良好的第一印象。广告策划书的封面设计以简洁大方为要，一般可以套用公司的 LOGO，策划名称、被策划组织、策划小组或策划人、策划书完成时间等信息需表达完整准确。

2. 目录

在广告策划书目录中，应该列举广告策划书各个部分的标题。一方面可以使策划文本显得正式、规范，另一方面也可以使阅读者能够根据目录迅速找到所需内容。

3. 前言

在前言中，应简明概要地说明广告活动的时限、任务和目标，必要时还应说明广告主的营销战略。有的广告策划书称这部分为执行摘要。其目的是把广告计划的要点提炼出来，让相关决策人员可以快速阅读和了解策划主的要点。这部分内容不宜太长，以数百字为佳。

4. 正文

广告策划书的正文部分一般包括四个部分，即广告市场分析、广告策略、广告实施计划和广告活动的效果预测与监控。

第一，广告市场分析，包括广告策划过程中所涉及的市场调查和分析的全部内容，为后续的广告策略部分提供有说服力的依据。

广告环境分析分为市场环境宏观制约因素分析和微观制约因素分。宏观广告环境分析需要对组织目标市场的经济总量、消费态势、产业发展的政策环境、地域文化风俗等进行简要描述，客观评估组织与目标市场的融合度。微观广告环境分析需要对目标市场的规模、市场构成、市场特性、营销环境四个方面做深入分析。市场规模分析主要包括目标市场的销售总额、消费者购买力、消费者数量以及未来市场的预估。如果市场规模不够大，对广告主就很难产生吸引力。微观环境分析还要涉及市面上主要的品牌及市场份额调查，对与本组织构成竞争关系的品牌进行分析并准确预测未来市场的变化趋势。

这部分内容的完成需要做好市场调研，以客观准确的市场数据为写作基础。相关内容做得越客观详细越容易说服广告主接受新的广告策略，激发开拓占有市场的信心。

第二，广告策略。广告策略是指实现、实施广告战略的方法与手段，是广告战略的细分与措施。根据营销理论和广告活动自身的规律，常见的广告策略分为产品定位策略、市场策略、媒介策略。

产品定位策略根据组织自身的营销策略、商品差别化、市场细分和产品的生命周期等具体内容，分为功能定位、市场细分定位、产品观念定位等。准确的广告定位策略可以让组织在广告活动中确立最有利的诉求角度，获得最好的广告效果。以农夫山泉的广告策略为例，很多人对农夫山泉广告的记忆，都来自那句广告语："农夫山泉有点甜。"当别的同类产品都在表现各自如何卫生、高科技、时尚的时候，农夫山泉不入俗套，独辟蹊径，只是轻轻却又着重地点到产品的口味——"有点甜",显得超凡脱俗,与众不同,让电视机前的消费者感到耳目一新。为什么农夫山泉广告定位于"有点甜",而不是像乐百氏广告那样将产品特点定位在"27层净化"呢?原来,农夫山泉对纯净水进行了深入分析,发现纯净水有很大的问题:它连人体需要的微量元素也没有,这违反了人类与自然和谐的天性,与消费者的需求不符。作为天然水,它准确定位产品特点,通过"有点甜"向消费者透露这样的信息:农夫山泉才是天然的,健康的。一个既无污染又含微量元素的天然水产品,如果与纯净水相比,价格相差并不大,可想而知,对于每个消费者来说,他们都会做出理性的选择。这样准确的定位,使得农夫山泉确立了市场地位,获得了良好的广告效果。

市场策略主要包括目标市场定位、广告促销策略和广告心理策略。目标市场定位策略是指为产品选择特定的使用范围和目标人群,满足其需求的策略。"怕上火,喝王老吉"就是将饮料的购买对象定位在"易上火"人群,将一个原本只在两广地区销售的饮料品牌发展成年销售额突破100亿的中国罐装饮料市场第一品牌。广告促销策略是一种紧密结合市场营销策略而采取的广告策略。它不仅告知消费者购买商品的益处,而且结合市场营销的手段给予消费者更多的附加利益,以吸引消费者对广告的兴趣,在短期内收到即效性广告效果。馈赠广告、赞助文艺节目和影视剧的制作、有奖征答、中奖广告和公益广告等,都是这一策略的具体实施手段。广告心理策略是运用心理学的原理进行策划广告。苹果公司著名的"1984"广告就是一个典型案例。1984年1月24日,苹果电脑发布了全新的Macintosh电脑。这是世界上第一台采用图形用户界面的个人电脑,与当时采用DOS命令执行纯文本用户界面的IBM PC形成了鲜明的对照。苹果公司为了配合产品销售需要,选择以英国著名政治讽刺作家乔治·奥威尔的小说《1984》为背景制作广告,反映了苹果试图打破IBM对计算机世界的垄断。广告场景非常吸引眼球:一排排面无表情、机器人般的光头男子走向阴森森的大厅,一个巨大的屏幕,屏幕中一个"大哥"模样的人正在训话。突然,一位身着红色短裤、白色Mac背心的女子不顾身后头戴钢盔、挥舞着警棒的警察的追赶,使出全身的力气用一把铁锤将屏幕砸得粉碎。顿时,云开雾散,光芒四射,一个庄严的声音响起,屏幕上出现了这样的文字:"1984年1月24日,苹果电脑将推出Macintosh,你会明白为什么1984年不会是小说中的1984年!"这个广告播放以后被病毒式传播。人们纷纷一睹为快,苹果公司的市场地位迅速确立,这正是其广告心理策略的准确运用。

媒介策略是指根据产品特性、市场定位、广告预算等选择广告发布媒介并对不同的媒介进行组合,对广告发布的时间、频率等问题进行事先安排,以达到最佳的传播效果和最小的广告投入。对所选择的媒介进行必要性和可行性说明是写作的重点。事实上,任何产品的目标消费人群都有一定的媒介接触习惯,而产品的传播要通过适当的媒体发布才能有效地传播,这就需要事先做好媒体的选择与评估。同时,由于现代媒体也是企业行为,组织与媒体合作就像和经销商合作一样需要协调不同媒体单位的时间、资源。媒介策略是否得当是广告公司经营实力的具体表现,在广告策划书的撰写过程中需予以充分的重视。

广告策略是广告策划书的核心,选择何种策略是组织、产品、市场、消费者、媒介、竞争对手等因素综合考虑的结果。在撰写的过程中要充分体现决策依据、决策过程,以达到让广告主信服的目的。

第三,广告实施计划。广告实施计划是媒介策略的具体安排,包括广告发布的媒介、各广告媒介的规格、广告媒介发布排期表和广告费用预算等。这部分内容要求准确细致,可以用表格的形式呈现。

第四,广告活动的效果预测与监控。广告活动本质是一种商业行为,广告主付费是为了获得实际的传播效果。在正文的最后部分,广告策划书要对广告活动的效果进行科学的预测,并提供监控手段。这部分内容可以从广告受众调查、广告媒介监控数据、第三方监测统计数据等对广告活动的效果进行监控,为下一步的广告策略提供数据支撑。

5. 结语

最后可以再次将策划书的策划亮点以简要的语言呈现,突出阶段性广告活动的重点,引起广告主的重视和合作兴趣。

不同的广告策划书在具体内容上会根据不同的行业、客户特点调整写作重点,但基本结构是一样的。一般说来,广告策划书不要超过 20 000 字。如果篇幅过长,可将图表及有关说明材料用附录的办法解决。实际工作中,有时也会根据客户需要将媒体策划、广告预算等部分专门列出,形成相对独立的文案。广告策划书文本的完整性、调查结果的真实性、广告定位的准确性、策划内容的新颖性、媒介组合的合理性、预算的可行性等都会对广告主是否愿意进一步合作产生直接影响。

(二) 广告文案

广告文案一词既可作为一种职业,也可指广告创意的具体表现。广义的广告文案是指广告作品的全部,狭义的广告文案是指广告作品的文字部分。本书所介绍的是狭义的广告文案。

一个完整的广告文案包括标题(副标题)、广告正文、广告口号。按照发布媒介的不同,广告文案可以分为报纸广告文案、杂志广告文案、广播广告文案、电视广告文案、网络广告文案、户外广告文案等。按照广告内容的不同,广告文案可以分为产品类广告文案、企业形象类广告文案、社会公益类广告文案。按照诉求方式的不同,广告文案可分为理性诉求型广告文案、情感诉求型广告文案、情理交融型广告文案。

广告文案的结构包括以下几个部分。

1. 标题

广告标题是广告文案的主题,往往也是广告内容的诉求重点。大卫·奥格威在《一个广告人的自白》中指出:"平均说来,阅读标题的人是阅读正文的人的 5 倍之多。"它的作用在于吸引人们对广告的注目,留下印象,引起人们对广告的兴趣。只有当受众对标题产生兴趣时,才会阅读正文。

广告标题的设计形式有:新闻式、问题式、承诺式、悬念式、假设式、祈使式、赞美式等。广告标题撰写时语言要简明扼要,易懂易记,清晰明了,新颖个性,句子中的文字数量一般控制在 12 个字以内为宜。

广告标题从结构形式上,可以分为以下几种。

(1) 单词组结构标题,如"科技以人为本"。

(2) 多词组结构标题,如"钻石恒久远,一颗永流传"。

(3) 单句结构标题,如"生活原来可以更美的"。

(4) 多句结构标题,如"请记住,上帝并不是十全十美的,它给汽车准备了备件,而人没有。"(交通安全广告)

广告标题从表现形式上,可以分为以下几种。

（1）新闻式，如"发现一瓶好水——黑松天霖水"。

（2）问题式，如"您想做林青霞的邻居吗"？

（3）承诺式，如"您只需按一下快门，余下的一切由我们来做"。

（4）悬念式，如"我的朋友乔·霍姆斯，他现在已经变成一匹马了"。（美国箭牌衬衫）

（5）假设式，如"谁能用手把金币掰下，金币就归谁所有"。（劳特牌胶水）

（6）祈使式，如"别让您头顶的留白随着学识增加"。

（7）赞美式，如"非凡成就——XO马爹利"。

有的广告标题还会设有副标题，作为标题的补充，起画龙点睛的作用。如某地产项目的广告文案如下：

正标题：不要把所有的鸡蛋都放在同一个篮子里

副标题：购买富有增值潜力的物业，您明智而深远的选择

2. 广告正文

广告正文是广告文案中的主体部分，是广告标题的延续，通过对产品及服务生动具体的说明，增加消费者的了解与认识，加深消费者印象。广告正文撰写既要通俗易懂又要使人过目不忘。不论采用何种题材式样，都要能突出产品信息，言简意赅。广告口号和广告标题只是在一定程度上引起广告受众的注目和兴趣，而广告正文通过对标题、广告口号所提示的内容进一步阐释和说明，促使受众产生购买欲望，从而产生购买行为。

（1）常见结构

广告正文常见的结构主要有两种：一体结构和分体结构。

第一，一体结构。

一体结构即广告正文结构按照广告信息的内在关联性，将所有的广告信息组合成一个完整的整体，并用一个相对独立、完整的段落或多个段落形成的写作结构。

一体结构的广告正文一般由开头、中间段和结尾三部分构成。开头是将受众由广告标题转向广告正文。中间段是广告正文的核心部分，一般对商品特点、消费理由做详细介绍。结尾部分是广告正文的最后部分，主要作用是促使受众尽快付诸行动，使其产生消费行为。

第二，分体结构。

分体结构指的是那些彼此没有明显内在关系的广告信息，在广告正文中得到并列的表达，并列表达的各个段落或句子之间没有必然逻辑关系的写作结构。比较经典的案例是台湾奥美为左岸咖啡所写的文案。

（2）表现形式

不同的广告媒介对表现形式有不同的要求，广告正文常见的表现形式如下。

① 简介体

简明扼要地介绍企业的情况、商品的性能特点、服务的风格特色等。这种表现形式的特点是客观、有条不紊。这种形式适用于文字较多的广告媒介。

② 新闻体

在特定的广告版面、广告时间里，用新闻报道的形式，即以新闻报道的写作笔法、特有的文体结构来写作广告正文。其特点是借助新闻形式提高广告正文的新闻性、权威性。

③ 分列体

将主要的广告信息分为若干项一一列举，其特点是使广告受众可以在较短的时间内将

广告信息浏览一遍。商场的促销广告经常采用这一形式。

④ 公文体

采用公文的表现结构、特有形式进行正文的表现。特点是能给人以客观、严谨、公正的感觉，能提高广告信息的权威性和严肃性。

⑤ 格式体

将商品的种类、单位、价格等各项信息用整齐的表格形式表现。这种形式大多用于企业的商品介绍。

⑥ 论说体

以论辩为主的广告正文表现形式。特点是富有说理性，逻辑性比较强。

⑦ 证言体

以消费者的语言或文字进行广告信息表现的广告正文形式。特点是以消费者自身形象出现，或站在消费者角度，记载消费者对广告中产品的使用感受和评价，让广告受众易于接受。

⑧ 自述体

也叫自白体，是以产品自身的口吻进行功能表现的广告正文形式。特点是将产品拟人化，使受众产生心理上和情感上的好感。

⑨ 故事体

通过讲述一个与广告产品或服务内容息息相关的故事来表现广告信息的正文形式。特点是以故事的发生、发展过程吸引受众，又以故事中的事件发展过程和产品介入所获得的结果来无形地说服受众。

⑩ 诗歌体

以诗歌形式进行广告信息表现的正文形式。适合表现产品的文化韵味和附加价值，形成受众基于审美意义上的消费欲望。

⑪ 散文体

以散文形式进行广告信息表现的正文形式。特点是较为平易和生活化。因此，在需要情感诉求而又要体现平实的表现风格时，可以选择这一形式。

⑫ 歌曲体

广告正文以歌曲形式进行表现，一般在广播、电视、网络等广告中运用。

⑬ 相声体

用相声的形式来表现广告正文。这种形式生动、幽默，充满谐趣，可以吸引受众的注意力，又可将广告信息用形象化的手法进行表现，在广播、电视、网络等媒体中经常使用。

除了以上这些广告正文表现形式之外，还有小品体、寓言体、戏曲体等多种形式。因广告活动的大众传播属性，广告正文表现形式的选择往往需根据大众传播媒介的特性和目标受众心理特征而变化。

例文阅读

大众汽车广告　不良品系列之柠檬

这辆甲壳虫没赶上装船启运。

仪器板上放置杂物处的镀铬有些损伤,这是一定要更换的。你或许难以注意到,但是检查员克朗诺注意到了。

在我们设在沃尔夫斯堡的工厂中有3 389名工作人员,其唯一的任务就是:

在生产过程中的每一阶段都去检查甲壳虫(每天生产3 000辆甲壳虫;而检查员比生产的车还要多)。

每辆车的避震器都要测验(绝不做抽查),每辆车的挡风玻璃也经过详细的检查。大众汽车经常会因肉眼所看不出的表面擦痕而无法通过。

最后的检查实在了不起! 大众的检查员们把每辆车像流水一样送上车辆检查台,通过总计189处查验点,再飞快地直开自动刹车台,在这一过程中,50辆车总有一辆被卡下"不予通过"。

对一切细节如此全神贯注的结果是,大体上讲,大众车比起其他车子耐用而不大需要维护(其结果也使大众车的折旧较其他车子少)。

我们剔除了柠檬;而你们得到了李子。

注:英语中"柠檬"是"有缺点""便宜货"的意思,"李子"是"好东西"的意思。

3. 广告口号

广告口号是战略性的语言,目的是经过反复和相同的表现,使消费者掌握商品或服务的个性。这已成为推广商品不可或缺的要素。

广告口号常用的形式有:联想式、比喻式、许诺式、推理式、赞扬式、命令式。广告口号的撰写要注意简洁明了、语言明确、独创有趣、便于记忆、易读上口。好的广告口号流传极广,对品牌和产品具有持续的影响力。如"你值得拥有""JUST DO IT""科技以人为本""你的能量超乎你的想象""滴滴香浓、意犹未尽""只给最爱的人""只溶于口,不溶于手"等,都可谓广告口号的经典之作。

广告口号不是每个产品都有。

4. 广告附文

广告附文是对广告正文的有效补充,主要是将广告正文的完整结构中无法表现的有关问题做一个必要的交代。一般出现在广告文案的结尾部分。广告附文中主要包括商品的品牌、企业名称、地址、电话、联系人、企业标志、权威机构证明标志、必要的表格等内容。广告文案中具体附文可依据广告文案的中心内容和广告的具体目的等做应有的取舍,不一定包括上述的全部内容。

广告文案的写作和广告策划书相比,在结构上要简单得多。写一个广告文案不难,写一个好的广告文案却绝非易事。其奥秘在于好的广告文案不是产品或组织的直接描述,而是针对广告受众的心理、找准消费者痛点之后的文字表达。

例文阅读

我害怕阅读的人

我害怕阅读的人。

不知何时开始,我害怕阅读的人。就像我们不知道冬天从哪天开始,只会感觉黑夜越来越漫长。

我害怕阅读的人。一跟他们谈话，我就像一个透明的人，苍白的脑袋无法隐藏。我所拥有的内涵是什么？不就是人人能脱口而出，游荡在空气中最通俗的认知吗？像心脏在身体的左边。春天之后是夏天。美国总统是世界上最有权力的人。但阅读的人在知识里遨游，能从食谱论及管理学，八卦周刊讲到社会趋势，甚至空中跃下的猫，都能让他们对建筑防震理论侃侃而谈。相较之下，我只是一台 MP3 时代的录音机；过气、无法调整。我最引以为傲的论述，恐怕只是他们多年前书架上某本书里的某段文字，而且，还是不被荧光笔画线注记的那一段。

我害怕阅读的人。当他们阅读时，脸就藏匿在书后面。书一放下，就以贵族王者的形象在我面前闪耀。举手投足都是自在风采。让我明了，阅读不只是知识，更是魔力。他们是懂美学的牛顿，懂人类学的凡·高，懂孙子兵法的甘地。血液里充满答案，越来越少的问题能让他们恐惧。仿佛站在巨人的肩膀上，习惯俯视一切。那自信从容，是这世上最好看的一张脸。

我害怕阅读的人。因为他们很幸运；当众人拥抱孤独或被寂寞拥抱时，他们的生命却毫不封闭，不缺乏朋友的忠实、不缺少安慰者的温柔，甚至连互相较劲的对手，都不至匮乏。他们一翻开书，有时会因心有灵犀，而大声赞叹，有时又会因立场不同而陷入激辩，有时会获得劝导或慰藉。这一切毫无保留，又不带条件，是带亲情的爱情，是热恋中的友谊。一本一本的书，就像一节节的脊椎，稳稳地支持着阅读的人。你看，书一打开，就成为一个拥抱的姿势。这一切，不正是我们毕生苦苦找寻的？

我害怕阅读的人，他们总是不知足。有人说，女人学会阅读，世界上才冒出妇女问题，也因为她们开始有了问题，女人更加读书。就连爱因斯坦，这个世界上智者中的最聪明者，临终前都曾说："我看我自己，就像一个在海边玩耍的孩子，找到一块光滑的小石头，就觉得开心。后来我才知道自己面对的，还有一片真理的大海，那没有尽头。"读书人总是低头看书，忙着浇灌自己的饥渴，他们像敞开的桶子，随时准备装入更多、更多、更多。而我呢？手中抓住小石头，只为了无聊地打水漂而已。有个笑话这样说：人每天早上起床，只要强迫自己吞一只蟾蜍，不管发生什么，都不再害怕。我想，我快知道蟾蜍的味道。

我害怕阅读的人。我祈祷他们永远不知道我的不安，免得他们会更轻易击垮我，甚至连打败我的意愿都没有。我如此害怕阅读的人，因为他们的榜样是伟人，就算做不到，退一步也还是一个我远不及的成功者。我害怕阅读的人，他们知道"无知"在小孩身上才可爱，而我已经是一个成年的人。我害怕阅读的人，因为大家都喜欢有智慧的人。我害怕阅读的人，他们能避免我要经历的失败。我害怕阅读的人，他们懂得生命太短，人总是聪明得太迟。我害怕阅读的人，他们的一小时，就是我的一生。

我害怕阅读的人，尤其是，还在阅读的人。

四、广告策划文书的写作原则与注意事项

广告策划文书的写作是为广告活动服务的。在广告活动过程中不同的功能决定了广告策划书和广告文案的写作应遵循不同的写作原则。

(一) 广告策划书的写作原则

广告策划书是对组织广告活动阶段性的总体定位与策划，是广告主广告决策的客观依据，对广告活动的方向具有决定性作用。广告策划书的撰写应依据以下原则。

1. 目的性原则

广告策划源于营销策划。企业营销策划是指企业通过设计和规划产品、服务、创意、价格、渠道、促销等营销环节,实现企业营销目标的行为。广告活动是为营销目标服务的,最终也是为了促进销售。广告策划书的写作依据是企业的营销目标。因此,广告策划书的撰写者需要以营销目标为写作目标,写作过程以为企业营销目标服务为指导,以实现营销目标为旨归。

广告目标一般包含销售目标和传播目标两个层面,制定广告目标的过程就是将营销目标转化为广告目标的过程。要实现这一转化,需要运用市场定位理论,针对营销对象的心理特点和行为特点进行策划环节的设计,以保证广告活动对目标消费群体的影响力。切忌脱离企业营销目标,自说自话。

需要指出的是,广告活动的大众传播本质决定了广告整个沟通过程的复杂性。传播理论告诉我们,一定阶段的广告运作和活动只能实现特定的一两个目标。因此,一份广告策划书必须明确选择阶段性广告活动的目标,围绕这一特定目的制定战略战术,合理配置资源,避免无的放矢,造成人力、物力、财力和时间等的浪费。

2. 系统性原则

广告策划书虽然以组织的营销目标为写作依据,但广告策划有其自身的规律。在保持广告策略与营销策略的整体一致性的同时,广告策划书也要把广告自身作为一个运行系统来考察,保持广告活动自身的整体一致性。因此,广告策划书中所涉及的内容必须遵循系统性原则,坚持广告策划的统一性,所有策划环节统筹计划,从而实现广告策划的最优化。

3. 效益性原则

广告活动是一种经济活动,效益性原则是广告策划中必须遵循的重要原则。广告效益包括经济效益和社会效益,广告策划的过程中,广告人在追求广告经济效果的同时不可偏废社会效益。真正好的广告策划书,其执行效果应该能够帮助组织实现经济效益和社会效益的最大化。

4. 操作性原则

广告策划书作为广告活动的行动指南,最终是要在实际的广告活动过程中参照执行。因此,广告策划书的内容必须遵循操作性原则。策划书中出现的每个环节,每个步骤,每个广告创意都应具备在实际市场环境中的可操作性,即"拿出来就能用"。由于进行广告策划的广告公司多以创意见长,实战营销经验可能相对不足,很多策划书策划创意可圈可点,唯独忽略了组织实际的资金、人力、时间等因素以及制作、媒体、促销等客观环境,致使漂亮的策划方案在实际中无法执行操作。优秀的构想必须通过精细的执行才能充分发挥效果。所以,广告策划书是否具有可操作性是衡量一份策划书质量高低的重要标准,在写作时必须予以充分的重视。

5. 表述准确性原则

优秀的广告策划书要求概念明确,不能用模棱两可的语言,如"可能""也许""大概"等语言尽量少用或不用。策划书中涉及的营销目标(销售额、市场占有率、购买率等)和传播目标(如知名度、认知度、理解度等)都应明确地设定出来。策划书中的各工作指标标准要具体和量化,必要时用数字来表达,如广告活动中目标受众人数、覆盖地区数量、广告活动的目标购买率、增长率等都需有量化的数据指标。

简言之,广告策划书自始至终都应围绕明确广告活动中可能出现的问题及解决方法而展开内容。广告主在审阅广告策划书时,主要看其是否明确地找到了组织广告战略及策略上的"痛点",有无解决对策。其次,内容是否有明确的产品定位;对产品概念、目标受众等核心问题,是否能准确巧妙地设定并抓住问题实质;策划书中广告诉求主题和表现方法是否清晰简洁;策划实施策略是否是预算合理、效果显著的最佳方案。

广告策划书的撰写不仅要有良好的文字功底,更需要有广博的知识,需要掌握市场营销学、消费心理学、人类学、文学、美学、影视写作学、广告心理学、广告战略学等学科的相关知识以及各种商品的有关知识。一份完善的策划书是一个广告策划者丰富的市场经验、良好的广告理论修养和深广的文化修养的综合体现。

(二) 广告文案的注意事项

广告文案的核心是价值主张,必须用通俗易懂的语言,阐述一个卖点,给客户一个选择你的理由。广告文案写作是自由而富于创造性的。

上海 BBDO 天联广告公司执行创意合伙人赖志宇在《金牌文案》一书中提出广告文案的三个特点,可以视做广告文案写作的"黄金法则"。

首先,是思想系的文字。不废话,讲出一个全新的想法,或是大家都清楚,只是从来没有人整理过的想法,也可以是从另一个角度看同一件事,而从来没有人这么看过的想法。一段在人们脑袋的静湖里丢进一颗小石头而引起思考涟漪的文辞,应该才是文案创作者们追求的目标。从广告实践来看,那些富于哲理性的广告语确实更具生命力,如"Just Do It"既可作为品牌广告口号,也可作为人生格言,毫无违和感。

第二,是视觉系的文字。好的文案应该是有视觉感的。在有限的时间内让人产生深刻的印象,生动的图案比抽象的文字更具优势,这是人的生理机制所决定的。

第三,是传染系的文字。好的文案像是病毒,读过的人会像流感病毒上身一样,自己帮你传染开来。传播,是人的天性。而这个力量强大的天性,只有在受到感染时,才会心甘情愿地帮你传染别人。广告文案需要诉诸感性,真正打动消费者,才能获得。

近年来,泰国广告异军突起,研究其广告文案会发现,哲理性、视觉化、感染力确实是非常突出的三个特点。如,相机广告"生活不会永远那么美好,它还会伴随着艰辛和无奈""美好的那天之所以会到来,并不是源于生活的一帆风顺",银行广告"当别人在人生的逆境中迷失自我,她选择看见生命的美好,并把它当成实现梦想的原动力",医疗广告"给予是最好的沟通",保险广告"及时行孝,爱要及时",食品广告"记得养育你的每一口饭",美容广告"改变世界太难,改变自己容易一点",投资广告"细微的投入,换来超期的回报"都是具有以上三个特点的成功范例。

广告文案创作者需要注意的是,广告文案写作不是追求辞藻的华美,不是直接的叫卖吆喝,是商品功能、媒介形式和消费者心理三者达到平衡点的文字表达。寻求生活细节,以积极正面的态度面对人生中的所有问题,有趣有节制地表现,这是广告文案写作的精华所在。

【微信扫码】
学习辅助资源

第四章

会务专题

第一节　会务文书概述

　　会议是人类社会自古以来就有的一种社会现象。在现代社会生活中,会议已经成为一种常见的社会活动形式,而且范围更广,内容更丰富,形式也在不断随着社会的进步发生着变化。现在全世界每天都有许多人为了各种事情在参加着各种各样的会议。孙中山先生曾说过:"凡研究事理而为之解决,一人谓之独思,二人谓之对话,三人以上而循一定规则者,则谓之会议。"在《现代汉语词典》(商务印书馆 2000 年增补本)中,会议被定义为"有组织有领导地商议事情的集会"。

　　会议是人们为了解决某个共同的问题或出于不同目的聚集在一起进行讨论、交流的活动,是有组织、有目的地召集人们商议事情、沟通信息、表达意愿的行为过程,是党政机关、企事业单位、社会团体等组织进行讨论研究、工作总结、工作决策、工作部署、经验交流和处理其他事务的重要工作形式。随着科学技术的进步与发展,人们通过会议增进沟通、交流、协作。作为会展业的重要组成部分,大型会议特别是国际性会议在提升城市形象、促进市政建设、创造经济效益方面起到很大的作用。

　　一次完整的会议,包括了会前、会中、会后三个阶段。会前筹备阶段,主要是确定会议主题与议题、会议名称、会议规模与规格、会议时间与会期,明确会议所需设备和工具、会议组织机构,确定与会者名单,选择会议地点,安排会议议程和日程,制发会议通知,制作会议证件,准备会议文件材料,安排食住行,制定会议经费预算方案,布置会场,进行会场检查;会中阶段,需要做好报到及会务接待,组织签到,做好会议记录,落实会议信息工作,编写会议简报或快报,做好会议值班保卫工作、会议保密工作、后勤保障工作;会后阶段,安排与会人员离会,撰写会议纪要,做好会议的宣传报道,撰写会议总结,完成催办与反馈工作以及会议文书的立卷归档工作等。以上是会务工作的基本流程,在这一流程中涉及许多文本的制作,这是会务工作的中心任务之一。

　　会务工作在党政机关、企事业单位的日常工作中不可或缺,它的完成直接影响到整个会议的成效及后续工作开展的力度与实施效果。会议的过程、内容和成果需要以一系列的文字材料来反映,以便使会议顺利进行,这一系列的文字材料就是会务文书。会务文书的拟写和处理在会务工作中占有重要地位。了解和掌握常见会务文书的写作知识和写作技巧有助于同学们顺利走上职场,从容应对职场挑战。

一、会务文书的性质与种类

(一) 会务文书的性质

会务文书是一个综合体,是在举行会议、座谈时的文字材料,它包括会议所使用的各种文书。

会务文书指会议召开过程中用于传递、记录、传达会议信息、传递会议内容及落实会议精神的系列应用文书。会务文书工作是指对有关会务文书的制作、发送和管理工作。会务文书的范围很广,包括会前用于召集参会人员、传递会议召开信息的会议通知或会议邀请函,为领导会场发言所准备的各种讲话稿,会中所做的会议记录,会后编撰的会议纪要、会议简报、会议新闻等。只要是撰写各种与会务关联的文字材料,都可以算作是会务文书。

会务文书是会议活动的最全面、最真实的记载和反映,是为人们了解会议情况所提供的最准确和最具有权威性的材料。

会务文书从时段上可分为会议前、会议中和会议后三个阶段,每个阶段涉及的会务文书种类繁多,书写规范和要求各异。

会议前的文书工作主要是起草会议通知、会议规则、会议开幕词、闭幕词等文书,并根据会议时间安排,将这些材料送有关领导审核,经修改后打印成文,并发送至相关单位和人员。

会议中的文书工作主要是做好会议记录,根据需要编印和发放会议简报,同时要着手起草会议纪要,并根据会议发展情况充实或修改闭幕词。

会议后的文书工作主要是印制大会通过的会议纪要,拟写会议决议和会议公报,并将这些材料发送至各有关单位和个人。在此基础上,要将所有会议材料整理归档。

(二) 会务文书的种类

一般来说,会务工作流程中的文书主要包括主持词、开幕词、欢迎词、会议策划案、会议规则与议程、会议报告、会议讲话、经验介绍、会议记录与会议纪要、会议简报、会议新闻通稿、会议备忘录、会议讲话稿、欢送词、闭幕词等。

按照功能和作用的不同,会务文书可以分为事务文书、讲演文书、礼仪文书、策划文书。其中,事务文书包括会议通知、会议记录、纪要、会议简报、会议新闻等;讲演文书包括开幕词、闭幕词、颁奖词、会议工作报告、专题讲话等;礼仪文书包括迎送词、答谢词、祝贺词、邀请函等;策划文书包括会议筹备方案、会议接待方案、会议议程及日程、会议须知等。

按照会议流程实施的阶段不同,会务文书可以分为会前文书、会中文书和会后文书。其中,在会前阶段,需要制作会议预案、会议通知、领导讲话或主题报告、会议发言材料、欢迎词、开幕词、闭幕词及其他大会文字材料;在会中服务阶段,需要撰写会议记录、会议简报、会议决定和会议决议等;在会议结束后,需要制作纪要、会议简报、会议新闻报道和会议总结等。

二、会务文书的特点与作用

（一）会务文书的特点

1. 针对性

不同的会议有不同的文书，不同的会议阶段也有不同的文书。比如说，大中型会议必须要预设会议方案。会议方案是一种为大中型的或重要的会议所做的预设方案。会议方案要在会议召开前，对会议预期效果、整个日程做出安排，使会议能顺利进行，取得完满的结果。讲话稿的针对性表现在它是一种直接面对听众的信息传播手段，因此它的拟写必须考虑听众的特点和需要，如他们的思想修养、职业特点、教育程度、关心的事情等，在内容和表达上要有所区别。所以，撰写会务文书要以会议主题、议题、内容以及议程为依据，根据不同的与会对象，使会务文书适应不同会议、不同阶段的需要。

2. 纪实性

会务文书用于传递、记录、传达会议信息、会议内容及会议精神，纪实性是其重要属性。会议记录是会议情况和内容的原始化的记录；会议纪要、会议简报、会议新闻等，尽管存在形态上的区别，但是内容都必须实事求是，忠于会议，不能随意修改会议形成的决议和传达的指示精神，不能违背会议达成的意思表示。

3. 程式性

会务文书作为应用文，相对于法定公文来说，格式上并没有那么严格，但基本的结构模式和写作格式是惯用的。这些基本结构模式和写作格式是人们在长期的社会实践，特别是会议工作实践中逐步探索形成的，并且已被实践证明是可行的、实用的。比如讲话稿大体由标题、署名、日期、正文几部分组成，会议简报一般由报头、报身、报尾三部分组成。这些相对稳定的、程式性的格式不宜随意更改。

4. 时效性

时效性是指各类会务文书必须按照会议主办单位的意图，提前谋划，及时撰写、发送有关对象，会务文书本身与会议阶段具有一致性，会议精神的落实要求及时迅速，各类会务文书不能延误时间。

（二）会务文书的作用

1. 指导宣传作用

会务文书如领导讲话、会议报告、纪要等体现上级机关的方针政策、决策精神，对下级机关或下属单位及有关人员具有指导作用。在传达会议精神的同时，这些会务文书又能起到动员群众、组织队伍、宣传政策、教育干部和群众的效果。如针对普遍存在的某一问题，通过领导讲话，摆事实，讲道理，使大家明白应该坚持什么原则，朝什么方向努力，进而指导自己应该做什么、怎么做。再比如，通过会议报告，交流思想、通报情况、报告工作、宣传方针政策、教育群众、鼓动群众，会议报告也可以成为下一段工作的指导性文件。

2. 管理促进作用

会务文书是保证国家机关、社会团体和企事业单位管理工作的正常进行，协调好各种工作关系，提高工作质量、水平和效率，确保上级领导的思想和意志得到贯彻执行的工具，通过领导讲话、与会人员的发言、会议决定、会议决议、会议纪要等形式，支持各部门、各单位广泛密切地联系、协调和沟通。因此,会务文书是传递管理信息的媒介。

3. 凭证考查作用

许多会务文书都具有凭证作用,如领导讲话、工作报告、会议简报、会议纪要、会议决议等,一旦成文,就应立即归档,作为历史资料保存,以备今后查考。

第二节 会前文书

会务工作在党政机关、企事业单位的日常工作中不可或缺,会务工作文书,尤其是用于会前准备中的会务文书,直接决定了会议能否顺利召开,能否取得成功。会前文书包括会议方案、会议通知、会议须知、会议日程、会议议程、会议程序、会议主持词、讲话稿、会议报告、开幕词、闭幕词等。下面,我们介绍几种常用的会前文书。

一、会议方案

(一) 会议方案的性质与文体种类

1. 会议方案的性质

会议方案是在会议召开之前对构成会议的各个要素做出系统周密的书面安排的会务文书,具有计划性。会议方案要在会议召开前,对会议预期效果、整个日程做出安排,使会议能顺利进行,取得完满的结果。会议方案一般是为大中型或重要的会议所做的预设方案,是一种书面文字材料。一般单位内部召开的小规模的例行会议可以通过简易会议计划或会议通知来预先安排好会议事务,而大中型会议必须要预设会议方案。

2. 会议方案的文体种类

按会议性质分,会议方案可分为以下三种。一是代表会议方案。代表会议一般参加人数较多,召开时间较长,会议程序严格,而且不同级别的代表会,有不同要求,其方案也比较复杂。二是工作会议方案。工作会议,虽然不像代表会议在程序和规格上要求严格,但在材料的准备上有自己突出的特点。三是表彰奖励性会议方案。表彰奖励性会议除会议本身之外,因涉及奖旗、奖状、奖品之类,在财务和物资方面需要做好准备,其会议方案比较复杂。

按照会议流程步骤分,会议方案包括了会议总体方案、会议开幕式方案、会议闭幕式方案、会议接待方案等。会议总体方案是对所要举办的会议进行总体安排的策划文案,是会议预案的一种。会议开幕式方案是对开幕式的各项安排进行策划的文案。会议闭幕式方案是对闭幕式的各项安排进行策划的文案。会议接待方案是指安排与会者的迎送和吃、住、行、游、乐等接待活动及具体事务的文案,属于会议专题策划方案,可以包含在会议总体方案中,也可以单独拟写,作为会议总体方案的附件。

(二) 会议方案的作用与特点

1. 会议方案的作用

制定好会议方案,在会议召开前对会议的目的、规模、时间、地点、设施、内容、议程、日程、组织形式、会议文件、经费、后勤服务等要素做出周密安排,能促进会议顺利进行,取得完满的预期效果。有些会议还需要向上级机关请示核准,会议方案可作为上级审核批准的重要依据。有些会议方案也可发挥通知的作用,向联办或与会单位通报筹备情况,以便做好必要的准备。

2. 会议方案的特点

(1) 预想性。会议方案是在会议召开之前制定的。对为什么召开这次会议,怎样召开这次会议,会议将达到什么效果,都要事先做出设想和安排。这种设想和安排,一方面要根据实际情况进行,另一方面要凭以往经验。对如何开好会议预想得越周到、越细致越好。

(2) 针对性。会议方案是针对大型的或重要的会议所做的预设,对会议的预期效果、整个日程做出规划安排,使会议能顺利进行,取得完满的结果,因此具有针对性。

(3) 程序性。凡召开会议必有一定程序,有些会议其程序都是固定的,因此在制定会议方案时,不能不根据某种会议的特点和要求,确定其基本程序,以保证会议井然有序地召开。

(4) 请示性。会议方案有时还需要请示上级领导部门批准,如这次会议的规模、程序、开法、经费使用等是否合适,带有某种请示或请示附件的性质。

(5) 指导性。会议方案对会议整个进行过程具有指导作用,会议的规模设置、会议的开法、会议对象的邀请、会议相关文书的拟制等,都需要按照会议方案设计。

(6) 多样性。由于会议种类多样,相应的会议方案也具有多样性的特点。文书的内容组成、文书的详略程度等都要根据会议方案考量。

(三) 会议方案的格式与写法

会议方案通常由标题、主送机关、正文、落款和成文日期等组成。

1. 标题

会议方案标题由主办单位名称、会议名称、文种名称三要素构成,有时可以省略主办单位名称。常用的文种名称有:方案、筹备方案、筹备接待方案、预案、计划、策划书等。

会议总体方案的标题需写明会议的全称和策划书或"方案"(预案),如《××学院三届一次职工代表大会筹备方案》《国际学术会议筹备(总体)方案》《××会议筹备方案》。"总体"二字也可以不写。

会议开(闭)幕式方案的标题需写明开(闭)幕式的名称和文种(策划书、方案)。如《×××× 会议开幕式方案》。

会议接待方案的标题由会议活动名称和"接待方案"组成。如《××××会议接待方案》。

2. 主送机关

需要直接上报上级机关的会议方案,应当在正文之前主送机关位置,写明方案的送达机关。属于要送上级机关批示的,就写送达上级机关名称。属于要下级知晓的、发给与会机关或个人的,则写下级机关名称。以请示的附件上报的,可不写主送机关。

3. 正文

正文部分均由开头、主体、结尾三部分构成。

开头部分一般写明召开会议的缘由、根据、单位、会议名称、会议时间、地点、会期等,对会议的基本要素进行说明,引出下文。大致相当于一般专题方案中"指导方针""总体设想"部分。

主体部分一般要写明会议的宗旨、主题(内容、议题)、规模(与会人员)、议程、日程、会议形式、会务机构的组织和分工、会议文书、会议经费、保障措施、筹备情况等事项,相当于一般计划中的"目标要求""措施方法""实施步骤"。一般分条列项写出。

结尾语部分的写作,要根据会议方案的性质而定,属下级机关请示上级机关的可写上类似"以上方案,当否,请批示""以上方案请审批"等字样。

会议总体方案的正文部分应当逐项载明总体方案的具体内容,结构安排上一般采用序号加小标题的结构体例。开头部分可用一段文字写明制定方案的目的和依据,然后用序号编排各个层次。表述有两种方法:一种是详述法,详细表述各项具体安排;另一种是简述法,对所涉及的各方面的计划作原则性的安排,具体实施的要求通过各个专题策划文案来表述。正文写作要做到总揽全局、目标清楚、思路清晰、分工明确、综合协调。

会议开(闭)幕式方案开头先阐明举行开(闭)幕式的目的意义、指导思想,然后用列小标题的方式逐项说明方案的各项内容。全篇要突出主题,层次分明,每个创意点要说明意义和效果。

会议接待方案正文部分应采用列小标题的方式,逐项载明接待方案的具体内容。开头部分写明接待的对象、缘由、目的、意义;主体部分写明接待的方针、规格、内容、日程、责任和经费等。

如有附件,在正文下方标注附件的名称和序号。

4. 落款和成文日期

落款处一般写明方案的制发文机关、签署日期,并加盖公章。

会议总体方案署制定机构名称。经审批下发执行的总体方案也可署审批机关的名称。

会议开(闭)幕式方案署提交方案的机构名称。

会议接待方案署提交接待方案的部门名称。如果方案是由具体承办人员拟写的,还可出拟写人员具名。

成文日期以正式提交的日期为准。

(四) 会议方案的写作要领与注意事项

1. 会议方案的写作要领

会议方案是组织会议的具体工作方案,必须为会议的程序服务。撰写会议方案应当根据会议程序的需要,依次分项叙述,以使方案清楚、明了,易于操作。为使会议方案规范化,有的单位印制有表格式的会议方案,会前按要求认真填写。

2. 会议方案的注意事项

会议方案是针对大型会议所做的规划安排,因此具有针对性。会议方案对会议整个进行过程具有指导作用。由于会议种类多样,相应的会议方案也具有多样性的特点。基于这三个特点,写作过程中要注意。

(1) 科学安排,考虑全面。会议方案是进行会议的依据,会前要把举行会议的有关规定、各种程序、各方面可能遇到的情况都要考虑到、估计到,总揽全局、全面统筹。

(2) 明确要求,安排细致。大中型会议涉及人员多、头绪繁、内容杂,在设计会议筹备方案时应周密考虑,妥善安排有关事项。如对材料撰拟、分发、会标制挂、座位排列制作、安全保卫、医疗服务、周边美化等都要做出明确的安排。对会议衔接时间计算准确,周密计划,精心安排。

(3) 留有余地,灵活机动。既要把任务、时间尽可能计算准确,同时,又要为相关活动留有弹性空间,防止安排太紧、太满而造成工作的被动。

（4）层次分明，合理安排条款顺序。写作时合理安排各条款间的逻辑顺序，既要条款分明，又要顺序合理。

二、会议通知

（一）会议通知的性质与文体种类

1. 会议通知的性质

会议通知是各级机关、企事业单位、群众团体经常使用的公文文种，是应用写作中常见的一种文种。上级机关召开比较重要的会议，而又不宜用电话或其他形式通知，就可以在会议准备工作基本就绪后，采用会议通知告知有关单位，便于与会人员提前做好准备。

2. 会议通知的文体种类

会议通知按形式分，有口头通知和书面通知。

口头通知适用于小型内部例会，如：三五个人的碰头会。会议通知一般不单独采用口头通知，即使采用，也需秘书人员一一面告，不能请人转告。

书面通知是以寄、发书面文字的形式所进行的会议通知，这类会议通知庄重、严肃、备忘性好，可作为会议入场或报到的凭证，常用于参加人数较多或比较庄重、正式的会议。一般办公地点集中的内部会议，如参会人员较多，可使用发布在黑板、启示栏的张贴式书面通知；比较正式的、庄重的内部会议多使用文件式通知，常见的有备忘录式、卡片式、公文式；对外邀请某些重要的人员时还可使用邀请性的通知，如请柬、邀请信或邀请函；重要的会议，会议通知的发送可以多种形式并用。

按通知的形式分，有面对面通知、电话通知、电脑通知、短信通知、微信通知、电报通知、墙报通知、报纸通知、广播通知、电视通知等。电话通知多使用在与会者办公地点比较分散且参会人员不多的情况下；临时决定召开或出现会议相关事项临时变更，可采用手机短信、微信、公众号群发的方式通知；电子邮件通知不受地域限制，具有及时、清楚的特点，但是一般要配合电话、微信、短信通知使用，及时告知与会者查看。自媒体时代，要充分利用现有的传输工具，及时迅速传递会议通知。但比较正规、正式、严肃的会议，还是使用传统的发文形式比较好。

按通知的传递方式分，有内部传递通知、邮寄传递通知和微信、短信、报纸、广播、电视通知；按作用又可分为预告通知和正式通知。会议邀请函、请柬也是会议通知的重要而特殊的形式。

一些规模小的、内容单一的会议，会议通知只需要写清楚会议的基本要素即会议时间、地点、出席对象、会议内容即可。一般直接表述为"定于×月×日×午×时在××会议室召开×××××××工作会议，请×××××××××准时出席"。

凡属规模较大、内容复杂、涉及面广、时间较长的会议，会议通知的写作相对复杂一些。要写清楚召开会议的原因、目的、会议名称、主要议题、主办（主持）单位、会议出席人员、会议时间及地点、需要的材料或物品等，甚至报到时间及地点、报到要求、乘车路线、联系人姓名和电话、寄回回执的地址、邮编、注意事项等都要写明。通知事项通常采用条款式写法，要求内容周密、语言清楚、表述准确，不产生歧义。

（二）会议通知的作用与特点

1. 会议通知的作用

会议通知只用于通知开会事项，主要是备忘和作为会议入场或报到凭证的作用，使出席会议的代表或人员有所准备，及时赴会，从而提高会议的效率。

会议通知还可以推动工作的开展。一些总结性会议，涉及对某段工作完成情况的总结，在会议通知发出后，某些出席单位不仅需要详细准备用于出席会议的材料，还要抓紧做好相关工作。

2. 会议通知的特点

会议通知是会议组织与服务工作的重要环节，是会议以组织这一系统工程正常运转的前提和保障。制发会议通知要求规范、严谨、全面、细致，一旦出现差错，就会失之毫厘，造成严重后果。

会议通知的发送形式可分为正式通知和非正式通知两种。除了非正式会议和例会之外的所有会议，均应正式打印会议通知，再通过书面形式或电子邮件、自媒体形式传递给有关人员，以示郑重。一些重要会议暂时无法确定会议时间、地点，但会议内容需尽早告知与会人员，可先发送非正式通知，让拟与会人员尽早安排时间；或让拟与会人员做好准备工作，在会议召开前再发送正式通知。有些会议可先发非正式通知或邀请性预备通知，得到参会确认后，再寄送正式通知或邀请函。

（三）会议通知的格式与写法

会议通知由标题、发送对象、正文和落款四部分组成。

1. 标题

（1）会议通知的标题应当包括主办者名称、会议活动的名称和"通知"三要素。标题中标明主办者的名称有助于突出主办者形象，并方便查找检索。基本格式为：《××（主办者名称）关于召开（或举行）××××会议的通知》。

（2）可省去主办者的名称，由会议名称和"通知"组成，这是省略式标题，用于多家单位联合主办的会议。由于主办者较多，都写入标题会使标题显得臃肿，可将主办者写入正文。基本格式为：《关于召开（举行）××××会议的通知》

（3）仅写"会议通知"四字，这也是省略式的一种，仅适用于备忘录式会议通知。重要会议的通知还应编发通知机关的发文字号，日常性工作会议的通知则单独编发文字号，临时性会议通知不编发文字号。

（4）如需根据提交的论文水平确定与会资格的会议，第一轮通知可写为《××学术研讨会论文征集通知》《关于征集××××学术研讨会论文的通知》，或《关于召开××学术研讨会的预备通知》。

2. 发送对象

发送对象在正文前顶格书写，后跟冒号，以示引领下文。会议通知有两种发送对象，一是直接发给与会者本人，这种通知写明与会者姓名后加"同志"或"先生"等即可。二是发给特定的组织，写法有以下几种。

（1）参加范围涵盖所有下属或被管理单位的，可以写统称，如国务院召开省市一级政府负责人会议，通知的主送机关写作"各省、自治区、直辖市人民政府"。

（2）只需少数特定单位参加的会议，可在通知上写明各单位的名称，如《关于举办2018年南宁市海外人才创新创业大赛培训会的通知》的发送对象"各参赛团队、个人和企业代表，北部湾股权交易所'海创板'挂牌企业，各有关单位和企业"。

（3）有些会议通知可以省略发送对象。

3. 正文

会议通知的正文部分，应该包括"通知缘由"（为什么开会）、"通知事项"（开什么会）和"执行要求"（怎样开好会）三项。

（1）通知缘由

即制发通知的理由、目的、依据，一般置于通知正文开头的第一自然段，也是第一个层次。例如，"为服务和辅导参加2018年南宁市海外人才创新创业大赛的参赛者，特举办2018年南宁市海外人才创新创业大赛培训会，有关事项通知如下"。这个层次从四方面说明了"通知缘由"，只用了50个字，即：为什么开会（为服务和辅导参加2018年南宁市海外人才创新创业大赛的参赛者），会议主要内容是什么（海外人才创新创业大赛培训），在什么地方开会（南宁市），会议名称是什么（2018年南宁市海外人才创新创业大赛培训会）等。然后，用惯用的承启语"有关事项通知如下"承上启下。这就是说，会议通知与所有其他通知一样，要首先说明制发通知的理由、目的或依据，然后用"现就有关问题通知如下""现就做好……有关问题通知如下""现将有关事项通知如下"或"特作如下通知"之类的承启语，导入对各项有关事项的安排和要求。

（2）通知事项

这是通知的主体内容，也是第二个层次。"通知事项"要分条列项，条目分明，具体说明出席会议人员和会议时间、地点以及其他有关事项。有的通知的"通知事项"实际上与"执行要求"不是分述的，而是交织在一起说明的。

这个层次一般包括八大要素，会议名称、开会原因或目的、开会时间（及闭会时间/历时）、地点、议题、与会人员（部门/岗位/级别/名额）、准备工作、报到时间地点方式。此外，还包括：差旅费报销办法、联系单位、联系人与联系方式等，有的通知还附上会议日程安排和与会的有关证件。大中型会议及有外地同志参加的会议，还应写清报到地点、有无交通工具接送、需携带哪些资料和物品、可否带或带多少工作人员等。

如《关于举办2018年南宁市海外人才创新创业大赛培训会的通知》说了以下几项。

会议时间、会场地点。在《关于举办2018年南宁市海外人才创新创业大赛培训会的通知》中，培训时间在第一项点明，"2018年8月10日（星期五）上午9：30—11：30"，在第二项还说明了线下培训地点，"南宁市线下培训地点：南宁·中关村创新示范基地创新汇（南宁高新区创新路23号）"，以及线上直播平台，"直播链接将通过'2018南宁海外人才创新创业大赛'微信群发布（入群方式见第六条）"。

培训内容和主讲人。包括"商业计划书撰写、创业投融资辅导、创新创业大赛参赛辅导。主讲人：胡启，中国证监会上市保荐人，青蓝资本合伙人、副总裁，中国创新创业大赛广西赛区及南宁选拔赛评委""南宁市注册企业辅导，包括外国人、港澳台胞、中国大陆居民在南宁注册企业相关流程与注意事项介绍。主讲人：南宁市工商局负责企业注册的有关领导""南宁市企业和个人税收政策解读。主讲人：房莹，南宁市国税局所得税科副科长（主持工作）"。在这则通知中，以条列式写清了培训的具体内容。

培训会组织方。"主办单位：2018年南宁市海外人才创新创业大赛组委会""承办单位：南宁市科技局、市科协、市外侨办、广西归国留学人员商业界人士联合会""协办单位：广西启迪之星科技有限公司、南宁·中关村创新示范基地、广西北部湾股权交易所、北部湾人才金港、南宁双创科技国际技术转移中心"。通知中告知参会人员组织方的身份，以此明确此次会议的重要性。

参加培训会的人员。"报名参加2018年南宁市海外人才创新创业大赛的团队、个人和企业代表，或有意参加2019年大赛的人员""北部湾股权交易所'海创板'挂牌企业""主办单位、承办单位和协办单位有关人员"。指明要求参加会议的人员有哪些方面、哪些人、多少人非常重要。这既是为了节约会议成本，也是为了提高会议效率。

报名方式和时间。因为部分参加会议人员在南宁市生活工作，而其他的参加会议人员需要提前报名，所以，此通知写清报名方式和报名时间，要求他们"本次培训免费，请参赛者填写报名表，并于8月9日下午16：00前反馈至大赛组委会邮箱NIEIEC@163.com""为便于及时传递大赛消息，大赛组委会建立'2018南宁海外人才创新创业大赛'微信群。请有意参加本届大赛的海外人才，添加大赛组委会工作人员微信号（374277738），以便及时邀请加入大赛微信群"。通知里写明了参加培训会的人员报名表的提交时间节点和联系人、联系电话，这样有利于参加会议的各有关单位、团体和个人及时向主办方报名，同时，起码也给会议策划组织者和具体工作人员留足时间来处理会议住房分配、就餐分桌、讨论分组、临时召集人和记录员指定、主席台就座名单和排序、会议议程等纷繁细致的会议事务，使会议各项事务进行得尽然有序。

此通知其他事项中还写清楚联系机关（2018年南宁市海外人才创新创业大赛组委会办公室）和"联系人：小李；联系电话：2508505、18878795999"。这样，接到通知的单位、团体和个人有不清楚的问题，直接询问海外人才创新创业大赛组委会办公室的联系人就可以解决。

（3）执行要求

如上所述，通知的"执行要求"是穿插在"通知事项"之中说的。即参会的单位、团体及个人、人数、报名时限、报到时间等，也有的会议通知会对与会人员提出其他与会议相关的要求。

4. 落款

署名和日期包括发文单位和发出日期。有时须加盖发通知单位的公章。

（四）会议通知的写作要领和注意事项

1. 会议通知的写作要领

（1）开头的目的要简单明了。目的是为了说明文件下发的合法性，增强文件的权威性，让受文单位提高认识，引起重视，便于更好地落实。

（2）事项部分要明确。即事项部分写作要分条列项，逐项表述；做到简单、明了、具体；让人看后一目了然，清晰明白；没有歧义，没有疑问。

（3）对要求部分要细致。工作中可能会遇到的困难或问题，以及下级机关可能不会引起重视的一些环节，要及时提醒注意。在会议通知中，一定要把会议议题、参会人员、会议的时间、会议地点、对与会者的要求（如准备什么材料、需要交多少钱等）都要写清楚，用序号标示，一一交代。

2. 会议通知的注意事项

（1）本单位的小型会议，可采用网络、短信、口头、电话、书面通知等方式通知。

（2）写会议通知要注意日程安排、与会人员名单、分组名单、食宿安排、乘车安排等的准确性。

（3）外单位或跨地区的会议必须寄送书面通知，邀请性会议则可寄送请柬或邀请信。邀请性会议为准确统计与会人数，做好相应准备，通知时应提前 7 天以上并附加回执（回执应当详细具体）。附回执的通知应计算邮途的来回时间，受邀请者考虑和准备时间，相应提前发送，但又不可提前过多，以免对方遗忘。

（4）会议通知可采用邮寄（包括电子邮件）、传真、专人送达等方式，对重要的邀请对象可用发送书面通知或请柬，再加电话征询、确定的双重方式。

（5）发送会议通知要与受文主体保持通联顺畅，以便及时掌控过程信息。

三、讲话稿

（一）讲话稿的性质与文体种类

1. 讲话稿的性质

讲话稿的呈现主要在会前。

谈讲话稿，要从会议谈起。开会就要有人讲话，讲话就要写讲话稿，讲话稿的质量往往决定会议的质量。讲话稿不是法定公文，两者在写作思路、写作方法和行文模式上有着明显区别。

讲话稿使用范围较广。常用的讲话稿主要有两类。一类是公文式的讲话稿，即各种会议上的工作报告，用来在一定会议上总结、部署一项或一个时期的工作。这种讲话稿，实际是公文的形式变换。在格式上与公文中的"报告"类似，写法与"总结"和"计划"没有多大区别，用语比较庄严、郑重。作为公文式的讲话稿，在写法上可按公文的要求去写，这里不再详述。另一类是专题灵活式的讲话稿，如各种会议上的开幕词、祝词、大会发言、领导同志在会议上的专题性讲话等。通常所说的"讲话稿"，主要是指这种专题灵活式讲话，它虽然是以个人名义讲的，实际上是代表了组织和集体。此类讲话稿中的开幕词和闭幕词、祝词和欢迎词以及会议讲话稿是本节的重点内容。

开幕词，是在大型会议或重要会议上有关领导在会议开始时向与会人员宣布会议开始并发表的致辞，是具有提示性、指导性的发言，主要用来阐明会议主旨及其指导思想，说明会议程序，提出会议注意事项，引导会议围绕既定主题和议程顺利进行。一般在比较隆重的大型会议上使用，富有启示性、鼓舞性。其内容包括：宣布会议名称、出席会议的单位和人员；说明会议的中心议题、会议的背景和意义；提出会议的开法和要求；表示讲话人对会议的期望和祝愿。

闭幕词，是在大型会议或重要会议即将结束时，有关领导人对大会的议程及会议中解决的问题所做的带有评价性、总结性的讲话。它既是对大会基本内容的突出和强调，又是对大会的总结。所以，会议闭幕词也常写为"会议总结讲话"或"会议结束时的讲话"。闭幕词对大会进行高度的概括和总结，对大会基本内容和主要精神进行肯定，并鼓励与会人员会后进一步贯彻执行大会精神，提出今后任务，指明前进方向，着重宣布会议闭幕，与开幕词前后呼应。致闭幕词的领导人，跟致开幕词的领导人一般不是一人，通常与致开幕词者身份相当或略低。

祝词也称作祝辞,泛指在各种喜庆场合中对事情表示祝贺的言辞或文章。欢迎词是指客人光临时,主人为表示热烈的欢迎,在座谈会、宴会、酒会等场合发表的热情友好的讲话。两者是在比较隆重的会议上或欢迎来宾的集会上所做的讲话。它的内容通常包括:代表个人或组织对会议表示祝贺,对来宾表示欢迎;对会议或来访的意义进行充分估价;自己的感想和预祝会议、来访成功。如果是在庆功会上的祝词,还应当写上向英雄模范学习的内容。

2. 讲话稿的文体种类

讲话稿的种类很多,按不同的标准划分,可以有不同的类型。从形式上分,可分为三种。

(1) 即兴式讲话稿。这种讲话稿,是指讲话人员事先没有准备,但受到别人讲话或会场情绪的影响,引发了自己对某个问题的感受,觉得有必要阐述一下自己的看法,抒发一下自己的感情,于是就临场进行准备,大体列出要讲的几个问题。

(2) 要点式讲话稿。这种讲话稿,是指讲话人事先有所准备,明确列出主要观点、层次、关键性问题,但更为具体的内容,则靠临场发挥,现想现说。

(3) 宣读式讲话稿。这种讲话稿,是指讲话人事先已经做了充分的准备,甚至讲话稿经过写作班子反复修改,多次讨论,已成定文。讲话人在会上原文读一读就行了。

从用途上分,可分为开幕词、闭幕词、祝词和欢迎词、会议讲话稿四种。其中,会议讲话稿是指领导同志或出席会议人员为在会议的正式场合所做的发言而拟写的讲稿。此类讲话稿数量最多、占比重最大,又分为以下情况。

(1) 工作会议讲话稿。根据既定的会议内容宣讲对某一项或几项工作的要求。主要是领导在各种会议上对前一阶段的工作情况包括成绩、经验、缺点等进行归纳总结,对下一阶段的工作目标、任务、重点、措施等进行研究部署。这类会议讲话稿要求态度鲜明,目的明确,内容单一,层次分明,逻辑严密,语气坚定,针对性、号召力强,简洁明快。

(2) 动员会议讲话稿。主要宣讲进行某项工作的意义和方法。要讲得入情入理,振奋人心,鼓舞斗志。

(3) 庆功会、表彰会讲话稿。主要是概括、总结、肯定受表彰单位或个人的成绩和经验,对其进行表彰、鼓励,并提出学习、推广的要求。要富有激情和感召力。

(4) 纪念会讲话稿。主要是领导在纪念某一历史事件、历史人物或重大庆典等纪念性会议上所发表的讲话。这类讲话稿根据庆祝、纪念的主题,立足现实,回顾历史,展望未来。既肯定和颂扬历史事件的重大意义和历史人物的丰功伟绩,还要立足当前、面向未来,揭示其现实意义,对继承光荣传统,弘扬革命精神提出具体要求。要讲得客观、准确、实际。

(5) 碰头会、汇报会讲话稿。根据碰头、汇报的情况,肯定成绩,针对存在的问题或薄弱环节,有针对性地强调一方面或几方面的工作。要有具体要求,有力度。

(6) 现场会、经验交流会讲话稿。充分运用与会人员看到和听到的先进事迹和经验,进行深入分析和总结,要求学习、推广,促进工作。要有较强的说服力、号召力。

(7) 综合性会议上的专题发言稿。主要是分管某一领域、某一方面工作的领导同志在综合性会议上就自己分管的领域或工作讲情况和意见。要主题突出,富有资料性、参考性,并注意不过分强调自己分管工作的重要。要讲"实",不要讲"虚";要讲"适",不要讲"过"。

(8) 在新旧领导工作交接会议上的讲话稿。这是一种很特殊的会议讲话稿。在这种会议上往往有三个讲话:一是卸任领导的讲话,二是接任领导的讲话,三是上级领导的讲话。

卸任和接任领导的讲话,都要讲得谦虚、诚恳,并有表态的意思。上级领导讲话,则要对双方都给予肯定,并对该级领导班子及下属提出一些要求和希望。

(9)在各种邀请会、协作会、联席会上的讲话稿。作为一种比较特殊的会议,这种会议面对的不是下级,而是外地、外部门的客人。作为东道主发表讲话,要对客人表示欢迎,对本地、本部门的情况做一些简介,还要讲会议的目的和议程。要讲得诚挚、热情、实在。

此外,还有两种讲话稿:会议总结讲话稿和会议报告稿。这两种讲话稿可以按照"总结"的文体进行写作。

(二)讲话稿的作用与特点

1. 讲话稿的作用

讲话稿在讲话者面对听众阐述观点、抒发情感时,发挥着重要作用。一是它可以提示讲演的内容,使讲演者做到心中有数;二是它有助于讲话者掌握讲演节奏,有利于听众更好地了解讲演的内容。

2. 讲话稿的特点

讲话稿是一种直接的、面对面的信息传播手段,需要直接面对听众,借助声音、语态、表情动作阐述自己观点立场。因此,具有如下特点。

(1)权威性。讲话稿往往是领导人在重要场合所做的不同于一般的演讲和发言,目的是贯彻上级的指示精神,实施本级的决定,对分管的工作提出指导性意见。因此,讲话稿必须具有权威性。

(2)思想性。讲话就是要用自己的语言去思考,去总结,通过自己的思考和理解去分析问题,去说服人,因此,讲话稿一定要有理论色彩,要能以正确的理论为指针,对问题进行分析,并阐述自己的观点、见解,这样才能打动听众,让听众去接受。具体来讲,就是要能以理论观点阐述所进行的工作的意义。

(3)鲜明性。讲话稿是讲话者就某个问题发表见解而写的,因此必须明确表明自己的观点,赞成什么,反对什么,态度一定要鲜明,否则声音稍纵即逝,听众会抓不住要领。

(4)针对性。讲话稿的特殊性还表现在它是一种直接面对听众的信息传播手段。因此,它的内容具有针对性。讲话稿的内容由会议主题、讲话者和受众等因素决定。在写讲话稿之前,必须要了解会议的主题、性质、议题,讲话的场合、背景,领导者的指示、要求,听众的身份、背景情况、心理需求和接受习惯等。讲话稿的拟写必须考虑到听众的特点和需要,如他们的思想修养、职业特点、教育程度、关心的事情等,在内容上和表达上有所针对,只有这样,讲话稿才能真正发挥作用。

(5)通俗性。讲话稿主要以讲话者的声音作为媒介传递见解、主张,而声音传播与文字传播相比,在时间、空间上受到很大限制。因此,为了让听众听清、听懂,更好地和听众交流,讲话稿在拟写中应做到深入浅出,既便于读,又便于听,多用短句、口语,少用长句和晦涩的词语,如要使用专业性的词汇,也要进行解释说明。

(6)鼓动性。有时讲话稿会涉及一些需要其他人员认真执行的事项,在这种情况下,讲话稿应具有鼓动性,做到能够调动听众的情绪,使听众能够以饱满的热情投入工作中去。

（三）讲话稿的格式与写法

1. 开幕词和闭幕词

开幕词和闭幕词写法大体一致，都是由首部和正文两大部分组成。

（1）首部

开幕词或闭幕词的首部包括标题、时间和讲话人、称谓三部分。

① 标题

开幕词的标题写法和闭幕词的标题写法基本相同，唯一不同的是标题中的"开幕词"与"闭幕词"。

其一为会议名称后加"开幕词"或"闭幕词"。如：《中国共产党第十九次全国代表大会开幕词》《北京邮电大学第十四次党代会闭幕词》。

其二是把致开幕词或闭幕词的领导人姓名写进标题。这种标题写法，多在报刊发表时使用。如：《中国共产党中央委员会主席毛泽东在中国人民政治协商会议第一届全体会议上的开幕词》。

其三是以内容为中心的标题写法。这种写法往往包括主标题和副标题，主标题揭示会议的宗旨、中心内容，副标题与前两种标题的构成形式相同。如：《我们的文学应该站在世界的前列——中国作家协会第四次会员代表大会开幕词》。闭幕词偶尔也有主副标题的写法，将主要内容或主要观点概括成一句话做标题，再用"×××大会闭幕词"做副标题。

有的开幕词标题中文种名称有所变通，如1999年12月2日《在〈维也纳公约〉缔约方大会第五次会议和〈蒙特利尔议定书〉缔约方大会第十一次会议部长级会议开幕式上的致辞》。

也有的只写文种，如《会议开幕词》。

② 时间和讲话人

开幕词标题之下，用括号注明会议开（闭）幕的年、月、日。有时会把讲话人标注在标题下方，讲话人既可以只标注姓名，也可以标注身份和姓名。

③ 称谓

称谓即对与会人员的称呼。称呼语应视会议的性质和与会人员身份而定。通常，代表大会开幕词的称谓用"各位代表"或"同志们"，显得严肃庄重；而运动会、交易会、外事会议等则多用"各位来宾、各位朋友"或"女士们，先生们"，显得客气礼貌；如果是党的会议，一般用"同志们"三个字；如果是国际会议，要按照国际惯例来排列顺序，较常见的是"各位嘉宾，女士们，先生们"。称谓要顶格写，并注意后加冒号。《北京邮电大学第十四次党代会开幕词》中使用的称谓是"各位领导、各位代表、同志们"。有一些比较重要的与会者可以在称谓中专门以荣誉性方法标出。如：

携手推进新时代中阿战略伙伴关系

——在中阿合作论坛第八届部长级会议开幕式上的讲话

（2018年7月10日，北京）

中华人民共和国主席　习近平

尊敬的萨巴赫埃米尔殿下，

尊敬的阿方主席、沙特外交大臣朱拜尔先生，

尊敬的阿拉伯国家联盟秘书长盖特先生，

各位代表团团长，

女士们，先生们，朋友们：

大家上午好！

这类荣誉称谓的使用在外交场合比较常见。

闭幕词的称谓一般也跟开幕词相一致。

（2）正文

开幕词和闭幕词的正文都包括开头、主体和结尾三个部分。

① 开头

开幕词开头的内容包括以下几项。

一是宣布大会开幕。最简单的说法是"××大会现在开幕"。也可以有些变通的说法或灵活的处理，如"中国共产党北京邮电大学第十四次代表大会经过一段时间的认真筹备，今天隆重开幕了"。

二是对大会的规模和参加大会人员的身份进行介绍。有些开幕词可以有这项内容，大致说法是"参加这次会议的代表有×××人，他们分别来自……"

三是对大会表示祝贺，对来宾表示欢迎。大致说法是"我代表×××对大会表示衷心的祝贺！对与会的各位代表和来宾表示热烈的欢迎！"如《北京邮电大学第十四次党代会开幕词》："首先，我代表大会主席团，向莅临大会的上级党组织的领导和来宾，表示热烈的欢迎！向出席大会的学校历任老领导和离退休老同志致以崇高的敬意！向到会的长期以来与我们肝胆相照、并肩奋斗的各民主党派和无党派的同志们表示衷心的感谢！向各位正式代表、列席代表表示诚挚的问候！"

需要说明的是，开头部分即使只有一句话，也要单独列为一个自然段，将其与主体部分分开。

闭幕词的开头以简练的文笔概要说明大会经过全体代表的努力圆满结束，顺利闭幕。如："防城港市第六届人民代表大会第一次会议，经过全体代表和与会人员的共同努力，圆满完成了各项议程，即将胜利闭幕。"有的开头还对大会做基本评价。如："会议期间，各位代表肩负全市人民的期望和重托，以饱满的政治热情和高度负责的态度，认真履行宪法和法律赋予的职责，充分发扬民主，积极建言献策，共商防城港市改革发展大计，展示了新一届市人大代表胸怀大局、忠于人民、奋发有为、昂扬向上的精神面貌。"

② 主体

开幕词的主体即是全文的中心或重点部分，通常包括三项内容。

一是阐明会议的重要意义。通过对以往工作情况的概括总结和对当前形势的分析，说明这次会议是在什么形势下召开的，会议将要讨论解决什么问题，这个问题的现实价值如何，有什么迫切性，会议最终将会达到什么目的，等等。

二是阐明会议的指导思想，提出大会任务，说明会议主要议题和议程。议程明确的会议，可以将议程直接列项表达。

三是向与会者提出希望和要求，对会议做预示性的评价。如《北京邮电大学第十四次党代会开幕词》：

同志们，全面推进学校综合改革、不断提升北邮的整体办学水平是一项十分复杂和艰巨的系统工程。在未来的工作中，我们必然会遇到种种困难和各种挑战，这就决定了我们必须坚定信心、付出长期不懈的艰苦努力。我们将通过本次党代会，把全校党员和师生员工的思想和行动统一起来，把大家的力量与智慧凝聚起来，发扬迎难而上的拼搏精神，信心百倍地迎接前进道路上的种种考验；我们要认真分析移动互联网时代高等教育面临的新形势，不断增强忧患意识和机遇意识，努力构建与高水平研究型大学相适应的管理机制；我们要进一步加强和改进北邮党的思想建设、组织建设、作风建设和制度建设，充分发挥党的各级组织在学校的领导核心作用和战斗堡垒作用，崇尚奉献，追求卓越，努力推动学校各项事业实现又好又快发展。

同志们，"长风破浪会有时，直挂云帆济沧海"。我们相信，有党的路线的正确指引，有教育部和北京市的大力指导和亲切关怀，有北京邮电大学的光荣传统和全校师生员工的共同努力，我们就一定能够抵御前进道路上的各种风浪，不断开创北京邮电大学事业发展的新局面！

这段文字，前段提出对北京邮电大学今后一段时间工作的具体要求，后段则展望未来的美好前景，对北京邮电大学的发展充满信心。整个结尾具有很强的号召性、鼓动性和鼓舞性。

闭幕词的主体主要包括对大会讨论通过的主要文件、研究解决的重要（或重大）问题、会议取得的成绩及经验、会议的重要意义和如何贯彻会议精神等方面进行归纳肯定，并在此基础上提出贯彻执行的要求。其中概括总结的部分，要列举会议完成的任务和取得的成果，不能过于空泛笼统。提出要求和希望的部分，也要突出会议精神，体现会议宗旨。如《防城港市六届人大一次会议闭幕词》：

......

各位代表、同志们，过去的五年，面对复杂严峻的国内外形势、艰巨繁重的改革发展稳定任务和极端气候灾害频发等困难，全市上下深入贯彻落实中央、自治区重大决策部署，主动适应经济发展新常态，立足沿海沿边开放优势，全力推进边海经济带建设，统筹做好稳增长、促改革、调结构、惠民生、防风险各项工作，经过全市人民的团结奋斗，全市经济社会发展取得了新成绩、实现了新突破。

上个月胜利闭幕的市第六次党代会，描绘了防城港市今后五年的发展蓝图，明确了广西"两个建成"先行区宏伟目标，本次"两会"全面贯彻了党代会精神，对今后五年工作进行了深入部署，使市委的主张转化成了全市人民的共同意志。我们要以此次"两会"的胜利闭幕为新的起点，紧紧围绕我们的共同事业，紧紧依靠全市广大干部群众，认真履行法定职责，充分发挥职能作用，以只争朝夕的精神狠抓落实、克难攻坚，不断开创防城港市改革发展新局面。

借此机会，我提几点希望，与大家共勉。

第一，要始终坚持党的领导，自觉与中央保持高度一致。（略）

第二，要始终坚持忠诚尽职，履行好宪法法律赋予的职责。（略）

第三，要始终坚持改革开放发展，奋力实现广西"两个建成"先行区宏伟目标。（略）

第四，要始终坚持牢记宗旨，让改革发展成果更多更公平惠及广大人民群众。（略）

　　　第五，要始终坚持加强自身建设，努力开创人大工作新局面。（略）

　　这段文字肯定了防城港市第六次党代会议取得的成绩和重要意义，并提出贯彻执行的要求和希望。整段文字概括且明确，且突出会议精神。

　　③ 结尾

　　会议开幕词的结尾要简短、有力，并要有号召性和鼓动性。通常以预示性的概括语言，表达对会议的良好祝愿。常用呼告语领起一段，"预祝大会圆满成功！"如《北京邮电大学第十四次党代会开幕词》：

　　　最后，再次感谢出席本次大会的领导和来宾，预祝第十四次党代会取得圆满成功！谢谢大家！

　　闭幕词的结尾通常先向有关人员表示感谢，再以简明、富有号召力而又充满信心的精炼语言，郑重宣布大会胜利闭幕。最常见的说法是："现在，我宣布，××大会闭幕。"

　　也可以有些变通的写法，如《防城港市六届人大一次会议闭幕词》：

　　　各位代表，同志们！蓝图已经绘就，目标催人奋进，使命神圣光荣。防城港市的发展已站在一个新的历史起点上，让我们紧密团结在以习近平同志为核心的党中央周围，在中央、自治区党委和市委的正确领导下，同心同德、真抓实干，为实现广西"两个建成"先行区目标而努力奋斗！

　　这段文字作为闭幕词的结尾，不仅是简单地表示感谢并宣布会议结束，更是表达了对防城港市长足发展的期望，整个结尾具有很强的鼓动性和鼓舞性。

　　2. 会议讲话稿

　　会议讲话稿在写法上虽"定体则无"，没有固定的模式，但"大体须有"，一般而言，需要由标题、正文、署名和日期几部分组成。

　　（1）标题

　　会议讲话稿的标题分为两种：一种一般是由讲话人的姓名、职务、会议名称和文种构成，标明谁在什么会议、场合的讲话，如《×××省长在全省教育工作会议上的讲话》，也可以直接由会议名称和文种组成，如《在南怀瑾先生逝世五周年纪念会上的致辞》；另一种是由一个主标题和副标题组成。主标题一般用来概括讲话的主旨或主要内容，副标题则与第一种的构成形式相同。如，《携手共命运　同心促发展——在 2018 年中非合作论坛北京峰会开幕式上的主旨讲话》。

　　（2）正文

　　会议讲话稿的正文一般由称谓、开头、主体、结尾四部分组成。

　　① 称谓

　　讲话稿的称谓与开幕词闭幕词的称谓没有区别，都应根据与会人员的情况和会议性质来确定适当的称谓，如"同志们""各位专家学者""各位代表"等，要求庄重、严肃、得体。

② 开头

讲话稿开头部分应用极简洁的文字把要宣讲的内容概述一下,说明讲话的缘由或者所要讲的内容重点;接着转入正文讲话。这一部分重在先声夺人,抓住听众,让听众一下子被其吸引,以集中精力听完整个讲话。常见的方法有以下几种。

一是开宗明义,开门见山地揭示讲话的主题,直接点明讲话的中心。如,毛泽东在招待陕甘宁边区劳动模范英雄大会上的讲话开头是:"我想讲的意思,拿几个字来概括,就是'组织起来'。"毛主席在讲话一开始,开门见山地揭示此次讲话的主题就是"组织起来",表明了会议的目的,引出下文如何组织安排等段落,内容一目了然,结构清楚明了。如《在全县脱贫攻坚决战誓师大会上的讲话》:"今天,我们在这里隆重召开全县脱贫攻坚决战决胜誓师大会,以大会战的态势开战,以誓师的形式征战,以破釜沉舟的决心决战。"在这篇脱贫攻坚讲话稿开头部分,讲话者开宗明义,直奔主题,既表明了会议目的,又统揽了全文中心,紧接着以"开战""征战""决战"三战安排段落,以形势任务为轴线,逐层递进,精练概括,内涵丰富,既展示出作者深厚文字功底与高度概括能力,又是对实现2020年总体目标的繁重任务、时间紧迫擂响了战鼓,一股浓浓的战场氛围紧紧环绕着听众心房,时不我待、舍我其谁的战斗意识在听众心间缓缓孕育滋生。

二是提示讲话的主要内容。如,邓小平同志在党的十一届五中全会第三次会议上的讲话《坚持党的路线,改进工作方法》,开头就讲:"我今天讲三点。一讲这次会议;二讲党的政治路线、思想路线和组织路线;三讲工作方法。"这段话用三个短语直接提示了这次讲话的三个方面内容。

三是介绍会议或讲话的背景。如邓小平同志《在全国教育工作会议上的讲话》,开头说道:"粉碎'四人帮'以来,特别是改革高等学校招生制度和批判'两个估计'之后,教育战线出现了许多新气象。成绩应当充分肯定。但是,无论在教育界,还是在社会上,大家都希望教育工作有更快的进展。在这方面,我们有许多问题要解决,有许多事情要做。"这就从实际工作情况、人们对教育的希望以及我们面临的任务三个方面说明了当时的背景。

四是说明会议或讲话的目的,强调意义。以阐述召开这次会议的原因、背景和重要性开头。如《2016年全市特种设备安全监察半年度工作会议讲话稿》开头说道:"今天我们在这里召开会议,就是为了回顾和总结半年来全市特种设备安全监察工作情况,自查一下我们的'十二五'开局、起步之年,是否开了个好局、起了个好步? 及时交流经验、梳理问题,进一步调整、部署、强调下半年工作的重点和要求。"讲话一开始就阐述了召开这次会议的目的和重要性。

五是强调会议主题或会议所研究的问题,即在开头处对当前面临的形势和工作中的实际问题进行概括分析,进而说明讲话的原因、目的和背景,提出会议要解决的问题,以引起大家重视。如邓小平1981年7月在中央、省、市自治区委员会书记座谈会上的讲话《老干部第一位的任务是选拔中青年干部》,开头强调:"本来今天是来听会的,但是选拔培养中青年干部这个问题太大了,还是讲几句。我们历来讲,这是个战略问题,是决定我们命运的问题。现在,解决这个问题已经是十分迫切了,再过三五年,如果我们不解决这个问题,要来一次灾难。"邓小平把干部队伍新老交替看作是长远的战略问题、是决定党和国家命运的问题,而且提出要把"这个问题当作第一位的任务来解决",以引起与会者的重视。

六是有些总结表彰性会议上的讲话,常致以祝贺,表示慰问。开头首先肯定受表彰者的贡献,或对他们表示慰问和感谢。

有的讲话,开头用极其简单的一两句话引起下文;有的讲话,开头首先说明讲话的由来或依据;有的讲话,开头首先表明参加会议的心情和态度,以拉近和听讲者的距离,比较多的是表达参加会议的高兴之情。上述几种开头方式,质朴平实,对讲话主题扣得紧,是通篇讲话的"纲",比较适合于严肃、庄重的会议上的政论式讲话。

还有一种属于较为艺术的开头方法,主要是联络感情,烘托气氛,引人入胜,比较适合宽松、热烈、亲切气氛的会议。讲话者针对不同的讲话内容,有的抒发对听众的赞美之情,有的抒发参加会议的激动之情,进而起到渲染气氛,拉近与听众的距离的效果。运用抒情开头法应注意写出真情实感,而不是抒虚情假意,不能装腔作势,不能盲目夸赞,更不能向群众献媚,给听众以虚伪的印象。

③ 主体

会议讲话稿的主体部分围绕中心思想具体展开,分析、回答、解决问题,是讲话稿的核心所在。由于讲话人的身份,会议的背景、内容、时间、地点、对象等各不相同,所以主体部分的写法必须因人、因事、因地制宜,视具体情况而定。但是,不管具体情况如何千差万别,其基本结构和写法是万变不离其宗的。以《在南怀瑾先生逝世五周年纪念会上的致辞》一文为例:

> 我非常相信列子所说的,死者,归也——归根,归静,归常,归向;我非常相信他所说的,在这个世界上,有许许多多的多维空间同时存在,只要你信息充分,就可以穿越。(过渡句,承前启后,紧接开头。)
>
> 我,追寻南老,我始终认为,南老还在。(既是对上一句的回应,也是再次点亮讲话主题。在讲话中,经常提及主题,可以达到凝神聚气的目的。)
>
> 我去南老生前信息最集中的地方,去寻找南老。
>
> 我去玛瑙寺。玛瑙寺,是曾经南老习武的地方。我没有找见南老。在苍茫的、夕阳斜照的宝石山下的山道上,我"看见"拄杖芒鞋的南老,匆匆而过。
>
> 我去灵峰寻找南老。这里是南老教学的地方,没有找见南老。我看到南老留下来的当年的诗句——记取灵峰峰上色,风尘何日鹤归来?
>
> 我又去中印庵寻找南老。中印庵的上上下下我都很熟悉,楼上楼下当年南老闭关的那个小房间,我都去搜寻,我想找到南老的一丝丝信息。中印庵的老和尚,叫定兴,他告诉我,南老就在他的斋房里。我去他的斋房,看见南老的相片挂在墙上。定兴和尚当时还不知道南老已经去世,他不知道南老离开我们了。三天以后,定兴和尚打电话告诉我说,早上有一个小孩子来告诉他,南老已经走了。再过一个礼拜,他打电话告诉我,要我帮助联系一个医院。我帮定兴和尚联系到浙江医院,二十天以后,定兴和尚再也没有从这里出来。
>
> 我去四川的文殊院寻找南老。那次出差,飞机晚点,凌晨一点我到了四川,出租车把我拉进一个民宿。那天晚上我就没有好好睡觉,我梦见了南老,我梦见南老给我们讲课,梦见了南老给我们讲"喜怒哀乐之未发,谓之中",清清楚楚地告诉我们,讲这个"中"的时候是用河南话讲的。第二天清晨醒来,我发现我住的这个民宿就在文殊院边上,我打电话给宗性法师,宗性法师在北京。我知道文殊院,是南老

舍利子存放的地方。

（寻找南老的这几段文字，非常具有文学气息，作者采用了记叙、抒情、描写等写作手法，采用了联想、想象、托物言志、借景抒情、融情于景等修饰手法，来纪念南老的一点一滴。）

我一直在苦苦地追寻南老。后来，我跟南国熙经常相聚在一起。在跟南老相识的十几年当中，我从来没有见过南国熙；南老走以后五年里面，我十几次跟国熙相聚在一起。我始终认为，国熙就是南老；我始终认为，我要找的南老就是国熙。后来国熙告诉我，他不是南老，他也在苦苦地追寻南老。

南老生前，国熙没有感觉到父亲的伟大。父亲离开以后，国熙知道，他有这么一个伟大的父亲。国熙非常地深沉，非常的沉闷，有一个时期非常地痛苦，他要整理有形的南老的财富，还要走进无形的南老的精神世界。

我跟国熙讲，我们都是南老的孩子，南老就是把我们天下人当作子女。国熙，我一次次见他，他一次比一次消瘦，他说，衣带渐宽终不悔。他就是为了继承，为了寻找……

（"国熙就是南老""南老就是国熙"，这既是在讲自己的情感寄托，也是在讲南老的衣钵传承。"他要整理有形的南老的财富，还要走进无形的南老的精神世界"，这是一种虚实结合、托物言志的写作手法。）

我这次到吴江来，也是为了寻找南老。今天上午的大会，我见到了朱清时校长，见到了胡德平部长，见到了张连珍主席，见到了孔丹董事长，见到了陈知庶将军，见到了宗性法师，见到了存辉，见到了国熙……我突然发现，我要寻找的南老，就在我们每一个身上……

（这一段也是一种虚实结合、托物言志的写作手法。但始终围绕段首"南老并没有离开我们"这个主题，形散神不散。）

南老给我们教育、传承的文化基因，在我们每个人身上；南老给我们传递的人文细胞，就在我们身上。如果我们把这些文化基因结合在一起，就是一个南老。如果我们精心呵护这个人文细胞，把它培育，发扬光大，就是一个个南老！

南老是中国传统人文的集合体，也是中国传统文化的散播体；南老是中国传统文化的一个特殊吸收体，同时也是一个中国文化的繁衍体。

（阐述观点，分析"南老并没有离开我们"的原因。）

南老的伟大贡献，在于他在我们这个伟大的时代——进行了一次伟大的变革，特殊的转型时期——他把中国传统文化作现代的表达，他能够把我们五千年的中华文明作全球化的国际表达，这是任何人至今为止，迄今为止，还没有能够做到的。

南老做到了,这就是他的伟大之处。

(歌颂南老,也是为举办南老周年纪念鼓与呼。)

主体是讲话稿的核心,在写作时应做到主题明确、层次分明、论证有力、感情充沛,语言通俗、富有表现力,使听众不仅能听清听懂,还愿意听、喜欢听。

这篇讲话稿的主体以文学的笔法表达对南怀瑾的思念、怀念、想念之情,在职场公文中确实比较少见,关键在于顺势应景,效果奇佳,非常值得学习借鉴。

④ 结尾

或总结全文,或展望未来,或向听众表明决心,或对听众提出希望和要求,或热情祝愿,讲话稿的结尾应以给听众留下深刻印象为宗旨。

(3)署名和日期

署名和日期有的写在标题下居中的位置,有的另起一行,写在正文下面偏右的位置。

(四)讲话稿的写作要领与注意事项

1. 讲话稿的写作要领

(1)领会意图,把握特点,做到主题鲜明,重点突出。写讲话稿前,选择和确定主题至关重要。首先要请领导谈讲话的主题,领会领导意图,主题明确了,才能谈思路。通常根据会议的内容和领导扮演的角色来确定主题,一般来说,一篇讲话稿只能有一个主题。大型的会议工作报告,总结工作,部署任务,题目较大,涵盖的内容较宽泛,其他的讲话题目都不宜太大,否则,容易与工作报告重复,而且缺乏高度和深度。

如果一个会议有几个领导讲话,最好在讲话前明确分工,做到既各有特点,又互相补充,互相照应,相得益彰,防止互相矛盾,互相交叉重复,千篇一律。

(2)反复比较,精心安排,做到布局合理,层次清楚。讲话稿的格式比较灵活,用什么样的格式要由内容来定,要注重内容的指导性和针对性,即围绕主题进行构思,抓住重点问题,做到条理清楚,层次分明。

一篇讲话稿,通常分几个部分,层次之间有并列或递进的关系,因此要注意材料排列的逻辑顺序。逻辑顺序对于谋篇布局、段落层次的划分、句子的排列等都具有重要的指导意义。

写讲话稿还要注意前后照应。照应,是体现文稿逻辑关系,强化主题的重要手段。常见的有开头与标题的照应,结尾与开头的照应,以及各部分之间的协调照应等。

(3)厚积薄发,反复提炼,做到材料翔实,丰富多彩。广泛收集和正确运用材料是撰写讲话稿的重要一环。来源于上级文件和书本的理论材料,来自基层的事实材料,来自统计、综合部门的数字材料和会议本身相关的信息等不必都写进讲话稿,但对增强讲话稿的针对性帮助很大。

要围绕主题尽可能多收集材料,要注意真实性,还要能反映本质。在详细占有材料的基础上可以进行去粗存精,去伪存真的提炼和筛选。就是保留下来的材料,也要根据需要再加工。

材料运用过程中,要坚持观点与材料的统一,观点统帅材料,材料说明观点。写讲话稿,要有丰富的材料才能确切地表现主题。使用的材料,既要有说服力,又要有新鲜感。概括性材料比较抽象,能让人了解全貌。典型性材料具有直观性、鲜明性,能给人以强烈的感受,对概括性材料起强化和补充的作用。在运用典型材料时，要注意贴切、自然，与观点结合紧密。因此概括性的材料和典型材料相结合，才能反映概貌。

（4）立足风格特点，注重表达效果，做到语言准确，朴实，简洁。文章的主题、结构、布局和材料运用都要用语言表达出来。讲话稿在演讲之前是无声的语言，面对听众演讲时就成为有声音的语言。讲话稿的语言要符合讲话的习惯，句子不宜太长，少用生僻的字眼，读起来顺口，便于现场发挥。叙述、议论、说明、描写、抒情等多种表述方法都可以使用。

讲话稿的提法、分寸、措辞、用语，要准确地反映客观实际，做到文如其事，恰如其分。讲话稿有时也要使用比较模糊的语言，如"多数情况下""有的地方和部门""比较突出的问题"，但是模糊恰恰能够准确表达文义。在使用褒贬感情色彩的用语时，要注意分寸，尽量少用"非常""很""最""绝对一流""绝无尽有"一类的词语，不要把话说绝。有些词意思相近，但又有细微的差别，要认真推敲感情色彩和使用的身份与场合，恰当运用。

讲话稿的语言要庄重。对一些重要的工作报告和针对重大事件的讲话，一般使用庄重严肃的语言。

讲话稿的语言不仅有庄重一面，而且有生动形象的一面。领导讲话主要靠修辞来增强文章的感染力，创造轻松愉快的气氛，增强讲演的效果。

领导讲话，一般都有自己的特点和风格，有的朴实无华，有的风趣幽默，有的开门见山，有的引经据典。讲同一个问题，不同的人使用的语言和口气有很大的不同。所以，起草讲话稿不仅要熟悉领导的思路，而且要熟悉领导的风格和语言习惯，这样写出的稿子才容易被领导接受。

2. 讲话稿的注意事项

一是要符合党的政策和国家的法律、法规。领导的讲话内容必须同党中央保持一致，绝不能发表与其相悖的言论。因此，在动笔之前，一定要认真学习吃透有关文件精神。

二是要符合本地区、本系统的实际。在讲话稿内容符合党的政策和国家的法律、法规的前提下，从实际出发，因地制宜地贯彻党的政策，才能取得好的效果。撰写讲话稿前，就要把问题抓准、抓好，必须深入调查研究，摸清情况。

三是要符合讲话者的意图和身份。写讲话稿，应先搞清楚讲话者的身份。身份不同，讲话稿的内容、角度、口气应有所不同。讲话稿还要与讲话人在会议上扮演的角色相适应。有的会议，特别是比较大型的会议，有做工作报告的，篇幅相对较长；有大会发言的，篇幅一般较短；有介绍经验的，应用汇报的口气；也有领导做指示的，要从宏观上切入。这些讲话从内容到形式各具特色。有些大型的会议，主报告可以长一些，讲得全面一些，充分一些，其他人可以少讲或不讲，如果要讲，角度要新，文字要精炼。

四是要符合与会者的职业特点和接受能力。讲话稿的质量如何，要看听众的反映。讲话要想引起听众的兴趣和共鸣，收到满意的效果，首先，要把握听众的心理需求，讲他们爱听的话，解决他们迫切需要解决的问题；其次，要符合听众的职业特点，引用不同的事例、使用不同的语言；再次，要适应听众的接受能力，要适应听众，做到深浅适当、软硬适中。

五是要符合不同类型会议的特点。不同类型的会议，讲话稿的内容、形式、角度和语言都有很大的不同，不能用一个模式。

六是适当调剂情绪和气氛。撰稿人要预先考虑到听众的精力与注意力，适当在较长的讲话中增加一些"调剂品"，激发听众的情绪和注意力。运用即兴调剂要因领导讲话的内容而变化,因听众不同而变化,有时用在开头,有时用在中间,有时用在结尾。如习近平主席2018年11月17日在出席APEC工商领导人峰会发表的主旨演讲中说道:"亚太经合组织因水结缘,刚才我登船的时候望着广袤无边的大海我想到了'同舟共济'这个词,所以我们就是同舟共济,让我们握稳舵盘、把准航向,齐力划桨、乘风破浪,让世界经济这条大船划向更加美好的彼岸,谢谢大家。"这里就巧借登船时的联想,因合会议主题,在讲话结尾很好调节了气氛,拉近了讲话和与会者的距离,令人印象深刻。

例文阅读《××集团公司2018年工作会议筹备方案》(见章末二维码)。

第三节　会中文书

在召开会议的过程中,记录会议的基本情况和最终决议事项是很重要的会务工作。会议记录要忠实还原会议全面情况;会议简报报道会议进程情况、会议代表的观点、主要争论、建议措施。会中文书主要有会议记录、会议简报等。

一、会议记录

(一) 会议记录的性质与文体种类

1. 会议记录的性质

在开会时,由记录人员把会议的基本情况、会上报告、与会人员的发言、讨论的问题、形成的决议等内容如实记录下来的书面材料叫会议记录。

会议记录是一种配合会议的召开而使用的文书,一般会议都应有记录。会议记录包括两部分内容,第一部分是会议的组织情况,包括会议名称、时间、地点、出席者、主持人等。第二部分是会议的内容,包括会议议题、讨论发言、形成的决议等。这部分是会议记录的核心。

会议记录文本一般由三部分组成:一是记录会议的组织情况,包括标题、会议概况(含开会时间、地点、出席人、列席人、主持人、记录人)等,这些内容要在会议主持人宣布开会之前写好;二是记录会议的内容,一般包括会议主持人的发言,会议上的报告或传达了什么事情,讨论了什么问题,以及通过的决定等,就是我们常说的会议议题、发言人及发言内容、会议决议;三是记录的结尾部分,先另起一行写明"散会"并注明时间,然后在右下方写明"主持人:(签字)""记录人:(签字)"。

记录时应该注意:如果有多个议题,可以在议题前分别加上序号;记录每个发言人的发言时都要另起一行,写明发言人的姓名,然后加冒号,再记发言内容;会议决议事项应该分条列出。

2. 会议记录的文体种类

按照会议性质来分,大致有党委会议记录,群众团体会议记录,企业、事业行政会议记录等。

按照会议内容来分,有工作会议记录、座谈会议记录、联席(协调)会议记录等。

按照会议范围来分,有大会会议记录、小组会议记录、专题会议记录、现场办公会议记录等。

按照记录方法来分,有摘要会议记录、详细会议记录等。摘要会议记录常用于一般会议,只记录要点、结论和会议上讨论的问题,以及通过的决定、决议等主要内容。详细会议记录一般用于重要会议,要求详细记录,尤其是对领导人讲话和重要的决议,要尽量记录原话,这种记录一般采用速记法。

不管是哪一种会议记录,会后都要整理,并报请领导审阅。

(二) 会议记录的作用与特点

1. 会议记录的作用

会议记录能够真实记载会议的情况,客观地反映会议的内容和进程,是重要的档案材料。它不仅为会议简报、会议纪要的撰写提供重要的素材,而且为日后分析研究会议提供依据,还是检查会议决定执行情况的凭证,具体有以下几个方面的作用。

(1) 依据作用

会议记录忠实地记录了会议的全貌,真实地反映会议整体情况。会议精神、会议形成的决定和决议、会议对重大问题做出的安排,如果在会议后期需要形成文件,要以会议记录为依据;如果不形成文件,与会者在会后传达贯彻会议精神和决定是否准确,也要以会议记录为依据进行检验。

(2) 素材作用

会议记录是形成会议简报和会议纪要的基础。反映会议精神和会议言论的会议简报和会议的纪要都要以会议记录为文本写作的依据,而不能妄加揣测和评论,自己任意发挥。

(3) 备忘作用

会议记录可以作为会议情况和会议内容的原始凭证,还可以作为一个部门和单位的原始资料编入档案长期保存,供必要时查阅,通过大量会议记录可以了解一个单位的历史进程和发展状况。

2. 会议记录的特点

(1) 真实性

会议记录的执笔者与其他文章的写作者有一个重要的区别,那就是他只有记录权没有改造权。会议记录不是创作,会议记录是按照会议议程顺序,对发言、讲话、讨论的问题、决定的事项的如实记录,会议是个什么样就记成什么样,与会者发言时说了些什么就记下什么,记录者不能进行加工、提炼,不能增添、删减,不能移花接木,不能张冠李戴,更不能掺杂记录个人的意愿和好恶。因此,会议记录具有真实性,这是该文体最重要的特征。

(2) 原始形态性

会议记录是会议情况和内容的原始化的记录。所谓原始,就是未经整理,未经综合。在这一点上,它跟会议简报、会议纪要有着很大不同。会议简报和会议纪要也是真实的,但不是原始的。虽然在内容上可能没有太大差别,但在存在形态上,会议记录跟会议简报和会议纪要的差异甚大。

(3) 完整性

会议记录对会议的时间、地点、出席人员、主持人、议程等基本情况,对领导讲话、与会者的发言、讨论和争议,对会议发言人的论据,对会议形成的决议和决定等内容,都要记录下来,一般没有太多的选择性。

(4) 凭据性

由于会议记录是对会议情况的原始记录,真实可信,因此它成为事后查对会议情况的真实凭据,同时也是事后执行会议决议事项的法定依据。会议记录还可以作为与会人员向单位领导汇报、向群众传达的文字依据。

（三）会议记录的格式与写法

会议记录一般由标题、会议基本情况、会议内容和结尾四部分组成。常用的一般有文件式和表格式两种格式（见图4-1、图4-2）。

文件式

××公司办公会议记录

会议名称：×××××××会议

时　　间：××年××月××日××时

地　　点：××××

出　席　人：×××　×××　××　××

缺　席　人：××　×××　××　×××

主　持　人：×××

记　录　人：××

主持人发言：（议题、议程）

与会者发言：（略）

会议　　决议：（略）

　　散会

审阅人：×××（签名）

记录人：×××（签名）

（本会议记录共×页）

图4-1　文件式会议记录

表格式

会议记录

会议名称					
会议时间	年　　月　　日　　时　　分至　　时　　分				
主持人		记录人		审阅签字	
出席人员					
列席人员					
缺席人员及缺席原因					
议题： 1. 2.					
会议议程及发言、决议：					

图4-2　表格式会议记录

1. 标题

会议记录的标题一般由单位名称、会议主题（或会议届次）与"会议记录"组成。如《××公司部门例会会议记录》。也可以只以"会议记录"为题。如果采用单位专用会议记录本，可省略单位名称与"会议记录"，只记录会议主题，或会议时间，或会议届次即可。

2. 会议基本情况

会议基本情况包括会议名称、召集单位、时间、地点、主持人、出席人、缺席人、列席人、记录人等。这一部分内容一般在会议开始前写好。

以《公司部门例会会议记录》为例。

        会议时间：××年×月×日下午2:00
        会议地点：项目现场大会议室
        会议主持人：高玉健副总经理
        参会人员：总经理叶岩豹、副总经理呼忠民
              工程部：郑健强、袁福维、高继辉、贾肇发、冯新见
              开发部：常玉林
              营销部：刘亚军
              预算部：高荷花
              办公室：许馨予
              采购部：胡经意
        记录人：杨亚莎

（1）会议名称由单位名称加"会议"二字组成，应用全称或规范化简称，如"公司部门例会"。

（2）召集单位，即召集会议的单位。一般的会议记录不需要记述召集单位。但有些涉及多个单位参加的联席会、协调会、讨论会、座谈会等要写明会议召集单位。

（3）时间，即开会时间，要写明年、月、日及具体时间。会议时间较长时，还要写清起讫时间。如"会议时间：××年×月×日下午2:00"。

（4）地点，即开会的具体地点。如果是到外地参加会议，需要在具体地点前写明何地何单位。如"会议地点：项目现场大会议室"。

（5）主持人，即主持会议的人，要写明其姓名、单位、职务。

（6）出席人，即正式出席会议的人员或代表。要写清楚出席人的姓名与职务，出席人很多时只写出席人数，同时还要注明应到人数和缺席人数。

（7）缺席人，即应该参加会议而因故缺席的人。如有缺席人员，要写清楚缺席人姓名、缺席原因。如果缺席人数较多，难以及时查明原因的，可只写缺席人数。

（8）列席人，即不属本次会议的正式代表，但必须参加会谈的有关人员。有些会议有明确的列席人，有些会议的列席人是不固定的。因此，应将列席会议的人员姓名及单位、职务一一写清楚、写完整。

（9）记录人，即给会议做记录的人，要写明记录人的姓名、单位、职务。内部会议也可只写明记录人姓名即可。

3. 会议内容

（1）会议议题和议程。会议开始后，主持人一般会先介绍会议的议题和议程，根据主持人的介绍，将这两项内容准确地记录下来。

（2）会议进程和内容。这一部分是会议记录的主体，应该根据会议进程顺序，将有关文件精神和会议精神的传达或情况报告、与会者的发言、讨论情况、主持人总结的结论性发言、会议决定与决议等依次记录。

该部分可以用"会议内容""发言情况记录"等承接，可用序号加发言人姓名，按顺序记录每位发言人的发言内容，也可只将发言人的观点进行归纳，分条列项记录发言内容。

仍以《公司部门例会会议记录》一文为例。

> 会议内容：
>
> 高玉健副总经理：本周例会改到现场召开，同时扩大到了各专业口的工程师们，有什么问题大家都提出来，现场解决。首先，先各部门汇报，最后是工程口。
>
> 首先记录的内容是主持人高玉健副总经理这位主持人介绍了此次部门例会的主要议题和议程。
>
> 二、开发部工作汇报：略
>
> 三、办公室工作汇报：略
>
> 四、预算部工作汇报：略
>
> 五、采购部工作汇报：略
>
> 六、营销部工作汇报：略
>
> 七、呼忠民副总经理做工作指示：
>
> 1. 工程进度：① 房建土方开挖至今已 3 个月，今天完成桩基验收；② 迎宾路灰土稳定层刚成型，计划本月底达到铺油条件，箱涵正常施工，但进度缓慢；③ 售楼处 7 月底主体完工，二次装修进度拖延。
>
> 2. 施工形象：1—3#楼基坑旁杂草丛生，售楼处周边材料乱堆乱放，施工单位管理不到位。
>
> 3. 质量问题：售楼处施工中出现钢筋锚固野蛮施工，施工质量需要严格把控，要充分发挥监理的管控作用。
>
> 4. 每月都会制定公司整体工作部署，各部门要按照部署开展并汇报工作，要有工作目标及计划。
>
> 5. 工程部对工程管理失控了，总包方工期安排等文件中不合理的内容，工程部没有审核出来就直接上报。
>
> 6. 工程副总是各部门、施工方、监理单位的协调者，工作出现问题或完成都要先向直属领导汇报，不能越级上报，打乱公司的管理体系。同时也是总工程师，所以从下周开始，每周至少两天会在现场办公。一方面，水、电等专业技术问题可直接沟通，由工程副总整理汇总；另一方面，协调工程部、施工单位、监理单位工作，处理专业技术问题。
>
> 八、叶岩豹总经理：
>
> 桩基已验收，工程进入正常施工阶段，下面工程部各位提一下本阶段的问题及

下一步的建议。

九、水暖工程师冯新见：

1. 市政道路箱涵南侧的线杆影响了热力和雨水管道的敷设。

2. 售楼处精装修及园林施工方案需尽快定版，施工材料是否为甲方指定。

3. 设备确定后，需要跟厂家对接技术参数。

十、电气工程师贾肇发：

1. 前期总在改图，出图已多版，下一阶段出图后各部门及相关单位要综合评定，签字确认。（呼总回复：售楼处作为自用的图纸不记入资料，作为公建设施的图记入资料）。

2. 设备厂家确定后，相关专业工程师需要与其对接技术和参数后，才能画出符合实际的图纸，所以需安排厂家的人与工程师开碰头会。

3. 1—3#楼弱电等系统是全部放在售楼处，还是就近在1—3#楼中选一个地方，这涉及景观下的管线预埋问题。（呼总回复：售楼处管网集中在售楼处；二期马上设计，项目总体按照综合管网布向安排）。

4. 新装临电变压器的位置选在哪。

十一、土建工程师袁福维：略

十二、土建工程师高继辉：略

十三、工程部经理郑健强：略

十四、叶岩豹总经理做会议总结：

1. 桩基已验收，工程进入新的阶段。前段时间售楼处的钢筋问题给我们敲响了警钟，暴露出了现场的管理漏洞，对此工程部拟出文件，以公司名义与总包方进行交涉。同时，下个阶段我们采取的措施是：① 抓紧招聘土建工程师；② 呼总一周至少2天现场办公，出现问题及时解决，既要做好协调工作，又要作为总工，与各专业工程师审查图纸，出图后各工程师签字后即刻实施，不能拖延工作。

2. 高继辉将图纸进行整理分类，把报废图纸收起来，以免因图纸问题出现事故。

3. 设计院的优化方案下周二会定下来，二期设计也会跟上，要求总包做好施工安排及工人配置。

4. 月底前取得施工证，关键是消防审查通过，呼总要抓紧对接。

5. 园林施工队伍和捷行社装修队伍10日前要进场，工程部安排专人进行管理。

6. 营销部要求捷行社尽快出装修造价，给预算部进行核算；物业公司要实地考察其业绩，了解清售楼处保洁、保安的人数及工资。

7. 箱涵以北厂房拆迁8月底前处理，公司正积极与乡、县领导协调。

8. 各专业工程师工作要对接好，公司领导也会多到现场来转转，有什么问题及时提出，现场解决。

十五、高玉健副总经理做工作指示：

1. 各专业工程师有问题上报郑经理，郑经理解决不了上报呼总，按照公司管理体系办事。

2. 工程各专业口要串联起来,工作协调好,以免出现工程返工或其他问题。

3. 组织售楼处装修涉及的技术人员开碰头会,做好交叉施工方案,以免影响施工进度。

二至十五项即会议进程中的具体内容记录,二至十三项是各部门的工作汇报内容,第十四项是总经理的会议总结,第十五项是副总经理的工作指示。

4. 结尾

另起一行,写明"散会"并注明时间,在落款处注明"主持人:(签字)""记录人:(签字)"。

(四) 会议记录的写作要领与注意事项

1. 会议记录的写作要领

会议记录的记录技巧一般说来有三条。

一是要记得快,记要点。字要写得小一些、轻一点,多写连笔字。要记录要点,着力记载争议问题、关键问题、表决情况。就一次会议来说,主要记录会议议题、主持人和主要领导同志发言的中心思想、与会者的不同意见或有争议的问题、结论性意见、决定或决议等;就一个人的发言来说,主要记录其发言要点、主要论据和结论;就一句话来说,要记录中心词。

二是记录过程要省略化。一要正确使用简称、简化词语和统称。词语或句子中的附加成分,较长的成语、俗语、熟悉的词组、句子的后半部分可以省略,会后补全。如有引文,记下起止句或起止词即可,会后查补。二是可以用较为简便的写法代替复杂的写法。比如用姓代全名,用同音字代难写的字,用数字或符号代文字,用拼音代生词难字,等等。但在整理和印发会议记录时,均应按规范要求重新整理语言。

三是要全面完整地记载清楚会议过程,收录好会议内容,不得随意取舍。同时还确保记录稿的真实。无论详细记录还是摘要记录,都是原始记载,参加会议的人怎么说就怎么记,既不能遗漏重要内容,也不能添枝加叶。

此外,会议记录的整理也是一个不可忽视的环节。整理会议记录有四个关键的技巧。

一删。删去会议记录中的口头禅或一些无意义的语气词"这个""那个""啦"等,删去无意义的重复性句子或短语。

二改。修改不太雅观的口语或俗语,会引起误解的方言、口语,不易听懂的口语、方言、俗语,以及对表达意思产生影响的词语和句子。

三补。针对发言的内容,补充大小标题、句子残缺成分、标点符号。

四分。层次混乱的语言要重新划分层次和段落。

2. 会议记录的注意事项

(1) 经过必要的手续

重要的会议记录通常要经过一些必要的手续才能保证其有效性和准确性。会议内容一般由主持人加以系统归纳,归纳结果应逐字逐句记录。记录完毕后,要在与会人员前宣读,发现失误及时更正、补充。与会者无异议时应写上"一致同意"或"一致通过",有异议者,必须详细记录不同意见,有弃权者,也应如实记录。然后经会议主持人、记录人签字,确认生效。

(2) 注意格式

会议记录的格式并不复杂,只是项目较多,各个项目不能无故残缺,必须一一记录明白。

记录主体的会议内容要全面,重要部分不遗漏。凡是发言都要把发言人的名字写在前面。一定要按照发言顺序,先发言记录于前,后发言记录于后。

（3）记录要客观、真实、准确

客观、真实、准确是会议记录的重要特征。不论是详细记录,还是概要记录,都应不添加,不遗漏,依实而记,更不得断章取义,尤其是会议决定之类的东西,更不能有丝毫出入。切记要忠实记录会议上的发言和有关动态。会议发言的内容是记录的重点。其他会议动态,如发言中插话、笑声、掌声、临时中断以及别的重要的会场情况等,也应予以记录。

（4）注意详略

会议记录是原始记录,记录的详细与简略,要根据情况决定。一般地说,决议、建议、问题和发言人的观点、论据材料等要具体详细。一般情况的说明,可抓住要点,略记大概意思。

（5）多种记录方式结合

会议记录一般是用汉字记录(少数民族地区可用本民族文字),可采用符号速记,但事后要整理成文字版才能定稿。

记录发言分摘要与全文两种。多数会议只要记录发言要点,即把发言者讲了哪几个问题,每一个问题的基本观点与主要事实、结论,对别人发言的态度等,作摘要式的记录,不必"有闻必录"。某些特别重要的会议或特别重要人物的发言,需要记下全部内容。有录音机的,可先录音,会后再整理出全文;没有录音条件,应由速记人员担任记录;没有速记人员,可以多配几个记得快的人担任记录,以便会后互相校对补充。重要会议最好配备两名记录人员,以免漏记;也可辅以录音,会后再整理。

二、会议简报

（一）会议简报的性质与文体种类

1. 会议简报的性质

会议简报是简报的一种类型,近似于新闻报道,是较大型和重要的会议用来专门报道、交流会议重要内容、进展情况,反映与会人员意见和建议的临时性简报,一般由会议秘书或主持单位编写。

2. 会议简报的文体种类

根据会期的长短、性质不同可分为关于会议的连续报道和关于会议的一次性报道。

规模较大、会期较长的大型会议常要编发多期简报,从开幕到闭幕连续性地报道,几乎每天一期,甚至一天数期,以起到及时交流情况,推动会议顺利开展的作用。小型会议一般是一会一期简报,常常在会议结束后,写一期较全面的总结性的情况反映。关于会议的一次性集中报道既可以用于反映大型的会议,更被经常用于反映一天半天的小型会议。

根据报体写法的不同,会议简报又可以分为综合式会议简报、摘要式会议简报和报道式会议简报。

综合式会议简报是通过对发言的内容进行综合分析,梳理归纳成几个问题来编写。摘要式简报是将发言人的发言摘要整理成简报。可一期摘发一个人的发言,也可同时摘发几个人的发言。报道式简报采用新闻报道的形式,先将要反映的内容用几句话概括成一段导语,然后逐段从不同侧面报道讨论的内容或会议的进展情况,一般可按重要程序依次排列。

(二) 会议简报的作用与特点

1. 会议简报的作用

随着社会的发展,会议简报的使用频率越来越高,使用范围越来越广,它可以向上级汇报会议情况,便于领导了解信息,推动会议深入进行;向下级单位和群众传达上级或本机关的指示或会议精神,使其了解国家方针政策和本行业、本单位生产、工作动态,指导和启发相关工作;可以用于下级、平级部门的会议信息交流沟通,促进单位之间的交流、互相启发;还可以备考存查归档,以及借此做好宣传、树立单位形象。

2. 会议简报的特点

会议简报具有一般报纸新闻的真实性、快捷性等共性特点。它又有自身的特点,具体主要有以下几点。

(1) 内容专业

会议简报一般由有关单位、部门主办,专业性十分明显。例如,《人口普查会议简报》《计划生育会议简报》《水利工作会议简报》《招生会议简报》等,分别由主办单位组织专人撰写,传递该项工作的各种信息,包括情况、经验、问题和对策等,一般性的东西少说,无关的东西不说,专业性的东西多说。这样,一般读者能了解他们工作的进展情况,增强信任感。对领导机关来说,各级领导接到这样的会议简报,掌握了情况,有问题时就有办法及时处理了。

(2) 反映快捷

会议简报具有较强的时限性,要求将会议情况及时地反映给上级和有关部门,或者传达到下属单位和有关人员。一般情况下,上午开会,下午就要写好简报,及时印刷,当天就发出去。只有迅速及时地把会议情况报道出来,才能达到传递信息、促进工作的作用。

(3) 篇幅简短

言简意赅是会议简报区别于其他报刊最显著的特点。为了在短时间内将最新信息传达出去,会议简报往往快编快发,编写者也同样精简字数以保证其简明性。所以会议简报的篇幅特别简短。一期会议简报甚至只登一篇文章、几段信息,或一期几篇文章,总共一两千字,长的也不过三五千字,读者可以用很短的时间把它读完,适应现代快节奏工作的需要。会议简报的语言必须简明精炼。

(4) 形式多样

会议简报具有灵活性,除了介绍会议的情况、发言人的摘要外,还有些会议的花絮、轶事,以及主持人的通知等内容。会议简报的编排也比较生动活泼,版面也很注重艺术性。

(5) 限于内部交流

会议简报不同于一般的新闻报道,它一般只在编报机关管辖范围内的各单位之间交流,不宜甚至不能公开传播,特别是涉外机关和专政机关主办的会议简报更是如此。有的会议简报,往往是专给某一级领导人看的,有一定的保密要求,不能任意扩大阅读范围。

(三) 会议简报的格式与写法

同其他简报一样,会议简报也有一套专门设计的固定版式,由报头、报身、报尾三部分构成。

1. 报头

报头一般在占会议简报的首页上方三分之一处(见图 4 - 3),主要包括简报名称、简报期号、编印单位、印发日期,有的还包括密级和编号。报头与报身之间用一条红色线间隔。

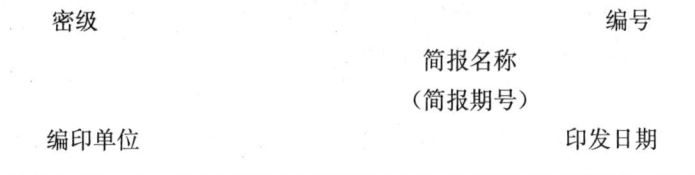

密级　　　　　　　　　　　　　　　　编号

简报名称

(简报期号)

编印单位　　　　　　　　　　　　印发日期

图 4 - 3　会议简报的报头

(1) 简报名称

报头上方的居中位置用醒目大字标明简报名称,尽可能用套红印刷。简报名称可由会议名称和文种类别(简报)组成,如"党风党纪专题民主生活会会议简报",也有的只标"简报"或"会议简报"字样。有的在"会议简报"名称上方还注明机关、单位或组织名称,或者在"简报"上方注明会议的全称或规范化简称。简报名称有时也可以用"简讯""简况""摘报"等。

(2) 简报期号

简报期号常标在简报名称正下方靠近简报名称的地方,用括号括起来,一般按年度依次排列期号,有的是统编的累积期号,也可以写作如"第××期"。会议简报常常以一个会议为编号顺序,标注"第 1 期""第 2 期"等。

会议简报如有特殊内容而又不必另出一期简报时,就在名称或期数下面注明"增刊"或"××专刊"字样,以示区别。

(3) 编印单位

会议简报的编印单位通常为会议秘书组(处)或者会议组织单位的秘书部门,标在期号下方间隔横线上方左侧空一格的位置。

(4) 印发日期

会议简报的印发日期,以领导签发的日期为准,位于与编印单位齐行的右侧空一格位置,标注内容包括年月日,用阿拉伯数字表示。

(5) 密级

如果会议简报需要保密,应在会议简报名称的左上方标注密级(秘密、机密或绝密),也有的特别注明"内部文件"或"内部资料,注意保存"等字样。

(6) 编号

有些会议简报为了控制发送范围,便于登记、收回、销毁,可以用阿拉伯数字在会议简报名称右上方按印数编号。

2. 报身

会议简报的报身,主要是报道、交流会议重要内容、进展情况,反映与会人员意见和建议,包括标题和正文。

(1) 标题

会议简报的标题类似新闻的标题,要揭示主题,确切、简短、醒目,让人一看就知道写的是什么内容。写在报头的分隔线以下的居中位置。它可采用单行标题或多行标题的形式。

① 单行标题。用与会者的一句话作为标题,或高度概括简报的内容,或直接揭示简报的主题。如"东源县教育局召开扫黑除恶专项斗争工作会议",简洁鲜明,一目了然,看标题

就知道简报写的是什么内容。

② 双行标题。使用双行标题时,正标题是虚题,用以概括全文的思想意义或者内容要点;副标题是实题,用以交代单位及事件,对正标题起补充说明的作用。如:

牢记统帅嘱托,全面提升新时代打赢能力

——习主席视察南部战区时的重要讲话在全军和武警部队引起热烈反响

③ 多行标题。由三行以上标题构成。上行是眉题,或说明背景,或交代形势,或烘托气氛;中行是正题,或概括内容,或突出主题,或点明意义;下行是副题或补充情况提要事实,或简述结果。如:

全省传达学习贯彻习近平总书记视察广东重要讲话精神干部大会召开

切实把学习宣传贯彻习近平总书记重要讲话精神作为头等大事和首要政治任务

李希主持会议并讲话

多行标题的显著特点是容量大且醒目。

(2) 正文

会议简报的正文一般包括开头部分和主体部分。开头部分通常是用简明的一句话或一段话总结会议概况,需要将会议时间、会议议题、会议目的等问题交代清楚。主体部分是会议简报的核心部分,主要概括会议的状况和所要讨论的问题。

正文的写法大致有以下三种。

第一种为综述法。这是一种最为常见的会议简报形式,它由编者采集各方面的言论、意见加以概括而成,相当于一份会议的综合报道,将会议的进程、出席情况、会议的发言和议程一一写入,全面加以反映。如《全省传达学习贯彻习近平总书记视察广东重要讲话精神干部大会召开　切实把学习宣传贯彻习近平总书记重要讲话精神作为头等大事和首要政治任务　李希主持会议并讲话》一文在正文开头部分,以"10 月 28 日,全省传达学习贯彻习近平总书记视察广东重要讲话精神干部大会召开。会议的主要任务是:传达学习习近平总书记视察广东重要讲话精神,对我省学习贯彻工作进行全面动员部署。省委书记李希主持会议并讲话,省长马兴瑞、省人大常委会主任李玉妹、省政协主席王荣出席会议"这一段文字简要介绍了会议的召开时间、会议名称、会议主要任务、会议主持人、出席者等。正文主体部分则用五个自然段以"会议指出""会议强调"将会议的发言和议程一一写入。

第二种是重点报道法。重点反映会议的某个重要报告的内容、小组讨论情况或一个与几个人的发言等。它可以供与会者详细了解某个方面的情况。如《东源县教育局召开扫黑除恶专项斗争工作会议》中,主体部分用两个自然段反映了县教育局副局长张志谦的发言。

会上,张志谦传达了上级扫黑除恶专项斗争工作相关文件和会议精神,并就下一步工作进行再动员、再部署。强调全县教育系统必须提高政治站位,坚持以习近平新时代中国特色社会主义思想为指导,强化责任担当;加强制度建设,建立长效机制,将扫黑除恶专项斗争作为重大政治任务抓紧抓好。

张志谦强调,开展扫黑除恶专项斗争还应正确把握几个问题。一是不要存在认识误区。扫黑除恶不仅是政法、纪委监委、组织部门的事,作为教育部门也责无旁贷,开展扫黑除恶专项斗争,是以习近平同志为核心的党中央做出的重大决策,是事关社会大局稳定和国家长治久安,事关人心向背和基层政权巩固,事关进行伟大斗争、建设伟大工程、推进伟大事业、实现伟大梦想的重大举措,东源县教育系统扫黑除恶斗争绝不怠慢,绝不姑息,绝不手软,一定要为广大师生营造良好的校园及周边治安环境。二是明确打击重点和靶心方向问题。要把打击锋芒始终对准群众反映最强烈、最深恶痛绝的各类黑恶势力违法犯罪。三是杜绝上热下冷问题。各校要迅速行动起来,落实主体责任,加强宣传发动力度、广泛动员、全员参与,进一步营造良好的宣传氛围。

这种写法中心突出,主体责任明确,重点和一般结合,有利于与会议相关的主要工作的开展和会议精神的快速落实。

第三种为摘要法。摘录代表发言的概要,介绍大会或小组会议上的发言概要供与会者参阅。

(3) 报尾

报尾在简报最后一页的下部三分之一处,用一横线与报身分隔开,包括发送范围和印刷份数。发送范围位于横线下左侧,根据部门不同级别写明"报(对上级)""送(对同级或不相隶属机关部门)""发(对下级)"及单位名称。印刷份数在发送范围平行的右侧写明。

(四) 会议简报的写作要领与注意事项

1. 会议简报的写作要领

整理会议简报,要注意做到一快、二简、三精、四准。

(1) 一快,即速度要快

会议简报,一般是头天讨论的情况,第二天一早就要印出发到与会人员手上或上午讨论的内容中午或下午就要见报。简报从会议情况到简报文字往往间隔时间很短,快的甚至可以在一小时左右。这就要求编写简报者必须是快枪手,要练就一手一两小时便能整理出一份简报的功夫。要讲究方法,采写人可以一边听会议讨论,一边分析、归纳。

(2) 二简,即文字简洁

会议简报要简,通常是千字文,这就要求文字要简练,不说废话。写作上要开门见山,直截了当。

(3) 三精,即材料要精

简报内容要紧紧围绕会议的中心议题,把会议的议程、解决的问题、形成的决定、代表们的主要认识、意见和建议反映出来,要供给新颖内容和有用信息,切忌只列举个别议题和议程。要扣紧主题,突出重点,抓住典型,提炼概括,一般的情况就可以省略不用了。

(4) 四准,即内容要准确

会议简报反映情况一定要真实、准确,简报反映的观点材料,必须是与会人员所讲的,要忠实于原意,不能歪曲其原意,一些关键的词句,甚至要求应是原话。各段文字要按会议进程的先后时间和逻辑顺序排列。

会议简报的编写,要求及时、简明,抓住具有指导意义、能引导会议健康发展的内容加以报道。当然,涉及各级机密事项的内容不应随意报道。

2. 会议简报的注意事项

(1)要正确体现大会主席团或会议领导小组的意图和部署,明确会议的进程和发展方向,使简报成为大会的信息使者,对会议起到某种程度的引导作用。

(2)内容真实,不任意夸大或缩小,对发言人的意见和基本观点,既不修饰,也不拔高。

(3)要迅速及时,简报采编者要具有新闻记者的姿态和作风,善于观察思考,反应敏捷,一边参加会议耳听手记,搜集资料,一边分析综合归纳整理问题,会议告一段落,稿子立即成型,及时编印发出。

(4)简报印刷数量和发送范围应视简报内容而定;简报发送前,一些重要的发言,要送发言者检阅,以免曲解原意。会议简报编排时,应编上整个会议的总顺序号,以便为今后的分类归档工作带来方便。

第四节　会后文书

会议结束后,在会议记录和部分会议简报的基础上,要对会议中涉及的资料进行整理归档,完成会议的纪要。会议的纪要经主管人签字同意后才能定稿,协议性会议的纪要需各方领导人均同意方可。会后,还要撰写会议类新闻通稿。

一、纪要

(一)纪要的性质与文体种类

1. 纪要的性质

纪要适用于记载会议主要情况和议定事项,一般指的是记述会议要点的文字。会议过程中,记录人将会议的情况记录成文字,形成会议记录。会议结束后,根据会议情况、会议记录和会议文件以及其他有关会议的文字材料,对会议的主要内容及议定的事项进行综合整理,形成概括性强、凝练度高的文件,被称为纪要。

并非所有的会议都要形成纪要。通常只有中大型或比较重要的会议,才要求编写纪要。特别是尚未形成正式决定,而讨论事项又要求有关人员了解的会议,需要写会议的纪要。

由于纪要主要体现的是记载、整理的功能,为了进一步贯彻会议精神,通常会对会议的纪要以"印发"的形式加"文件头"。如《××(单位名称)关于印发××××(会议名称)纪要的通知》。

2. 纪要的文体种类

按照会议的性质和内容,可以分为工作会议的纪要、代表会议的纪要、座谈会议的纪要、联席会议的纪要、办公会议的纪要、汇报会议的纪要、现场会会议的纪要等多种类型。

工作会议的纪要侧重于整理记载贯彻有关工作方针、政策及其相应要解决的问题。

代表会议的纪要侧重于记录会议议程和通过的决议,以及今后工作的建议。

座谈会议的纪要内容比较单一、集中,侧重于工作的、思想的、理论的、学习的某一个问题或某一个方面。

联席会议的纪要指不同单位、团体,为了解决彼此有关的问题而联合举行会议,在此种会议上形成的纪要,侧重于记录两方或多方达成的共同协议。

办公会议的纪要是对本单位或本系统有关工作问题的讨论、商定、研究、决议的文字记录,以备考察。

汇报会议的纪要侧重于汇报前一段工作情况,研究下一步工作,经常是为召开工作会议进行的准备工作。

现场会会议的纪要即为解决某个或某些重大问题而召集有关方面和有关单位在现场研究、议决或协商的会议纪要。

(二) 纪要的作用与特点

1. 纪要的作用

纪要具有"记载"功能、"传达"功能及"指导"功能。

纪要主要适用于记录会议成果,记载并反映会议基本情况和主要精神,传达议定事项,并可以要求有关单位贯彻执行会议议定事项和重要精神。会议议定事项是本单位、本地区、本系统开展工作的依据。有的纪要的精神也可供别的单位、别的系统参考。

纪要还可以用来向单位领导汇报会议情况、向群众传达会议精神和决议事项。会议本身具有权威性,因此纪要一经下发,将对有关单位和人员产生约束力,起着类似于指示、决定或决议等指挥性公文的作用。

2. 纪要的特点

(1) 纪实性。纪要是在对会议中各种材料、与会人员的发言以及会议简报等进行综合分析和概括提炼基础上,如实地反映会议内容,它不能离开会议实际搞再创作,不能搞人为的拔高、深化和填平补齐。否则,就会失去其内容的客观真实性,违反纪实的要求。

(2) 要点性。纪要不是把会议中所涉及的所有情况、所有问题无一遗漏地写出来,而是依据会议情况,围绕会议主旨及主要成果,把那些重要的情况和研究决定的重大问题、决策意见整理、提炼和概括出来,是摘其要而记之,重点应放在介绍会议成果,而不是叙述会议的过程,切忌记流水账,面面俱到。

(3) 指导性。这一特性包含两层含义:一是会议本身的权威性;二是纪要集中反映了会议的主要精神和决定事项。因而纪要一经下发,将对有关单位和人员产生约束力,起着类似于指示、决定或决议等指挥性公文的作用。纪要还可以作为与会同志向单位领导汇报、向群众传达的文字依据。

(4) 备考性。有些纪要主要不是为了贯彻执行,而是向上汇报或向下通报情况,必要时可作查阅之用。

(三) 纪要的格式与写法

党政机关、比较正规的企事业单位中重要的、例行性的纪要,可设计为红头文件,留存纸质材料备查。如党委常委会议、政府常务会议、部务会议、校长(院长)办公会议、董事会、总经理办公会等等。这类纪要一般都有固定的版头。

根据《党政机关公文格式》规定,纪要标志由"×××××纪要"组成,居中排布,上边缘至版心上边缘 35 mm,推荐使用红色小标宋体字。标注出席人员名单,一般用 3 号黑体字,在正文或附件说明下空一行左空二字编排'出席'二字,后标全角冒号,冒号后使用 3 号仿宋体字标注出席人单位、姓名,回行时与冒号后的首字对齐。标注请假和列席人员名单,除依次另起一行并将'出席'二字改为'请假'或'列席'外,编排方法同出席人员名单"。

用专门版头的纪要格式,需在标题正下方标注"第×期",加圆括号。如果纪要用报告的形式上报或用通知的形式印发,则用公文版头,编公文发文文号。制发单位名称在版头的左下角,成文日期在版头的右下角。如:

×××工程会议纪要

(第×期)

北京市城乡建设委员会办公 　　　　　　　　　　　　　　201×年×月×日

纪要除用《党政机关公文格式》规定格式外,还可以根据实际制定。如果使用没有专门版头的纪要格式,则常将成文日期在标题下方居中位置并加圆括号,或放于正文之后,以会议通过日期或领导人签发日期为准。

纪要可上行、平行和下行。其下行与平行机关均置于版记,标"发送"字样,冒号后标写机关名称。

纪要的写法因会议内容与类型不同而有所不同,一般由标题、正文和落款构成。

1. 标题

例会、办公会议的纪要的标题要求标明召开会议的机关名称、会议性质。其他纪要的标题一般由召开会议单位、会议名称、会议内容、文种等几个要素构成。

纪要的单标题可以是"召开会议的机关＋会议内容＋(会议)纪要",如《北京市高级人民法院　北京市司法局关于伤残评定问题研讨会会议纪要》;或"召开会议的机关＋会议名称＋(会议)纪要",如《市日用杂品公司进一步做好黑砂锅市场供应工作会议纪要》;或"会议名称＋(会议)纪要",如《全国民族贸易和民族用品生产工作会议纪要》;或"会议内容(事由)＋(会议)纪要",如《关于落实省委领导同志批示保护省级文物七级浮屠塔问题的会议纪要》。使用"会议名称＋纪要"的形式最为常见。

纪要的双标题由"正标题＋副标题"构成。正标题揭示会议主旨,反映会议的主要精神和内容;副标题标示会议名称和文种。如:《探讨新时期文学的发展——中国当代文学研究会第一次学术讨论会纪要》。

2. 正文

会议纪要的正文大多由开头、主体和结尾构成。具体写法依会议内容和类型而定,正文可写三部分,也可只写前两部分。

(1) 开头

开头主要用于概述会议基本情况。其内容一般包括会议名称、会议进行的时间、地点、届次、组织者、出席和列席人员、主持人、主要议题、会议议程和进行情况以及对会议的总体评价等。并非每份会议纪要都要将上述内容全部写进去,而是依据会议大小规模、侧重点,取舍有所不同。如《中共湖南省委法治湖南建设领导小组全体成员会议纪要》一文开头:

5月15日下午,省委法治湖南建设领导小组召开全体会议。省委书记、省人大常委会主任、省委法治湖南建设领导小组组长×××出席并讲话。省人民政府副省长、省委法治湖南建设领导小组副组长×××主持会议。省委常委、省委秘书长×××,省委常委、省委政法委书记×××,省人大常委会副主任×××,省政协副主席×××,省高级人民法院院长×××等领导小组副组长出席,领导小组各成员单位负责人参加。

省委常委、省委政法委书记、省委法治湖南建设领导小组副组长兼办公室主任×××就法治湖南建设2019年工作情况和2020年工作思路、主要措施以及需要研究决定的几个问题做了汇报。会议就有关工作和具体问题进行了审议和研究。×××书记最后做重要讲话。

后面紧跟惯用过渡语"会议纪要如下""会议确定了如下事项""现将会议精神纪要如下""这次会议着重讨论了以下×个问题"等。

(2) 主体

这是纪要的核心部分,会议的主要精神、会议议定的事项、会议上达成的共识、会议对与会单位布置的工作和提出的要求、会议上各种主要观点及争鸣情况等,都在这一部分予以表达。

常务会、办公会、日常工作例会的纪要,一般包括会议内容、议定事项,有的还可概述议定事项的意义。工作会议、专业会议和座谈会的纪要,往往还要写出经验、做法、今后工作的意见、措施和要求。

由于这部分内容复杂,多数情况下都需要分条分项撰写。不分条的,也多用"会议认为""会议研究决定""会议讨论意见如下""会议指出""会议提出""大家强调""与会同志一致认为"等惯用语作为各层意思的开头语,以体现内容的层次感。如学术会议中个别人有价值的意见,还可以用"某某反映""某某认为""某某表示"等说法。

根据会议性质、规模、议题等不同,主体的常见写法有三种。

一是分项式。即把会议的主要内容分成几个大的问题,然后标注上标号或小标题,分项来写。这种写法侧重于横向分析阐述,内容相对全面,问题也说得比较细,常常包括对目的、意义、现状的分析,以及目标、任务、政策措施等的阐述。这是日常的重要例会常用的结构模式,一般用于大中型会议或议题较多的会议。其好处是使会议所解决的问题突出、措施明确、便于执行。

如:北京市高级人民法院、北京市司法局、北京司法鉴定业协会联合召开研讨会,专题研究了伤残等级和赔偿指数的评定、新旧标准的衔接适用等问题,与会人员就部分问题的处理达成了一致意见,会后形成《北京市高级人民法院　北京市司法局关于伤残评定问题研讨会会议纪要》,分2条写作。

第1条写关于伤残等级和赔偿指数的评定。

1. 受伤人员符合一处伤残等级者,一级伤残(人体致残率100%)相当于伤残赔偿指数100%,二级伤残(人体致残率90%)相当于伤残赔偿指数90%,依次类推,十级伤残(人体致残率10%)相当于伤残赔偿指数10%。

2. 受伤人员符合两处以上伤残等级者,需综合计算累计伤残赔偿指数,具体

　　计算方法如下：累计伤残赔偿指数＝伤残等级最高处的伤残赔偿指数＋伤残赔偿附加指数。

　　　伤残赔偿附加指数的确定：六～十级伤残，每增加一处，增加5％；二～五级伤残，直接增加10％。

　　　伤残赔偿附加指数不得超过10％；累计伤残赔偿指数不得超过100％。

　　　3. 人民法院委托鉴定时，应当在委托函中写明鉴定事项包括评定受伤人员伤残等级和赔偿指数。受伤人员有一处伤残的，鉴定机构在鉴定报告中直接写明伤残等级和赔偿指数；受伤人员有多处伤残的，鉴定机构在鉴定报告中分别写明各处伤残的等级以及累计赔偿指数。

　　　4. 人民法院原则上应当依据鉴定机构评定的赔偿指数计算赔偿金额；确需调整赔偿指数的，应当在裁判文书中说明理由。

第2条写关于新旧标准的适用。

　　　1. 侵权行为发生在2017年1月1日（不含）以前的，适用当时生效的伤残评定标准。

　　　2. 侵权行为发生在2017年1月1日（含）至2017年3月22日（含）之间的，道路交通事故人身损害赔偿类案件的伤残评定适用《道路交通事故受伤人员伤残评定》，其他人身损害赔偿类案件的伤残评定适用《人体损伤致残程度分级》。

　　　3. 侵权行为发生在2017年3月23日（含）之后的，全部人身损害赔偿类案件的伤残评定均适用《人体损伤致残程度分级》。

　　　4. 人民法院委托鉴定时，应当在委托函中写明案由及侵权行为发生时间；鉴定机构依据上述三条意见确定的标准进行鉴定，并在鉴定报告中写明所适用的标准。

　　　5. 对于本纪要印发前已经做出判决的案件，在二审或者再审程序中，不得以违背本纪要意见为由予以改判或者发回重审。

每一点的内容具体清楚，便于执行。

二是综合式。即把会议的基本情况、讨论研究的主要问题、与会人员的认识、议定的有关事项（包括解决问题的措施、办法和要求等），用概括叙述的方法，进行整体的阐述和说明。一般把主要的、重要的放在前面，尽量写得详细、具体些。次要的和一般性的内容放在后面，可简略一些。特殊的，放在最后。这种写法多用于召开小型会议，而且讨论的问题比较集中单一，意见比较统一，容易贯彻操作，写的篇幅相对短小。如果会议的议题较多，可分条列述或拟小标题分部分、分层次写。

如《2017年深圳市劳动人事争议疑难问题研讨会会议纪要》的主体分条列述了与会人员围绕近期深圳市劳动争议案件处理过程中出现的新问题和疑难问题进行研讨后得出的11条统一意见。

　　　一、用人单位的法定代表人申请仲裁，争议属于《劳动争议调解仲裁法》第二条规定范围的,仲裁委员会应当受理,并通知当事人于庭审前更换法定代表人。当事人逾期未变更的,仲裁委员会应当根据《劳动人事争议仲裁办案规则》第三十二条规定撤销案件,但用人单位股东会或董事会委派其他人员参加仲裁活动的除外。

二、申请人申请仲裁,仅要求确认客观事实(如入职时间、工作岗位、工资标准等)的,不属于《劳动人事争议仲裁办案规则》第二条规定的受案范围,仲裁委员会不予受理。

三、根据《劳动人事争议仲裁办案规则》第三十条规定,仲裁委员会不主动审查仲裁时效,但当事人提出时效抗辩的除外。

四、仲裁庭裁决案件时,裁决内容同时涉及终局裁决和非终局裁决事项的,应当分别制作裁决书,并告知当事人相应的救济权利。但终局裁决和非终局裁决事项存在密切关联性,分别制作裁决书可能影响当事人实体权利的除外。

分别制作裁决书的,应采用"一案双文号"的模式:同一案件出具内容相同的两份裁决书(裁决结果应将终局裁决与非终局裁决事项及相应救济权利分项列明),并以不同文号区分终局裁决与非终局裁决(例如:深劳人仲终裁〔2017〕×××号为终局裁决,深劳人仲裁〔2017〕×××号为非终局裁决)。

五、对用人单位无法直接送达的10人以上集体争议案件,仲裁委员会可以适用《广东省劳动人事争议处理办法》第五十八条第四款规定,在有关基层组织见证下,在用人单位住所地或者生产经营场所张贴有关文书,并采用拍照、录像等方式记录,自张贴之次日起视为送达;也可以适用《劳动人事争议仲裁办案规则》第二十条第二款规定,通过在用人单位住所地留置、张贴仲裁文书,并采用拍照、录像等方式记录,自留置、张贴之日起经过三日视为送达。

六、在10人以上集体争议案件适用《广东省劳动人事争议处理办法》第五十八条第四款规定完成结案文书送达前,同一用人单位的其他劳动者申请仲裁,人数不足10人的,仲裁委员会可以适用相同的方式送达仲裁文书。

七、集体争议案件代表人数发生变化,除全部代表人均撤回本人申请、按撤回仲裁申请处理或与用人单位达成调解协议的,原推举行为继续有效,无须另行推举代表人。

八、案件需要二次开庭的,仲裁庭应当根据《劳动争议调解仲裁法》第三十五条规定,在开庭五日前将开庭日期、地点书面通知双方当事人。但已在首次开庭的庭审笔录中明确二次开庭的时间、地点,当事人未提出异议的除外。

九、仲裁委员会受理案件后,发现不应当受理的,应根据《劳动人事争议仲裁办案规则》第三十二条规定撤销案件,并自决定撤销案件后五日内,以决定书的形式通知当事人。但符合《劳动人事争议仲裁办案规则》第九条第一款规定情形的除外。

十、劳动者以用人单位未及时足额支付停工留薪期工资为由,提出被迫解除劳动合同并要求经济补偿的,应予支持。

十一、劳动者在竞业限制期间违反竞业限制协议约定,用人单位主张劳动者返还违反约定期间已支付的竞业限制补偿的,应予支持。

三是摘要式。即按会议发言顺序,将与会人员具有典型性、代表性的发言要点摘录出来。一般在记录发言人首次发言时,在其姓名后用括号注明发言人所在单位和职务。为了便于把握发言内容,有时根据会议议题,在发言人前面冠以小标题,在小标题下写发言人的名字。这是专题型会议常用的结构模式,多用于学术讨论会和人数不多的小型座谈会等,其优点是能如实反映会上讨论情况和每个人的不同观点。某些根据上级机关布置,需要了解与会人员不同意见的会议纪要,可采用这种写法。

如《矿管局领导班子局务会议纪要》就是以小标题的形式在发言人前面概括发言主旨,在小标题下摘录发言人的发言要点。

一、通报局领导工作事宜

根据市局党组《关于等同志职务任免的通知》×市矿管党字〔××〕39 号文件精神,××同志不再担任矿管局党组成员、纪检组长职务,任县矿管局主任科员。会议明确了同志的工作职责,协助局长分工不变,矿管局纪检组长职务暂由××同志代理。会议要求,一是××同志要继续保持工作热情,不要有思想负担,放开手脚,轻松上阵,再创佳绩;二是全局干部职工要与局党组保持高度一致,讲政治,顾大局,在全局角度支持好同志的工作,服从领导,工作中多请示,多沟通交流,布置的工作任务工不折不扣的完成;三是局班子领导要做到团结协调,分工不分家,分工合作,把班子建设好,把今年各项工作任务完成好。

二、研究做好农村危旧土坯房改造和"水上漂"农户上岸搬迁安置工作

1. 传送全市矿产资源管理局局长座谈会会议精神。

会议首先由××队长传达市矿产资源管理局局长座谈会会议精神。8 月 1 日,全市矿产资源管理局局长座谈会在市召开。会议传达学习了全省国土资源局长会议精神、贯彻落实市委办、市政府办《关于推进农村危旧土坯房改造的指导意见(试行)的通知》《市上水库"水上漂"农户上岸搬迁安置工作实施方案的通知》精神,总结交流工作,研究部署了下半年矿政管理、农村土坯房改造、"水上漂"农户上岸搬迁安置、苏区振兴发展项目编制申报等工作。

局党组书记、局长李国清就贯彻落实全省国土资源局长座谈会精神、推进农村土坯房改造、"水上漂"农户上岸搬迁安置、苏区振兴发展项目编制申报等工作,提出了具体要求:一要加强领导、统一思想、提高认识。要认真学习贯彻落实鹿心社省长对国土资源工作的重要批示精神,认真学习领会全省国土资源局长座谈会精神,结合当前矿产资源管理工作实际,抓好贯彻落实。二要加强研究、真抓实干、攻坚破难。要围绕推进农村土坯房改造、"水上漂"农户上岸搬迁安置、苏区振兴发展项目编制申报等重点工作,认真调查研究,找出难点节点问题,提出切实可行的措施,要改进作风、真抓实干、攻坚克难,确保重点工作落实到位。三要落实分工、层层分解、责任到人。要将土坯房改造、项目编制申报等工作任务进行科学分工,市、县两级要实行局领导分片包干,市局领导挂若干个县、县局领导挂点若干个乡镇,干部职工挂点,层层分解任务,签订责任状,责任到人。四要加强督查、严明纪律、狠抓落实。要建立督查考核机制,将落实农村土坯房改造、项目编制申报等工作纳入年度考评内容,定期督促检查。要严肃纪律,在推进保障农村危旧土坯房改造和

搬迁安置砌砖供应中,要当好地方党委、政府参谋,在采矿权设置、出让、监管中,要做到依法、公开、透明。要加快工作进度,创新工作举措,狠抓工作落实,确保圆满完成任务。

2. 审议《县矿产资源管理局保障农村危旧土坯房改造和"水上漂"农户上岸搬迁安置砌砖供应实施方案》

开发股股长何定杆对《县矿产资源管理局保障农村危旧土坯房改造和"水上漂"农户上岸搬迁安置砌砖供应实施方案》进行解读,局长就做好农村危旧土坯房改造和"水上漂"农户上岸搬迁安置工作和《实施方案》完善提出了六点要求,一是提高认识,全局干部职工要充分认识全市农村危旧土坯房改造和"水上漂"农户上岸搬迁安置工作的重要性及重大意义;二是加强组织领导,成立领导小组,局长任组长,×××同长任常务副组长,其他班子成员任副组长,各股室负责人为成员,领导小组下设办公室,设在开发股,由何定杆具体负责日常事务与组织联络;三是明确工作职责,局长负总责,×××队长具体抓,各股室负责制定供用保障方案,对于集中安置点的地质条件评估由主任负责,于地质灾害移民搬迁工作进行捆绑,×××主席负责提供后勤保障,调度好资金安排;四是制定实施方案要围绕体现出保障措施,要摸清家底,需改造的户数、建筑面积、砌砖用量、主要分布及集中安置点,由×××队长负责,保障措施立足于现在持证砖厂,把政策宣传到位,编制宣传材料,有针对性的扩大生产规模,对无证砖厂争取合法化,对新设砖厂,围绕调查摸底,集中安置点进行合理化设置;五是新设砖厂统一实行挂牌出让,矿权设置按照就近原则,对于矿权重叠问题,已局里名义下发通知,要求极力配合全市农村危旧土坯房改造和"水上漂"农户上岸搬迁安置工作;六是开发股要代拟全县实施方案。

会议原则通过了《县矿产资源管理局保障农村危旧土坯房改造和"水上漂"农户上岸搬迁安置砌砖供应实施方案》。

(3) 结尾

一般性纪要可不写结尾,可以在写完主体部分后即全文结束。重要的工作会议和讨论会、座谈会的纪要结尾,或以会议名义向本地区、本系统发出号召,要求广大干部群众认真贯彻会议精神;或强调贯彻落实会议精神的突出问题,指出应注意的事项;或对会议做简要评价,提出希望、要求,或向会议主持单位致谢等。如《北京市高级人民法院、北京市司法局关于伤残评定问题研讨会会议纪要》结尾:

以上意见供全市审判、鉴定人员参照执行。若最高人民法院、司法部以及其他上级部门有不同规定的,以上级部门规定为准。

结尾还可以对会议的情况做一些补充说明。

3. 落款

落款包括署名和时间两项内容。署名只用于办公室会议纪要,文末署上召开会议的领导机关的全称,下面写上成文的年、月、日期,加盖公章。一般会议的纪要不署名,只写成文时间,加盖公章。由于很多纪要是普发性公文,常常将成文日期等签署标注在标题下方,不标注于文尾。

（四）纪要的写作要领与注意事项

1. 纪要的写作要领

（1）准备要充分。就是要认真做好会议记录，详尽占有材料，并且要认真研究会议的精神，以便对材料正确取舍，合理删减。

（2）概括要真实。纪要要忠实于会议的实际内容，不能随主观意图增减或更改会议的内容，或借题发挥、添枝加叶，而必须做到真实准确地表达会议内容。

（3）要点要突出。纪要虽然同样是反映会议情况和结果的，但不能与会议记录一样面面俱到。先要掌握会议的全部情况，弄清楚会议的目的、任务、内容和形式，掌握会议的所有文件材料，参加会议的全过程，并认真做好记录，特别要注意阅读会议的主体文件、材料、领导同志的发言，掌握会议的主要精神。然后围绕会议主题，抓住要点，突出重点，简明扼要地反映会议的主要情况，一一叙述清楚会议议定的事项。

（4）意见要统一。会议对具体问题的讨论必然意见纷繁，想法多种多样，不能把这些意见都纳入纪要之中，而要根据会议的中心目的，以大会的总结报告为依据，认真分析各种意见，集中反映符合会议中心要求的多数人的一致意见。没有取得一致意见的，一般不写入纪要。但对少数人意见中的合理部分，也要注意吸收。分歧性意见的处理原则是学术性会议的纪要要允许写入，而工作会议的纪要则不宜写入。

（5）条理要清楚。就是要对会议讨论的意见进行分类、分层、分序，动笔前要先理清写作思路，对会议记录上的材料认真地梳理、归纳，让材料各就其位，使人感到问题明显、条理清晰。

（6）文字要简明扼要。语言尽可能简短、通俗，切忌长篇大论，应以叙述为主；在层次结构、段落安排上，要条理清楚，篇幅一般不宜过长。

（7）写作要及时。纪要的写作要快速及时，否则给人"时过境迁"之感，影响公文效果。

2. 纪要的注意事项

（1）例会和办公会议、常务会议的纪要，重点将会议所研究的问题和决定事项逐条归纳，做到条理清楚，简明扼要。

（2）纪要使用第三人称"会议"作主语，即"会议认为""会议确定""会议指出""会议强调""会议听取了""会议讨论了""会议学习了"等，不宜写成"我们（怎么样）"。

（3）纪要写成后，可由会议主办单位直接印发，也可由上级领导机关批转。有的纪要还可由会议主办单位加按语印发。有的需要下发执行的纪要，可以用"通知"形式发出，上报时用"报告"形式发出，这时的纪要便成为"通知""报告"的组成部分一并呈送。

（4）纪要文首没有"主送机关"标识；文末不用落款，不加盖印章；成文日期一般写在标题下方，外加圆括号。

二、会议新闻

（一）会议新闻的性质与文体种类

1. 会议新闻的性质

会议新闻是对重要会议的报道。通常可以把会议新闻理解成报道会议的新闻。有些会议之所以成为新闻,是因为它和当前局势和主要工作密切相关。会议内容一般是报道的重点,但有时会议的议题、程序、出席会议的成员、召开会议的时间和地点等也会成为报道的热点。

会议新闻的写作应力求简明扼要,其关键是对重要人物的重要讲话和会议决议进行必要的提炼,对多个信息进行恰当取舍,以突出最主要的内容。以会议文件为主要报道内容的新闻,如果文件长,内容庞杂,一般要化整为零,分割成若干篇,一篇一个标题,一篇突出一个重点。

2. 会议新闻的文体种类

会议新闻可以分为工作会议新闻、集会新闻、发布会新闻。

工作会议包括各级党、政、军、社会团体研究重大问题和主要工作而召开的全会、常委会、代表会、现场会、规划会、例会等,也包括各级各部门召开的年终总结表彰大会、庆功会等。这类会议新闻要突出会议的主要精神,包括重大举措、重要思路、重大人事变动,新成果、新经验等。

集会包括报告会、团拜会、文艺晚会、纪念会、追悼会、声讨会等。这些会议的内容各不相同,但写法大致相同,即它们通常采取单向信息的传播形式,报道会议的主要内容。

发布会包括新闻发布会、记者招待会等,是各行各业的新闻发布人对本地区、本单位、本系统、本阶层的新动态、新成果、新经验进行介绍,对重大活动、重大事件进行解释的专题会议。

按照写法来分,除了常规式会议新闻,还有集散式会议新闻、择要式会议新闻、改写式会议新闻、内涵式会议新闻、外联式会议新闻、花絮式会议新闻、特写式会议新闻、评述式会议新闻等。

所谓集散式会议新闻就是将一个会议内容分成几个消息写或把几个会议合并在一篇里写。择要式会议新闻就是抓住会议中有新闻价值的内容写。改写式会议新闻是编者不用会议的新闻通稿,自己选择角度、内容来改写。内涵式会议新闻就是抓住会议的特点写。外联式会议新闻,即利用会议深入采访写出深度报道稿,可以在会议召开前,根据事先的采访写出有关内容;也可以把会议内容写成系列报道。花絮式会议新闻就是不正面反映会议,而是抓住会议中的一些有趣的小场景、小事情来写。特写式或现场见闻式会议新闻,也叫小特写、现场短新闻等,是编者在现场亲眼所见所闻、抓住最令人激动或感人的情节来写。评述式会议新闻是把会议消息与新闻评论结合起来,以叙述会议事实为主,加上作者对新闻事实恰到好处的评论。

(二) 会议新闻的作用与特点

1. 会议新闻的作用

(1) 会议新闻是贯彻执行党的路线方针政策的主渠道,也是有效引导舆论的主阵地。新闻媒体通过对会议的报道,及时将党的理论、方针、政策和各项工作等信息传递给社会各界,积极地引导社会舆论,始终是新闻媒体一项重要的社会职能。

(2) 会议新闻是党和政府联系群众的桥梁,也是体现党的优良传统和作风的重要途径。会议新闻可以最直观地反映党的各级领导机关和领导干部思想作风、工作作风和领导作风,其报道内容和报道方式是否贴近现实、贴近生活、贴近群众,直接关系到领导机关和领导干部在人民群众中的形象,关系到新闻媒体如何更好地落实和体现党密切联系群众的工作作风。

（3）会议新闻既是群众了解中央政府政策变动的信息通道，也是体现群众民主参政议政的发表意见的平台。新闻媒介一方面及时地将政府的决策过程公之于众，让群众对决策内容看个明白；另一方面，新闻媒介还为群众提供发表自己的意见的论坛，让群众对决策内容说个清楚。其目的在于使党和政府的决策与人民群众的意见在讨论中达成共识，从而成为经济发展与社会进步的强大推动力。对于大多数的群众来说，通过新闻媒体实现的决策参与更为普遍，而代表广大人民群众参政议政，就成为新闻媒体推动社会主义民主法制建设的重要责任。

（4）会议新闻既是新闻宣传工作的重点领域，也是新闻业务改革的突破口。会议新闻担负着党和政府发布政策信息的基本职能，直接影响新闻宣传的效果。同时会议消息为新闻媒体提供了丰富的新闻线索或信息来源，是新闻报道最大的"内容提供商"，也最能体现新闻报道的集中效应。特别是在重要的会议报道中，会议新闻已成为新闻媒体显示综合实力和新闻创新成果的重要场合，直接影响和推动着新闻媒体报道业务水平的提高。

2．会议新闻的特点

会议新闻与其他新闻一样，既有一般新闻的共性，也有独特的个性，有着自身的特点和规律。

（1）地位的重要性

以各类会议为报道对象的会议新闻，往往通报一个单位、一个系统、一个时期工作、某个方面的情况，尤其是一些全局性会议，往往汇聚了各方面的工作思路、工作重点和典型经验，蕴含着许多重要的新闻信息。

（2）内容的权威性

能被报道出来的会议一般是由各级党委、权威机关或职能部门组织召开的，其内容在很大程度上代表了一级组织、一级权威机关的意图。因此，会议新闻的内容具有很强的权威性。

（3）报道对象的单一性

会议的表现形式无非是讲话、观摩、交流、讨论，形式上的局限性给会议新闻的写作增添了难度。因此，要求采写会议新闻时，要善于找亮点，拓宽报道思路，创新报道形式。

（4）信息上的广泛性

会议是一个要人聚集、信息密集、思想活跃、便于沟通的重要场所，是一个有着许多重要新闻线索的信息源。

（三）会议新闻的格式与写法

会议新闻是各类新闻稿中结构最严谨，语言逻辑要求最高的一类，要求作者将会议精神融入新闻稿件中。它的写法和消息通讯报道没有什么太大的区别。

传统会议新闻的写法如下。

首先是标题。一般会议新闻的标题，都是简明扼要地直接点题，比如"××部门召开××会议"之类。也可以将领导讲话中点题的句子作为主标题，副标题写上"××部门召开××会议"。

其次是正文。正文由导语和主体组成。导语交代新闻要素，点明时间、地点、出席领导、会议的主题，引起读者注意，让只想了解事情大概的人，读了导语就一目了然。紧接着，适当地交代会议召开的背景或原因，介绍会议的议程，对会议内容进行总结概括性的报道，常用"××会议旨在提升×××××，会议上细化落实×××工作，谁对×××做了说明"等类似的基本写法。如果会议规模较大,可将领导讲话详细记录下来,或者将领导的重要指示,尤其是主要领导的几点要求在报道中详细写入。在会议新闻中,领导的讲话内容最重要,但是不能将所有的讲话内容都写入会议新闻中,因此要对讲话内容进行提炼,理论方面的提法要准确。

最后,总结会议的精神,展望会议之后的美好前景,或者简短评论会议的意义,或者提出下一步工作的具体要求。有时,最后一段也可以不写意义,而是列举与会人员对该会的感想,从他们的口中更能真切地体会会议的意义,与会人员的反响比起空谈意义更显得有说服力。

当然,要写好会议新闻不能没有创造力,要将会议新闻写活、写深、写出特点来,就不仅仅要直接正面报道会议,还要学会深挖要素,学会"节外生枝"。在报道重大会议和新闻价值比较多的会议时,可以采用化整为零的方法,把会议所讨论的内容和做出的决议概括出来,逐一发消息,不必面面俱到。把领导的讲话、会议的议题,用短新闻的形式一个一个发单篇稿,既及时又明确,内容突出新闻事实,不受会议的框框限制。如《湘西州"互联网+电商"助力精准脱贫》的作者除了采写湘西自治州政协召开的重点提案办理协商座谈会会议新闻外,还认真收集了农村电商发展的相关资料,在会后对州商务局和龙山县脐橙电商大户进行了采访。这篇会议新闻的描述性语言鲜活生动,如:

> 10月9日,龙山县里耶镇比耳村脐橙大户石宗林来到自家的脐橙基地里拍照,并将照片通过村里电商平台发往各地订货老板,让他们了解果子的大小和质量。他高兴地说:"以前卖出去的价格每斤1.8至2元,自从村里建了电商平台后,每斤可卖到6.8元,精品果1个可以卖5元,现在已有好多老板在网上下单了。"这是我州实施"互联网+电商"助力精准脱贫的缩影。

作者从会议材料和现场上捕捉新闻亮点,从百姓关心的民生角度去思考,开头生动具体地描写了人民群众喜闻乐见的情景——果子卖得好、方式便捷,直观鲜明地反映问题,并用老百姓感兴趣的语言表达出来,拉近了受众与会议新闻的距离。这篇会议新闻摆脱陈式,写出新意,刊登后收到了良好的宣传效果。

这是一种创新,它打破程式化的写作模式,从受众"应知""欲知"这个角度选材,用贴近受众的语言,运用讲故事的手法,给受众以亲近感。

(四) 会议新闻的写作要领与注意事项

1. 会议新闻的写作要领

(1) 抓住会议中的重要内容。一般说来,每个会议都有一个或几个中心内容,作为记者在报道会议新闻时,应该从其中心内容入手。

(2) 挖掘新闻背后的新闻。就会议新闻来说,会议本身的形式和内容的新闻价值较小,报道意义不大,在这种情况下,记者就不要把眼光盯在会议上,而应该从会议圈子里跳出来,通过会议所提供的新闻线索去挖掘会议新闻背后的新闻。

(3) 会场采访和会外采访相结合。会场采访和会外采访是相辅相成的,只是工作的侧重点不同而已。会场采访是记者在各种会议的会场上进行的采访活动;会外采访则是指记者在会场以外进行的采访。

会外采访是会场采访的一种配合和补充,记者们常常运用会外采访的方法来挖掘更多的会议新闻背后的新闻。记者可在会外专访一些会议参加者谈与会议有关的问题、意见、要求、心得体会,以及自己参加会议的情况等;也可以采访会议组织者、工作人员谈会议日程、议程安排等;还可以围绕会议主题采访会外公众的反应。

(4) 根据地域环境、民族特色、人文景观,适时适宜报道,结合会议的具体特点和最新动态,巧妙地选好报道角度,找准切入点,挖掘出会议以外的新闻,从而使会议新闻活起来,赢得广大受众的青睐。

2. 会议新闻的注意事项

(1) 正确把握会议新闻的基本写法

标题要恰当,符合会议的规格;导语直接、集中地体现会议情况;写清出席的领导姓名、职位,注意领导的排序问题;对领导讲话内容进行提炼;分清主次,介绍会议的程序;适当描绘会场气氛;简要概括举办会议的意义。

(2) 抓住会议新闻的亮点,突出实质性内容

报道会议像报道其他新闻事件一样,最重要的是把会议的实质性新闻点"突"出来。会议的亮点是与别的会议、同类会议的不同之处,是新的信息、新的情况、新的变化或新的形式等。对于比较重要、内容又比较多的会议,也可以突出重点,化整为零,化长为短,即把一个会议的重要内容按问题分成若干篇独立的报道,或综合在一篇大文章中,用小标题分隔凸显。

(3) 按一定的顺序报道

对于比较重要、可报道内容比较多的会议,在写作上可以按问题的重要、次重要程度,新闻的最新、次新等顺序逐一在报道中体现,让受众有身临其境的感觉,充分感知会议的气氛。

(4) 切勿忽略背景和资料

重要的会议一般都要配发背景和资料。有的会议或第一次召开,或者特别专业,会议现场配发的大量资料可能就是一份难觅的会议新闻材料。

【微信扫码】
学习辅助资源

第五章
信息与经济专题

随着信息技术的飞速发展，人类社会逐渐由工业社会转型为信息社会，信息产生价值，信息化成为影响和决定人类政治、经济、文化等各个领域的"第三次浪潮"。在信息经济、知识经济的当下，每个人都是信息网络和经济网络中的一个节点，都处于信息集散和收发的"自媒体"状态，人们社会生活的方方面面也因此与信息与经济文书密不可分。

第一节　信息与经济文书概述

一、信息与经济文书的性质与分类

（一）信息与经济文书的性质

信息与经济文书是指机关团体、企事业单位等各类社会组织在市场调研、分析与预测、信息发布与交流、秩序构建与维护，以及协调相互间权利义务关系等工作中所使用的、具有特定专业化内容和规范体式的各种书面材料。这类文书主要适用于企业型社会组织的经济信息活动，并有助于企业型社会组织实现良性运营、持续发展并达成其总体目标。

（二）信息与经济文书的分类

信息与经济文书可以从应用领域及功能的角度分为如下三大类。

1. 调查预测文书

调查预测文书具体包括市场调查报告、市场预测报告、经济活动分析报告、项目建议书、可行性研究报告、项目评估报告、商务咨询报告等。

2. 新闻信息文书

新闻信息文书具体包括两大类：对外宣传报道所使用的消息、通讯、新闻评论以及海报、声明、启事等；对内交流沟通所使用的简报等。

3. 规约文书

规约文书主要包括规章制度类文书和契约类文书两大类。其中，规章制度类文书具体包括章程、条例、规定、办法、细则、规则、制度、守则、公约、须知等，契约类文书具体包括合同、协议书、意向书等。

需要说明的是，根据社会工作实际需要以及教学的实际情况，本章将重点选取适用范围广、应用程度高的部分文种进行介绍和学习。

二、信息与经济文书的作用与写作原则

(一) 信息与经济文书的作用

信息与经济文书在社会生活领域中的作用主要体现在如下三个方面。

其一,信息与经济文书是各级各类社会组织开展深入调研并进行科学决策和运营的重要手段。通过此类文书,企业型社会组织可以深入掌握市场情况及动向,明确经营目标和发展方向,协调现实处境与预期目标,统一组织内上下级的思想和行动,确保决策的紧要性、合理性和可行性;同时,企业型社会组织可以熟悉宏观经济环境及社会政治文化环境,协调组织运营与外部环境,提高企业的应变能力,增强企业的发展活力,从而能够在激烈的市场竞争中谋求生存并实现可持续性发展。

其二,信息与经济文书是各级各类社会组织开展工作情况宣传报道与沟通交流等活动的基本方式。通过此类文书,企业型社会组织可以将自己重大或重要的经济活动情况及时地宣之于众,从而起到扩大影响、提高知名度、塑造良好形象的作用;同时,企业型社会组织也可以实现下情上达、上情下达以及行业内的信息交流,从而有助于互通有无、增进沟通、借鉴经验、启发思路,形成相互配合、相互促进、相互支持的良性经营生态。

其三,信息与经济文书是各级各类社会组织实施规范化管理和合法化运营的基本工具。通过此类文书,企业型社会组织可以有效地约束和规范组织及其成员的各种行为,有效地避免违犯国法行规的不良之举,维护组织的良性结构与秩序;同时,企业型社会组织还可以明确规范各自以及相互之间的权利义务,确保经营活动的合法性、正当性和有序性,确保相互之间的合作共赢,从而使自身的合法权益得到有力的保障,并实现经济效益的最大化。

(二) 信息与经济文书的写作原则

为确保充分发挥效用,信息与经济文书的写作应遵循以下原则。

1. 真实性原则

真实是信息的核心价值,也是信息发挥作用的前提。因此,信息与经济文书的写作理应建立在大量准确、完整、新鲜的真实信息基础上,只有掌握并运用充分而真实的信息,此类文书才具有实际的应用价值;相反,如果缺少真实性信息的支撑,任何决策或规划的制定和实施都将缺少科学的依据,此类文书的可靠性和可信性也就会大打折扣,甚至会危害到组织内各项工作的顺利开展。

2. 系统性原则

人类的社会经济活动纷繁复杂、瞬息万变,往往牵一发而动全身、差之毫厘而失之千里。因此,信息与经济文书的写作必须具有系统性思维,即将组织的经营活动放到社会政治经济文化的大格局、大背景中,从宏观上、整体上、全局上展开思考,充分考虑组织管理和运营的内外部影响因素,充分研究系统中不同部分、不同层次、不同因素的相互关系,既要就文案本身评估其合理性和可能性,也要从社会系统整体层面上判断其可行性和有效性。

3. 实践性原则

信息与经济文书始终是为企业型社会组织的经营管理活动服务的。因此,无论是基于现实情况及问题的分析、评判而提出相应的解决对策和方案,还是工作情况的及时宣传与相

互交流,以及组织及其成员的行为规范,组织之间的权利义务规范,都应围绕着组织目标而展开,都应源于实践而务求实效,如果脱离、背离或偏离具体工作实践,此类文书就失去了其应有的价值和意义。

第二节　调查预测文书

一、调查预测文书的性质与文体种类

(一)调查预测文书的性质

调查预测文书是以调查、研究、预测和论证为主的辅助决策性商务文书,是企业型社会组织在科学化运营和管理的过程中所使用的各种调研类书面材料的总称,是达成组织经营目标、实现组织可持续发展的必要手段。这类文书与企业型社会组织的各项实际工作紧密联系在一起,既推动了各项工作顺利有序地开展,又如实记录和反映了各项工作的进展和完成情况。

(二)调查预测文书的文体种类

调查预测文书主要包括市场调查报告、市场预测报告和可行性研究报告三种。

1. 市场调查报告

市场调查报告是企业型社会组织或专门调研机构运用合理有效的科学方法,对市场商品供求信息、市场营销活动信息、消费信息等进行搜集、记录、整理和分析,从而得出符合客观实际的规律性结论,并基于此而制作完成的书面材料。

市场调查报告涉及的范围非常广泛,凡是影响市场营销的信息资料都在其调研范围之内。较为常见的市场调查报告主要有商品情况调查报告、消费者情况调查报告、销售情况调查报告和竞争情况调查报告。

2. 市场预测报告

市场预测报告是企业型社会组织或专门调研机构在一定的理论指导下运用科学的方法,根据市场调查所获取的信息而对未来一定时期内市场供需前景和发展趋势做出的预测和推论,同时提出针对性的措施或决策,并基于此而制作完成的书面材料。市场预测是一门融合了经济学、系统工程学、信息论等多门学科的应用性边缘学科,其通过市场因素的定量定性分析,以及现代化计算手段,对市场现象进行尽可能客观的描述,从而有助于企业能够适应市场环境的变化而做出及时有效的合理化应对。

市场预测报告可根据不同的角度和标准进行分类。(1)按时间划分,可分为长期预测报告(或战略预测报告)、中期预测报告(或战术预测报告)和短期预测报告。(2)按空间范围划分,可分为国际性市场预测报告、全国性市场预测报告和地区性市场预测报告。(3)按内容划分,可分为市场需求预测报告、市场占有率预测报告和生产情况预测报告。

3. 可行性研究报告

可行性研究报告是对拟投资开发项目的可行性和有效性进行全面、系统的技术经济分析和论证后所形成的书面材料。投资开发项目的目的在于最大限度地获取经济效益和社会效益,而决策的盲目或失误则可能造成巨大的损失。因此,在投资开发项目前,企业型社会组织要运用多种切实有效的技术方法,对拟上项目的各方面情况进行深入细致的调研,围绕拟上项目的适用性、可能性、可行性、合理性和有效性等问题进行周密严谨的论证和综合全面的评估,进而对是否投资及如何投资提出意见,为项目决策提供可靠的科学依据。

可行性研究报告可根据不同的角度和标准进行分类。(1)按内容划分,可分为政策或改革方案可行性研究报告、建设项目可行性研究报告、引进或开发性项目可行性研究报告。(2)按性质划分,可分为肯定性可行性研究报告、否定性可行性研究报告、选择性可行性研究报告。

市场调查报告、市场预测报告和可行性研究报告之间既有联系也有区别。三者的联系在于,市场调查报告、市场预测报告和可行性研究报告都是以经济理论为指导、依据市场实际情况所撰写的书面报告,都是建立在市场调查研究的基础上,具有时效性、针对性、效益性等共同特点。三者的区别在于以下几点。(1)内容重点不同。市场调查报告侧重调查,注重反映市场的历史和现状,并及时掌握和反馈市场动态信息;市场预测报告侧重预测,注重通过科学的分析揭示市场的发展趋势;可行性研究报告侧重建议,注重基于拟上马项目的调研和分析提出意见和建议。(2)表现手法不同。市场调查报告往往综合使用叙述、说明和议论三种表达方式,注重通过调查资料的叙述、分析和说明探寻规律并用以指导工作;市场预测报告一般采用叙述和议论的方式,注重依据已有材料进行推理和预判;可行性研究报告一般采用叙述、说明与议论相结合而以议论为主的方式,注重通过调查资料的分析以及统计表图的制作来论证相关结论,并明确提出相关的建议。(3)写作要求不同。市场调查报告注重调查材料的真实可靠,符合实际;市场预测报告注重预测手段和方法与结论的科学性、有效性;可行性研究报告注重分析精当到位、论证严谨充分。(4)社会效用不同。市场调查报告主要具有决策依据、借鉴参考、指引导向等作用;市场预测报告主要有市场预见、生产导航、消费指导等作用;可行性研究报告则有引导方向、指导工作、避免失误等作用。

二、调查预测文书的作用与特点

(一)调查预测文书的作用

通过研究市场现状及其规律,这类文书有助于企业提高产品的市场适应度和满意度、提高决策的科学性,并制定有效的推广策略,从而全面提高企业的市场竞争力。具体而言,市场调查报告有利于企业熟悉市场行情、生产适销产品、制定广告策略、提高商品竞争力;市场预测报告有利于企业把握市场发展趋势并迅速提出具有一定针对性和科学性的对策;可行性研究报告有助于企业实事求是地制定切实可靠的发展策略、实施计划及合作协议,并尽可能避免决策的失误。总之,这三种文书在企业的具体决策过程中都发挥着各自不可替代的功能和作用,是企业管理活动中不可或缺的构成性要素。

(二)调查预测文书的特点

1. 真实性

事实是调查的对象,是进行预测和决策论证的基础,也是这三种文书最为基本的构成部分。而事实最为基本的要求就是真实性,任何调查研究都是以事实的真实性为根本目标的,任何预测和决策都是以事实的真实性为前提的。因此,实事求是是市场调研报告、市场预测报告和可行性研究报告写作的最基本的原则。凡是写入这三种报告中的事实材料，无论是直接调研材料还是文献调研材料，无论是正面材料还是反面材料，无论是统计数据还是典型事例，都必须做到准确无误、切实可靠。

2. 科学性

无论是对于市场信息准确无误的把握和分析，还是基于此所进行的市场发展预测和可行性方案的论证，这些都是企业经营管理活动所必需的，关乎企业的生存与发展。因此，这三种文书都需要写作者充分利用大量真实可靠的数据资料，掌握和使用科学的调研、分析、预测及论证方法，并运用严谨缜密的思维由已知推未知、由现实推未来，严格按照市场规律和原则来推断，从而能够发挥出其应有的功能和作用。

3. 时效性

商场如战场，一方面企业之间竞争激烈，而另一方面市场环境又瞬息万变，企业若想保持良性而持续的发展，就必须迅速及时地做出反应和应对。因此，无论是服务于企业目标制定及策略调整的市场调查报告、市场预测报告，还是服务于企业决策制定及论证的可行性研究报告，都需要写作者迅速及时地调研、撰写并完成，而决不允许有任何的迟误或延滞，以确保企业管理经营活动的顺利开展、企业目标的顺利达成，从而使企业能够保持较强的竞争能力和生存能力。

4. 效益性

经济活动最鲜明的特点即在于讲求经济效益，因此，在某种意义上而言，经济与信息文书的价值取向就是实用有效并产生一定的效益，效益性是经济与信息文书的最重要的特点。市场调查报告通过市场和客户的调研为企业营销服务，市场预测报告通过定性和定量分析为企业发展提供参考和借鉴，而可行性研究报告为企业的战略决策提供科学的论证，这三种文书都是通过切实解决各类实际问题而为提高企业经济效益服务。因此，此类文书的写作必须坚定树立效益观念，注重提供有助于企业经济效益实现乃至最大化的路径和方法。

三、调查预测文书的格式与写法

(一)市场调查报告的格式与写法

1. 标题

市场调查报告的标题一般可采用如下两种写法。

(1)单行标题。一般由调查内容和范围加"调查"或"调查(研)报告"构成，有时前面也可以加上"关于"，如《2013—2017年中国文化旅游市场调研报告》《关于微商经营模式及发展的市场调查报告》。此类标题简明直接，清楚具体，令人一目了然。此外，可将报告的主要观点提炼为一句话作为标题，如《千亿幼教市场待开掘》，此类标题概括精当，高度凝练，令人印象深刻；也可将调研的问题概括为一句话作为标题，如《消费者愿意网络购物吗?》，此类标题画龙点睛，突出重点，引人深思。

(2)双行标题。即正标题加副标题的复合型标题，一般正标题表明主要观点或所调研问题，副标题交代调查的对象、内容、范围、时间等。如《机遇当前　时不我待——××省物业管理人才需求的调查》《关于电影票房的市场调查报告——网络口碑与电影票房的实证研究》。此类标题概括全面，信息丰富，又具有引人入胜的形式美感及鲜明个性。

2. 正文

市场调查报告的正文包括开头、主体和结尾三部分。

（1）开头。即前言部分，通常应简要地说明调查的目的、时间、对象、范围及方法和效果，或者也可指明主旨、概括全文的主要内容，以便读者对全文先有一个大致的了解。常见的方式有新闻报道式、概括交代式、提问解答式等。如《第四届北京农业嘉年华市场调查报告》开头就简要介绍了调研对象、目的、范围及方法，并用"结合调查数据和访谈资料，现将调查情况报告如下"转入主体部分。又如《江苏省健康保险市场调查报告》开头先说明江苏省基本医疗保险制度的覆盖情况及存在的问题，并进而指出：商业健康保险是满足国民多样化健康保障需求的重要途径，这就为后面正文中商业健康险的调研做了必要的铺垫。

（2）主体。即核心部分，一般包括情况及分析、基本结论、决策建议三个方面的内容。写作时应根据主题表达的需要及材料的性质、多少等，遵循人们的认识规律，合理安排层次和结构。

情况及分析：对前期市场调查所获取的相关事实、数据等信息予以陈述、阐释和说明，既有助于读者了解基本信息，也为后面的推断、预测和建议奠定扎实的事实基础。这部分一般采用叙述的方式，并辅以数据、图表等阐明事实，然后根据企业自身处境分析产生问题的原因。写作时应根据主题表达的需要有所侧重，不必面面俱到，重要的情况要进行详尽阐述，原因分析可逐条列述，力求表达清楚明晰。如《南京市民间借贷市场调查报告》第一部分即对南京市民间借贷市场的规模、利率及其对金融市场的作用进行了情况说明和现状分析，事实清楚，数据翔实，分析到位。

基本结论：基于情况及分析所推导出的具有一定科学性的结论。这部分注重运用缜密的逻辑思维，依据调研真实情况来推断市场发展趋势和前景，为后文建议的提出做铺垫和准备。如《关于动漫产业发展的市场调查报告》一文，作者根据动漫产业调研情况及现状分析，对动漫产业发展存在问题的具体原因进行了深入的分析总结：动漫题材低幼化，内容缺乏创意；产业链不完整；制作技术不成熟，产品宣传不得力；动漫人才总量不足，高端技术人才缺乏。

决策建议：基于情况及分析、判断和预测而提出的关于未来行动方案及策略的建设性意见。这部分是整篇报告的立足点，也是整篇报告是否具有参考价值及价值大小的主要评判对象。写作时应注意突出建议的针对性、可行性，以及提出方式的恰当性和得体性。如《大学校园快递市场调查报告——以××纺织大学外经贸学院为例》一文，作者通过调查问卷的具体分析，提出了解决问题的几点建议：

① 在校内，应该增强校园快递的宣传力度；

② 在效率方面，有很多同学都认为应该提高效率，物流是靠速度制胜，快递更要突出快；

③ 在服务态度方面，校园快递应该把服务的理念和宗旨运用到实践中来，延伸服务，落实每个细节；

④ 在服务师生方面，还要强化合作，利用背靠校园和熟悉师生的优势，开展有偿实习见习，培养锻炼学生就业创业能力。

应当说,结合整个报告来看,这几点建议还是具有一定的针对性和合理性的。

(3)结尾。即结语部分,可根据行文的需要灵活处理,或自然收束,文完意足;或重申观点,强化印象;或提出问题,引发思考;或反思调研,总结得失;或必要补充,论述完整。如《关于动漫产业发展的市场调查报告》一文最后有一个单独的"总结",在强化动漫产业作为新兴朝阳产业的巨大价值前提下,作者再次重申了我国动漫产业发展危机与契机并存的现状及趋向:"在卡通风格装饰的写字楼中,'动漫人'正在创造一个个梦想和财富。我国动漫产业在发展的过程中将遇到一系列的难题,要想步入黄金鼎盛时期,'路漫漫其修远兮'。"显然,这种结尾起到了特定的深化印象、引发思考的作用。

3. 落款

落款即署名和时间。一般在正文结束后右下方签署调查部门名称或调查人员姓名,并在其下方签署报告完成时间,以示对调查报告的内容负责。如果该调查报告需要在报刊发表,则应将调研单位名称或作者姓名签署在标题之下、正文之前,结尾一般不再签署写作日期。

(二)市场预测报告的格式与写法

1. 标题

市场预测报告的标题与市场调查报告的标题比较相似,一般可采用如下两种写法。

(1)单行标题。一般由预测期限、范围和内容加"预测""趋势""走势""展望""发展前景""分析""研究"等表明文种性质的词语构成。如《2018年中国文化旅游市场发展趋势预测》《2017—2022年中国生态农业市场运行态势及行业发展前景预测报告》。其中,预测期限、预测范围可根据具体情况省略,但预测内容必不可少。如《电子支付市场预测报告》《食品类自动贩卖机的发展前景》。此外,还可将预测的主要观点提炼为一句话作为标题,如《共享经济时代来临》《未来农业发展趋势:互联网＋生态农业》。

(2)双行标题。正标题表明预测的主要观点,副标题说明预测的期限、范围、内容等。如《机遇与变革——2019年国内电商格局预测》《风景这边独好——扫描仪市场回顾与展望》。与市场调查报告相比,这类标题在市场预测报告中较为少用。

2. 正文

市场预测报告的正文主要包括开头和主体两大部分。

(1)开头。即前言部分,通常应简要说明报告写作的动因和有关情况,或者概括说明预测的主旨及所采用的主要方法。这里对主旨的概括应力求有一定高度,既起到提纲挈领的作用,又避免与主体部分内容的重复。此外,也可以不使用前言,而是直接进入主体部分。

(2)主体。即核心部分,一般包括基本情况、趋向预测、应对建议三个部分。

基本情况部分运用所搜集的市场信息及相关数据资料,说明预测对象的历史情况和现实状况。这部分是预测的基础,一般采用概括叙述的方法,通过准确、典型而充分的材料使读者对预测对象的历史和现状有较为全面的了解,要求事实准确、客观全面,以确保预测的准确性和可靠性。如《农业电子商务发展现状及展望》一文首先对农业电子商务的概念、内容及发展特点做了说明,进而从"农业电子商务取得明显进展""国家层面持续发力,地方政府积极推进""基础支撑能力不断增强""试点示范工作深入推进""农业电子商务生态体系逐步形成"五个方面阐明了农业电子商务的发展现状,并基于此总结特点、分析问题、归纳模式及案例,为后文的预测奠定了较为扎实的基础。

趋向预测部分根据前述基本情况对预测对象在未来市场的趋势及可能发生的状况做出评估和判断。这部分是报告的核心和重点，主要采用叙议结合、夹叙夹议的方法，注重以真实性情况为依据，运用分析、比较、判断、推理等逻辑思维方法找出预测对象的规律性和主导性的发展趋向，要求推理严密、分析透彻、判断准确，注意定量分析和定性分析等科学方法的合理运用，同时注意通观全局、系统分析，避免预测过程的简单化、表面化和片面化。如《××省蔬菜适度规模经营分析与展望》一文基于××省蔬菜适度规模经营的实证分析，提出了"因地制宜发展适度规模经营""加快小规模农户土地流转""推进中等规模农户精细化发展""促进较大规模农户品牌化经营""加强农业科学技术应用"五条展望，这既是对未来发展趋势的准确判断，也包含了具有一定针对性和可行性的发展策略，从而对实际工作能起到一定的导向性和指导性作用。

应对建议：根据前述市场发展趋向的预判及其分析研究，提出具有一定指导意义的切实可行的应对措施，如经营方向的调整、经营方案的设想、经营管理方式的改善等。这部分主要供有关部门或人员参考，不是报告的必备构成要素，但能更大程度上增加报告的价值，一般采用分条列项方式予以说明，要求简明扼要、条理清晰。如《近年中国粮食市场形势分析与后市展望》一文在分析近年来国内粮食市场形势并做出展望的基础上，提出了三条建议：多措并举调整供给、构建现代化流通体系和培育、优化市场主体，这种基于实际调研及科学预判的建设性意见，无疑将对相关机构及部门的工作具有较大的参考价值和意义。

一般而言，市场预测报告不需要专门的结尾，但有时也可以采用总结全文观点、提示注意问题或简要补充内容等方式作为结尾。

3. 落款

市场预测报告的落款与市场调查报告的落款方式一样，在正文后右下方标明作者和写作时间。

（三）可行性研究报告的格式与写法

就内容构成而言，一份完整的可行性研究报告通常包括标题、正文、附件等部分。

1. 标题

通常由事由和文种构成，如《××市××湾项目可行性研究报告》《关于建立新型居家养老模式的可行性报告》。有时标题中也可省写为"可行性论证"，如《××县紫色马铃薯品种引进及产业化开发项目可行性论证》。

标题一般居于封面上方正中，下方居中注明编制时间。

2. 正文

一般由总论、分论、结论三部分组成。

（1）总论。主要说明项目提出的背景、实施的必要性和经济意义、主要技术经济指标、问题、结论和建议，有时可介绍承担可行性研究的单位、研究方法、简要过程及基本评价等内容。总论具有提纲挈领的作用，应注意内容完整、中心突出、层次清晰、行文简洁、呼应下文。如《山坡林地生态养鸡产业化可行性报告》一文就首先介绍了立项的背景和意义，以及国内外的研究现状及发展趋势，为下文项目实施的论证做了充分的铺垫。

（2）分论。主要从供求、技术、经济等不同角度论证项目是否必要、可行，一般应包括如下内容。

市场需求与拟建规模。市场需求包括市场调查和市场预测，如在确定的市场范围内，分析市场需求量大小及其构成情况等;拟建规模是明确项目的名称、规格、性能、用途、设计生产量及能力等。

厂址选择。包括厂址的位置、自然生态、交通通信、水电供应现状及前景、厂房设计方案等。

技术和设备方案。包括技术和设备的选择、质量的可靠性和先进性、有关工程的情况、有关辅助设施的情况等。

机构设置和人员配备。包括生产管理体制,管理机构的设置,人员的定员、来源和培训计划等。

资金方案。包括项目费用、资金的来源、使用分配和偿还方式。

经济效益评估。包括产量、产值、成本、利润、经济寿命,企业经济评估、国民经济评估等。

风险评估。包括行业风险、政策风险、环境风险、人才技术风险、管理风险等各个方面的全方位评估。

环保、劳保与安防。包括三废的种类、成分、数量、污染程度,以及防治的技术、措施和程度,劳动保护的技术、设备和措施,消防的技术、设备和措施。

项目实施计划。包括项目从报批到落成这一系列过程的时间安排和进度,如项目的申报、资金落实、勘察设计、设备购置、施工安装、验收等。

这里需要说明的是,由于建设项目的目的、任务、性质、规模及工程复杂程度等各不相同,各类项目的可行性研究报告所涉及内容以及对上述各项内容的论述侧重点各不相同,且论述的深度和广度也不尽一致。如关于房地产的《××豪苑建设项目可行性研究报告》主要包括:总论,项目背景与建设的必要性,市场分析,建设内容及建设规模,工程技术方案,环境保护及节能,物业管理,项目招投标与实施进度,组织管理机构和职工人数的确定,投资预算,项目财务预测数据,项目财务评价等内容;而关于生态农业园建设的《××省××县生态农业示范园可行性研究报告》则主要包括:概述,项目的必要性和市场分析,建设场地选择和建设规模,总图布置,高新技术内容和技术流程,生态环境保护及综合利用,节能,安全生产、劳动保护与卫生防疫,项目的组织管理和技术依托单位情况,项目实施进度计划,投资估算与资金筹措,财务评价,社会效益、生态效益评价。可见,二者在内容构成及论述侧重点等方面各有其所属行业的特点,并不完全一致。

(3)结论。主要根据前面的论证做出明确判断,也可指明存在的问题或提出相关的建议。这一部分的写作应根据行文需要来确定。

3. 附件

用以增强报告说服力的图表、调查数据、参考文件等相关材料统称为附件,主要包括项目建议书的审批文件,有关供电、供水、消防等方面的协议书,环境影响报告书,银行或财政部门给予支持的证明材料,以及投资估算表、成本核算表、利润预测表、财务平衡表和地理位置图、总平面设计图等。

四、调查预测文书的写作要领与注意事项

(一) 调查预测文书的写作要领

1. 实事求是

写作者应通过访谈、问卷、观察等多种方法展开深入、全面而细致的调研,充分掌握第一手的真实材料及信息,并通过材料的慎重选择和精心组织如实地反映出市场的实际状况以及所存在的问题,进而运用科学的预测或决策方法提出可行性的应对策略。相反的,缺少具体深入的调研,缺少真实可靠的原始材料,又缺少科学的分析,这样写出来的报告是没有任何价值可言的。因此,这类文书的写作必须秉持严谨求实的工作态度,并运用实事求是的科学方法进行调查、分析与论证,避免浅尝辄止、敷衍了事的不良作风。

2. 重点突出

市场调查需要了解的情况及反映的问题很多,但受工作目标的限定、调研能力的制约及篇幅的限制,报告中不可能将所有的情况及问题都面面俱到地予以呈现和反映,因此必须抓住主要矛盾、突出重点,将重点问题、关键性问题予以深透到位的论述。市场预测报告的重点是对市场未来趋势的预测,如何使预测更具有科学性、可靠性和说服力,就需要在论据扎实可靠、推理严谨周密、语言简明准确、观点材料有机结合等方面下足功夫。可行性研究报告的重点是对项目是否必要和可行加以论证,因此需要对项目实施的各方面因素予以全面而充分的分析和说明。总之,这三类报告的侧重点各不相同,但都应做到详略得当、重点突出,这样才能确保发挥出各类报告应有的功能和作用。

3. 叙议结合

叙是陈述情况、说清事实、反映实际,议是分析原因、找出规律、阐明观点,通过两者的有机结合,既能如实反映出市场动态状况及存在问题,又能依据事实做出准确的判断、合理的推测和有效的应对。仅有叙述而不议论则只是现象的罗列,缺少深入的分析,不能把握事物的本质和规律;而仅有议论而不叙述则只能是空泛的说理,缺少针对性和说服力,不能发挥出应有的指导作用。因此,这三类报告虽然在具体行文中叙述和议论的比重各不相同,但是在叙议结合的表达方法上是一致的,即力求做到寓理于事、事明理显。

4. 讲究时效

在信息经济时代,市场情况日新月异、瞬息万变,企业要能在波谲云诡、危机频现的商业大潮中稳步发展、持续前进,就需要迅速及时地掌握最新、最全、最真实的行业信息,并据此做出迅速有效的判断和应对。因而,无论是市场调查,还是市场预测以及可行性方案的论证,都需要在最短的时间内完成,这也就要求上述三类报告的写作必须讲求时效,在确保质量的前提下尽快完稿,以满足企业运营的实际需要,避免因时过境迁而延误商机,从而失去写作的价值和意义。

(二) 调查预测文书的注意事项

1. 对象应具体明确

市场调查、预测及提出可行性方案首先需要选择具体的对象,即哪个范围、哪项业务、哪个项目、哪类产品、哪个市场等具体的目标对象,这样才能有的放矢,围绕目标对象收集材料,并进行分析预测。一般而言,调研和预测的对象应为关乎企业前途命运的目标市场,或

企业运营中出现的新问题、新情况。

2. 内容应真实准确

市场调研所获取的信息是企业了解市场真实情况的基本依据,是企业据此做出合理预测并提出可行性方案的前提和基础;市场预测是基于市场调研信息所进行的合理推测与判断,务求准确性、可靠性、科学性,而可行性方案的提出更要基于企业及市场的实际,基于对国家政策方针的准确理解和把握。因此,这三类报告的写作一定要注意内容的准确性、全面性、真实性,调研深入到位,数据真实完整,预测准确可靠,方案切实可行。

3. 结构应合理严谨

这三类报告往往涉及内容丰富,材料详备,因此写作时务求符合逻辑、层次清晰、结构严谨,便于读者迅速有效地把握报告的核心信息和主要观点。结构混乱往往是作者思维混乱的表现,或是写作态度不严谨的反映,这是写作者应当力求避免的问题。

4. 格式应规范标准

不同种类的报告有不同的编排格式及要求,如市场调查报告和市场预测报告都包括标题、正文和落款,各构成要素都有相应的字体、字号、行间距等规范化要求,而可行性研究报告由于内容较多,往往需按照封面、目录、正文、附件的顺序装订成册。因而,无论是报告内容呈现的需要,还是企业文书制发以及形象维护等的需要,这三类报告都应按照规范化的格式严格编排,力求规范美观,实现内容与形式的和谐统一。

第三节 新闻信息文书

在当今媒介融合的时代,互联网、手机等新媒体的发展使"人人都可以是传播者",传者和受者的边界变得模糊起来,在很多场景下,新闻信息文书的写作附着于微博、微信等更加开放式的移动传播平台,使其变得更加普遍,但万变不离其宗,我们依然要遵循一定的专业写作标准。

一、新闻信息文书的性质与文体种类

(一)新闻信息文书的性质

新闻信息文书是指在各级各类社会组织中广泛运用于现实情况的快速编录、传播与有效信息的记载、编辑和评述的通用应用文书。

(二)新闻信息文书的文体种类

新闻信息文书具体包括两大类:对外宣传报道所使用的消息、通讯、新闻评论,以及海报、声明、启事等;对内交流沟通所使用的简报等。其中消息在实际应用中最为广泛。

新闻即消息,它告诉人们最近发生了什么,报道最近发生的事实。从新闻的界定可以看出,新闻的根本属性是一种信息传播。它是人类社会生活中的精神交往,是一个客观存在的社会现象。它反映当今自然和社会的各种变化,传播各种信息,帮助人们去认识世界。

在当今社会,新闻并不限于新闻机构所发布的消息。就其广义而言,除了发表于报刊、广播、电视、网络上的评论与专文外的常用文本都属于新闻之列,包括消息、通讯、特写、速写、专访等;狭义的新闻专指消息,它是新闻体裁的重要形式,消息是用概括的叙述方式、简明扼要的文字,迅速及时地报道国内外新近发生的、有价值的事实。

本节中的"新闻"指的是狭义的新闻,即消息。

消息,是新闻写作的门槛。通讯、深度报道、特写、速写、简报等文体,都是在消息的基础上发展、演化出来的。消息是用量最大的一种文体,同时也是见诸各大媒体渠道最常见,使用率最高的文体。按照不同角度划分,消息有多种形式的分类。根据新闻报道的内容,可分为政治新闻、经济新闻、科技新闻、军事新闻、文艺新闻、体育新闻等;根据新闻报道的深浅程度,可分为深度报道和一般报道;根据新闻报道反映的对象不同,可分为人物新闻和事件新闻;根据新闻报道篇幅的长短可以分为简讯(不足 100 字)、短消息(100 字左右)、长消息(500 字以上);根据新闻事件的不同性质,可分为事件性新闻和非事件性新闻;根据新闻报道的不同适应性,消息可分为动态消息、综合消息、典型消息、述评消息这四类。这也是最传统、公认度较高的一种分类方式。

简报,是党政机关、企事业单位、社会团体为及时反映情况、汇报工作、交流经验、揭示问题而编发的一种内部文件。简报有一定的发送范围,起着"报告"的作用。又叫"情况反映""情况交流""动态""简讯""内部参考""工作通讯"等。它首先是一种传播媒介。简报也常指简报中的消息,即简单的报道。简报分为工作简报包括综合型、专题型、典型;动态简报包括思想动态型、业务动态型以及会议简报(前文已讲述)。

简报与新闻(消息)的区别如下。简报是内部报道,有一定的保密性;新闻(消息)是公开报道。简报只限于本部门、本单位、本地区使用;新闻(消息)报道可以是全社会的范围。简报是一种机关应用文,叙议结合,不采用描写抒情方式;新闻(消息)报道则可以用文艺性语体。

二、新闻信息文书的作用与特点

(一) 新闻信息文书的作用

这类文书对外主要致力于消除受众的不确定性,反映和指导舆论,服务社会、指导生活,传播知识、普及教育,提供娱乐、丰富生活等,其中主要功能是报道新闻信息、反映和引导舆论。对内主要是发挥传达领导意图、汇报工作情况、交流经验的作用。

(二) 新闻信息文书的特点

1. 新闻(消息)的特点

新闻(消息)的主要特点体现在以下几个方面。

(1) 真实性

真实性是新闻的灵魂,它决定新闻的价值和社会效应。新闻强调的是"客观事实",如果新闻脱离事实,胡编乱造,那就不成为新闻了。因此叙述中要始终保持客观态度,要讲真话、讲道理,提供客观真实的信息。真实性是新闻的基础,也是新闻的生命。

(2) 时效性

新闻的时效性是指新闻事实的发生、发现两者之间的时差要最小,距离要最短。即新闻传播的速度要快。在真实性的前提下,新闻报道要力求快速、及时,讲究最佳时机,取得最佳的报道效应。

（3）新鲜性

所谓新闻关键在于"新"。新闻强调新鲜性，因为只有"新"才能够及时反映社会各种情况，反映事件的发展和变化。新闻的内容应该是最近发生且没有报道过的新事物、新信息、新经验、新成就、新气象、新问题等，或者是虽有报道，但从其他角度挖掘出了新的内容。

（4）短小精悍

消息的字数一般都比较少，篇幅较短。在现代注意力经济时代，短小的新闻更符合受众的阅读需要。消息英做到篇幅短小，文字简洁，内容简练。

2. 简报的特点

与新闻（消息）相比，简报的主要特点有以下几个方面。

（1）时效性

简报类似新闻报道中的"简讯"，简报错过了时机，它的作用就会大大缩小。

（2）简明性

简，不仅是指文字少，篇幅短，更主要的是用少量的文字概括出事实的精髓和意义。

（3）新颖性

简报只有努力反映新情况、新动向、新问题、新经验，才能发挥它应用的作用。

（4）机密性

简报只在机关、单位内部传阅，不公开发行。不同内容的简报，传阅的范围和机密程度也不相同。

三、新闻信息文书的格式与写法

（一）新闻（消息）

1. 新闻价值的判断

新闻价值，就是指事实本身所包含的能引起社会大多数人共同兴趣的素质。新闻价值是作者判断事实（素材）可否成为新闻的尺度。更通俗地讲，新闻价值就是指新闻对受众有什么用处或影响。

在当今信息大爆炸时代，对新闻价值有准确敏感的判断可以帮助你写的新闻信息在纷繁的信息流里脱颖而出，吸引受众的眼球。事实所具备的新闻价值属性越多，就越能够引起人们的关注，就越容易被报道。一般情况下，新闻价值以下几个要素。

（1）重要性——分量、重要程度

新闻事实具有震撼人心、能在某种程度和范围内产生较大影响的特质，体现在以下几个方面。

一是事实影响人的多少。一件事情影响人越多，影响的人越重要，越容易成为新闻事实。比如灾难性事件报道，如戴安娜王妃车祸、马航事件、台风"山竹"袭击等。二是事实对人和社会影响的时间长短。对社会影响的时间越长，越重要。三是事实影响空间范围的大小，范围越广，越重要。四是事实影响人们实际利益的程度，如关注民生，解读政策等内容。

（2）显著性——名人、胜地、著名集体、著名事件

显著性指新闻人物和事件具有引人注目的特质。西方有个经典的对新闻的界定：狗咬人不是新闻，人咬狗才是新闻，恰恰说明了新闻价值中的显著性，也就是"平常人＋平常事＝0"，只有"不平常人＋平常事＝新闻"。我们看下面这条新闻。

李克强夜访河内小商店　查看价格与店主交谈

国际在线消息:10 月 14 日晚,李克强总理在河内下榻饭店旁的西湖畔散步,路旁的一家小商店还亮着灯光,李克强信步走入店铺。店铺主人一眼就认出了这位客人,喜出望外,说今天还在电视上看到中国总理,没想到会来到自己的小店。

李克强拿起货品仔细查看价格,并询问主人生意如何、中国游客多不多,小店主人一一作答,店内不时传出欢快的笑声。

走进小商店询问价格是一个很平常的事情,如果只是一个普通的游客做这样的事情,这就不具备新闻价值了。这就是为什么在刊出讲座或者重大活动海报宣传的时候,要格外强调主讲人的社会背景。如果主讲人是太平常的人就缺乏新闻价值。

如果人平常,事情不平常那也是新闻,即"平常人+不平常事=新闻"。如标题为《英 24 岁男子游遍世界 196 国成最年轻环球世界者》《什么鬼? 女子正充电的手机自动订万元总统套房》这些都是通过事情的不平常体现了其显著性的新闻价值。

(3) 时新性——时效、新鲜

新闻事实的发生与报道之间的时间差越小,新闻价值就越大。新鲜性,主要是针对事实的内容特征而言的。

时新性要比其他所有的新闻价值属性更高,它是新闻得以成为新闻的前提。所以一个事实具备了时新性这一必要条件,再加上其他新闻价值属性中的任意一条,这个事实就可以被称为新闻事实了。

(4) 接近性——地理接近、心理接近

接近性,是指新闻事实在地理或心理等方面与接受者的关联程度,其关联程度愈高,读者越关心注意,新闻价值就越大,反之则越小。其实作为写作者,你需要了解你的读者人群特征,比如四川发生地震,是不是四川人看着这个新闻会更加地关注呢? 还有这条新闻《北京南站迎客流高峰旅客"扎堆"提前返程》,那么多于国庆出游的人,尤其自己或者身边亲朋有去北京的就会格外关注。

(5) 趣味性——奇特、反常、幽默

趣味性指新闻事实具有引人喜闻乐见的特质,即美国学者所说的"后篱笆院原则"。

"后篱笆院原则"由美国 CBS 王牌主持丹·拉瑟提出。该原则讲的是,20 世纪 80 年代有三件大事,英国和阿根廷之间的战争、中东战争、英王妃戴安娜生皇子。一天结束后,两个家庭妇女倚着篱笆聊天,她们聊的一定是英王妃戴安娜生皇子,这也是报纸上需要重点报道的事情。而这一原则放到今天也不过时,因为它极大地满足了人们的好奇心。所以一个事实不一定很重要,但是能引发受众关注,有时候往往是"趣味性"和"人情味"在起作用。同样,一个重达 529.8 公斤的大南瓜在美国蒙大拿州罗南市举行的年度南瓜大赛中夺冠,正式列为该州的新纪录。这条新闻体现的就是新闻价值属性中的"趣味性"或"人情味"。

当然,如果事实具备所有的新闻价值属性,当然是最理想的,但大部分新闻可能只具备其中的几种。并且,随着时代的发展,新闻价值的标准也在发生着相应的变化,新闻报道的范围也在变得更加宽泛。

2. 消息的"5W+1H"要素

我有六个忠实的仆人,

> 我所知道的一切都是他们教我的；
>
> 他们的名儿是何地、何事和何时，
>
> 以及如何、为何和何人。
>
> ——英国诗人吉卜林

吉卜林的诗很形象地说明了新闻要素的构成。新闻要素是构成新闻（消息）的基本成分，是把新闻事实弄清楚的最起码的条件。新闻的六要素包括何时（when）、何地（where）、何人（who）、何事（what）、如何（how）和为何（why）。一篇完整的新闻一般由这 5 个 W 和 1 个 H 组成。

（1）何时（when）

新闻写作中选择的时间要素通常指新闻事件发展过程中的一个时间点。新闻报道中对时间要素的交代一般交代到"某月某日"，而不能交代到"某年某月"。如报道某高校召开领导班子工作会议的消息，以下写法是不妥的：

2018 年 9 月，某高校召开新学期第一次领导班子工作会议。

应该交代到某日才可以，如：

2018 年 9 月 11 日，某高校召开新学期第一次领导班子工作会议。

但在要特别强调时间周期意义的时候需要加上年份。如：

自 2018 年 10 月 5 日（出票日期）起，国内航线燃油附加费 800 公里（含）以下航线每位旅客收取 20 元燃油附加费，800 公里以上航线每位旅客收取 30 元燃油附加费。

有的消息中的时间则可以略写或者一笔带过，如"连日来""昨天""目前""上周"等。

（2）何地（where）

新闻写作中的地点要素指的是所报道的新闻事件的发生地。地点同时间一样，也有详写和略写之分。例如对一些地震等特殊灾害的报道。下面这条新闻就突出了具体的事件地点。

10 月 06 日 23 时 06 分在广东阳江市阳东区（北纬 22.19 度，东经 111.97 度）发生 2.9 级地震，震源深度 13 千米。

不过大多数情况下，"何地"是一个不可缺少但并不是最重要的新闻要素，有些地点可以笼统交代，如"江苏一带""东北""我省"等。一般只有在以下几种情况下，"何地"要素要显得重要些。

① 当"何地"成为主体性要素时，受众对"何地"要素有迫切知道的新闻诉求，如报道某

一个地方发生重大交通事故,受众需要知道这个新闻事实到底发生在什么地方。

② 预报即将发生事件的地点。

③ 强调地理上的接近性。

(3) 何人(who)

新闻写作中的何人要素是新闻事实的实施主体,可以是一个人、几个人或某一类人,也可以是国家、组织或机构团体,甚至可以是其他某种事物。有血有肉的人往往是新闻写作中一个非常容易出彩的点。

在介绍人物身份的时候可以采取以下几种方式。

① 职业:如来自中国的民间独立志愿者唐时。

② 职务:如某省委书记。

③ 人际关系:如特朗普的女儿。

④ 住址及姓氏:如家住华侨城的刘女士。

⑤ 年龄:如已经 98 岁高龄的王大爷。

⑥ 籍贯:如两名江苏籍员工。

⑦ 特征:最美女大学生志愿者、会玩微信、爱摄影 95 岁退休老师。

(4) 何事(what)

事件是新闻的核心要素,其他新闻要素均围绕新闻事件来组织和安排。发生新闻时,人们一般都是先问发生了什么事,对方马上回答"何事"要素,对事件的描述要做到客观准确。慎用空洞的修饰词,如形容词,尤其副词,杜绝"合理想象"。避免带个人感情偏向或偏见。

(5) 如何(how)

"如何"是指一条新闻的发展过程,情节的展开或新闻细节。当有人简明扼要地讲完一条有趣的新闻之后,周围的人会急切地追问:具体情况如何,接下来怎么样了。这里面的具体情况,接下来就是如何。如某条新闻中讲到:近日,国家发展改革委公布,截至 8 月 29 日,全国已有 157 个景区出台了门票降价或免费开放措施,"十一"黄金周前,还有 157 个景区将出台措施降低门票价格或免费开放。接下来就介绍了具体降价的情况:

> 记者了解到,这 314 个已经或即将采取降价措施的景区中,有 5A 级景区 121个、4A 级景区 155 个;其中实行免费开放的景区 30 个、降价幅度在 30% 以上的景区 29 个、降幅达 20% 至 30% 的景区有 48 个。
>
> 其中,在已经明确降价措施的景区中,扬州瘦西湖旺季票价从 150 元降至 100元,青岛崂山旺季票价从 245 元降至 180 元,陕西华山风景名胜区旺季门票价格由180 元降为 160 元,新疆喀纳斯、白哈巴、禾木通票旺季票价从 295 元降至 195 元,湖北黄鹤楼景区门票价格从 80 元下调至 70 元,曲阜"三孔"景区联票价格由 150元降为 140 元。
>
> 青岛市唯一的 5A 级风景名胜区崂山推出"一票制"门票,旺季价格为每人 180元,3 日内有效,相比原先降幅 26.5%;山西全省国有及国有控股 A 级景区将统一降价 15%;从今年 9 月 1 日起,神农架生态旅游区内"六大景区"门票全面降价,其中天燕景区的门票价格降幅最高,达 25%。

该报道中分三个段落分别由面到点介绍了降价景区的数量和降价幅度、几大景区降价后的具体价格以及几个推行降价措施较为典型的景区情况,从而进一步说明了国家发改委公布景区门票降价或免费开放措施后的具体推行情况。

(6)为何(why)

"为何"指的是新闻事实的原因。如:

> 今年国庆档期电影市场遇冷 票房比去年同期有所下降
>
> 10月4日,今年总票房已突破500亿,比去年提前47天。但国庆期间市场表现并不理想,前期预售就已大打折扣,以往单部影片预售轻松过亿甚至两亿的情况不再。档期首日票房2.52亿,比去年下降11%,这股凉意在整个假期持续。截至发稿时,档期总票房刚刚超过18亿,想打破去年中秋国庆9天假期29亿的纪录已无可能。
>
> <u>重要原因在于优质喜剧的缺失。去年29亿成绩中一半多都来自喜剧《羞羞的铁拳》。今年《李茶的姑妈》辜负众望发挥失利,而领跑影片《无双》和《影》,前者男性偏好度较高,后者艺术性较强。这种鲜明的受众属性导致票房难以向更大市场,也就是三四线城市下沉,爆发力不足。由此也可以看出,观众审美提升明显,口碑正逐渐成为票房核心驱动。</u>

该消息的画线部分就详细介绍了新闻事实的原因。

一般情况下,为何要素是比较复杂的新闻要素,远不是一两句话就能说透的。尤其对于一些复杂事件,新闻背后的东西错综复杂,在要满足时效性的同时,对于一些暂时无法找到原因的事件,可用"事件原因正在调查中"等语句来交代。对于跟踪类的报道,原因可以在后续报道中交代。

3. 消息的结构和写作方法

先来看消息的几种结构。

(1)"倒金字塔"式结构

倒金字塔永远不会过时。

——杰克·海敦

先来看一个倒金字塔结构的例子:

> 刷脸即可进出站 重庆"半小时"铁路公交圈有望实现火车通勤
>
> 新华社重庆10月13日电(记者谷训)坐火车如同坐地铁、不定车次、不定座位、"刷脸"进站、出站付费……记者近日从重庆市交通委员会获悉,重庆市将分两期推进铁路开行公交化列车,打造"半小时"铁路公交圈,市民有望实现坐火车通勤。(最重要的新闻事实)
>
> 重庆市今年已启动实施铁路公交化第一期内容。利用既有线路和设备能力,在"5线+1区间"范围内开行了公交化列车,即成渝高铁、渝万城际、渝利、渝贵、遂渝—兰渝铁路,以及重庆西站至重庆北站区间,现已覆盖重庆市境内17个区县。(次重要的新闻事实)

据悉,第二期内容计划 2020 年启动实施,其中包括:扩大公交化开行范围,覆盖重庆市内 21 个区及两个经开区;新增开行对数、提高服务频次,高峰时段最小发车间隔缩短至 10 分钟;对进出站闸机和安检设施进行改造,增加刷中铁银通卡、扫手机二维码、"刷脸"进站等新的购票方式,实现不定车次、不定座位、出站付费。(进一步补充说明)

大多数消息的结构都是"倒金字塔"式的,即把最重要、最新鲜、最具新闻价值的事实放在最前面,其他内容按事实重要程度与新鲜程度的大小依次排列,呈"头重脚轻"的"倒金字塔"状态。这其实也是写作上的倒叙法,这是新闻最常用的结构,一般多用于动态新闻、强调时效性的硬新闻写作中,不管你喜不喜欢,这是约定俗成的规范。

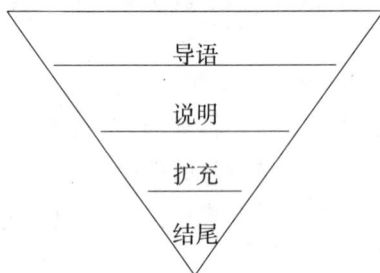

新闻的倒金字塔结构

倒金字塔结构符合新闻信息写作的目标——快速、清晰、准确而简洁地向受众展示事实。这种结构起源于美国南北战争和电报的运用。在战争期间,电报业务刚开始投入使用,记者的稿件通过电报传送,但由于电报技术上的不成熟和军事临时征用的原因,稿件有时不能完全传送,时常中断。后来就采取这样一种新的发稿方法,把战况的结果写在最前面,然后按事实的重要性依次写下去,最重要的写在最前面,这种应急措施就催生了新的文体——倒金字塔结构。因此,这种结构符合编辑的需要,它可以让编辑快速将新闻内容缩短来配合报道需要。方便编辑进行删减。即使只剩下一段文字,新闻依然能保持清晰,完整,并能传递重要信息。

同时,倒金字塔结构方便作者写作新闻,可以快速写作,不为结构苦思;也方便读者阅读新闻,比较适合于写时效性强、事件单一的动态新闻,如快讯、短消息等。尤其在当今信息大爆炸时代,提高读者阅读效率。但此结构缺点也很明显,过于标准化、程式化,缺乏多样性。不太适合非事件性及人情味、故事性较强的新闻。

(2)时间顺序式结构

此结构方式又叫编年体结构,也有的称为金字塔结构。即按照新闻事件发生的时间顺序来选择素材、安排段落的消息结构形式。类似于短篇小说的结构。用细节开头,把故事的高潮放在末尾。如:

福特总统遇刺幸而无恙

【合众国际社加利福尼亚州萨克拉门托 1975 年 9 月 6 日电】今天晴空万里,阳光明媚,那个娇小玲珑的红衣女郎同群众一道等待着福特总统从他们面前走过。

大多数前来欢迎总统的人都希望同他握手。

这个红衣女郎携带着一支枪。

勒奈特·阿丽丝·弗洛姆27岁,属于查尔斯·曼森那个恐怖主义团体。在这个团体中她的代号是"雏鸽"。据目击者说,她一声不响地站在人群的后排,站在州议会大厦前等待总统光临。

她对人群中一位名叫凯伦·斯凯尔顿的14岁姑娘说:"啊,今天天气太好了!"事件发生后,凯伦说:"她看上去像吉卜赛人。"

"雏鸽"身穿红色长袍,头戴红色无檐帽,同她的红头发很相配。

她的前额上有一个红色的"X"记号,这是1971年曼森及其3名女追随者因谋杀罪名成立在洛杉矶受审时她自己刻上的。

"雏鸽"特地从北加利福尼亚赶到萨克拉门托,从而步正在服刑的41岁的曼森的后尘。现在,她正耐心地等待总统的到来。

她的手提袋里藏着一支0.45厘米口径的自动手枪。太阳热辣辣地直晒下来,气温是华氏90多度,人们热得不耐烦,不由得走来走去。突然,欢迎人群振作起来了,原来福特总统出现在参议员大饭店门口,接着走上一条人行道,穿过州议会大厦前的停车场朝着人群走了过来。他的前后左右都是特工人员。

福特止步,向欢迎的人群挥手致意。

欢迎的群众被绳子拦在后面,他们纷纷向前涌去,同总统打招呼。

总统向左转过身去,他伸出双臂,去握欢迎群众伸出来的手。

每同一个人握手,他就说一句:"早晨好!"

"雏鸽"仍没有采取行动。突然,她从人群后面挤到前面来,边挤边用双臂拨开周围的人。

警察说,她挤到离总统只有0.6米的地方时,突然拔枪瞄准总统。

凯伦·斯凯尔顿说,总统见到这支左轮手枪时,"脸唰地白了"。

另一位欢迎群众50岁的罗伊·米顿说,福特"大吃一惊,吓坏了,把脖子缩了起来"。说时迟,那时快,特工人员莱瑞·布恩道夫立即采取措施保卫总统生命安全。他冒着生命危险,冲到"雏鸽"和福特中间。

接着他把"雏鸽"摔在地上,同警察一道缴了她的枪。

"雏鸽"尖声叫道:"他不是你们的公仆!"她还对警察说,"别激动,伙计们,别打我,枪不是没响吗?"

四五名特工人员同时围了上来,把福特与群众隔开,旋即簇拥着他离开。

福特的膝部一向有毛病,这次在惊吓中几乎支持不住自己,但他很快就站稳了。

当警察给"雏鸽"戴手铐时,她喊道:"美国乱透了! 那家伙不是你们的总统!"

过了一小会儿,警车把她送走,这时,她的脸上浮现出一丝微笑,神情似乎很镇定。

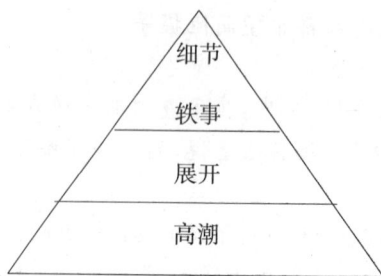

正金字塔结构

以上例文按照枪击事件的先后发生顺序逐段叙述,层层推进,最后一段到达事件高潮。时间顺序式的结构特点是故事性强;构思方便;脉络清楚。但篇幅较长,平铺直叙,缺乏起伏变化。

(3)"自由式"结构

自由式结构是一种不拘一格,自由灵活的写作形式。但总体上又符合新闻写作的要求。常见的自由式结构有散文式、悬念式、对话式、目击式等。请看下面一篇报道:

> 时间:17 日上午 11 时 45 分
> 地点:兴庆区中山北街与北京路口交叉口
> 事件:13 人闯黄灯
> 17 日上午,记者在银川市兴庆区中山北街与北京路口交叉口看到,骑自行车的 15 人中,黄灯还在闪的时候竟有 13 人强行通过,他们后面的人流中还传来"走了,走了"的叫喊声。这时一位骑自行车的中年女士被交通协管员拦了下来,她还对协管员说私家车抢占了自行车道没人管,所以骑自行车抢黄灯也合理之类的话。
> 说法:交警部门表示,如果黄灯亮起,车辆仍强行越过停车线的,被视为交通违法行为。依据《宁夏回族自治区道路交通安全条例》规定,对行人违反交通信号灯的违法行为会进行罚款。(《宁夏日报》2006 年 10 月 18 日)

这篇报道现场挖掘上有些不够,但这种简便易行的报道方式代表了现场短新闻的一种趋向。现在,有很多现场短新闻就直接用这种比较简便、灵活的方式,进行报道,使报道来得及时、快速,也能很好地凸显现场,反映问题。近年来,这种"散文化"的现场短新闻的方式越来越多。

悬念式则针对受众好奇心理,先在报道开头制造一个悬念。这个悬念的开头与倒金字塔结构的导语不一样,"倒金字塔"式的导语既是事实最精彩的部分,又是事件的结果,而"悬念式"开头只是将新闻事实中的一个精彩片段或者场景提到前面定格,并未表明事件的结果,还留有谜面。如:

成都一公司要员工发誓:如偷公物断子绝孙

本报讯　如果有一份让你断子绝孙的"宣誓书"摆在你的面前,你会签字吗?近日,市民兰(化名)小姐就遇到了这样荒唐的事情。(引发悬念)

据兰介绍,她 3 月 24 日刚上班时,公司李总要求她签一份协议书。"这哪是协议，明摆着就是人格侮辱！"兰愤怒地说。只见上面写着"宣誓书"，其内容为："我名叫×××，自愿加入公司工作……如有任何背叛、盗窃公司利益的行为，无论身处何处，本人必遭家毁人亡，断子绝孙的惩罚……"拿到此"宣誓书"后，她不敢下笔。于是打电话向报社投诉。

该公司为何会做出这样一份宣誓书？记者随后电话采访了该公司李总。李说，公司没有实行这个制度之前，经常发生小偷小摸，多次警告都没有用，才出此下策，要求每位员工签协议发毒誓。

而下面一篇《纽约时报》驻华记者的报道则是通过对话式反映客观场景的典型方式。

在一座行将坍塌的房子里，依偎在一堆杂乱的衣物旁的郑行荣用一系列否定句描绘她的生活。

你的孩子们多长时间吃一顿鸡蛋鲜肉？

"从不！"

你有收音机和电视吗？

"没有！"

你十四岁的女儿上学吗？

"没有！"

你八岁的儿子有玩具吗？

"没有！"

"因为我没有钱，我们不敢有梦想。"这个40多岁的妇女说。她的家庭在山东省黄河北部的贫穷地区。

再来看这篇目击式消息报道：

大平夫人看望"欢欢"

特派记者松尾北京报道　"啊，新娘子，让我看看你的脸蛋吧！"正在北京访问的大平首相夫人志华子，7日下午访问北京动物园，看望赠送给日本的熊猫"欢欢"。

因为日本首相夫人要来参观，所以熊猫房的周围在夫人到达前30分钟就挤满了中国孩子。"欢欢"从屋内走到外面的运动场上，注视着这么多人，背朝着大平首相夫人，久久安静不下来。

陪同参观的邓小平副总理的夫人卓琳笑容满面地说："欢欢还害羞呢！"首相夫人说："日本人在等待欢欢的到来。"可能是理解了首相夫人的话，欢欢终于把头转了过来，夫人非常高兴，说："多么可爱啊！"并且眯着眼睛说，"今后务必生个小熊猫。"

约过10分钟后，在向欢欢告别时，卓琳问道："新娘子长得怎么样？"志华子夫人深深地点了一下头说："好极了。"

据北京动物园业务组长曾建珠说："欢欢何时去日本，还未定，冷倒不在乎，安排好专机就可以去。"欢欢嫁给上野动物园康康的日子不远了。

(《参考消息》1979 年 12 月 9 日)

这篇消息就是通过抓住现场活动的场景,提升了新闻的价值和可读性。如果改成"大平首相夫人大平志华子,今天下午由邓小平副总理夫人卓琳陪同,到北京动物园观赏中国人民的礼物——大熊猫欢欢,欢欢将赠送给日本上野动物园,与那里的雄性大熊猫'康康'成亲,首相夫人希望'欢欢'在日本传播友谊种子",也算是一条新闻,但是,既没有可读性,也缺乏吸引力,令人兴味索然。

此外,一般体育信息的报道多采用目击式的结构,写出来又强烈的现场感。

自由式结构打破定势,别具一格,有新意。但如果把握不好容易出现篇幅冗长,行文不严谨,松散等弊病。

总体来说,文无定法,写作消息报道,因为其要求快速写作,主要按新闻价值传播信息,并且尽可能顺应受众的阅读便利和习惯,所以在长期的探索中能够形成了一些比较便利的结构模式,但仍然是大体则有,定体则无。

了解了消息写作的常用结构后,我们接下来了解消息具体的写作方法。

(1) 标题

一篇报道,读者首先看标题,然后再决定看还是不看。标题是新闻的题目,是消息的眼睛,它是揭示新闻内容的简明而醒目的文字,是对新闻内容高度概括和浓缩出来的题目。

标题像人的脸面一样重要,拟写得好,可以吸引读者;拟写得差,一篇好消息也会被埋没。可见标题非常重要。

消息的标题具有三个方面的作用。一是提示。揭示新闻主题,表现新闻精华。二是导读。即吸引受众注意,引发阅读兴趣。三是评价。标题往往要评价新闻内容,表明作者的观点或者态度。四是美化。作为版面元素之一,消息标题可使版面美化,使版面内容井然有序。

新闻标题的结构方式、写法很多。但有一点是共同的,在标题撰写上必须下功夫。新闻界有"三分之一时间写标题、三分之一时间写导语、三分之一时间写主题"这一说法。

消息标题常由主题和辅题构成。

① 主题。主题也叫主标题,正题,是标题的主体骨干,表现整个标题中最主要,最具吸引力的内容。

主题可以单独成题,成单一型标题,也可以与辅题组合而成,成为复合型标题。一个标题里可以没有辅标题,但绝对不可能没有主标题。

(主)重庆高跟鞋趣味赛跑吸引外籍游客参赛

一般地,消息的主标题使用的是实题,不使用虚题。实题以叙事为主,着重表现具体的新闻事件。虚题以说理或抒情为主,侧重说明原则、道理、愿望,或渲染一种情绪。主标题多采用主谓句,强调动态。

② 引题。又叫肩题、眉题。它位于主标题之前,是主标题的先导,引题揭示消息的思想意义或交代背景,说明原因,烘托气氛。引题文字少于副题,字号小于主题。

(引)价值一千四百多万美元的生产线一美元卖掉

(主)美国以企业"断臂"求生震动洛阳经济界

(引)了解国民文化素质 推动精神文明建设

(主)我国首次调查语言文字使用情况

③ 副题。又叫子题、次题、副标题。它与主题搭配,为主题服务,位置在主题后,用来补充与交代主题没有交代完整或者没有交代具体的事实,说明正题的根据、背景、来源或结果,起补充、注释、深化、印证、完善正题的作用。副题的形式比较灵活,可以是一句完整的话,也可以是用逗号隔开的几个分句。

(主)大庆 30 万吨乙烯工程通过验收

(副)将于明年元旦正式投产

(主)中考明天开考 考场布置完毕

(副)招考部门提醒考生把握出行时间,以免影响考试

引题和副题与主标题组合中关系是不同的,作用也不一样。引题和主题多为因果关系,引题是因(说明来源、起因、缘故等),正题为果。所以,引题可以叙事,也可以说理或抒情,可虚可实,视主标题而定;而副标题对主题只是起补充和印证作用,一般多为实题,内容较具体。

另外,副题字数一般多于引题和主题。对于一些重要的新闻,需要补充交代的事实较多,因此,除了文字比较多以外,还常常出现多副题的情况,有时候甚至达到三四个或者五六个。

消息标题的写作遵循以下步骤:寻找关键词—连成一句话—压缩并改成标题形式。

看下面这篇报道,为其拟定新闻(消息)标题:

扬子晚报网 7 月 29 日讯(通讯员 谈德捷 记者 万凌云文/摄)七月流火,12 名学生作为交通志愿者,加入镇江交警京口大队,参与交通劝导和管理。活动结束后,大队对这些满头大汗、表现优秀的志愿者,分别给予"小小志愿者"志愿活动奖励。

27 日下午 3 时 50 分左右,参加活动的小志愿者们由家长陪同,陆续到达镇江健康路路口。随即,根据场地情况和活动安排,镇江京口交警大队的郑潇警官对小志愿者和家长们展示了警务装备九小件,参与者们都不由自主地被吸引了。之后,沈榕警官又用通俗易懂的语言,系统地介绍了道路交通的基本概念、道路交通安全的基本知识和交通指挥手势。

针对辖区道路的特点,沈警官对学生们在安全乘车、安全骑车、安全行路时需要特别注意的地方进行了重点讲解。他提醒学生们交通安全的重要性,以及如何避免交通意外的发生。

随后,交警指导分组志愿者们,进行志愿劝导,协助交警同志指挥行人和车辆。期间,孩子们对不文明行为进行劝阻与管制,在保证行人安全的同时,避免了交通

事故的发生。小学生们借自身行为宣传文明交通理念,引导群众遵守交通法律法规,安全文明通行。

起初,交警在小志愿者旁边,引导他们如何指挥。待孩子们熟悉如何去做后,就开始让小志愿者在人行道上指挥交通,体验交警这份圣神的工作。当时,骄阳正烈,小志愿者们在道路上挥汗如雨,但在被问及累不累、苦不苦时,孩子们表示虽苦不累,并希望学习交警不怕吃苦、甘愿付出的精神。

活动中,小志愿者不但体验了既有趣又圣神的交通警察职业,而且学到了文明交通出行的知识,更在烈日骄阳下锤炼了品行意志。而参加活动的镇江实验小学、桃花坞小学、红旗小学、丹徒实验小学、江滨实验小学的小志愿者们热心、积极、主动的志愿劝导,也得到了交警同志的认可和赞扬。

首先第一步在正文里找出关键词语:学生、小志愿者、镇江、街面、交警、交通劝导、骄阳、挥汗如雨。

找出关键词语后需要将这些关键词连缀起来,使之成为一句完整的话,为最终的新闻标题搭建一个标题雏形。例如,将以上关键词连成一句话是"不畏骄阳,挥汗如雨,镇江12名学生志愿者在交警指导下在街面进行交通劝导。"。但是这句话还需要进一步简化、修改、装饰。

最后标题可以拟成:不惧骄阳,挥汗如雨镇江小志愿者街面交通劝导。

消息标题的写作必须满足准确、简洁、生动的要求。

准确是消息标题写作的最基本要求。要做到准确,一是要概括、反映新闻事实;二是要评价事实;三是要语言准确。

简洁就是满足读者一瞥记忆的需求。制作标题就是一瞥的艺术,所以标题要尽量短一些,最好能让读者在一瞥之间将其尽收眼底,尽量减少读者精力的消耗。简洁通俗的标题可以帮助节省读者宝贵的时间和精力。

生动的标题才能吸引读者,要做到生动,可以运用各种修辞手法,如比喻、比拟、双关、引用诗词或方言谚语等。如:

A(主)夫妻医院门前开"爱心厨房"15年
　　　(副)每个菜只收取1元钱
B 街面乱窜的老年代步车也该"踩刹车"了!
C 乐山大佛"体检"用上国内最先进仪器:可透视大佛体内
D(引)镇江饮食店热情待客真个名不虚传
　　(主)春风熏得远客醉　直把店家当自家
E 机器人怎么会写诗? 贵阳中小学特色课程里有答案

以上标题分别用了比喻、双关、比拟、引用诗句、设问等手法,使事实更加具有说服力和感染力。

另外,还可以运用各类表现手法来渲染标题,常见的有以下几种。

描写式。描写新闻场景,传达消息内涵。如:双十一快递众生相:包裹经过家门口又被

送到隔壁省

叙述式。将新闻中最重要、最有价值的内容表达出来。如：北京集中供暖首日未出现大面积不热

抒情式。就是表达情思，抒发情感。如：大堰河——我的保姆

议论式，对新闻事实进行评析。如：退耕还林"第一县"：绿水青山就是金山银山

这些修辞手法，表现方法可以帮助新闻标题更具生动，且并不一定是孤立运用的但需要注意的是，新闻信息的写作新闻性是第一位的，文学元素只是辅助。

（2）导语

导语是指一篇消息的第一自然段或第一句话。它是用简明生动的文字，写出消息中最主要、最新鲜的事实，鲜明地提示消息的主题思想。如果你用 2 个小时写稿，一个半小时用来写导语。好记者不会写出雷同的导语。有了好导语，就有了好新闻。

导语的要求，一是要抓住事情的核心，二是要能吸引读者看下去。要做到第一条，必须具备训练有素的分析能力；要做到第二条，则要有写作技巧。

常见的导语类型主要有以下两种。

直接式导语，即直接写出事实的核心的导语。多是陈述性的像速记一样地反映事实。直接式导语多见于突发性新闻，新闻价值重大、时效性紧迫，它直截了当、开门见山、一语中的。一般倒金字塔结果的消息常采用这类导语。

延缓式导语，又称软导语、间接式导语、特写导语，多用于"软"消息，即所报道的不是正在发展中的、变化中的或突发性的事件。它通常用来设置一种现场或创造某种气氛。多是解释性、说明性的，让读者仿佛"看"到现场。延缓式导语包括：轶事型导语，即用一个小故事，一段轶事来引导全文；引导型、对话型导语，指在文章开头使用一个引语，由这个引语展开报道；描写型导语，通过描述一个人、一件事、一个场景来揭示报道的主旨。

（3）主体

主体是消息的躯干，它紧接导语之后，是消息的重要组成部分。主体的作用和功能主要体现在两个方面，一是对导语进行解释、深化、具体化；二是补充新的事实，导语中未提及而又能表现新闻主题的事实和其他要素，由主体补充出来。

一般而言，主体是比导语占有更多的段落。因为导语只是把最精彩的部分简明扼要地告诉读者，接下来导语没有说透的内容，将由主体来补充说明。

主体可以有比导语更丰富的段落和更广阔的叙事空间。一般会根据新闻（消息）结构来确定主体部分的写作。

① 按照故事自然推进的时间顺序写。如：

华西都市报讯（记者谢杰）日前，南充 37 路公交车发生暖心故事，一位 92 岁老人与家人走失，车上乘客和公交车司机爱心接力，联系上老人家人，并顺利将她送回家。

3 月 19 日中午 12 点 20 分，南充公交车司机任明彪驾驶 37 路公交车，行驶到嘉陵区光彩大市场北门站时，一位头戴粉红色帽子、身穿深蓝色大衣的老婆婆缓慢地上了车。

"老人在车厢里走来走去，不晓得要做啥，是不是走丢了？"公交车行驶到滨江大道时，有乘客发现了老人的异常，并告诉了任明彪。见老人精神恍惚，等车行驶到顺庆区五星花园附近时，任明彪把车停在路边，来到老人身旁。

"我看到老人脖子上挂着一个走失信息牌，就按上面写的电话打过去，但一直无人接

听。"任明彪向公司经理报告了这件事,经理让他将老人送到 37 路华凤公交换乘站。"我驾车继续往前开,车上乘客纷纷主动上前照顾老人,还轮流给老人的家人打电话。"任明彪将老人送到 37 路华凤公交换乘站后,就继续工作了。

公交公司经理何绍勤,随后接过了帮老人找家人的爱心接力棒。在多次与老人家人联系后,终于打通其女儿电话,对方说:"我一直在市场忙,刚才没有接到电话,谢谢你们帮忙照顾我母亲。她今年 92 岁了,几年前患过脑梗死,记忆力非常差,这已是第三次走失了,幸好身上有走失牌,还有那么多好心人,她才能安全回家。"

询问老人家庭地址后,何绍勤驾驶私人轿车,将老人安全地交给了她女儿。

该报道主体按照事情发展的时间顺序,从老人上车,到车内发现异常再到乘客和司机如何帮助联系老人家人,再到最后安全将老人交给她的家人。

此报道主体部分第一段交代老人上车,第二段交代老人上车后的具体情况,第三段交代车上乘客和司机的反应处理,最后两段交代了事情的结果。按照故事发展的顺序层层推进。

② 按照由重到轻的逻辑顺序来写。

消息的主体一般根据新闻事实的重要程度或者受众关心程度,先主后次地来安排,越重要的越放在前面,这是倒金字塔式结构使用最多的一种主体写作方法,尤其适合动态新闻。如:

> 新华社北京 3 月 22 日电(记者丁静)记者 22 日从北京公交集团获悉,2019 年清明节期间北京公交集团将开通 12 条由市区直达 6 大陵园墓地的扫墓专线。
>
> 为方便广大市民祭扫,3 月 23 日至 4 月 14 日,北京公交集团将陆续开通由市区直达八达岭陵园、太子峪陵园、通惠陵园、温泉墓园、八达岭人民公墓和天慈公墓等 6 大陵园墓地的 12 条清明节扫墓专线。其中,德胜门去往八达岭陵园,长椿街、老山去往太子峪陵园,东大桥、宣武门、崇文门、光明楼去往通惠陵园的 7 条扫墓专线将于 3 月 23 日开通;安定门去往温泉墓园,老山、德胜门、宣武门去往八达岭人民公墓,陶然桥去往天慈公墓的 5 条线路将于 3 月 30 日开通运营。(重要信息:开通的几条专线)
>
> 3 月 30 日、31 日,4 月 5 日至 7 日 5 个扫墓客流高峰日,交管部门将在地铁八宝山站周边采取临时交通管制措施。公交集团的一些线路也将调整——每日7:00 至 11:30,1 路(老山公交场站—四惠枢纽站)在上庄大街临时增加地铁八宝山站;每日 7:00 至 15:00,76 路、337 路、373 路、941 路、运通 120 路 5 条线路的八宝山西行车站临时西移 200 米在八宝山公墓大门西侧停车;每日 7:00 至管制结束,574、951、961 路 3 条线路途经地铁八宝山站(北向南方向)时将采取主路停车临时上下客措施。(次重要:采取的临时交通管制措施)
>
> 据介绍,扫墓专线为清明节期间临时专线车,需购票乘车,持 IC 卡及各类免票证件乘车无效。(次次重要:补充说明)

③ 运用"跳笔",段落简洁、节奏明快、高效清晰的传播有价值的信息。

新闻跳笔是一种重要的新闻写作笔法,其含义是指在新闻写作中,对新闻事实不做面面俱到的叙述和描写,上下文之间不刻意考虑衔接和过渡,而是根据报道的需要跳来跳去,通常跳过不太重要的情节,省略掉过渡,直奔下一个信息块。

采用这种笔法,句子与句子之间,段落与段落之间会有比较大的跳跃,可以简练概括勾勒出新闻事件,从而达到特定的艺术效果,给人以干练、简洁、高效的感觉。如:

> 本报讯 长江隧桥开通,崇明区迅速成为投资热点,海内外企业纷至沓来。但在一个多月内,崇明已婉拒 30 多个不符合生态岛定位的项目,涉及投资 10 多亿元。

> 长期孤悬在长江口的崇明,GDP 的贡献仅占全市的 1%,发展速度远落后于上海的其他部分。岛上有 70 万居民,他们希望吸引投资以增加就业、改善生活,同时保障环境。早在隧桥开通前,崇明就公布了规划布局,对进入岛内的投资项目设置三道"防线"。

> 第一道防线是产业导向。崇明编制了工业产业导向目录,被列入禁止和限制类的项目一律不允许上岛。一家大型造纸企业×月上岛洽谈投资上亿元建造纸厂。虽然这个劳动密集型项目可以提供大量岗位,还能为岛上盛产的芦苇找到市场出路,但造纸业属于目录上的禁止类领域,被招商部门婉言谢绝。

> 第二道防线是能耗。崇明制定了能耗每年下降 4% 的指标,近两年已关闭 40 多家高能耗企业。职能部门联席会议制度对投资项目进行严格评判,其中一个重要考核指标就是能耗。据×××说,30 多个被婉拒的投资项目中约有三分之一属于"能耗不合格"。

> 第三道防线是环境影响评价。如果某些项目通过前两道防线,最终发现对生态环境还会产生不良影响,也不能上岛。有一个投资 3 000 万元的电子产品加工项目,在最后一道防线上被县环保局拦停,原因是其生产过程有一道镀锡工序会影响环境。

> 崇明区领导赵奇告诉记者,崇明建设生态岛是一场"持久战",不可能毕其功于一役。放弃一些能够快速增加 GDP 的产业项目,会影响崇明经济一时的发展速度,但生态岛建设必须关注长远,其后发优势将会慢慢显现。

这是一篇获得中国新闻奖的消息。作者首先介绍了崇明区的使命与县情,但并没有大书特书该县县情,转而着笔便写崇明区对待招商引资的态度,花大功夫描述崇明区在巨大的招商引资潮面前敢于说不,敢于拒资的表现,并对这种态度予以了肯定,从而吊足了读者的口味,引发了读者巨大的好奇心和阅读兴趣。

在接下来的正文第一段中,作者简单地提到了崇明区的巨大发展机遇,但没有赘述,转而写崇明区的发展选择与发展矛盾。第二段开头就写崇明区的落后,第二句写崇明区百姓的期望与愿景,第三句提出了一个问题,是走先污染后治理的老路还是坚持生态立岛? 从而引出了下一句的崇明区的规划布局——三道"防线"。在接下来的段落中,作者分别对三道"防线"做了举例说明。最后一段作者借用了崇明区领导的话对全文做了一个总结性的概括,卒章显志,突出了主题。

这篇新闻作品可谓是运用新闻跳笔的一个成功典范。

但使用跳笔要注意:短段落,多分段;不用过分注意文字的连贯性,不用过多考虑上下文的过渡和衔接;断裂行文,加大句子与句子、段落与段落之间的跨度;借用电影的"蒙太奇"结构;不要面面俱到,不要平铺直叙;恰到好处,不能跳得漫无边际,不能跳离了新闻主题。

(4) 结尾

结尾即消息的结束语,最后的自然段。尽管不是所有消息都有单独的结尾部分,但好的结尾,无疑对结构的完整性和逻辑的严密性、对突出主体、对给读者留有回味余地,均有重要作用。

消息中比较常见的结尾多数是自然结尾,事实叙述到哪里就在哪里结尾。这种自然收束的结尾方式干净利落,不落俗套。对于硬新闻尤其如此。除此之外,比较常见的还有新闻背景和直接引语结尾的。

(5) 新闻背景

新闻背景即新闻事实发生的历史环境、客观条件以及它与周围事物的联系。它是说明新闻事实的社会环境、历史沿革、自然概括、人物经历、数据知识等内容材料。

作为消息结构中一个重要组成部分,也有人称新闻背景为"新闻背后的新闻"。

背景材料的种类很多,有历史的材料、现实的材料、社会环境的材料和主客观条件的材料,我们从功能角度可以将新闻背景划分为以下三类。

① 对比性材料。主要通过对比衬托,显示变化程度,以突出新闻事实的意义,阐明某一主题、表明某种观点。通常两种情况,一是纵比,即今昔对比,前后对比。例如今年的农民收入跟去年做对比,"洞庭湖长大五分之一""内塔尼亚胡:审讯室里过生日"。其二是横比,江苏省的经济情况跟其他省市做对比。

② 说明性材料。即对所报道的事实中有关的历史背景、地理环境、物质基础、社会环境做出介绍与描述,这个也是常见的新闻背景材料。如《法国龚古尔文学奖将在武汉展开"中国评选"》这篇新闻中有这样一段文字:龚古尔文学奖创立于1903年,是法国历史最悠久、公认最权威的文学奖项,在国际上也享有盛誉。该奖项的目的是奖励当年出版的最具想象力的法语文学作品。包括马塞尔·普鲁斯特、安德烈·马尔罗、玛格丽特·杜拉斯等在内的多位著名作家都曾获得该奖项。就是说明性的背景材料,介绍了龚古尔文学奖的来历。

③ 注释性材料。即对新闻报道中涉及的概念、原理及名词、术语进行解释,以帮助读者理解新闻中的有关内容。如"克隆人""深井冰"等名词在报道中的解释说明。

4. 各类消息的写作要求和技巧

我们学习消息写作,可以先从动态消息、述评消息、经验消息、综合消息这四类消息入手。掌握了这四类最基本的消息的写作,其他类别的消息写作就可以触类旁通,迎刃而解。

第一类:动态消息。

(1) 动态消息含义

动态消息是对新近发生的和正在发生的新闻事实的报道,它迅速、快捷地反映社会各方面的新情况、新事物、新变化、新问题、新成就、新动向、新气象、新趋势。它涵盖政治、经济、军事、外交,以及文化、科技、教育、体育等各个领域、各个行业。

(2) 动态消息写作要求和技巧

① 突出一个"新"字。要着眼于最新变动的事实。关注变化,及时反映最新变化。写作时,既可以以小见大,又可以大中取小,突出表现和反映最新事实。要尽量写出新闻事实的现场情景,使新闻更具动感。

② 要强调一个"快"字。新闻注重时效性,动态消息尤其要以最快捷的手段,报道刚刚发生和正在发生的新闻事实。特别是动态消息多报道突发性事件。

③ 文字上简明扼要。一是篇幅要短。用尽可能短的篇幅说清楚事实。导语最好开门见山。现场短消息和简讯、快讯、一句话消息、标题新闻等,是适应这种变化的主要形式。二是语言要简练。动态消息以客观叙事为主,语言要简练。三是内容要简单,通常是"一事一报",只集中报道一件事,或事实发生的一个阶段、一个侧面、一个瞬间。结构不必完整,也不必非要交代新闻背景。

第二类:述评消息。

(1) 述评消息含义

述评消息也称解释性新闻,是一种以述为主、边述边评的报道,介于新闻和评论之间,既报道新闻事实,又在报道的同时对新闻事实的性质、特点、发展前景等进行分析和阐释。

它以报道国内外重大事件或具有全局性的问题为基础。主要特点是夹叙夹议、以述为主、观点鲜明。

(2) 述评消息写作要求和技巧

① 选题中要大中取小,写作要小中见大。述评消息的题目要越具体越好,因为题目越具体,所表现的主题就越集中。其选材也要抓住能够反映重大问题、具有普遍意义的具体事物,以小见大地反映主题。

② 叙述第一,评论第二,以述为主。如果倒过来,评论为主,就不是述评消息而成为评论了。在写作上,要结合对事实的叙述,就事论理,在对事实叙述的基础上,让观点自然而然产生。

③ 观点要鲜明别致,以理服人。述评消息中虽不以议论为主,但议论往往是点睛之笔,因为要言不烦,作者是直接站出来就一些重大问题借事论理,引出一些值得深思的问题。所以,在评论时,提倡什么,反对什么,赞成什么,要旗帜鲜明。

第三类:经验性消息。

(1) 经验性消息的含义

经验性消息,也有人称之为"典型新闻"。属于非事件新闻,它除了正面反映党的方针政策贯彻落实情况取得的经验外,也报道工作中解决普遍存在的矛盾和问题取得的经验。是带有中国特色的一种新闻报道形式。

经验消息不像动态消息那样"一事一报",而是提供综合性资讯,对时效性的要求也没有那么强烈。主要特点是具有指导性、典型性、政策性、静态性。

(2) 经验性消息写作要求和技巧

① 要把经验当新闻写

经验消息属于新闻一种,所以不同于一般的经验总结,要找到"新闻点",即找出具有新闻价值的经验。

② 要突出"如何做",体现具体的经验

经验消息是用事实说话的文体,避免堆砌数据,避免空话套话,把经验寓于事实中。事实胜于雄辩,用事实来说明经验。

③ 要写出效果

只是总结经验是远远不够的,一般都应交代实施后的成效如何。交代具体效果,才能使经验可靠可信,使报道更具有说服力和吸引力。这时候可以运用数据、细节来体现效果。

第四类:综合消息。

(1) 综合消息的含义

综合消息也叫综合新闻,是将不同地区,不同部门,不同领域,不同行业中发生的,具有共性的新闻事实进行归纳,并围绕一个中心思想进行鸟瞰式的新闻写作方式。也是消息类别中一个重要类型。

与动态消息相比,它也不是"一事一报",而是提供综合性的资讯。它综合的事实,可以是动态的,也可以是经验性的。其主要特点具有指导性、全面性、宏观性、概括性。

(2) 综合消息写作要求和技巧

① 高屋建瓴。综合新闻牵扯的材料多,报道面广,点面结合,多点一报或多事一报。因此报道必须有一个鲜明的主题统领,以避免选材的偏离和消息结构的散乱。

② 点面结合。由点到面,或由面到点,或由面到点再到面。综合消息的特点决定了写作时必须尽量综合"点"上的情况,"点"是为"面"服务的,"点"上的材料越丰富,越有特点,就越能说明"面"上的问题,做到了点面结合,才会做到更具有说服力。

③ 可适当夹叙夹议。综合消息因为材料多,也可以在综合归纳过程中适当夹叙夹议,提炼一下思想或者做一点评述。需要注意的是,一定要少而精。

(二) 简报

简报的格式与会议简报相同,可参照会议简报一节。具体写法如下。

1. 标题

简报的标题跟新闻(消息)的标题类似,可分为单标题和双标题两种基本类型。

(1) 单标题

将报道的核心事实或其主要意义概括为一句话作为标题,如:《后勤工作今年重点抓好五件事》《我校通过"211 工程"专家审查验收》《查摆突出问题,研究"三讲"教育方案》。标题中间可以用空格的方式表示间隔,也可以加用标点符号。

(2) 双标题

双标题有两种情况。

一是正题后面加副题。如:

再展宏图　创全国一流市场

——××农贸市场荣市信誉市场称号

前一个标题是正题,概括事实的性质;后一个标题是副题,补充叙述基本事实。

二是正题前面加引题。如:

尽责社会　完善自身

华东师大团委开展"把知识献给人民"的活动

前一个标题是引题,指出作用和意义;后一个标题是正题,概括主要报道内容。

简报标题要力求准确,切忌文题不符,语言要精练具体,以最少的文字传达最多的信息,让读者看过标题,对简报内容一目了然。对文字的要求是朴实简洁,生动活泼,要戒除华而不实。扩大其词的语言风格。

2. 正文

简报的正文分为导语、主体、结尾三部分。有的简报还要加上编者按语。

(1) 导语

导语就是简报的开头语,要用简短的文字,准确地概括报道的内容,说明报道的宗旨,引导读者阅读全文。

一般用简洁、明确的一段话(有的仅一句话),总括全文的主要事实,先给人一个总的印象。接着交代时间、地点、事件、原因、经过、结果。简报的开头类似新闻开头中导语的写法。

导语的具体写法可根据主题需要,分别采用叙述式、结论式、提问式等几种形式。这几种导语形式,各有所长,写作时可根据稿件特点选择运用。

A. 叙述式。即开门见山地把要反映事件的时间、地点、人物、起因、经过、结果都在开头部分写出,使读者一目了然。

如:2014 年 6 月 5 日至 10 日,土木学院赴万丰房地产公司社会实践服务队在程枫集团营销中心进行了为期一周的社会实践活动。

B. 结论式。先写出事情的结论或结果,然后再作具体说明或点出原因。

如:为了认真贯彻中宣部、国家教委、团中央及省委关于今年暑期高校学生参加社会实践活动的文件精神,我校积极组织学生参加暑假社会实践活动,取得较好效果。参加的学生普遍反映:深入实际,走和工农相结合的道路,是当代大学生健康成长的正确道路。总结一下这次成功的大学生暑期社会实践活动,其丰硕成果的取得,关键在于学校各级党政领导的积极组织和高度重视。

C. 提问式。把主要事实用一两个问题在开头提出来,然后用回答的语气在主体部分作具体的叙述,这种开头可引起读者的兴趣和思考。

如:同合从一个不起眼的农业乡镇,发展成一个耀眼丰饶的经济强镇,这是什么原因呢?6 月 5 日,土木学院赴青岛市平度同合街道办事处实践服务队揭开了这一问题的答案。

简报导语的写作灵活多样,不管采用以上哪种写法,导语都必须开篇入题、交代清楚、概括简练。

(2) 主体

主体是简报的主要部分,它的任务是用足够的、典型的、富有说服力的材料把导语的内容加以具体化,用材料来说明观点。写好主体是编好简报的关键。主体的内容,或是反映具体的情况,或是介绍具体的做法,或是叙述取得的成绩和经验,或是指出存在的问题,或是几项兼而有之,要视具体情况而定,没有固定的框框。

一个自然段最好写一层意思,不要把各个方面的内容都汇集在一个自然段里。

段与段之间应按照事物的内在逻辑联系层层深入,环环紧扣,使之无懈可击。

主体的层次安排有"纵式"和"横式"两种形态。纵式结构按事件发生、发展的时间顺序来安排材料,横式结构按事理分类的顺序安排材料。如果内容比较丰富,各层可加小标题。

紧扣前言(开头),用有说服力的事实、数据、情况、问题等典型材料,把开头总括的内容具体化,常用的写法有以下几种。

A. 并列式(横式)。适用于报道一件事的几个方面和多场面。

B. 纵贯式(纵式)。按照事情的发生、发展和结果的时间顺序来写,适用于报道一件完整的事情。

C. 花絮式。把简报的内容分割成一段段相对独立的部分,分别加上小标题,然后合为一体。这种方法不讲求系统性和全面性,写作起来较为简便。实际工作中,简报的写法较为灵活。

如果机关、单位有些工作急于向上级反映,可以按公文中报告的方式撰写。

如果要迅速及时地把已经发生或正在发生的事情向外部报道,可按消息、通讯的方式写。

如果为了反映某件事的真相,说清某具体问题,可按调查报告方式写。

如果是一项工作完成,或一个阶段的工作结束之后,向上级较为全面地汇报工作的状况,可按工作小结的方式写。

如果要反映会议结果,可用会议纪要的方式写。

(3) 结尾

简报要不要结尾,因内容而定。事情比较单一,篇幅比较短小的,可以不单写结尾,主体部分话说完就结束,干净利落。事情比较复杂,内容较多的,可以写个结尾,对全文做一个小结,以加深读者印象。有些带有连续性的简报,为了引起人们注意事态的发展,可用一句交代性的话语作为结束,如"对事情的发展我们将继续报告""处理结果我们将在下期报告"等。

简报的编写方式也很重要,常见的有以下几种。

一是专题式。这种简报要求抓住工作、生活中的某个典型,即主要反映"点"的情况,强调一人一事或集中于某个问题。编写时应注意以下两点:对象应具有典型性;表达应简明扼要。

二是综合式。这种简报类似新闻报道中的综合消息。它是在一个明确的主题下,综合反映若干情况或问题。这种方式适用于反映"面"上的情况。编写时应注意以下三点:注意提炼出一个主题;开头应有概括的说明文字,类似新闻写作中的导语,然后,由主体内容展开之;注意点面结合,既有广度,又有深度。

三是信息报送式。即用最简洁、精练的语言表达出准确、完整的信息内容,一般不加评论。编写时应注意以下三点:编写者应从细微处发现值得注意的动向;据实直书,用事实和数据说话;强调简明扼要,同时注重信息内容的完整。

四是经验总结式。写法常采用"先果后因"的逻辑顺序,即开端先概括工作的成绩,然后再分述取得成绩的做法、经验。编写应注意以下三点:侧重于从做法上总结经验,突出对经验的介绍,一般的工作过程从略;注意观点和材料的结合,努力从理论同实践的结合上说清问题,引出事物的规律性;力求系统化,把经验归纳成相互联系的几条,逐条加以介绍。

五是转发式。是领导机关为推动某项工作的开展,或是为了让某个问题引起有关单位注意,而转发的。这种简报的内容常常是基层单位的典型材料。编写时应注意以下三点。

(1) 转发材料前面要加编者按语。按语一般有三种写法。

① 说明性按语:介绍稿件的来源、编发原因和发至范围。

② 提示性按语:提示稿件内容,帮助读者理解稿件的精神。

③ 批示性按语。也叫要求性按语,主要写在具有典型意义或指导作用的稿件前面。一

般要声明意义,表明态度,并对下级提出要求或提供办法。

（2）反映的问题应有代表性。

① 一期简报一般只转发一份材料,也可转发一组围绕同一中心的短小材料。

② 反映某地区、某系统带有共同性的问题。

（3）编者可以根据需要对转发材料做必要的技术处理,或全文转发;或摘要转发,或做适当的删节,但要注意保持原材料主题的完整性。

简报作为信息文书不像其他公务文书那样程式化,要求清新活泼,具有较强的可读性。因此可以在编写上不断创新。

四、新闻信息文书的写作要领与注意事项

（一）新闻信息文书的写作要领

1. 真实性

真实性是新闻(消息)写作和简报写作的最基本要求。所谓真实,是指新闻和简报中所有的要素都必须符合事实真相,其事件、时间、地点、人物以及数据等都必须是真的。消息和简报的材料不能虚构,更不能任意想象,捕风抓影。因此在编写中要注意"去伪存真",保持消息和简报内容的真实性和准确性。

2. 时新性

无论消息还是简报都要具备一定的时效性,一条有价值的信息,如果不及时收集、整理、编发和传递,就会变成明日黄花,旧时新闻。失去价值和意义。所以我们做新闻信息和简报信息的采集和编发工作,一定要闻风而动,积极主动,快速果断。同样,在编发信息的过程也是创新的过程,信息内容要新:要写新情况、新经验、新趋势。只有"新"的东西,才值得编发。要不断以新的思维方式,从新的角度研究和分析问题,根据形势要求,工作需求,捕捉新情况、新苗头、找出解决问题的新视角、新思路。

3. 甄选事实,以小见大

作者要具有新闻敏感,善于观察,勤于思考,能够在信息大爆炸时代精选出最有价值的事实,有时候一个小事件就能显示出社会某方面的特点,所以作者要善于从细微处着眼来揭示重大主题。

4. 主题一事一报,一人一报

新闻(消息)和简报的主题指的是其中心思想,是作者通过事实信息所要表达的态度、观念、情感和思想。新闻消息和简报的主题是单一的,即一事一报或一人一报。即一篇报道定位在一件事、一个人上,由这件事、这个人作为主线展开,其他相关的事和人围绕这条故事主线取舍。即便是综合新闻也是一个主题。那么在信息素材的多样性以及主题的开放性的条件下,我们该如何选择视角、提炼主题呢?"取其一点,不及其余"是一个行之有效的好方法,可以避免报道"小而全""大而空"而影响传播效果。

5. 要言不烦,画龙点睛

新闻(消息)和简报语言不同于文学语言那样辞藻华丽或含蓄朦胧。准确、通俗、简洁、具体、形象是它最有效的传播手段。同时,虽然无论是新闻还是简报写作都提倡"用事实说话",但并不完全排斥议论。相反,适当采用那种言简意赅、一语中的的议论,能够使表达更清楚、更完整。在进行议论要注意议论必须简洁、精练,是由事实信息自然而然

引发出来的。

（二）新闻信息文书的注意事项

（1）编发要快：及时捕捉信息，快速成文。

（2）抓核心、热点、亮点。抓核心即抓要害，抓主导，抓全局性、指导性的问题，抓问题的核心、关键。抓热点即抓当下社会关注的问题、群众关心的问题、各级领导关心的问题。抓亮点即要突出信息素材最具说服力或最吸引眼球，让人眼睛一亮，为之一振的内容。

（3）文风要朴实：简报的文风应该是朴实无华的，在新闻（消息）和简报写作中应当杜绝"大概""也许""可能""差不多"之类的词语，尽可能不使用形容词，也不要随便编写"顺口溜"，把个别的、局部的情况夸张为一般的、普遍的现象。

例文阅读（见章末二维码）

（1）动态消息：火车首次跨越"世界屋脊"

（2）述评消息：走出"温州模式"——温州非国有经济发展趋势述评

（3）经验性消息：跟城里人一样享受政府公共服务

诸城农民迈进3公里社区服务

（4）综合消息：猕猴哥住进星级宾馆 鼠小弟聆听背景音乐

中国实验动物"处优养尊"福利状况已接近国际标准

第四节 规约文书

一、规约文书的性质与文体种类

（一）规约文书的性质

规约文书是用以维护社会公共秩序及经济秩序的规范性文书，是依据国家的有关法律、法规以及组织的职权范围所制定的具有一定权威性和约束性的书面材料的总称，是维护组织的权利和义务、确保组织合法有效运营的重要工具。这类文书一旦制定完成并发布生效，就对特定群体或当事各方具有了特定的规约性，特定群体或当事各方都需认真遵照执行，如有违反就会受到相应的处罚，从而确保组织运营活动的有序化、合理化和高效化。

（二）规约文书的文体种类

规约文书主要包括规章制度类文书和契约类文书两大类。

规章制度类文书主要包括章程、条例、规定、办法和细则等。

1. 章程

章程是指不同政党、团体等社会组织制定的用以阐明本组织宗旨、性质、任务，规定成员的条件、权利、义务，明确组织纪律及组织结构、活动规则，并要求全体成员共同遵守的约束性文书。章程是一个组织得以确立的必要条件，是组织及全体成员必须遵守的行为准则，违反者将受到处理。如《中国科学院章程》就是阐明中国科学院的性质、宗旨、办院方针、主要职责、领导体制，并规范组织管理、科技管理、人力资源开发与管理、资产与财务管理等的纲领性文件。

2. 条例

条例是指用于全面、系统而严格地规范某一方面或某一领域内工作的约束性文书。这种文书一般使用主体的规格较高,权威性较强。如《党政机关公文处理工作条例》就是关于公文种类、公文格式、行文规则、公文拟制、公文办理、公文管理等方面的规范性文书,各级党政机关都应严格遵守。

3. 规定

规定是指对特定范围内的工作和行为提出规范性要求的约束性文书。这种文书适用范围较广,各机关、团体、企事业单位都可以使用。如《党政机关国内公务接待管理规定》就针对党政机关国内公务接待活动提出了规范性要求。

4. 办法

办法是指针对某项工作或某种问题所制定的处理原则和解决方法的约束性文书。这种文书适用范围也较广,各级各类机关、团体、企事业单位都可以使用。如《中华人民共和国档案法实施办法》就对实施《档案法》所面临具体问题提出了处理原则和解决办法。

5. 细则

细则是指依据已有的法规和规章所制定的具有较强操作性的实施办法的约束性文书。这种文书是现有某一特定法规和规章的补充性、说明性文件,必须以这一法规或规章为依据,且结合本机关的实际将其具体化、规范化,以便于实施执行。如《江苏省党政机关实施〈党政机关公文处理工作条例〉细则(试行)》就是对江苏省党政机关贯彻落实《党政机关公文处理工作条例》工作的补充性说明。

需要注意的是,上述五种规章制度在权威性、规定性、约束力以及适用范围等方面都存在着一定程度的差异,具体而言:章程的权威性最高,适用于政党及其他组织用以管理内部成员;条例的权威性稍次,适用于规范和约束组织的全面性活动;规定的权威性又次,适用于规范和约束特定范围内的工作活动及行为;办法适用于规范和约束特定工作活动及行为;细则为补充性文书,适用于解释或补充说明现行的法规和规章。

契约类文书主要包括合同、协议书和意向书。

1. 合同

合同是指平等主体的自然人、法人、其他组织之间设立、变更、终止民事权利义务关系的契约文书。合同是商务契约文书中最为重要的一类。

根据《中华人民共和国合同法》,合同包括十五类:(1) 买卖合同;(2) 供用电、水、气、热力合同;(3) 赠予合同;(4) 借款合同;(5) 租赁合同;(6) 融资租赁合同;(7) 承揽合同;(8) 建设工程合同;(9) 运输合同;(10) 技术合同;(11) 保管合同;(12) 仓储合同;(13) 委托合同;(14) 行纪合同;(15) 居间合同。

2. 协议书

协议书指当事各方依照相关法律法规用以明确相互权利义务关系的契约文书。在当事方没有签订合同的情况下,协议书具有与合同同等的效力。

3. 意向书

意向书指当事各方依据谈判沟通情况所签订的用以表明各方合作意愿的契约文书。意向书仅是表明各方有合作的可能,而并无严格的法律约束力。

这里需要注意的是,合同、协议书和意向书存在着明显的区别。首先,合同是依法签订并具有法律效力的正式契约文书,任何一方违约都将承担相应的经济责任和法律责任;相比较而言,协议书适用范围较为广泛,不限于经济活动方面,且往往要经过行政主管部门签章认证或公证机关公证才能产生法律效力。其次,相较于合同和协议书,意向书只是一种临时性的、协商性的文书,不具有法律效力,内容可根据协商的进程及结果做出必要的调整;同时,一旦双方签订正式的协议书或合同,意向书就完成了使命。

二、规约文书的作用与特点

(一) 规约文书的作用

规约文书主要用于规范和约束组织及个人的活动及行为,确保社会公共秩序及经济秩序的稳定和运行。具体而言,规章制度类文书是党和国家的方针、政策的具体体现,是严明纪律、抵制违法违规行为的有效手段,是开展正常有序工作、推动国家建设和发展的制度保障。同时,这类文书还是实施有效控制、管理和指导的必要手段,是维护良好的个体与集体关系的有力工具。契约类文书既能确保市场正当竞争、维护良好的经济生态,又能促进企业相互协作、推动社会化大生产的顺利实现。

(二) 规约文书的特点

1. 制发的严肃性

规约文书通常具有特定的权威性和约束性,多数文种还具有一定的法律效力,因而其制发往往需要遵循严格的程序、符合相关的要求,是一项非常严肃的事情。规约文书的起草应依据现行的有关法律法规,并基于广泛而深入的调研,认真研究,慎重撰写;初稿完成后还需要反复审核、多次修订,防止疏漏偏颇、违规悖理;最后经过法定的流程签章生效。规约文书一旦生效,即在较长的时间段内发生效力,轻易不得更改,因此必须慎之又慎,确保文书内容切合实际、符合要求,力求做到合情、合理、合法、合规。

2. 表达的明晰性

为了提高工作效率,规约文书在表达上应注重简练直接、准确明晰。一方面,规约文书是规范和约束社会活动及行为的,具体包括应该做什么、不能做什么、怎么做、做错了怎么处理等,这些内容在表达中应当简明扼要、照直陈述,令人一目了然、阅后即知;另一方面,规约文书应采用准确无误的语言将内容陈述清楚,立场鲜明,态度明确,合乎法规,用语规范,避免歧义、含混和漏洞,以便于实施和执行。

3. 执行的严格性

规约文书是具有现实针对性的法规性文书,一经签章生效,相关人员或当事各方就必须严格遵照执行,如有违反,即照章处理。规约文书的制定和使用是以现行的法律法规、政策方针等为依据的,是以良性秩序的建构、常规工作的顺利推进为目的的,是以工作目标的实现、工作任务的完成为标准的,是以规范意识的养成、规范机制的形成为保障的,任何组织和个人都应当高度重视、认真对待,并严格遵守、切实践行。

4. 形式的条文化

规约文书一般采用分条列项的形式撰写,内容相对简单的分条陈述,内容相对繁复的分章、分条、分款。这种写法条目清晰、简明精练,便于理解掌握、贯彻执行和查找对照。

三、规约文书的格式与写法

(一) 规章制度类文书

这类文书一般由标题、题注、正文三部分组成。

1. 标题

一般由制文机关、事项、文种名称三部分组成,常见的写法有两种。

(1) 完全式标题:标题三项俱全,即"制文机关＋事项＋文种",如《中华人民共和国政府信息公开条例》;也可以像公文标题那样用"关于"引出事项,如《国务院关于特大安全事故行政责任追究的规定》。

(2) 两项式标题:只含标题中的两项,具体包括三种情况:第一种是"事项＋文种",如《企业档案管理办法》;也可以用"关于"引出事项,如《关于进一步规范财务报销的有关规定》。第二种是"制文机关＋文种",如《××大学章程》。第三种是"人员＋文种",如《员工须知》。

规章制度如为暂行或试行的,应当在标题中标明,如《人力资源市场暂行条例》《纳税信用等级评定管理试行办法》《××省澄清虚假或不完整信息工作办法(试行)》等。

2. 题注

规章制度通常要由制发机关用命令、决定、通知等法定公文印发施行,以表明其合法性和有效性;但在实际使用中,一般不需要附加发布规章制度的公文,而是在标题下以题注形式注明发布机关和发布时间,或通过会议的名称和时间。如《企业经营范围登记管理规定》标题下注明"(2015 年 8 月 27 日国家工商行政管理总局令第 76 号公布)";《××省水污染防治条例》标题下注明"(2018 年 9 月 21 日××省第十三届人民代表大会常务委员会第五次会议通过)"。

3. 正文

一般由开头、主体、结尾三部分组成。开头部分主要写明制定文书的依据、目的、宗旨、背景、基本原则、意义、要求等,以确保文书生成的合法性和有效性;主体部分具体陈述所制定的相关规范性要求的基本内容,力求表述准确周密、层次清晰、条理分明,这是最为核心也最为重要的部分;结尾部分主要对前述条文进行补充和说明,具体包括:文书的制定权、修订权、解释权的归属,需要强调指出的有关事项,与其他相关规章制度的关系,对原有同类文书的废止等。

正文可根据内容繁简程度按篇、章、节、目、条、款、项分级分类撰写,主要有三种形式。

(1) 章条式。分章分条,章续条连。第一章为"总则",最后一章为"附则",中间各章为"分则",各章条连续编次,一目了然,便于引用。如《××省传统村落保护办法》第一章"总则"主要论述了制定本办法的目的、依据、适用范围、原则及要求等,第二到五章分别从"申报和认定""规划管理""保护和利用""法律责任"四个方面分类陈述相关工作的规范及要求,第六章"附则"主要补充说明本办法与相关规章制度之间的关系,及"传统建筑"的适用范围,并在最后一条标明本办法的生效时间。

(2) 条贯式。从头至尾按条排列,有的条下分款,但单独编次,不与前后分款连续。如《互联网广告管理暂行办法》第一至四条主要说明本办法制定的目的、依据、适用范围及要求等;第五至二十八条主要从互联网广告发布的范围、内容及要求,互联网广告发布者和经营者,广告需求方平台和信息交换平台,违规行为及处罚措施等方面分别陈述;第二十九条则标明"本办法自 2016 年 9 月 1 日起施行"。

(3) 总分式。开头说明制文的目的和根据,领起全文,主体部分则分条或分类陈述。如《关于执行款物管理工作的规定(试行)》开头首先说明制定本规定的目的和依据:"为了加强人民法院执行款物的管理工作,维护当事人的合法权益,根据《中华人民共和国民事诉讼法》及有关司法解释,参照有关财务管理规定,结合执行工作实际,制定本规定。"然后从本规定的适用范围及要求、执行款物管理的具体工作规范及要求、本规定的执行要求及生效时间三个方面展开陈述。又如《××市县级政务服务中心考核办法》开头首先说明本办法制定的目的和文件依据,然后从考核对象、考核内容及标准、考核程序三个方面展开陈述。

这里需要强调的是,无论采用哪种形式,行文都应做到条目、层次清楚,篇、章、节、目、条、款、项等的使用应注意由高到低选用,章、节中所包含的各条要连续排列,但每条下的款、项不需连排,可独立排列。

(二) 契约类文书

这类文书一般由标题、当事人、正文、生效标识四部分组成。

1. 标题

合同标题一般由"事由+文种"组成,如《产品买卖合同》。少数合同标题中不用"合同"二字,运输合同通常为事由加"计划表""运单"等字样,如《铁路局货物运单》,财产保险合同标题通常为事由加"投保单"或"保险单"字样,如《企业财产保险单》。

协议书标题一般由"文书性质+文种"组成,如《赔偿协议书》《委托协议书》等。

意向书标题包括三种形式:(1) 直接以"意向书"为标题;(2) 由"事由+文种"构成,如《技术合作意向书》《关于联合开发建设运营"××软件城"战略合作意向书》;(3) 由"当事人+事由+文种"构成,如《××核风电有限公司与××新能源股份有限公司关于××海上风电项目联合开发之合作意向书》。

2. 当事人

标题下方标明双方当事人的单位名称或个人姓名以及相关信息。单位名称后应注明法定代表人姓名、地址、邮政编码、电话号码等信息;个人名称后应注明性别、年龄、职务等信息。

订立合同当事人名称应按营业执照上核准的名称填写,不得用简称或代号。为行文简便,可在双方当事人名称前分别标明"甲方""乙方",或双方当事人名称后分别注明"(简称甲方)"和"(简称乙方)",或根据双方关系标明"买方"和"卖方","供方"和"需方","发包方"和"承包方","收购方"和"转让方"等,当事人名称后再注明"(简称甲方)"和"(简称乙方)"。如:

买方:××有限责任公司(以下简称甲方)
卖方:××科技有限责任公司(以下简称乙方)

甲方(用人单位)名称:
法定代表人(主要负责人):
单位地址:

联系方式：

乙方（劳动者）名称：

身份证号码：

现住址：

户口所在地：

联系方式：

甲方：

法定代表人：

单位地址：

邮政编码：

联系方式：

乙方：

法定代表人：

单位地址：

邮政编码：

联系方式：

　　在标题之下、双方当事人之上或偏右位置一般注明合同编号和签订日期，有时还需注明签订地点。如：

　　　　合同编号：＿＿＿＿＿＿＿＿＿＿

　　　　签约地点：＿＿＿＿＿＿＿＿＿＿

　　意向书一般没有此项内容。

　　3. 正文

　　合同一般包括如下三个方面内容。

　　（1）目的或依据。首先表明双方订立合同的目的或依据，如有相关法律规定的，要将此法律名称注明。常用"根据××法律和有关法律法规，经甲、乙双方协商一致签订本合同"等字样，如"根据《中华人民共和国劳动法》《中华人民共和国合同法》和国家及省的有关规定，甲乙双方按照合法、公平、平等自愿、协商一致、诚实信用的原则订立本合同"。

　　（2）主要条款。即双方协商达成一致的内容。

　　合同的主要条款包括三类：其一，《合同法》规定的条款，主要包括：标的（指合同当事人权利和义务共同指向的对象），数量（标的在量的方面的限度）和质量（标的的特征和品质），价款或酬金（取得标的的一方当事人向对方支付的以货币数量来表示的金额），履行的期限、地点和方式，违约责任，解决争议的方法等。其二，根据法律规定或按照合同性质必须具备的条款。这里的法律规定主要指的是各种合同条例、实施细则。其三，当事人一方要求必须规定的特殊条款。这里的特殊条款指的是双方当事人在合同所要求的事项之外另行协商约定的"其他约定事项"。如：

一、甲、乙双方的权利和义务

1. 甲方是＿＿＿＿＿系列产品的供应商,乙方是经销商。

2. 销售范围:甲方指定乙方在＿＿＿＿＿范围内销售甲方产品。

3. 乙方作为甲方的经销商,应尽经销商的责任。在上述区域应按甲方销售策略销售要求,尽最大努力将甲方产品销售。甲方也应保证供应足够的货源。

……

二、乙方的特别义务以及奖励

1. 保持甲方产品所有规格＿＿＿＿个月销售的库存,甲方有权要求乙方进行库存增减调整。

……

三、合同的变更及终止

1. 经友好协商,甲、乙双方可以变更合同。

2. 乙方如连续＿＿＿＿个月不能达到甲方所定下的销售目标,甲方视乙方为自动终止本协议。

3. 本协议期满后,由甲、乙双方协商是否续签本协议,乙方具有优先续签本协议的权利。

四、违约责任及争议解决

……

(3) 附则。包括合同的有效期限、份数和保存者,以及补充办法等项内容。如:

五、附则

1. 本协议有效期为:＿＿＿＿＿年＿＿＿月＿＿＿日至＿＿＿＿＿年＿＿＿月＿＿＿日。

2. 其他未尽事宜双方可友好协商。

3. 本协议一式两份,双方各执一份,签名盖章后即生效。

这里需要注意的是,由于合同种类不同,其涉及的具体内容项目及要求等也各不相同,写作者应根据合同的种类分别按要求撰写相关的内容,务必做到内容齐备、表述得当、格式规范。

协议书一般包括依据或缘由、约定内容两部分。依据或缘由部分主要说明双方订立协议的时间、地点、原则、事项、法律法规依据等事宜,是正文的开头部分;约定内容部分主要分条陈述双方协商确定的具体内容,一般采用条款式,具体条款内容要根据协议书的性质和双方协商的结果而定,国家文件明确要求的条款必须具备,且应严格遵守。

意向书一般包括引言和主体两部分。引言部分主要说明签订意向书的依据、缘由、目的,同时需交代清楚签订意向书各方的名称,并在名称后注明"(简称甲方)""(简称乙方)",有时还要简单说明双方谈判磋商的大致情况。主体部分主要以条文形式表述各方达成的具体意向。此外,主体部分还应写明未尽事宜的解决方式,以及意向书的文本数量及保存者,有时还需交代清楚意向书所使用的文字。

4. 生效标志

生效标志一般包括：(1) 双方法定代表人或委托代理人签名；(2) 双方当事人加盖印章；(3) 双方当事人注明地址、电话、电挂、邮政编码、传真号、开户银行名称及账号等相关信息；(4) 鉴证或公证机关应注明基本信息(意见、单位名称、公证人姓名、日期等)并加盖印章。如：

甲方：××××××(签章)　　　　负责人：×××(签章)
地址：×××××××
电话：×××××××　　　　　　传真：×××××××
开户银行：×××××××　　　　账号：×××××××

乙方：××××××(签章)　　　　负责人：×××(签章)
地址：×××××××
电话：×××××××　　　　　　传真：×××××××
开户银行：×××××××　　　　账号：×××××××

四、规约文书的写作要领与注意事项

(一) 规约文书的写作要领

1. 行文依据权威可靠

规约文书通常以现行的法律法规等相关文件为依据，其合理合法与否及其信服力和影响力如何都有赖于所依据的文件是否权威可靠。如果不能依照相关法律法规等文件的要求，或者所依照的法律法规等文件本身存在问题，那么规约文书的合法性和信服力就会受到质疑和动摇，其有效性和影响力也会大打折扣。因此，规约文书的写作者在制发文书前一定要熟悉并深刻把握所依据的法律法规等相关文件，务必在现行法律法规等相关文件所允许和限定的范围内制发文书，杜绝任何缺少文件支撑的规约文书行文。

2. 表述内容严谨完备

在规约文书的制发过程中，由于需要规范和约束的事项比较繁杂，因此写作者需要充分调研，既要理解和领悟相关文件的内涵和精神，更要深入了解本单位、本部门的工作实际，以及组织内、外部环境的整体情况，并在讨论、协商的基础上形成规约文书的基本内容，且力求真实、准确、全面、完备，避免盲点、漏洞及逻辑混淆，从而有助于充分发挥此类文书的功能和作用。

3. 表述方式简练精当

规约文书通常采用条文式展开表述，涵盖内容虽全面丰富，但每项条文都应运用最为准确简练的文字将所要传达的意思表述到位，避免歧义或表意不清，这样便于读者理解领会和贯彻执行。如果规约文书的表述过于烦琐，甚或存在概念不清、信息不准、逻辑混乱等问题，那么就很容易导致误解、曲解乃至难解，造成工作无法推进、秩序出现混乱，甚至组织利益受到损害等严重的后果。此外，表述方式简练精当也是精简行文、提高效率的实际工作所需。

(二) 规约文书的注意事项

1. 依法依规行文

无论是规章制度类文书,还是契约类文书,都需要依照有关的法律法规等文件来制定。就规章制度类文书而言,全国性规章制度应由中央主管部门或国务院及各部委制定;地方性规章制度或全国性规章制度的补充规定应由省、市、自治区制定;一般机关、团体和企事业单位也必须建立必要的规章制度。任何规章制度都不能与国家的法律法规以及上级制定的规章制度相抵触。就契约类文书而言,合同、协议书和意向书都需遵照《中华人民共和国合同法》以及相关法律法规等文件的规定和要求来制定,不能出现与之相抵触、相违背的情况,否则就会被视为无效,无法发挥其维护保障组织权利和义务的功能。

2. 注重实用有效

规约文书的制定是为了确保各类社会组织的良性运作及其自身的合法权益。通过规范特定组织或特定范围内的合理化秩序、明确组织及组织间的权利义务关系,促进竞争有序、协作共赢的良性社会生态的生成与延续。因而,规约文书绝不是闭门造车的产物,也不是空洞无物的虚文,其既有规范行为、约束活动的现实针对性,也有指导工作、推动合作的实际效用,规范成文的规约文书理应在组织的运营管理、公关营销等工作中发挥实实在在的作用。

3. 表述准确得体

为了便于理解和执行,规约文书的表述务求准确得体。即一方面,规约文书对所涉及事项的规范性要求必须表述准确,用语规范,思路清晰,逻辑严谨,不允许出现难以理解或易于误解的现象;另一方面,规约文书的制定应限定在特定组织的职权范围内,且在表述上应力求措辞严谨、庄重得体,体现出必要的严肃性、权威性和规范性,避免出现口语化、官僚化、形式化等失当现象。

4. 格式规范精致

规约文书是需要在特定范围内予以发布和应用的规范性文书,其既体现着特定组织的工作质量、工作水平和工作作风,又是特定组织对外形象的直接呈现。因而,规约文书在制定时一定要注重格式的规范化、精致化,力求使读者有一种赏心悦目的观感,这在提升组织形象、美化组织环境、促进信任与合作等方面都具有积极有效的助推作用和正面影响。

第六章
学年与毕业论文(设计)专题

　　学术论文是用系统的、专门的知识来讨论或研究某种问题、某类研究成果的学理性文章,根据不同的标准可以划分出不同的类别。根据研究领域来划分,可以分为自然科学论文和社会科学论文;根据选科的属性划分,可以分为基础理论研究论文和应用研究论文;根据学科内容划分,可以分为一般学术论文和规范性学术论文;根据研究和写作的目的划分,可以分为目标论文、期刊论文和学业论文;根据专业划分,还可以分为文学论文、经济学论文、法学论文、医学论文等。本章节中讨论的学年和毕业论文(设计)可以笼统地归为学业论文、规范性学术论文这一类,即高等院校的学生根据特定的标准和要求所撰写的学术论文。根据不同级别和不同要求,还可以分为课程论文(设计)、学年论文(设计)、毕业论文(设计)、学位论文(设计)。一般情况下,大学生的毕业论文(设计)就是申请相应学位的学位论文(设计)。

第一节　学年与毕业论文(设计)文书概述

一、学年与毕业论文(设计)的基本属性

　　要求学生撰写论文是高等院校培养人才的一种途径,也是检验人才质量的一种方式。高等教育环节中涉及的学术论文有课程论文(设计)、学年论文(设计)、毕业论文(设计)。课程论文(设计)是围绕某一门课程内容所撰写的论文,这类论文的选题相对单一,篇幅要求不高,重在综合考察该门课程的学习效果。学年论文(设计)是要求学生在一学年中根据所学知识撰写的科研实践论文,属于在校学生的年度科研成果,其选题较之课程论文(设计)要相对宽泛。毕业论文(设计)则是学生在毕业前对本专业学习成果的综合检测,是每个大学生在大学期间独立完成的标志性学术成果,也是毕业生用以申请授予相应学位的学术论文(设计)。在这三类论文中,又尤以学年论文(设计)与毕业论文(设计)为重。课程论文(设计)可以作为学年论文(设计)的一种特殊形式,在下文的讨论中,把课程论文(设计)并入学年论文(设计)中一并讨论。

　　作为学术论文的一种类型,学年与毕业论文(设计)具有学术论文的一般属性,即科学性、创新性和理论性。

　　科学性是学年与毕业论文(设计)的基本要求。科学性指论文所引资料应该客观、准确,

通过周密的调查实验，尽可能多地占有材料，以最充分的论据作为立论的依据；立论不带有个人的主观随意性，必须从客观实际出发，并从中导出客观结论；论证逻辑严密，分析问题有理论和事实依据。科学性是学术论文区分于其他文章的重要特征，也是学年与毕业论文（设计）在撰写过程中必须要遵循的基本原则。

创新性是学年与毕业论文（设计）学术价值的集中体现。观点的新颖和深刻是学术论文独创性的表现，重在对某一问题形成自己独到的见解，而不是简单重复甚至照搬照抄。学年与毕业论文（设计）的创新性可以表现为从一个新的角度，用新的方法、新的材料来论证某一问题，得出新的结论，构成新的体系。

理论性是学年与毕业论文（设计）的基本特征。学年与毕业论文（设计）的撰写同样需要遵循逻辑论证的一般规律，这个过程往往就是从现象到本质，从感性到理性，从个别到一般，使认识逐步上升到理论的高度。因此不管是论证过程中的理论指导、理论引用，还是到最终结论的导出，都带有很强的理论色彩。

但是，学年与毕业论文（设计）作为高等院校人才培养的重要抓手，还具有规定性、培养性和专业性的特征。

1. 规定性

一般学术论文的研究动机更多出自研究者的责任或者使命，是一种发自内心的科研动力，但是学年与毕业论文（设计）的撰写来自外力，是高校要求学生必须按照申请学位的等级或毕业层次完成相应水平的论文。并且，学年与毕业论文（设计）的写作具有特定的操作规范，这一点主要集中在论文的形式上，即论文除了遵循学术论文的一般规则外，还需要符合高校所制定的相关标准及规定，使之程序化、标准化、格式化。这种外在的格式规定是高校论文所特有的，学年与毕业论文（设计）的撰写者为在校学生，且大部分都处于科学研究的初级阶段，因此这类规定有助于学生在写作过程中有章可循，有法可依。同时，也有助于提升论文评审工作的效率，让评阅者能够集中精力关注内容本身。

2. 培养性

学年与毕业论文（设计）是学生在校期间必须完成的作业，其目的在于考查和培养学生运用各类知识的能力，例如围绕既定主题查阅资料的能力，运用理论知识分析问题的能力，实际的操作能力、实验能力以及撰写文章的能力等。高等教育将人才培养的各类指标内化为学年与毕业论文（设计）的撰写，通过具象化的写作训练来达到培养人才、考核人才的目的。这种出于明确的人才培养的初衷，并且以高校为平台进行的批量化操作，使之区分于其他类型的学术论文。

3. 专业性

高等教育的学科分工越来越细，不同专业的学生在撰写学年与毕业论文（设计）的过程中必须具有比较明确的专业意识，保证研究活动能在所属专业的框架下展开，带有明显的学科色彩。例如，汉语言文学专业与经济学专业的学年与毕业论文（设计）在选题上应该有明确的区分，如果混淆不清必然会影响专业成果评定。同时，论文的撰写过程也应该利用本学科本专业特有的研究方法、概念体系、专业术语或者公式、图标等，对研究对象进行观察和分析，以更好地体现人才培养的专业区分度。

二、学年与毕业论文（设计）的区别

作为高等教育环节中最为重要的两类学术论文，学年与毕业论文（设计）除了具有共同的属性外,更存在明显的差异性。

首先,从时间跨度来讲,学年论文(设计)往往以一学年为限,在学年初,学生在教师的指导下确定研究的主题,在这学年末需完成论文的撰写,并交由指导教师评阅。这个过程一般不另外设置开题环节和答辩环节。毕业论文(设计)撰写的时间长度至少为3个学期,以大学本科为例,学生一般在第6学期,也即大三的第2学期进行师生互选,明确基本的研究方向,在第8学期,也即大四的第2学期进行论文答辩,只有通过论文答辩才有资格申请学士学位。学生需要在较长的一段时间内从事毕业论文(设计)工作,在前期准备以及过程长度上都要超过其他类型的高校论文。

其次,从考核的标准来讲,学年论文(设计)是对一个阶段学习成果的考核,因此论文的选题相对来讲比较窄小,主要围绕一个具体性的问题展开,初步学会运用一门或者几门课程的知识来分析和解决问题。学年论文(设计)在整体的撰写要求上并不严苛,即只要学生能够按照学术论文的研究方法完成整个过程,并能有所见解,属于论文写作的初级训练。毕业论文(设计)则是对整个人才培养阶段的综合性考核,涉及各类不同的能力指标,因此在内容和方法上更具有综合性,以更全面地体现几年的学习成果。毕业论文(设计)的质量直接决定能否顺利获取相应学位,是高等院校人才培养与人才考核的最后一个环节。

再次,从训练的先后顺序来讲,学年论文(设计)的训练在前,学生经过了学年论文(设计)的写作训练,就可以更加顺利、高效地开展毕业论文(设计)的写作,因此我们也习惯称学年论文(设计)为"小论文",称毕业论文(设计)为"大论文"。事实上,教育部规定高校设置学年论文(设计)的初衷,正是要求学生能够逐步积累经验,这样在毕业的时候撰写毕业论文(设计)就不会成为一件太难的事情。随着高校规模的扩大,原先仅安排毕业论文(设计)的教学计划显然已经跟不上人才培养过程化管控的要求,因此又在此基础上增设了学年论文(设计)的教学环节,两者属于高校论文教学环节中相隔又相继的两个部分。学年论文(设计)是毕业论文(设计)的基础和前期训练,毕业论文(设计)是对学年论文(设计)的延伸和深化,学生可以在学年论文(设计)的选题基础上,进一步对其填充,就可以逐步形成毕业论文(设计)的选题,这样的选题相对来说都比较经得起推敲。

三、学年与毕业论文(设计)对人才培养的作用

学年与毕业论文(设计)是高等院校人才培养的重要抓手,是高等教育中不可或缺的一个环节,帮助学生把已学的基础理论和专业知识、技能进一步融会贯通,灵活、深入地投入实际运用中。具体而言,有以下三个方面的作用。

1. 注重过程管理,推进研究性教学

传统教学以教师讲、学生听为主,每一门课程的考核大都以试卷作为检测的主要手段,但是随着教学模式的改革,高等教育越来越侧重于学生自我学习能力的培养,同时也加大了过程化考核,采用多种灵活的方式与课堂教学相结合,以进一步强化人才培养。高校开设的论文教学活动正是在基础教学的基础上,注入研究的元素,促进学生思考,通过教师的指导,让学生学会主动探索、主动思考、主动实践,并从中进一步学取知识、应用知识、解决问题。在整个论文教学活动中,从定题、资料收集、方案落地到最后的成果展示都由学生自我掌控,不仅提高了学生各个方面的专业技能,也在一定程度上培养了学生的创新精神和创新能力,对高等教育具有深远意义。

2. 检验人才培养质量,深化教育教学改革

学年与毕业论文(设计)对于学生而言,是对其已学知识掌握情况以及运用情况的检测,学生的调研能力、科学实验能力、综合分析能力、写作能力等都能在论文的撰写过程中得到体现。对于高等院校而言,学年与毕业论文(设计)的设置也是开展自我教育教学评估的重要参考,学校可以根据学生论文的撰写情况,了解学生的学习情况以及现有教学模式的人才培养质量。论文教学具有很强的综合性,因此也能全方位地检测学生的学习效果,展现各类能力培养指标,让高校能够明确不同指标体系下的人才培养质量,并根据实际情况及时做出调整。在论文教学的助推下,高校通过不断的自我评估、自我调整,促使自身的教育教学活动能够始终围绕着人才培养的目标展开。

3. 强化科研训练,衔接研究性学习

学年与毕业论文(设计)既是一次考核,也是一场训练,既是对以往学习成果的总结,也是对科学研究的有益尝试。学生通过论文写作了解并掌握科学研究的基本环节、程序和方法培养起一定的科研兴趣,初步确定未来研究的方向,为今后从事研究性学习打下基础。对于大学生而言,开展更高层次的研究性学习是一种内在需求。除了基本的方法论外,论文教学环节更多注重培养学生思考问题的能力,理论联系实际与学以致用的能力,以及独立开展创新训练的能力,这些都是更高层次的人才培养环节中所注重的核心技能。

四、学年与毕业论文(设计)的基本格式

国家标准局颁布的《科学技术报告、学位论文和学术论文的编写格式》(GB/T 7713—87)中规定了科技报告、学位论文以及学术论文的基本格式,后又颁布了《学位论文编写规则》(GB/T 7713.1—2006)、《科技报告编写规则》(GB/T 7713.3—2009)对原有文件内容进行了更新,学年与学位论文(设计)的相关格式可以参考以上文件的要求。但作为高等院校特有的论文类型,在基本格式上仍然稍有出入,例如《学位论文编写规则》(GB/T 7713.1—2006)中前置部分包含的"致谢",在论文的实际撰写过程中往往会放置在结尾部分论述。综合而言,高校的学年与学位论文(设计)依然可以分成前置部分、主体部分、参考文献、附录、结尾部分这五大部分。

(一)前置部分

1. 封面

封面是学年与毕业论文(设计)的外表面,提供主要信息,并起保护作用,封面上一般包括题名、作者、指导教师等信息,其他信息可由学校自行规定。

2. 封二

毕业论文(设计)需要有封二,包括论文(设计)的独创性声明、使用授权声明,以及作者和导师签名等,其内容应符合我国著作权相关法律法规的规定。

3. 题名页

题名页也是毕业论文(设计)特有的,主要包括中图分类号、学校代码、UDC、密级、题名和副题名、作者及指导教师、申请学位、学科专业、研究方向、论文提交日期、培养单位的全称等要素。题名应该避免使用不常见的缩略词、首字母缩写、字符、代号和公式等,其间所用的每一个词语都应考虑到有助于选定关键词和编制题录、索引等二次文献可以提供检索的特定实用信息。论文如需保密,则在封面右上角注明密级,密级按照 GB/T7156—2003 标注。

在实际情况中,题名页往往会和封面页合一,有些论文还要求有英文题名页,必要时可单独成页。

4. 摘要和关键词

摘要是对论文(设计)的内容不加注释和评论的简短陈述,摘要的内容应该包含与论文(设计)等量的主要信息,如研究目的、研究对象、研究方法以及基本结论等,使阅读者即便不阅读全文,就能获得必要的信息。摘要中一般不使用图、表、化学结构式、非公知公用的符合和术语。每篇论文(设计)应选取 3—8 个关键词,用显著字符另起一行排在摘要下方,关键词应体现论文特色,具有语义性,在论文中有明确的出处。如有可能,应尽量使用《汉语主题词表》等词表提供的规范词。如果是毕业论文(设计),则还需标注与中文对应的英文摘要和英文关键词,在中文摘要后另起一页书写。

5. 序或前言

这部分内容并非必选项,主要为作者对论文(设计)基本特征的简介,也可以评述和对相关问题的研究进行阐发,这些内容也可以在正文引言(绪论)中说明。

6. 目次页

目次页也即目录,在前文内容结束后另起一页书写,由论文(设计)的篇、章、条、附录、题录等的序号、名称、页码组成。

7. 图和附表清单

论文(设计)中如图、表较多,可以分别列出清单,放置在目次页之后,图、表都应该单独标注序号、名称和页码。

8. 符号、标志、缩略词等

若论文(设计)中涉及多种符号、标志、缩略词、首字母缩写、计量单位、名词、术语等,如需汇集,可集中置于图、表清单之后。

(二) 主体部分

主体部分应另起一页从右页开始书写,首先应该列置论文题名,随后按章节依次撰写,每一章应另起页。

1. 引言(绪论)

主体部分一般从引言(绪论)开始,以结论或讨论结束,其中引言(绪论)应包括论文的简要说明,包括研究工作的目的、范围、相关领域的前人工作和知识空白、理论基础和分析、研究设想、研究方法和实验设计、预期结果和意义等。这部分内容不能与摘要重复,应该比摘要论述得更为详细和深入。论文研究领域的历史回顾、文献追溯、理论分析等内容,应独立成章,用足够的文字叙述。

2. 正文

正文是论文(设计)的核心部分,因涉及学科、选题、研究方法、结果表达方式等存在很大差异,不能做统一规定,但是正文内容必须实事求是、客观真切、合乎逻辑、层次分明。其中,有以下几个问题需要明确。

(1) 层次标注。为了让正文部分更加清晰直观,可以采用小标题或者序号的形式进行分层。文科类论文中篇幅较长者可以采用篇、章、节的方式分层,若篇幅有限,也可直接采用"一、二、三、""(一)(二)(三)""1.2.3.""(1)(2)(3)"的层次标注法,理工科类论文可以采用"1""1.1""1.1.1""2""2.1""2.1.1"的层次标注法。以下是几种常见的层次标注方式。

层次标注方式一：
一、引言
二、工笔人物画多样性的构图形式
(一)传统工笔人物画的构图形式
　　1. 构图形式
　　2. 传统工笔人物画的构图特点
(二)当代工笔人物画构图形式的传承与创新
　　1. 对传统构图形式的继承
　　2. 构图形式的创新
三、多样性的线型语言
(一)传统工笔画人物画线型语言的演变及风格特征
　　1. 线型语言的形成与演变
　　2. 线型语言的特征
(二)当代工笔人物画线型语言的多样性
　　1. 对传统工笔人物画线型语言的继承
　　2. 借西润中
·········

层次标注方式二：
　1　绪论
　　1.1　研究背景与意义
　　1.2　研究进展
　　　1.2.1　混凝土早期性态研究进展
　　　1.2.2　混凝土面板坝面板温度应力研究进展
　　　1.2.3　混凝土面板开裂数值计算研究进展
　　1.3　本文主要研究内容和创新之处
　　　1.3.1　主要研究内容
　　　1.3.2　主要创新之处
　　1.4　技术路线图
　2　温度场用户子程序开发
　　2.1　温度场计算基本理论
　　2.1.1　水化热
　　2.1.2　等效龄期
　　2.1.3　水化度
　　2.1.4　混凝土热学性能参数
　　2.2　温度场子程序开发
　　2.3　温度应力子程序开发

2.3.1 线性徐变理论

2.3.2 子程序开发

……

（2）图、表的标注。文中出现的图、表都应该具有"自明性"，并且有独立的编号，例如图的编号由"图"和从"1"开始的阿拉伯数字组成，表的编号由"表"和从"1"开始的阿拉伯数字组成，图和表不能连续编号。图、表较多时，可分章编号。图和表都应该有名称，置于编号之后，编号和题名应置在图、表的上方。表的编排建议采用国际通行的三线表，并且一般是内容和测试项目由左至右横读，数据依序竖读。如果某个表需要转业接排，在随后的各页上应重复表的编号，编号后跟表题(表题可省略)和"(续)"字，置于表的上方，续表均应重复表头。示例请见表 6-1、图 6-1。

表 6-1 四个算式的计算结果

序号	算式	计算结果	
		$\sqrt{2}\approx\frac{7}{5}$	$\sqrt{2}\approx\frac{17}{12}$
1	$(\sqrt{2}-1)^6$	$(\frac{2}{5})^6$	$(\frac{5}{12})^6=0.005\,233$
2	$99-70\sqrt{2}$	1	$-\frac{1}{6}=-0.166\,667$
3	$\left(\frac{1}{\sqrt{2}+1}\right)^6$	$(\frac{5}{12})^6=0.005\,233$	$(\frac{12}{29})^6=0.005\,020$
4	$\frac{1}{99+70\sqrt{2}}$	$\frac{1}{197}=0.005\,076$	$\frac{12}{2378}=0.005\,046$

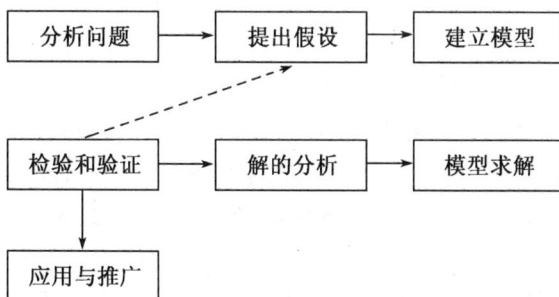

图 6-1 数学建模的一般步骤

（3）公式的标注。论文(设计)中如果出现公式，应另起一行，并缩格书写，与周围文字留足够的空间区分开。如有两个以上的公式，应从阿拉伯数字"1"开始进行编号，并将编号置于括号内，公式的编号右端对齐，公式与编号之间可用"…"连接。公式较多时，可分章编号。

示例：

$$\sin x = x - \frac{x^3}{3!} + \frac{x^5}{5!} - \frac{x^7}{7!} + \cdots\cdots \tag{1}$$

较长的公式需要转行时,尽可能在"＝"处回行,或者在"＋""－""×""/"等记号处回行。

(4) 引文标注和注释的标注。在标注引文时,如果是原话引用,应对引文内容加上双引号,内容必须做到准确无误,一字不差,连标点符号也不可随意改动。如果只是引用原意,只需用冒号将其引出即可。引文需注明出处,加注的方式有夹注、脚注、尾注。夹注是在正文中,直接在引文的后面加上括号,括号里直接标明引文作者、著作或文章名称、出版处、页码等,但夹注不能太多。脚注是在当页的页脚标注引文出处,优点在于易于阅读。尾注是在全文末尾标明引文出处。脚注和尾注都需要在引文的右上角,用方括号括注的阿拉伯数字按顺序统一编号。需要注意的是,整篇论文的引文方式必须统一,在学年和毕业论文(设计)中,常用的是脚注和尾注。

当论文中的字词或短语需要进一步加以说明,而又没有具体的文献来源时可以用注释,一般采用脚注的形式放在每页的页脚,但全篇论文的注释数量不宜过多。

3. 结论或讨论

这是论文(设计)研究的最终结论,表述应注意明确、精炼、完整。一些论文如果不能导出应有的结论,则应该进行必要的讨论,从中提出建议和设想,或者提出改进意见和尚待解决的问题等。

(三) 参考文献

参考文献应置于正文后,并另起页,所有被引用的文献均要列入参考文献表,基本按照《信息与文献参考文献著录规则》(GB/T7714—2015)的规定执行。不同的载体,标注的方式也不同,首先需要用特定的标志代码进行区分。常用的文献类型和标志代码如下:普通图书:M,会议录:C,汇编:G,报纸:N,期刊:J,学位论文:D,报告:R,标准:S,专利:P,数据库:DB,计算机程序:CP,电子公告:EB,档案:A,舆图:CM,数据集:DS,其他:Z。电子资源载体和标志代码分别为磁带:MT,磁盘:DK,光盘:CD,联机网络 OL。各类标志方式具体示例如下:

1. 普通图书

[1] 张伯伟. 全唐五代诗格会考[M]. 南京:江苏古籍出版社,2002:288.

[2] 师伏堂日记:第 4 册[M]. 北京:北京图书馆出版社,2009:155.

[3] 胡承正,周详,缪灵. 理论物理概论:上[M]. 武汉:武汉大学出版社,2010:112.

[4] CRA WFPRD W, GORMAN M. Future libraries: dreams, madness, & reality[M]. Chicago: American Library Association, 1995.

2. 论文集、会议录

[1] 中国职工教育研究会. 职工教育研究论文集[G]. 北京:人民教育出版社,1985.

[2] 雷光春. 综合湿地管理:综合湿地管理国际研讨会论文集[C]. 北京:海洋出版社,2012.

[3] BABU B V, NAGAR A K, DEEP K, et al. Proceedings of the Second

International Conference on Soft Computing for Problem Solving，December 28 - 30，2012[C]．New Delhi：Springer，2014.

3．报告

[1] 中华人民共和国国务院新闻办公室.国防白皮书：中国武装力量的多样化运用[R/OL].

2013 - 04 - 16[2014 - 06 - 11]. http：//www. mod. gov. cn/affair/2013 - 04/16/content_4442839. htm.

4．学位论文

[1] 吴云芳.面向中文信息处理的现代汉语并列结构研究[D/OL]. 北京：北京大学，2003[2013 - 10 - 14]. http：//thesis. lib. pku. edu. cn/dlib/List. asp？lang=gb&type=Reader&DocGroupID=4&DocID=6328.

5．专利文献

[1] 张凯军.轨道火车及高速轨道火车紧急安全制动辅助装置：201220158825. 2[P]. 2012 - 04 - 05.

6．标准文献

[1] 全国信息与文献标准化技术委员会.文献著录：第4部分　非书资料：GB/T 3792. 4—2009[S]. 北京：中国标准出版社，2012：3.

7．专著中析出的文献

[1] 宋史卷三：本纪第三[M]//宋史：第1册. 北京：中华书局，1977：49.

[2] 白书农.植物开花研究[M]//李承森.植物科学进展.北京：高等教育出版社，1998：146　163.

8．期刊中析出的文献

[1] 杨洪升.四库馆私家抄校书考略[J].文献，2013(1)56 - 75.

[2] 李炳穆.韩国图书馆法[J].图书情报工作，2008，52(6)- 21.

9．报纸中析出的文献

[1] 丁文详.数字革命与竞争国际化[N].中国青年报，2000 - 11 - 20(15).

[2] 张田勤.罪犯DNA库与生命伦理学计划[N].大众科技报，2000 - 11 - 12(7).

10．电子文献(不包括电子专著、电子连续出版物、电子学位论文、电子专利)

[1] 萧钰.出版业信息化迈入快车道[EB/OL]. (2001 - 12 - 19)[2002 - 04 - 15]. http：//www. creader. com/ne ws/20011219. htm.

[2]李强.化解医患矛盾需釜底抽薪. [EB/OL]. (2012 - 05 - 03)[2013 - 03 - 25]. http：//wenku. baidu. com/view/47e4f206b52acfc789ebc92f. html.

(四) 附录

附录是主体部分的补充，并不是必有项，下列内容可以作为附录编于正文后：为了论文(设计)的完整，但编入正文又有损于编排的条理和逻辑性，这一类材料包括比正文更为详尽的信息、研究方法和更深入的叙述，建议可以阅读的参考文献题录，对了解正文内容有用的补充信息等可以放入附录部分；由于篇幅过大或取材于复制品而不便编入正文的材料；不便编入正文的罕见珍贵资料；对一般读者并非必要阅读，但对本专业同行有参考考价值的资料；正文中未被引用但被阅读或具有补充信息的文献；以及某些重要的原抬数据、数学推导、计算程序、框图、结构图、注择、统计表、计算机打印输出件等。附录部分和正文连续编页码，每一附录均另起一页。

$$\text{附录 A} \begin{cases} \text{A.1} \begin{cases} \text{A.1.1} \\ \text{A.1.2} \end{cases} \\ \text{A.2} \end{cases}$$

$$\text{表 A1}$$

$$\text{图 A1}$$

$$\text{附录 B} \cdots$$

（五）结尾部分

结尾部分可以编排分类索引、关键词索引、作者简历、学位论文数据集等。其中，作者简历一般包括教育经历、工作经历、发表的论文和完成的工作等，如果是毕业论文（设计）一般需要注明攻读学位期间发表的论文和参与的科研项目情况。如有后记或者致谢，一般放置在参考文献之后，作者简历之前的位置。

学年与毕业论文（设计）的基本格式要素如下表所示：

表 6-2　学年与毕业论文（设计）的基本格式要素图

要素	状态	内容
封面	毕业论文（设计）必有项	提供主要信息，并起保护作用
封二	毕业论文（设计）必有项	独创性声明、使用授权声明，以及作者和导师签名等
题名页	毕业论文（设计）必有项	中图分类号、学校代码、UDC、密级、题名和副题名、作者及指导教师、申请学位、学科专业、研究方向、论文提交日期、培养单位的全称等要素
摘要与关键词	必有项	对全文内容不加注释和评论的简短陈述
序或前言	可有项	对论文基本特征的简介，也可以评述或对相关问题的研究进行阐发
目次页	必有项	篇、章、条、附录、题录等的序号、名称、页码
图和附表清单	可有项	图、表的总目提示
符号、标志、缩略词等	可有项	相关要素的总目提示
引言（绪论）	必有项	研究的目的、范围、前人研究的基础、研究设想、研究方法和实验设计、预期结果和意义等
正文	必有项	理论论证与阐释、设计方案的呈现等
结论或讨论	必有项	研究的结果
参考文献	有则必备	所引资料的出处
附录	有则必备	主体部分的补充资料
结尾部分	毕业论文（设计）必有项	分类索引、关键词索引、致谢、后记、作者简历、学位论文数据集等

　　当然,不同的高校对学年与毕业论文(设计)的格式会有单独的规定,在具体的撰写过程中仍需要以各自培养单位的要求为准。

第二节　学年论文(设计)

　　大学期间所涉及的课程论文(设计)、学年论文(设计)、毕业论文(设计)等,除了要遵循学术论文的一般要求外,论文的类型不同,对应的撰写标准也会有差异,因此在实际撰写过程中应加以区分,并选择适合的参考标准。

一、学年论文(设计)的内涵与特征

　　学年论文(设计)是高等院校中一项重要的实践性教学环节。在教师指导下,学生运用一门或几门课程的知识来解决一些不太复杂,但又具有一定综合性的问题。它是一门或几门课程有关知识的综合运用,要求学生能独立地运用理论知识和实际材料来解决问题,对参考文献所提供的论点及自己收集的材料有一定的组织能力;能用通顺的文字和图表,系统地、完整地表述所研究的成果。[①] 学年论文(设计)以学年为限,要求学生在掌握本专业基本学科知识的基础上开展训练,因此在本科阶段中一般在大二及大三学年开设,成稿后直接由指导教师负责审核评定,一般不需要进行论文答辩。学年论文(设计)在性质上属于学术论文的初级形态,培养学生综合运用已学知识,解决实际问题的能力,使学生接受资料查阅、文献评述,研究方案的制定,以及计算、论证、撰写论文等科学研究的初步训练。论文题目可由教师下达,也可自由选择,篇幅不宜过长,一般在 5 000 至 8 000 字左右。当然,有些高校并没有专门设置撰写学年论文(设计)的教学要求,大部分学年论文(设计)是依托一些创新创业项目、社会实践项目的开展完成的。

　　相比起其他类型的学术论文,学年论文(设计)具有兴趣性、具象性、训练性和阶段性的特征。

　　1. 兴趣性

　　学年论文(设计)作为论文写作的一种初级形式,只有紧扣学生的兴趣点,引发研究的热情,才能逐步培养起学生对学术研究的信心。学年论文(设计)在本科阶段的第三个学期就可以着手开展,但这个阶段的学生对学术研究尚未形成清晰客观的认知,甚至会带有一定的厌烦情绪和恐惧心理,因此在大部分学年论文(设计)的主题选择上,都会尽量选择学生感兴趣的内容来开展,也鼓励学生从自己熟悉的知识领域中选取感兴趣的点切入,以最大限度地保护并激发学生研究的热情。只有以兴趣为导向,才能提供持续不断的研究动力,并逐步培养起学生对科研工作的热情,为接下来开展更高层级的学术研究活动创造可能性。

　　2. 具象性

　　学年论文(设计)的具象性指的是论文所研究的问题往往具体而集中,学生围绕所学知识领域中的某个具体问题或者观点展开,以此来训练自身观察、辨别和思考问题的能力。按照论文撰写的一般规律,在明确了研究对象后,就应该对其开展理性分析,对象越是具体,越

---

　　① 钱伯毅:大学教学论,合肥:中国科技大学出版社,1991年,第156页。

容易展开论述。作为初级阶段的学术论文,学年论文(设计)的研究对象避免了抽象化和过于理论化,学生围绕某一具体的对象,运用所掌握的理论知识,采用相对简单的论述方法,对这个对象进行阐述。只有通过反复的基础性训练,掌握具象化的研究方法,才能在此基础上再作提升,逐步尝试更为抽象或者理论化的课题研究。

3. 训练性

学年论文(设计)的训练性是指让学生亲身经历论文撰写的每一个环节,在此基础上充分掌握学术研究的基本方法和一般规律。学术论文从选题到定稿都要经历资料查阅、文献评述、研究方案的制定,以及论证、计算、撰写成文、修改定稿等环节,学年论文(设计)通过演练的方式,让学生熟悉每一个环节的基本工作及注意事项,培养学生根据课题收集、整理、综合分析资料的能力,帮助学生掌握查找文献、使用文献的路径和具体方法。因此,每一个环节的实践活动都是一次基础性的科研训练,具有很强的操作性。学生通过学年论文(设计)的撰写掌握学术论文的方法,巩固深化所学理论知识,培养缜密的思维能力和分析解决问题的能力、较强的书面表达能力及论证能力,为以后从事更高层次的科研活动打下坚实的基础。

4. 阶段性

学年论文(设计)工作是对学生前一阶段学习情况的检验,也是一学年内学习成果的过程性反映。学生在掌握学科基本知识的基础上,在大二、大三学年完成相关选题的论证,其所展现的是综合了一门或者几门学科知识的学年成果。高校通过学年论文(设计)培养学生运用所学专业知识发现问题、分析问题、解决问题的能力,锻炼学生的逻辑思维能力,是实现人才培养目标的基础组成部分。高校以学年论文(设计)为抓手,促使学生在接受知识的同时学会思考和积淀,并灵活运用所学知识思考和解决问题,进一步强化了过程性学习的效果。

二、学年论文(设计)的基本步骤

(一) 科学的选题

选题是对论文研究对象和研究范围的限定,好的选题是论文成功的关键,对于学年论文(设计)来说更是如此,一个好的选题可能会直接影响今后从事学术研究的基本方向。当然出于训练的目的,学年论文(设计)的题目可以由教师直接给定,但是应鼓励学生充分发挥自主性,开展自主选题,对于在校学生而言,从日常学习、活动联系最紧密的领域入手寻找灵感,是一个相对合理的方式,一般而言可以从以下两个途径来确定可行性选题。

1. 从已学课程中寻找感兴趣的知识点切入

学生在开展学年论文(设计)选题工作的时候,已学的专业课程是其开展思维拓展的重要基石。首先,这部分内容均是专业课程,与学科结合最为紧密,所涉及知识点也是最能体现专业性与理论性的地方。其次,学生已经拥有了一定的知识储备与理论积累,具备了运用已学知识解决实际问题的前提条件,从这个领域入手最为便捷,也最具有效率。再次,鼓励学生从已学课程中选取自己感兴趣的点切入,既能营造一种理论知识的亲切感,也能强化学生开展知识创新与知识深化、知识探究的训练。在每门课程的讲授中,教师往往都会有一定的知识拓展以及相应的思维启发,因此在要求学生学好课堂知识的基础上,更应该鼓励他们开展课后研究活动,这是一项非常重要的前期积累。另外在一些课程中,还需要学生上交相关的总结性材料,如学习的心得、体会、评论等,这些资料对于启发学生的兴趣,拓展学生的学习视野,并在此基础上凝练成小论文都有很大的帮助。因此,从日常的教学环节中学会思索,并寻找触发点,是学年论文(设计)科学选题的有效方法和可行思路。

2. 与自身的社会实践活动结合寻找选题

学年论文(设计)是一项实践性教学活动,因此具有很强的现实操作性,这不仅要求训练的结果具有实践意义,能让学生获得科学研究的初级训练,一定程度上也要求训练的内容本身具有现实根基,即所研究的问题是从现实中来的,其研究的结果又能在一定意义上帮助解决现实问题。学生可以依托自身所参加的一些创新创业项目、实践实训等,深入与专业相关的现实领域中寻找选题,例如师范专业的学生可以利用在中小学院校实习、考察的机会,开展师德师风等与本专业相关的调研活动。这一类选题往往针对现实问题开展,有一定的可研究性。再比如,管理学院的学生可以结合社区治理中的一些德治、自治、善治、法治的经验,研究社区管理的相关论题,其研究出来的成果可以为社区治理提供借鉴,转化为现实成果,实现了学校学习与社会运用的衔接。科学研究虽然具有一定的理论高度,但并不是完全脱离实际,事实上所有的科学研究活动都要以现实背景为依托,以理论为指导,来解决一些实际问题,有助于人类社会的发展,应该是所有科学研究活动的最终落脚点。因此,应该积极鼓励学生从现有的实践活动中学会发现问题、研究问题,理论联系实际,拓宽专业视域,用相关知识去解决现实问题。

(二) 资料的搜集与整理

任何一种类型的选题不管是出自个人的兴趣,还是出自现实背景的触发,在本质上都是属于感性资料的范畴,还不足以成为一个合适的论文题目,因此还需要进行一定的可行性论证。对于学年论文(设计)来说,这种可行性论证主要来自相关资料的搜集与整理,广泛收集与选题相关的一切资料是实现选题目标的基础和前提,只有具备了一定资料支撑的选题才能接着开展下一步的工作。大数据时代,我们应该灵活运用网络平台来开展初级阶段的资料搜集工作,网络平台上有非常丰富的数据库资源,我们可以通过顺藤摸瓜式的阅读来掌握更多的学科资讯,资料越充实,后期的研究就越顺利。当然,搜集资料的渠道应该多样化,除了数据库资源外,还应该充分利用国内外有关的书籍、报纸、杂志所提供的文献资料,统计部门以及各级各类政府主管部门公布的有关资料,各种经济信息中心、专业信息咨询机构、各行业协会和联合会提供的信息和有关行业情报等。在这个阶段中,除了对资料数量有一定的要求外,还应该注意资料的有效性,也即在汇总过程中应该对一些相似度高的资料予以剔除或者整合,去粗取精、去伪存真,重点保留一些高质量的资料。

对于一些具有现实背景的论文(设计)选题,我们更提倡采用实际调研的方式来掌握一手资料,这类资料往往能够紧密结合选题,数据具有较强的契合度和说服力。不管是通过文献检索获取的间接资料,还是自身调研获取的一手资料,都是论文(设计)开展的重要支撑,仅有间接资料容易使论文脱离实际,仅有一手资料又容易使论文缺乏理论深度,因此需要综合利用好不同性质的资料,尽可能地多掌握、多补充。

在掌握了相关资料的基础上,还需要对资料进行整理和分析,有以下几个问题是需要进行思考和分析的:现有的资料综合反映了哪类问题,这些问题的现有研究达到何种程度,以及还有哪些问题尚未探讨。通过这个环节的梳理,我们就能知道围绕这个选题还能有多少可开拓的空间,如果经过整理发现,围绕某一选题可供探讨的话题已被人谈过,而自身又无法发现新的切入口,那这个选题可能就不具备继续研究的可能性了。反之,如果发现还有某些问题尚未有人谈到,而自己又的确有新的看法、新的见解,那就值得进一步探索。

当然,资料的搜集和整理是不断持续的过程,并不能仅仅局限在选题论证这一环节中,在选题确定之后更需要大量补充相关资料,并且随着学年论文(设计)框架的逐步呈现,资料的搜集和使用就愈发具有针对性,需要根据实际的研究情况不断补充和更新。

在资料的搜集和整理中,如果发现一些未知的领域,这些领域又是自己感兴趣的,还可以结合学年论文(设计)进一步去拓展、充实,从而完成从被动接受到自主学习的过程。

(三) 标题的确定

标题是对选题内容的凝练化、具体化,好的标题可以帮助揭示主题,有助于理解文章内容,还可以引起人们阅读的兴趣。一般来说,学年论文(设计)的题目应该明确研究的对象和研究的内容,让读者在第一时间内掌握整个论文(设计)的主题。

综合来讲,学年论文(设计)的标题要遵循贴切、简洁、醒目的基本原则。

贴切指学年论文(设计)的标题应与文章内容相吻合,能客观、准确地反映文章的基本观点或主要论题,标题不能写得太空、太大,更不能为了追求新颖而文不对题,在实际的撰拟过程中建议先呈现关键词,再组合成标题形式。

简洁是要求标题尽量精练,具有高度的概括性,一般情况下,中文的标题以不超过 20 个字为宜。标题应该让人一看即明,若标题过于啰唆会大大折损学年论文(设计)的学术性,给人以拖泥带水、论点模糊之感。

醒目是指标题能够引人注意,甚至读后有难以忘记之感,醒目的标题一般来自新颖活泼的语言形式。以文科类学年论文为例,可以采用一定的文学手段,例如修辞格的使用、名句的套用等等,但需注意,切不可因为过于追求形式的活泼而忽视实质内容的表达。

一般情况下,学年论文(设计)可以采用直叙式标题,也可以采用正副式标题。

1. 直叙式标题

直叙式标题是一种单标题形式,也是学术论文的常用标题形式,往往通过动词与研究内容相结合的形式来呈现,如:

> 浅议高中信息技术课堂教学的有效策略
> 论道德信仰危机及其克服途径
> 高校官方微信公众平台的现状及运营策略探析
> 民国时期慈善思想新论
> 中国古代官员选拔任用研究
> 开放式公园和封闭式公园管理之我见

直叙式标题具有简明、直白的特点,便于迅速揭示研究的主题,读者通过阅读标题就能知晓研究的对象及内容。

2. 正副式标题

正副式标题顾名思义即为双标题形式,副标题是对正标题内容的具体化和明确化,当感到正标题太大,或者不足以说明研究内容时,可以通过添加副标题的形式来强化或者缩小研究的范围,如:

　　神话学视野下的白蛇故事情节探析——以越剧《新白蛇传》为例

　　实施乡村振兴战略落地之我见——以云南省永善县为例

　　人性的悲剧——也看曹禺笔下文明与人性的冲突

　　中国存在旅游导向型城镇化吗?——基于线性和非线性的实证分析

　　正副标题的相互结合,使其在表述上较之直叙式标题更加灵活,当然这种灵活性主要体现在正标题的拟制中,如例文中所示,正标题可以写成和直叙式标题一样的形式,即明确揭示研究对象和内容,也可以采用反问句、词组拼接等新颖灵活的形式,使题目更加引人注目,再通过副标题来进一步限定研究范围或者揭示具体的研究对象和研究内容。正副标题的形式让学年论文(设计)能更全面地展示文本的个性和特色,往往能给读者留下深刻印象,因此在实际写作中也运用得十分频繁。

(四) 框架的构建

　　在充分占有研究资料,并确定了学年论文(设计)的具体标题之后就要进入主体部分的写作,但学年论文(设计)并不同于一般的思想评论等短篇文章,它具有学术研究特有的严谨性。为了防止在写作的过程中出现偏离中心、名实不副等问题,需要在正式写作前先构建起合理的论文框架,以保证写作能在限定的体系内进行。框架的构建是写作者将资料分析基础上得出的论点、构思等用简洁的语言符号形式记录下来的过程,能在各个内容板块的切割中保证整体篇幅所占比例的合理性,让学年论文(设计)能按照学术研究的逻辑规律来开展布局。另一方面,框架的构建也是作者思路进一步定型的过程,在框架梳理的过程中,论文中心、分论点、材料与材料之间的逻辑关系得到进一步明确,从而形成一个中心突出、层次严密的框架体系,对正式写作有很大帮助。

　　学年论文(设计)的框架分简要框架和详细框架两种。简要框架只是学年论文(设计)每个章节内容的呈现,一般仅以大小标题的形式列置出来即可;详细框架则是在简要框架的基础上,对每一个章节都有一定的文字阐述,是对具体章节内容的再次细化。一般情况下学术论文的框架越详细越好,但是学年论文(设计)的篇幅较短,文章的逻辑推进过程也不长,因此也可仅列置简要框架,明确文本的主体结构即可。

　　学年论文(设计)框架的构建,实际上也是对整体行文思路的进一步明确。一般而言,学年论文(设计)的研究思路有纵式、横式、纵横结合式三种。纵式结构从问题的提出到形成结论,有一定的层次和环节,要一层层追索下去,前后顺序不可以随意调换,在学年设计以及一些注重解决问题的学年论文中大多采用这类结构;横式结构即并列式结构,是根据表达中心论点的需要,从不同角度、不同层面平行列出各个部分的内容;纵横结合式结构则是纵中有横或者横中有纵,综合性的学年论文(设计)都可以采用这种形式。

　　横式结构示例:

陈白露与薇奥莱塔艺术形象之比较

一、人物设定的对比

二、人物主题的设计

(一) 人生主题

(二) 爱情主题

三、和声的使用

（一）纯五度复合和弦

（二）重属变和弦

四、结语

纵式结构示例：

工程造价管理中存在的问题及对策研究

1　工程造价相关概述

　1.1　建筑工程造价特点

　1.2　我国的工程造价管理体制及现状

2　分析目前工程造价管理方面的问题

　2.1　工程造价的管理不够全面

　2.2　造价管理中对设计费用的把控力度不足

　2.3　建筑材料的价格变动影响明显

3　针对当前存在问题的解决对策

　3.1　完善工程造价管理制度

　3.2　做好设计阶段的造价管理与控制

　3.3　完善施工阶段的造价管理与控制

　3.4　信息化技术的引用

4　结语

纵横结合式示例：

水利工程基于 BIM 设计获取三维地形方法

1. BIM 简介

2. 三维建模基础

　2.1　平面控制

　2.2　高程控制

3. 三维建模数据获取方法

　3.1　常规法

　3.2　无人机倾斜摄影测量法

　3.3　三维激光扫描法

4. 结语

　　框架实质上是毕业论文（设计）主要内容的呈现，因此在构建框架的时候就要考虑到整体的层次性，要层层深入、逐步推进，保证内容与内容之间的有机结合。最后的结语、结论是对整体研究的总述，一般都是研究结果的呈现。

(五) 正文的撰写

学年论文(设计)的写作需要将自己所积累的知识和掌握的资料,按照框架体系融会贯通、综合运用,以此来分析和解决相关的问题,按照学术论文的一般结构,学年论文(设计)的正文部分一般包括前言、主体、结论三大部分。

1. 前言

前言也称序言,是整个学年论文(设计)的开头部分,主要介绍研究的背景、目的、意义,并直接提出学年论文(设计)中需要探讨或解决的问题,有时候还可以介绍基本的研究方法和研究思路。前言的任务在于交代背景、引出下文,限于学年论文(设计)的整体篇幅,前言部分的写作不宜过长,应该力求开门见山、落笔入题。当然,在有限的写作篇幅中,除了要讲究精炼简洁外,还应考虑如何起笔并恰当地提出问题,才能更好地激发读者阅读的兴趣,一个好的开头可以让读者更好地跟随作者思路来探究文本所要研究的问题,也使其更好地接受作者的立场和观点。

2. 主体

主体是学年论文(设计)的核心部分,也是集中体现作者观点的重要部分,因此在整个学年论文(设计)中所占的篇幅最长。

学年论文的主体部分实际上就是本论部分,需要将前言中提出的问题加以详细的分析,并阐明自己的观点,提出策略解决问题。在写作过程中,首先要将自己的观点鲜明地亮出来,并采用多种方法阐述和论证论点,这需要写作者运用一定的理论知识,运用多样化的论证方法,进行严谨科学的理论推导和深入缜密的理论分析。在写作过程中,需要充分利用论据来支撑论点。

学年设计的主体部分需要综合运用所学知识以完整表述专业设计情况,具体而言应该详细呈现调查对象、实验和观测结果、计算方法和编程原理、数据资料、经过整理的图表,以及形成的论点等。

不管是学年论文还是学年设计,都需要呈现论点。论点是作者对所论述的问题提出的见解、主张和态度,它是整个学年论文(设计)的主要观点和基本立场,根据层次的分解可以分成总论点和分论点,总论点是对分论点的高度概括和集中,分论点是对总论点的分解和细化,凡经证明而成立的分论点,又成为总论点的有力论据。

论据是用来证实论点的依据。学年论文中的论据主要来自前期资料的搜集和整理,根据性质不同,还可分为事实性论据和理论性论据两类。事实性论据是对客观事物的真实描述和概括,具有直接现实性的品格,理论性论据是指那些来源于实践,并且已被长期实践证明和检验过,断定为正确的观点。整个论证过程需要我们按照框架的逻辑层次,将资料予以分类,分别列置在不同的板块中,将其转化为有力论据,为论证主要观点发挥作用。学年设计中用以支撑的论据则主要是实验、计算、设计的具体过程,论点经由这些过程演算而出。不管是学年论文还是学年设计,这个部分必须要求客观真实、条理清晰、逻辑严密、语言简练。

3. 结论

结论是对主体部分说理、论证、演算的总结,也是全文的收束,这个部分需要与前面的各个部分有所呼应,并形成一个严密的整体,即与前言部分有所呼应,又对主体部分有所总结和提炼。结论部分的内容一般可以包括对总论点的再次揭示,对结果的呈现,对自我研究的评价，对未来研究方向的把握等内容。例如"学年论文（设计）的研究结果说明了什么问题""对前人的观点做了哪些修正和完善""学年论文（设计）的不足之处有哪些""未来的研究方向是什么"等等，这些问题应该在结论部分的写作中予以揭示，使结论内容既有收束，又能有一定的拓展和延伸，与后期研究相互衔接。这个部分的写作应该讲究语言的精炼和层次的分明，文本无须铺陈，语言的拖泥带水只会破坏结论的可信度，同时应尽量突出写作的层次感，给人清晰凝练的阅读感受。

（六）修改定稿

论文修改是一个非常重要的环节，对于在校学生来说，由于缺乏论文撰写经验，学年论文（设计）的初稿可能离学术论文的标准有一定差距，因此应该充分利用好修改环节对学年论文（设计）进行调整，使之符合学术论文的基本规范。对于初学者来讲，在学年论文（设计）的撰写过程中容易出现逻辑不清、观点平庸、语言烦冗的问题，应该侧重于对这三个方面进行修改。

逻辑展开应符合学术论文的一般规律。学年论文（设计）的内容需要按照逻辑顺序展开，对于注重流程的学年设计是如此，对于学年论文也是如此。例如论据是对论点的支撑，分论点又是对总论点的支撑，各个部分间层层相扣，哪一个部分出现了断层，就会影响论证，进而影响结论的导出。因此，学生首先应该从整体上审视学年论文（设计）整体逻辑，保证逻辑的展开是符合一般规律的，而不是逻辑跳跃乃至逻辑断层。修改定稿的首要工作就是反复推敲学年论文（设计）逻辑的合理性，可以针对写作目录仔细研判，认真审视。

基本观点应该提炼准确。学年论文（设计）中观点的呈现需要一定的归纳提炼能力，这也是学生需要经过训练的部分。在对基本观点的审视中，首先应该看观点的提炼是否准确、全面，即看观点的立场符不符合实际，观点本身是否可以代表所掌握的材料内容。其次，再看观点是否有深化与创新。观点来自对材料的提炼，因此它不是简单的重复，而是一种深化，并且在深化的过程中还要追求有所新见，学术论文追求的创新正是来自观点的创新，我们应该将创新意识贯穿在观点提炼的全过程中。

语言表达应该凝练规范。学术论文语言讲究简洁精练，但是对于初学者来讲，很难在初稿的写作过程中就能使文章语言达到这种标准，因此需要反复修改。首先，语言表达要准确。坚决不能出现病句、错字等低级错误，不生造词语，不乱用专业词汇，不过分夸饰。其次，语言要简约规范。学术论文的语言不能烦冗啰嗦，也不需要做一些无谓的铺陈来展示文采，应该采用删繁就简、去粗取精的方法对自己的语言进行修改，以达到基本的阅读标准。综合来讲，就是把不准确的改为准确的，把啰唆重复的改为精练简洁的，把生涩的改为通俗的，把粗俗的口语改为学术用语。

修改是对学年论文（设计）的重塑，只有经过这样一个严格的环节，才能从逻辑、框架、语言等方面进一步提升论文质量，也使自己在这个训练过程中不断提高写作能力，培养严谨的治学态度和良好学风。因此，我们决不能企图初稿写成就一劳永逸，而应该投入更大的精力到后期调整中。

（七）摘要的撰写

摘要的位置在学年论文（设计）题目之下，正文开始之前，但是从写作的顺序来看，摘要是在正文正式修改定稿之后才撰写的，因此将其放在此处论述。摘要是对学年论文（设计）

内容的简要概述,放在正文开始之前起到内容提要的作用。摘要中一般需要包含学年论文(设计)的目的、对象、方法、内容、结论等,即主要讲清楚为了什么目的,采用何种方法,围绕什么对象的什么内容展开的研究,其研究的结果如何。学年论文(设计)的摘要一般只需200—300字左右,文字要求精炼,应该在有限的篇幅内讲清楚学年论文(设计)研究的主要情况。摘要写完后,还需为学年论文(设计)提炼关键词,关键词需要能够较有代表性地代表学年论文(设计)研究的基本内容,关键词可以是学年论文(设计)中出现的高频词,对研究的对象、内容等有特殊限定作用的词汇,或者和学科归属相关的词汇。以《舶载书目所载明人编总集考述》为例,关键词为"舶载书目""明代""总集""江户时代""目录学",前面四个既是文章中出现的高频词,也是对研究对象、研究时间的限定词,最后一个"目录学"属于这篇论文研究的所属学科。当然,若条件允许,应尽量使用《汉语主题词表》等词表提供的规范词。

三、注意事项

学年论文(设计)是一个重要的实践教学环节,是高等教育人才培养的重要抓手,但是在实际工作中,这一项活动并没有获得像毕业论文(设计)一样的重视,学生对学年论文(设计)的认识远远不够,各个环节的训练效果都离其设计的初衷存在一定的差距。要想切实做好学年论文(设计)工作,有以下几个方面是需要注意的。

1. 选题宜小不宜大,宜实不宜空

选题是学年论文(设计)的关键,对于初学者来说,掌握的科学研究能力极为有限,选题一定要量力而行,切不可追求面面俱到、全面开花,什么问题都想探讨,结果反而什么问题都讲不清楚。选题太大、太空都会使研究无从下手,尤其是一些理论性很强的综合类题目,如果前期没有一定的积累是很难做成功的。学年论义(设计)的选题虽然应该结合自身兴趣,但是也不能一厢情愿,在缺乏一定调研的基础上,很多选题看似十分有趣,但实际上却缺乏操作的可能性,真正做起来的难度比较大,这类选题也不适合作为学年论文(设计)的选题,建议在经过一定的科研训练之后再去尝试。另外还有一些选题涉及的内容比较专业,虽然选题本身的质量很高,但是也不便于初学者来开展研究,这类过于专业性的题目也要尽量避免。总的来说,学年论文(设计)的选题要适中、具体,便于开展,既量力而行又能尽力而为,这样才能有足够的信心和动力。

2. 要有问题意识,敢于提出问题

学年论文(设计)既是一项教学实践活动,也是一场科学研究的入门训练,与毕业论文(设计)比起来,其带有的训练色彩、尝试色彩要更强一些,因此在这个环节中应该鼓励学生大胆提出问题,逐步培养科学研究中的问题意识。创新是科学研究的本质要求,而学年论文(设计)就是培养学生创新能力的重要环节,应该利用好这样的训练机会,让学生从所学的专业课程中、实践活动中发现问题,并尝试去分析问题、解决问题。在前期训练中重视问题意识的养成,有助于培养起良好的科研态度。

3. 应掌握科学的资料搜集方法

对于学年论文(设计)活动而言,写出一篇成功的论文(设计)只是一个短期目标,其根本目的在于掌握科研的基本方法,而这期间最首要的就是资料的搜集工作,这直接影响着学年论文(设计)的质量。前期的资料搜集与整理是一项隐性活动,因此很多学生会忽视这一环节的重要性,认为只要能把学年论文(设计)做出来,资料掌握的多少没有人来追究,这恰恰违背了论文训练的初衷。对于初学者来说,学会如何科学地搜索资料、全面地掌握资料是一项非常重要的工作,如果不掌握基本的搜集方法,即使在这一次的学年论文(设计)工作中拥有了翔实的资料储备,但在今后的其他项科研活动中一样无从开展,整个科研训练就变成了一项不可持续的活动。因此在前期的训练中,应该注重方法本身的掌握,而不能将其视作一项可有可无的任务。

4. 加强入门训练的指导力度

学年论文(设计)作为一项教学实践活动,全程都离不开教师的指导,但是在实际的操作过程中容易将学年论文(设计)当作一项普通作业来对待,即在学年初下达任务,学年末予以评定,在整个训练的过程中,缺失了该有的指导。我们应该从整体上对这项教学实践活动予以重视,并且在每一个环节上加强科研训练的指导力度,只有这样才能真正把训练落实于实处,在实践中培养起高校学生的基本科研能力。

5. 强化对科研道德的养成训练和文献规范使用的指导

学年论文(设计)突出独创性,独创性本身要求论文或设计有自己独到的见解和解决问题的方法。大数据时代,网络上可以参考的东西很多,各方的论述也见仁见智。学年论文(设计)可以去阅读各类文献资料,吸纳别人的观点和方法,但绝不能抄袭别人的观点和数据。指导教师从一开始就要提出学年论文(设计)写作的规矩,帮助学生分清楚什么是别人的观点和方法,什么是自己独创的观点和方法,如何在论文(设计)中有效利用别人的观点和方法,坚决制止和杜绝大量参考甚至直接抄录别人论述和设计的行为,指导学生养成良好的科学研究精神,培养学生高尚的科学研究道德。

学年论文(设计)需要引导学生写作时如何采集、分析、利用资料和数据,如何做好参考文献的标注、如何做好注释,帮助学生如何设计各种表格、图表等。只有在学年论文(设计)中告诉学生类似注释与参考文献的区别和标注方法、文献性质的查阅和标注形式、中图分类号的查找和标注方式等,从论文(设计)的基础性工作入手,才是学年论文(设计)的真正目的。

第三节　实践报告

在高校的人才培养环节中,除了学年论文(设计)具有教学实践色彩外,还有一类活动更强调这种理论运用于实践的能力,如专业实训、专业实验、专业实践等,这类活动我们可以统称为社会实践,其所形成的书面材料为实践报告。

一、实践报告的内涵与特点

实践报告是学生通过亲身参与实践活动,将所学理论知识运用于实践中,根据在实践过程中所获得的成果而写出的反应客观实际,揭示事物本质和规律的书面报告。实践报告必须是在认真实践的基础上形成,同时结合相关的理论知识,将实践活动由感性认知逐步上升到理性认知的过程。实践报告锻炼的不仅仅是学生的写作能力,更注重学生参与具体事务的实践能力的训练。实践报告根据对象的不同,还可以细分为社会实践报告、专业实训报告、专业实习报告、科学实验报告等,根据参与人数的不同,还可以分为个体实践报告和团队实践报告，但不管是哪一种类型的实践报告，都具有共同的特征。

1. 实践性

实践报告与学年论文（设计）有一定的相似性，都是为了训练并检验学生一段时期内的学习成果，但是实践报告比起学年论文（设计）更加突出了实践的环节，在具体的动手能力、调研能力、组织策划能力等方面有更具体的诉求，报告中涉及的相关数据均来源于实践活动。学生参与社会实践活动，其性质就不同于一般的课堂教学，课堂教学是在固定的环境中，以教师为主导单向传播知识，而学年论文（设计）作为课堂教学的延伸，虽然要求学生主动地运用知识来分析和解决问题，但仍是以理论为基础的思维性训练。实践报告的撰写需要学生在一个开放的社会环境中，切实地发挥自身主观能动性，在活动中学会观察事物、调研数据、解决问题、分析总结、凝练结论，整个活动都是建立在实践基础上，虽有理论的依托，但实践活动才是实践报告的根基和主体，整个实践的过程更强调实务能力的训练。实践活动具有十分丰富的内涵，如各类社会调查活动、实务训练活动、支教活动、志愿服务活动等等都属于这个范畴，这些课外实践活动与第一课堂的教学环节相辅相成，各有所司，因此也将其称作"第二课堂"。第一课堂注重理论知识的讲授，第二课堂注重实践能力的培养，学年论文（设计）是第一课堂理论知识的延伸，实践报告是第二课堂实践训练的总结，两者各有侧重，共同承担着综合性人才培养的职责。

2. 记录性

实践报告是在实践活动结束后整理而成的记录实践活动过程及实践结果的文字材料，学生根据教学安排、项目要求等参与一定的实践活动，在活动结束后均需提交相应的实践报告对整个实践活动作出总结。首先，实践报告是对实践内容的完整记录。实践报告中详细记录了实践活动开展的目的、对象、主题、方法，以及最终经过理性分析所得出的结论，全面地呈现了整个实践活动的基本内容。正是基于这种完整的记录功能，实践报告可以成为传递经验的良好载体，我们通过阅读、学习相关的实践报告，就能了解不同类型的实践活动开展的基本情况，并大致掌握参与实践活动的相关方法。同时，实践报告也是对实践活动各个阶段工作的真实展现，从实践活动基础阶段的资料搜集，到中间阶段的资料分析，再到最终阶段的结论提炼，都可以体现在实践报告的各个板块中。哪一个环节内容翔实，说明在这一阶段开展的工作基础扎实，反之若内容明显薄弱，则说明这一阶段的实践工作出现缺陷，需要吸取经验并作相应调整。

记录性也是实践报告区别于学术论文的地方。学术论文是创造性成果的科学记录，致力于表现事物发生、发展和变化的规律，阐述个人的科研见解，虽也会涉及实践活动，但是不包括实践过程的叙述以及具体细节的展示，学术论文的逻辑顺序也并不一定能与工作开展的顺序相对应，而实践报告是对实践活动的如实记载，注重过程性，对过程本身的呈现越是具体、实在，就越具有说服力，因此报告本身就具备了很好的记录作用。

3. 可重复性

实践报告的可重复性区别于学术论文的创新性。追求观点的新颖和深刻，形成自身独到的见解，是学术论文展开研究的基本出发点，因此学术论文总是尝试从一个新的角度，用新的方法、新的材料来论证某一问题，而反对简单的照搬照抄以及重复研究。但是实践报告并不追求完全的创新，围绕相同的对象，不同的人可以重复开展实践活动并得出结论，研究的对象、研究的方法都具有可重复性，甚至可以批量开展同类型实践活动并形成实践报告。

例如一些校内实训、实验,以及校外实习等活动,都是同专业的学生开展的同类型实践活动,其所形成的实践报告在对象、方法、类型上都具有很大的相似性。尤其是对于实训、实验类活动而言,其基本步骤和方法一般由教师拟定,目的为了验证某一学科定律或结论,训练学生的动手能力、表达能力和解决问题的能力,这类活动所形成的实践报告都有固有的写作模式,并且实践内容本身基本都是重复的,但这并不影响实践报告的质量及其所产生的训练效果。当然,对于一些社会调查类的实践报告,即便存在同一主题的重复调研,但调查的对象和调查的方法往往不具有同一性,因此仅仅是对象或者方法的重复并不会带来内容和结论的重复,且由于个体思维方式的差异,结论往往也会各有侧重,调研活动本身及其形成的调查报告依然具有很好的参考价值。实践报告的训练本身就带有设计的色彩,但过程和内容的重复并不影响学生对相关方法的掌握与运用。当然,这并不代表实践报告就彻底放弃创新,我们依然应该在同类型的实践活动中学会独立思考,发挥个人独到的见解,争取能有新视角、新发现和新主张。

4. 直接现实性

实践是主观见之于客观的活动,人们运用一定的方式方法对相关对象发生实际的相互作用,这种活动本身就是现实而客观的,以实践活动为依托的实践报告因此也就具有直接现实的属性。实践报告中所涉及的数据往往是个体通过调查研究直接从现实中获取,这部分数据具有直接性,属于一手资料的范畴,而论文写作中的所引资料大多属于二手资料,两者在信息来源上存在区别。实践报告中记录的这些数据,同时也是对现实活动的一种真实反映,它们来源于实践,又在一定程度上真实地呈现了某些现实状况,这使实践报告具有了很强的现实根源。

实践报告的直接现实性与学术论文有所不同,虽然学术论文的写作同样也强调对现实问题的关注,但理论的色彩相对浓郁,是基于相关理论所开展的分析研究,而实践报告则是基于实践的过程以及客观数据所开展的分析研究,在理论性上可能略逊于学术论文,但它直接反映了活动的基本过程,以及活动主体的一些个人特征,在现实性上更为突出,与现实生活联系得更为紧密。在社会调查类实践报告中,我们围绕某些社会问题开展调查研究并形成实践报告,其目的在于更深入地认识某一类问题,并予以改善直至解决,这类实践报告就具有一定的现实指导意义。校内开展的实训、实验类实践报告,也真实地反映了每一个个体对专业知识的掌握状况,不管之于过程还是之于结果都有很强的现实反馈作用,实践报告所具有的直接现实性是其区分于学术论文的一个显著特征。

二、实践报告撰写的原则与注意事项

实践报告的内容千差万别,但从写作的角度来看,实践报告要写得好首先要遵循下面三个原则。

1. 数据的客观性

实践报告的撰写必然会涉及相关数据的运用,这类数据由实践个体的调研所得,这个过程是体现个人主观能动性的过程,但这并不代表数据的获取会带有主观性。实践报告中凡涉及的数据都应该客观确凿,这包括了数据的获取方式是客观的,数据的呈现是客观的,数据的使用是客观的,只有这样才能保证最后所得出的结论也是客观的。

2. 立场的公正性

在实践活动中,活动的主体不能带着对某种对象的偏见去观察和分析,或者无视相关的现实依据,给出有倾向性的结论,任何一点点先入为主的看法都会影响实践报告的公正性。只有放弃主观臆断,在现实调研的基础上掌握基本情况,利用相关理论予以分析判断,才能在记录实践过程和揭示实践结论时表现出公正公平的立场,这种态度也是科学研究该有的态度。

3. 内容的可读性

实践报告中各块内容的分布与实践活动的展开顺序相对应,但这并不代表实践报告的内容无须设计,尤其在一些理工科类实践报告的撰写中,专业术语、图、表等的大量出现会影响阅读的感受,如果在语言表达上再不加提炼很容易使文本失去可读性。不管是什么类型、什么性质的实践报告,其最终的文本都是需要被人阅读、被人接受乃至传播的,如果内容缺少可读性会极大损伤实践报告的价值,因此具有清晰简明的写作风格,文字流畅、通俗易懂是实践报告的基本要求之一。

实践报告的可读性,提示实践报告的写作者对实践活动要有准确的定性和认识,形成鲜明的结论。除了运用因果思维,确保实践报告的结论有理有据,在表达方法上要善于运用通俗易懂的表述,注重不同学科之间的语言"嫁接",保证实践报告的阅读具有广泛性和不同学科的可接受性。

除此之外,在实践报告的撰写过程中仍有一些需要注意的事项。

认真开展实践活动是实践报告写好的前提。实践报告是对实践活动的总结和提炼,没有深入、具体的实践活动,就不可能得出内容翔实的实践报告,这是因和果、本与末的关系,如果仅仅局限于文字本身,而不在实践中思考、研究,那即便有高超的写作技巧也是无源之水,不可能写出具有现实意义的实践报告来。反之,只有本着严谨务实的态度开展实践活动,严格遵循实践训练的每一个环节,在实践活动中有所积累,那实践报告的撰写就是一个水到渠成的过程。

利用图、表等辅助语言来使文本更加直观自明。实践报告的现实操作性要强于文本本身的理论性,并且由于前期调研会收集不少有效数据,在对这部分数据的呈现及分析过程如果仅凭文字恐未能说得清楚,不妨多使用图、表等辅助语言使内容一目了然,更便于展现具体的分析过程,突出内容重点。图、表等辅助语言的使用可以增强文本的数理性,不管是从阅读感受上讲,还是从论证效果上看,对于结论本身的揭示都具有很好的说服力。

三、实践报告的基本格式与撰写技巧

实践报告的性质与学年与毕业论文(设计)不同,因此并不适用于在本章第一节中讲到的通用格式。实践报告在性质上属于科技报告中的一个分支,但是高校学生撰写的实践报告本身的训练色彩比较突出,与严格意义上的科技报告仍然存在差距,因此也不能完全参考《科技报告编写规则》(GB/T 7713.3—2009)中的基本格式。本章节主要结合高校的实际情况,谈一谈高校学生实践报告撰写的常用格式和撰写技巧。

一份完整的实践报告包括了封面、目录、标题、摘要、正文、参考文献等部分,以下根据先后顺序将各个部分的内容列置如下。

（一）封面

实践报告的封面一般包括实践报告的标题和副标题、责任者、完成机构、指导教师、完成日期等信息。封面一般对正文内容起保护作用，凡是需存档的实践报告都应该设置单独的封面。其中各类信息的撰写要求和学年与毕业论文（设计）要求基本一致，题名用词应反映实践报告最主要的内容，可用副题名补充阐明或引申说明实践报告的特定内容。

（二）目录

实践报告如果涉及的内容较多、篇幅较长，为了便于阅读，应该将大小标题用目录的形式标记列出，使读者对实践报告的整体框架有一个具体的了解。目录主要由各章节的标题及页码构成，但是若在实践报告中有较多的图、表形式，也可以单独将图、表名称在标题目录后列出，图和表都应该有独立的序号、题名和页码，具体内容如下：

章节标题及页码
图形标题及页码
表格标题及页码
附录

另外，如果实践报告中还涉及较多的符号、标志、缩略词、首字母缩写、计量单位、名词、术语等的注释，也应汇集成表，置于图、表清单之后。

（三）标题

实践报告的标题在封面信息中已经涉及，但为了使实践报告的内容更有完整性，还需在目录页之后，摘要及正文之前用明显的字体居中标注出来。实践报告的标题主要有两种形式，一种是公文式标题，一种是文章式标题。

1. 公文式标题

公文式标题由内容和文种构成，内容前面一般不加介词，如《初中美术教学中提高学生动手能力的实践报告》《镇江市残疾人托养中心智障学员职业能力训练的实践报告》《科大讯飞"晓译"翻译机项目管理合作实践报告》等。这一类标题直接点明了实践活动的主题和内容，简约直白、一目了然。

2. 文章式标题

文章式标题就是像人们一般写文章所拟定的标题，如《制度创新：高校混合学习发展的有效路径》，这类标题的优点在于表达更加生动活泼，更容易展示实践报告的内容特征，获取阅读者的关注。但是高校的实践报告往往属于某项教学实践活动的总结，需要在标题中突出这项活动，因此大部分文章式标题都会采用正副标题的形式，正标题采用文章式，副标题是对正标题的补充或延伸，往往注明属于某项实践活动，并明确文种，因此会形成这样的标题形式：

厚于德，敏于行：做红岩精神的传承者和践行者——研究生社会实践报告
发挥媒体平台优势助推影院放映质量提升——《现代电影技术》杂志全媒体服
务系统应用实践报告

全网覆盖全城参与全域推进全力构建食品安全基层责任网络——宁波市视频安全基层责任网络建设实践报告

(四) 摘要和关键词

实践报告也需要有摘要,摘要是实践报告中的内容提要,基本要求与学年和毕业论文(设计)相似,方便阅读者迅速了解实践报告的主体内容。实践报告的摘要负责讲清楚为了什么目的,围绕什么对象,采用什么方式展开何种内容的实践活动,其结果是什么。具体而言,可由以下几个部分组成。

1. 实践活动的目的

即为什么要开展实践活动,通过参与此项实践活动要达到什么样的目标,活动的开展存在什么样的意义。

2. 实践活动的对象和内容

如实践活动是针对哪类对象开展的,主要围绕什么问题来进行观察和研究活动。

3. 实践活动开展的方法和过程

简述实践活动开展的基本流程以及期间采用的研究方法,如观察法、实验法、问卷调查法等等,这部分内容应与正文内容相一致。

4. 实践活动的结论

如果实践报告中最终有一个明确的结论,则在摘要中也需用简要的语句予以揭示,如果实践报告中没有结论,像一些实验、实训性质的实践报告本身只需验某个原理或者有所体会,那这个部分也可以省略。

摘要是实践报告中的一个重要部分,在写作的过程中需要注意,摘要的内容结构一般和正文的内容结构相对应,摘要的篇幅也应该与正文篇幅相对应,过长或者过短都不合适。除此之外,每篇实践报告也应选取 3—8 个关键词,用显著字符另起一行排在摘要下方,关键词应体现实践报告的特色,具有语义性,在报告中有明确的出处。

当然,实践报告的摘要和关键词与学年及毕业论文(设计)一样,是对正文内容的概括,虽然位置处于正文之前,但应该是在正文定稿之后再进行撰写。

(五) 正文

正文部分是实践报告的核心部分,是对整个实践活动过程以及实践结果的记录,内容包括活动详情、经验体会、理性思考、问题和建议等,学生的实践报告还应写自己的认识、体会以及对本次实践活动的评价。正文部分的撰写要求翔实具体,根据文章设置的结构,逐项介绍实践流程与实践内容,以及专业知识技能在实践中的应用,集中把背景、内容、经过、结论等详尽地阐述出来,可以归纳成几个部分依次展开,部分与部分之间通过大小标题予以区分,各个部分之间的内在逻辑要清晰,以便于阅读者更好地掌握中心思想。一般来说,主要按照以下几个部分展开。

1. 背景介绍

这一部分作为实践报告的开头部分,主要介绍实践活动开展的目的和意义,实践活动的对象和内容,实践开展的基本环境,实践活动的准备条件等,限于实践报告的篇幅,目的和意义部分的篇幅不宜过长,点明主要部分即可,无须铺陈,否则有头重脚轻之感;对象和内容要撰写明确,若文中多次出现,前后表述的概念必须一致;实践开展的环境包括实践活动的时间、地点、人员配备等,是对现实状况的描述,应实事求是;实践活动的准备条件可以论述为此次实践活动所做的前期准备如资料积累、经验积累等,应是本次实践活动开展的有利条件,像社会实践类活动还可以简单讲述他人所开展的同类型研究的现有状况,及其与本次实践活动之间的关系等。对这些要素的明确是实践活动开展的前提和基础,在撰写的过程中应该始终以明确和具体为基本准则,可以采用引言或者前言的标题形式,主要起到入题的作用。

2. 步骤与方法

这个部分是实践活动的具体展开过程,需要讲清楚实践活动是采用什么样的方法,按照怎样的步骤具体开展的,整体上属于一种纵向结构,即按照具体步骤开展的前后顺序进行分段说明。这个部分应该层次清晰,让阅读者迅速了解整个活动开展的具体流程,有些实践活动还可以画出相应的步骤示意图,随后再围绕各个步骤展开阐述,使整个过程更加一目了然。作为实践报告的资料与数据的积累部分,步骤和方法在撰写时应以清晰和详细为基本准则,步骤和方法的呈现越是翔实,报告就越具有说服力,后期结论的推导也更加水到渠成。例如《初级汉字教学实践报告——以加拿大非华裔成人初学者为例》这篇实践报告中,实践活动过程的展开步骤就按照各个教学环节的设计顺序,先是"部件和单字、组词和造句"环节,再是"单字精讲"环节,再是"围绕话题应用词语造句"环节,其中在"单字精讲"环节还可以细分出"生字抽认卡教学""汉字记忆策略""识字练习"三个步骤,辅以实例将每个环节表述得极为详细。随后又采用"作业、测试等书面语料调查""问卷调查""访谈调查"等方法对学习情况进行分析,这些内容都是按照实践活动开展的基本步骤展开,具体内容的呈现使得报告文本十分翔实,为接下来的数据分析打下了结实的基础。

3. 理论分析

在介绍完实践活动展开的步骤及方法后,就需要进入数据呈现及分析的环节,分析讨论的内容及推理过程是实践报告的重要内容之一,是反映或评价实践报告水平的重要依据。一个环节的实践活动,获取了相关的数据,但这些数据还属于感性资料的范畴,因此还需要借用一定的原理,采用一定的方式方法,对这部分数据进行处理,使其转化为理性资料。这个过程实际是考验我们专业水平的重要环节,我们需要运用已学的理论知识或相关技能,通过专业的视角对原始资料予以分类、提炼,通过分析透过现象寻找本质,撰写的过程讲究理论性和思考性。对数据的分析并没有限定的框架,可以采用不同的方式和视角来开展,一般而言,我们可以采用"是什么""为什么""怎么样"的思维模式展开,即讨论实践活动获得了哪些数据,其呈现的特征是什么,为什么会产生这样的情况,其可能出现的利弊是什么,对未来相关活动可能产生的影响是什么等。在这个过程中可以尽可能地使用图、表等辅助语言形式,让内容的呈现更为直观。

4. 结论和建议

结论的导出是理论分析的必然结果,也是对前期研究的一个收束,它是围绕实践目的的要求,重点介绍对实践中发现问题的分析、思考,提出解决问题的对策、建议等。这个部分的撰写遵循清晰、简练的原则,如果内容较多应该划分层次,以体现最终结论的凝练性。结论的导出是在理论分析的基础上形成的,因此分析与结论这两个部分的衔接应该注意逻辑性,两者一脉相承、不可切割,不能出现明显的逻辑断层。同时,结论也不应该是对分析内容的简单重复,即要进行一定的提炼和升华,这个部分直接决定了整个实践报告的思维高度,需要在前期基础上予以沉淀和思索,以更好地体现实践活动的价值和意义。在结论的基础上,还可以就相关问题给出一定的建议,当然这些分析讨论及对策建议都要有依据,这是对结论的延伸和补充,有助于进一步拓展问题研究的深度,也为后续活动的开展打下基础。

5. 实践总结

实践总结是实践活动的主体对整个实践活动的全面总结,除了总述实践结论外,还应该用自己的语言对实践的效果进行评价,围绕实践中出现的问题提出有针对性的改进意见、措施和方法,从措施和方法中看到纠正错误的可靠性,同时也通过实践发现自身存在的不足以及未来的调整方向。对于学生的实践报告来说,这个部分是应有项,是对前期工作的思考和沉淀,学生通过回顾整个实践过程,谈在实践活动中的收获、体会、心得等,本身也是一次由感性认知上升对理性认知的过程,是对整个教学实践环节的总结。

前文呈现的是实践报告的内容组成,从结构安排来说,实践报告的正文部分也有一定的逻辑结构安排的要求。

实践报告的正文部分可以按照时间顺序来写,也可以按照实践活动开展的内在逻辑关系来写,对于一些实验类的实践报告来说,都是严格按照实践开展的前后顺序展开,不可以在步骤上前后颠倒,但是在实际的撰写过程中,有时为了突显主题,我们可以采用相对灵活的开头方式,其中有以下三种比较常用的方法。

开门见山,揭示主题。实践报告一开始就交代实践的目的或动机,明确实践活动的对象和内容,直接揭示主题。这种形式实际上就是把正文部分的五块内容按照自然顺序撰写成文,是实践报告最常用的文本结构。

结论先行,逐步论证。先将实践的结论写出来,然后再逐步论证。许多大篇幅的实践报告会采用这种方式,其特点是观点明确,一目了然。例如"通过对学前教育专业学生教学实习的问卷调查和毕业生反馈数据,我们了解到学生在音准、节拍、律动等方面的基本功较差,甚至严重影响了教学质量,我们必须加大力度解决在校生的声乐基本功问题,根据幼儿园的教学实际,改进教学方法,快速提高毕业生组织教学的能力。现将本次实践活动的基本情况汇报如下:……"这种写法结论清楚,论题明确。

提出问题,逐步分析。在实践报告的开头部分就先提出人们所关注的问题,然后再进行逐步的分析直至推导出相关结论并解决问题,其特点在于能够在一开始就引起阅读者的兴趣,引导其进入正题,同时也能在一定程度上增加文本的可读性。如"智障人士虽智力低下,但在现代社会也需学会自理并具备一定的劳动能力,那么智培学校应该如何结合当地与学校的实际,探索对智障学员开展职业能力训练的教育模式呢? 围绕智障学员的职业能力训练问题,我们开展了以下实践活动:……"开门见山提出问题,带着问题逐步展开解决问题的思路和经验,易于引起阅读者的兴趣。

(六) 参考文献与附录

参考文献并不是学术论文独有的,实践报告也可以有一定数量的参考文献。例如,如果在实践报告的背景介绍中涉及相关研究成果,应该将其列为参考文献;在理论分析环节如果需要用到相关理论展开论证、分析的,也应该将与该理论相关的参考文献进行注明。实践报告的参考文献标注方式同学年与毕业论文(设计)的基本要求。附录部分同理,如果需要对相关资料进行补充,可以附录的形式置于实践报告正文之后。

四、实践报告写作中存在的常见问题

实践报告的书写是一项重要的基本技能,它不仅是对每次实践活动的总结,更重在让学生学会理论联系实际并通过实践来检验所学理论知识的过程。实践报告的撰写能够培养起一定的逻辑归纳能力、综合归纳能力、综合分析能力和文字表达能力。然而,在实际的撰写过程中由于各类主客观因素的影响,往往会出现训练浮于表面,结果有违初衷的情况。

1. 重于过程,疏于总结

这类问题主要还是出在对实践活动的认识和指导不够,学生将实践活动视作一项常规教学活动,认为只要按照相关流程,完成一定的实践任务即可,对于实践报告本身也仅将其视为一项需要上交的普通作业。因此在实践报告的撰写中,会出现侧重于实践过程的记录,却在需要深化的实践分析等环节上明显文本单薄,缺少思考和总结,整个实践报告仅起到记录过程的作用,而该有的逻辑归纳、综合分析等均未得到很好的体现。这一类问题在初次接触实践报告的学生身上体现得尤为明显,一方面的原因出在认识不够,认为完成文字记录即可,另一方面的原因也在于学生自身的理论水平不够,没有能力来完成一定的提炼,因而使得实践报告内容浮于表面。对于这一类问题,还需要强化教师指导,任何一个教学实践环节如果离开了相应的指导,都会使结果偏离初衷,实践报告也不例外,指导教师的作用就是让学生能够重视这项实践活动,并且给予一定的理论指导,帮助学生提高认知,做到理论联系实际,逐步开展深层次的分析研究活动。

2. 重于文章,忽视实践

这类问题在于实践偏于结果化,集中于报告的撰写而忽视实践环节,学生集中精力于实践报告文字的拼凑、打磨,却忽视了参与实践活动过程的价值,有时甚至会出现为了完善报告内容而人为改变、杜撰实践过程及数据的情况,为的只是让实践报告的呈现更加"合理"。这是一种本末倒置的处理方法,在教学实践活动中,任何一类文字材料的撰写都不是为了写作而写作,而是促使学生能够在实践中学会思考和沉淀,如果只是为了应付教学任务,上交一份看似合理的实践报告,那么这个实践活动本身都是毫无意义的。这种问题的出现同样在于对实践报告的重要性存在认识上的欠缺,实践活动开展的自由空间滋长了投机取巧的心理,从而弃本逐末,将实践浮于表面。学生作为实践活动的主体,应该认识到这项教学实践活动的特殊意义,端正态度,把实践活动当作专业课程一样对待,向活动要成效,争取学有所思、学有所获、学有所得。学校需要采取一定的方式方法,强化过程管理,保证实践活动落实于实处,对于实践报告的考评,也应该多维度,不能以文字的多少或者文字表述的好坏作为唯一的评价标准。

3. 方法失当,影响结论

实践报告具有很强的客观性,资料来源于直接的实践活动,其操作的流程是切合实际的,其结论的推导是符合逻辑的。然而看似客观的训练却未必能有真正客观的结论,作为初级训练者最容易出现的一个错误在于方法失当。例如,如果我们的实践活动需采用问卷调查法,学生在问卷的发放过程中往往会采用随机发放形式,如街头拦人、遇人即发等,但是以这种形式投放的问卷未必具有很好的代表性。这种问卷投放形式实际属于"偶然抽样",投放对象的选择对最终数据的差值影响很大,导致整个调查结果的偶然性就很大,在样本数量不大的情况下,这种投放方式所产生的结果必然有失客观。如果要保证所获数据的代表性,

可以采用分层抽样的方法来发放问卷,即先对每个单位按有关标志加以分组,然后从各组中按随机原则抽取一定的单位构成样本,按照 $s=n/N$ 的公式计算,其中 n 为样本大小,N 为总数,s 为各组的投放数量,这样出来的调查数据较之于"偶然抽样"所得数据要客观许多,相对来说更有说服力。但是学生在实际操作过程中,往往会忽视这些细节性的环节,因此就出现了整个实践活动看似是客观的,但实际上导出的结论未必客观的情况,实际是因方法失当所引起的对本质的偏离。这类问题需要引起我们的注意,教师在实际的指导过程中应该就常见问题予以方法指导,尽量指导学生采用科学的方法开展实践活动,在活动中积累科研经验。

实践报告是高校人才培养环节中的一个重要部分,实践报告的撰写,总体上要做到实事求是、论证系统、逻辑严密、分析全面、文字简达,具有较强的说服力,只有这样才能让学生在整个活动过程中得到该有的训练,实践报告才能真正成为科学决策的可靠资料。

第四节　毕业论文(设计)

一、毕业论文(设计)的内涵与特征

毕业论文(设计)是高等院校学生毕业时所写的具有总结性质的学术论文,是高等教育过程中的最后一个环节,也是修业期间最后阶段达标性的规范训练,不写毕业论文(设计)或者毕业论文(设计)不合格,就代表没有完成规定学业。毕业论文(设计)综合反映了学生的知识水平、思维能力、创新意识、科研方法以及文字表达水平的总体素质,也是进一步培养学生运用所学业知识独立分析和解决问题,并运用科学论文表达研究成果的能力。

毕业论文(设计)的写作不能单靠文字表达技巧和手法来显示水平,而应该在充分掌握基础理论和了解学术动态的基础上,形成自己的认识、观点和看法。毕业论文(设计)在内容上具有一定的综合性,从内容构成到体式风格都有严格的要求,论文定稿后需要通过学位评定委员会组织的论文答辩,《中华人民共和国学位条例》规定,毕业论文是审核应届毕业生是否获得相应学位的项目之一。

根据我国学位的级别,毕业论文(设计)可分为学士论文、硕士论文和博士论文,不同的级别表明专门人才所达到的不同学术水平。学士论文要求反映出答辩者较好地掌握本门学科的基础理论、专门知识和基本技能,具有从事科学研究工作或担负专门技术工作的初步能力。硕士论文要求能够表明答辩者在本门学科上掌握坚实的基础理论和系统的专门知识,具有从事科学研究工作或独立担负专门技术工作的能力。博士论文要反映在本门学科上掌握坚实宽广的基础理论和系统深入的专门知识,具有独立从事科学研究工作的能力,在科学或专门技术上做出创造性的成果。

相对于其他类型的学术论文,毕业论文(设计)具有综合性、规则性、成果性的特征。

1. 综合性

一般而言,学年论文(设计)和实践报告等都是在修业期的中期阶段开设,属于阶段性学习的成果总结,入门及基础训练的色彩比较突出,而毕业论文(设计)是在学年论文(设计)和实践报告等训练基础上所开展的一项考核活动,是对整个修业期总体学习效果的考察,涉及的知识面以及考察的范围都是最广的,因此,毕业论文(设计)是整个修业期中最有分量也最有代表性的一份综合性文字材料。这种综合性首先体现在选题范围上,毕业论文(设计)的选题可以从任何一门专业课的相关知识点中提取得来,还可以综合运用各门学科的知识进行碰撞、交叉,开展学科交叉研究,对学生的知识面、知识运用能力都有更高的要求,也激发了更多科研创新的可能性。其次,在内容的构成上也体现了很强的综合性。一般而言,毕业论文(设计)的篇幅应是学生在校期间撰写的论文中最长的,这就使得毕业论文(设计)可以综合更多的知识来探讨、研究相关问题,在整体内容的呈现上可以更有深度。再次,毕业论文(设计)所体现的专业水平也更加综合化。在撰写毕业论文(设计)的过程中,学生将各类已学知识,以专业论文的形式展现出来,全方位体现了自己的综合学习成果以及开展科学研究的基本功力,在能力诉求上要比其他类型的文字材料要求更高。

2. 规则性

毕业论文(设计)因为长期、固定地运用于人才培养、人才考核的过程中,因此已经形成了自己特有的规范、要求和基本格式。国家标准局于 2006 年专门制定了《学位论文编写规则》(GB/T 7713.1—2006),来规范国内学位论文(即毕业论文)的基本撰写格式,学年论文(设计)以及实践报告并没有出台单独的文件予以规定,因此仅是参考《科技报告编写规则》(GB/T 7713.3—2009)等相关文件中的格式要求,在格式的要求上远不及毕业论文(设计)来得严格。当然在国家标准的基础上,各个高校针对各自的毕业论文(设计)格式还有更具体的规定,但是目前高校和高校之间的标准正在趋向统一,也逐步走向标准化。除了外在格式,在文本的撰写上也有一定的规则性,毕业论文(设计)的展开遵循学术论文的基本规律,更强调逻辑的完整性,在谋篇布局上要更复杂一些,大小子目录的关系讲究协调,引用的资料要剪裁得当,引文和注释要合乎要求,在任何一个部分的组建过程中都体现了科学研究活动的规则性。因此,要想获得高水平的毕业论文(设计),首先要在规则性上下功夫,只有掌握了基本的规则,才能在规定的框架内撰写出更合乎规范、合乎逻辑、合乎阅读习惯的优秀的毕业论文(设计)。

3. 成果性

毕业论文(设计)是学生用以申请相应学位的基本材料,是对整个修业期学习成果的总结,毕业论文(设计)的质量也直接代表了学生专业水平的高低,正是基于这一点,高校才将毕业论文(设计)作为检验人才培养质量的重要抓手。学生通过几年的专业学习,将自身对理论知识的理解和运用都体现在毕业论文(设计)的撰写过程中,毕业论文(设计)就是他们多年学习、思考活动的最终凝练。同时,毕业论文(设计)的撰写也是对其前期科研训练的一种检验。毕业论文(设计)离不开学年论文(设计)、实践报告等文本的训练基础,正是前期的一些科研训练活动帮助学生掌握了一定的科学研究方法,学会通过专业的角度去审视问题、解决问题,并获得更为理性的认知。毕业论文(设计)是对这些训练内容的再度提炼,毕业论文(设计)本身也是前期科研训练的一个总结性成果。毕业论文(设计)的成果性还体现在学术研究的价值上,学生通过多年的学习和钻研,精心撰写出的毕业论文(设计)应当要蕴含个人的新观点、新想法、新视角,即便是不成熟的想法,也代表着个人研究的一个大跨步。假如毕业论文(设计)不追求这种成果性,就相当于放弃了学术创新,浪费了高校所投入的培养经费,更使得学生放松对自己的要求,从而降低了人才培养质量。

二、毕业论文(设计)的基本流程

毕业论文(设计)撰写的基本步骤与学年论文(设计)基本相似,但是每一步骤的展开更加严格和规范,在内容上也更加详细。毕业论文(设计)的撰写需要较长的前期准备,比如必须要具有一定的专业知识以及科研基础,必须要有问题意识、创新意识等等,这些内容都融合在平时的学习活动中,是一种潜移默化的积累。考虑到毕业论文(设计)具有特殊的选题论证与最终评判环节,我们将毕业论文(设计)按照以下三个环节展开论述。

(一)开题阶段

毕业论文(设计)在正式撰写前都要经过"开题"这一特殊的环节,只有经过相关的论证,证明选题可行才能进入撰写环节,其目的也在于加强毕业论文(设计)的过程管理,提高学生毕业论文(设计)质量,保证顺利完成相关的学业研修。按照开题报告的相关内容,我们将开题阶段需要明确的内容依次列置出来。

1. 选题的确定

学年论文(设计)选题的来源渠道同样适用于毕业论文(设计),我们可以从已学课程中寻找感兴趣的知识点切入,可以与自身的社会实践活动结合寻找选题,但毕业论文(设计)的研究范围、研究深度都要比学年论文(设计)来得广泛,因此在选题的确定上可以作更深入的拓展,除了原有的渠道外,可以考虑从以下几个方面进行思考和尝试。

(1)在学年论文(设计)的基础上进行深化研究。学年论文(设计)对于毕业论文(设计)来说本身就是一次训练和尝试,它为毕业论文(设计)的撰写提供了前期的资料积累,如果情况允许,可以在学年论文(设计)选题的基础上再扩充资料,将其作为毕业论文(设计)的选题,或者沿着学年论文(设计)原有选题中的某一分支开展继续研究。这两种方式的优势都在于充分利用了学年论文(设计)的研究基础,选择在自己相对熟悉的领域展开研究,相比较其他新选题而言,要更易上手,也有一定的资料积累,有相对成熟的思考。当然,这种方式取决于学年论文(设计)选题的质量,不能强行而为之。

(2)从他人的研究成果中进行延伸研究。了解他人的研究成果是开展学术研究的基础,在开展毕业论文(设计)工作之前,应该大量阅读他人的研究成果,了解相关选题的研究现状,并就某些问题作进一步的思考,例如在一些学术论文中往往提到某些现象和问题,但并未展开阐述,我们就可以抓住这些问题作进一步调研,倘若条件可行,就能以此为基础开展研究。再或者,我们可以从他人的研究中学取研究方法,就不同的或者相似的研究对象开展同类型研究,因为已经具备了一定的研究基础,这类选题在开展的过程中往往能拥有更多的理论指导,在研究深度上较之其他类型的选题具有更大的优势。在平时的学习过程中应该有意识地增加学术类资料的阅读,培养自己的学术敏锐度以及思考问题的能力,只有拥有了一定的积累,才能就相关现象进行更好的提炼,并在此基础上把自己的思索凝练成文。

(3)从学科发展的未来趋势中寻找研究点。这种选题方式能使论文具有更好的前沿性和创新性,但对个人的能力要求也更高,学生在熟悉学科内容的基础上,予以归纳分析,并从中寻找到相对新颖的研究视角。当然,对学科发展趋势的掌握并不一定需要完全由自己来提炼,很多时候我们都能接触到这类资讯,例如教师在课堂上的点拨、相关研究报告中的研究结论等等都能给予我们一定的启发。任何学科的发展都离不开现实背景,我们应该多多了解学科以及专业的现实发展趋势,了解专业热点,多运用创新思维,找到理论落脚点,尝试找到巧妙的切入口来探讨相关问题。这类选题往往都具有非常好的研究价值,不管是毕业论文(设计)还是其他类型的学术论文,都值得将其作进一步的深化挖掘。随着个人研究能力的不断提升,往往会有新视野和新见解,对相关问题的思考也能更有层次性,还可以从交叉学科中去发现问题,从旧的理论中发掘新意,不断地寻找更新的研究对象和研究方式。

总体而言,毕业论文(设计)的选题渠道较为多样化,但是较之于学年论文(设计)的选题,毕业论文(设计)的选题需要体现一定的理论性和创新性,因此,过于具体的小问题,或者人云亦云的旧选题,除非有较大的突破处,一般情况下都建议尽量避开。

2. 标题的打磨

毕业论文(设计)的标题是对选题的进一步明确化,一般情况下,毕业论文(设计)的标题能够直接点明研究的对象,对于社科论文而言,还可以直接揭示论文的主论点,起到画龙点睛的作用。标题的好坏对毕业论文(设计)的主体影响很大,毕业论文(设计)的标题与学年论文(设计)一样,同样需要遵循贴切、简洁、醒目的基本原则,可以采用直叙式标题,如《浅议民事诉讼中的非法证据排除》。也可以采用正副标题形式,副标题是对正标题内容的具体化和明确化,用以进一步明确研究对象或者限定研究的范围,如《服装企业存货的规划与管理研究——以美特斯邦威公司为例》。

在标题的形式上,毕业论文(设计)和学年论文(设计)的基本要求也是一致的,但是标题的内容实际也会直接影响论文(设计)的研究范围,众所周知,毕业论文(设计)的研究范围要广于学年论文(设计),围绕同样的研究对象,两者展开论述的深度是不一样的,体现在标题内容上也是不一样的。以下面三个标题为例:

> 浅析《文心雕龙》中檄、移文体的区别
> 浅析檄、移文体的区别
> 古代檄、移文体研究

这三个标题都是围绕相同的研究对象展开,但是研究的范围大小各异。第一个标题将研究对象限定在《文心雕龙》一书中,并且只谈区别,范围最窄,适合作学年论文的题目;第二个标题将研究对象置于整个历史进程予以讨论,同样谈区别,但可整合各类资料予以扩充和深化,可以作为本科生毕业论文的题目;第三个题目也是以檄、移文体为研究对象,但是不只谈区别,而是综论两种文体,因此在内容上可以谈相同点、相异点,可以谈文体流变过程,谈原因分析、历史启发等等,在研究范围上远远大于第二个题目,那又可以更进一步,做成研究生的毕业论文。这三个题目如果颠倒使用,都会带来问题,把《古代檄、移文体研究》作为本科毕业论文题目,显然过大,让人无从下手,把《浅析〈文心雕龙〉中檄、移文体的区别》作为研究生毕业论文题目又似乎过小而难于深发,很难写出达到硕士论文规定要求的文本。

同样的研究对象,因为标题表述的不同,展开的研究也随之而变,因此,在明确了选题之后,还要对标题进行打磨和提炼,以保证表述的准确和精练,以进一步明确研究的范围。同样是毕业论文(设计),本科生的毕业论文(设计)标题肯定不能和研究生的毕业论文(设计)标题一样,而需要根据相关的限定,以保证研究的范围大小适中,既不至于深度不够,也不至于泛泛而谈。

3. 文献综述

在开题报告中,学生需要对已掌握的文献资料展开综合评述,因此,资料的搜集越全面越好,否则巧妇也难为无米之炊。关于资料的搜集方法在学年论文(设计)部分已有涉及,此处不再赘述。学生通过系统地查阅与选题相关的国内外文献,进行加工整理,从而写出综合性的叙述与评价,并在此基础上掌握国内外研究现状。文献综述既要有对所有相关研究成果的综合概括,又要有对文献所展开的全面、深入、系统的评述,还要有对现有研究成果恰当而中肯的评价,其重点在于"述",要点在于"评",通过文献综述,可以引导出对该选题今后发展趋势的预测。文献综述可以按照文献与毕业论文(设计)主题关系的远近进行综述,也可以按照年代顺序,或者按不同的问题、不同的观点进行综述,要有一定的归纳、提炼,而不是将有关的理论观点简单汇总,陈述一遍。如果涉及的文献数目巨大,综述时应该找同类研究中比较权威和优秀的。文献综述的最后要简要总结,一方面要准确反映主题内容,表明前人为该领域研究打下的工作基础;另一方面要说清楚前人研究的空白,衬托出做进一步研究的必要性和理论价值。只有把文献综述做扎实,才能证明对即将开展的选题研究已有足够的了解,有可能较好地完成研究工作。

4. 明确选题的价值及创新之处

文献综述厘清了前人已有的成果,以及尚存在的研究空白,可以帮助学生明确选题的价值及可能存在的创新之处,重点讲清"为什么要研究这个选题"的问题,实际上是对整个选题的立论,只有明确了选题的价值和创新之处,才有进一步开展研究的说服力。一般来说,选题的意义和价值在于一定程度上填补前人研究的空白,从而使这个领域的研究更加完整。可以先谈现实需要,由存在的问题导出研究的实际意义,然后再谈理论及学术价值,论述应具体、客观,有针对性、有层次性,注重资料分析基础,注重时代、地区的发展需求,不喊空洞无物的口号。

5. 明确研究的内容及框架

在毕业论文(设计)开始撰写前,除了要明确研究对象、研究范围外,更需要明确每一部分研究的具体内容及其组织结构,这是开题阶段中至关重要的一个部分。毕业论文(设计)的研究内容就是全文的大纲,是具体的写作思路,有了思路,毕业论文(设计)的框架基本也能确定下来了,我们可以通过构建纲的形式来明确内容、疏通思想、安排材料、形成结构。毕业论文(设计)应该拟制详细框架,即不仅要以大小标题的形式列出每个章节的内容,同时在章节下面再细分层次并明确材料的安排,由此可以清楚地呈现全文的梗概。研究内容应该尽可能地明确化,内容越明确,对后期写作的指导作用就越大,与此同时,还可以根据这部分内容进行资料的再搜集,这样可以避免资料搜集工作的盲目性,提高了毕业论文(设计)的工作效率。

毕业论文(设计)的提纲也有助于反复推敲论文的逻辑构成,在阅读和分析资料过程中,原先一些不能肯定和比较模糊的看法进一步得以确定,从而把材料梳理、组织成一个完整的理论体系。具体而言,毕业论文(设计)的提纲可按以下步骤进行细化。

(1)拟定章节标题。一般情况下,提纲中呈现的各个部分的标题就是毕业论文(设计)的章节标题,拟定章节标题的前提是已经掌握了展开研究的基本资料,经过文献综述已基本明确需要研究的内容,最后根据前期研究先拟出大致标题,为后面的框架搭建提供基础。拟定标题时应力求简单、具体、醒目,或提示主要内容,或直接揭示论题。

（2）厘清各大部分的逻辑顺序。毕业论文（设计）的正文内容基本按照研究的逻辑顺序展开，逻辑的梳理过程实质也是毕业论文（设计）框架的搭建过程。毕业论文（设计）的研究思路与学年论文（设计）相一致，有纵式、横式、纵横结合式三种，在具体的构建过程中，又可以围绕"序言—总论点—分论点—结论"或"引论—本论—结论"的基本模式开展。

（3）写出各大部分中心内容。将各大部分逐层展开，扩展深化，或者直接明确总论点，并结合搜集的材料，构思层次，形成近似论文概要的详细提纲。

（4）细分各个部分的层次。将每个层次分成若干段落，也可在总论点下再明确分论点，写出每个段落的主题句或者内容提要，并依次整理出需要参考的资料。

（5）检查修改。检查整个论文提纲，做出必要的修改，如增加、删除、调整等。

毕业论文（设计）的框架必须做到条理清晰，便于让指导教师了解选题与研究内容是否相符，有无价值，如果研究内容过于笼统、模糊甚至把研究目的、意义当作内容，往往使研究进程陷于被动。在明确研究内容的过程中，还可以对可能遇到的关键性问题进行准确、科学的预估和判断，以便采取可行的解决方法和措施。

6. 选择合适的研究方法与技术路线

研究方法部分主要讲明将采用哪些方法来开展毕业论文（设计）的研究，也即如何解决所提出的问题，从而使人们相信整体研究是可行的。不同的选题，可采用的研究方法也不同，例如调研方法有抽样法、概率法、问卷法，实验方法有定性实验、定量实验、析因实验、对照实验、中间实验和模拟实验，论文研究方法有逻辑推理分析法、实证分析法和比较分析法等。在这个部分除了需要明确将采用的研究方法外，还可对研究方法进行评价，即进一步说明为什么选择这一方法及这一研究方法可能存在的局限性。

7. 明确研究步骤与基本进度

研究步骤是毕业论文（设计）开展研究的先后顺序，进度安排是整个研究在时间上的设定，如何时需完成哪一部分的写作，以明确写作进度。这个部分重点说明内容与时间的分段，如材料收集、实地调研、初稿写作、论文修改各需要多少时间，对每一阶段的起止时间、相应的研究内容及成果均要有明确的规定，阶段之间不能间断以保证研究进程的连续性。在时间安排上，应充分考虑各研究阶段工作的难易程度，并做出合理的时间安排，以保证毕业论文（设计）工作的顺利完成。

8. 设定预期目标

预期目标需要说明论文所要达到的具体目标或要取得的具体成果，说明选题研究与其他研究的不同之处，强调结果在实际、理论等方面的意义等。虽然学生的毕业论文（设计）尤其是本科生的毕业论文（设计）没有要求一定要具备完全的学术创新，但精心撰写的毕业论文（设计）应该或多或少地包含一定的学术价值、现实启发等，应根据研究的具体情况，对是否具有这方面的意义做出说明。在这部分的论述中应该注意不刻意夸大研究的成果性，实事求是，在表述时留有一定的弹性空间，以防止最终的研究成果与之出现过大的偏差。

9. 分析研究条件

毕业论文（设计）在正式开始撰写之前，还需对相关的研究条件展开分析。一方面明确已经具备的研究条件，例如前期的积累、已经获取的参考资料、可供使用的软硬件设施、相关的指导等，这是开展研究的基础。另一方面，对一些无法具备的研究条件也要进行分析，说清楚是否可以通过其他的方法进行弥补或者替代。明确这些尚且无法具备的研究条件，可以让指导教师开展更有针对性的指导工作，来帮助学生克服一定的困难。对现有研究条件的分析应该实事求是，切不可为了使自己的选题更有说服力，而只说有利条件，避谈困难，实事求是才是做好科学研究的基本态度。

（二）撰写阶段

在前期提纲的基础上，通过对原有资料的深入分析和适时补充，就可以趁热打铁，展开正式的撰写工作。毕业论文（设计）的撰写过程与学年论文（设计）是相一致的，主要分成绪论、主体部分、结论三大板块，从论文的专业视角来看，实际上组成了"引论—本论—结论"的基本结构，毕业论文（设计）的撰写时间相对充裕，因此在每个部分的内容上可以展现得更加丰富和饱满。

1. 绪论

绪论相当于前言部分，同样用于介绍研究的背景、目的、意义，点明要研究的对象、内容和基本方法等，但是毕业论文（设计）本身有一定的篇幅要求，因此绪论部分就可以适当展开。毕业论文（设计）应该有详细的文献综述及理论介绍，以反映作者收集整理文献的水平与能力，这些内容可以放在绪论中呈现。这个部分的写作可以借鉴开题报告中的相关内容，如围绕该选题已有的研究基础和尚存在的研究空白，选题的研究价值和创新意义，研究的对象和基本内容，研究的方法，作者的见解等。在表述的过程中同样需要简明扼要，注重整体篇幅的合理性，不能过于铺陈。围绕某一课题，其历史过程和文献资料本身可能比较多，在综述的过程中不能过于详述，应该讲究语言的高度凝练，涉及一些常识性的内容可以忽略或者尽量简练，不要求面面俱到，同时，也不能写成摘要的翻版或者扩充。整个绪论部分的作用在于顺利地引出主体部分的内容，它是展开研究的背景和基础，但不是主要部分，不管是在内容上还是在篇幅上都不能喧宾夺主。

2. 主体部分

这个部分是毕业论文（设计）的核心部分，是研究内容的全面展开，也是作者观点和立场的集中体现，属于本论部分。这个部分需要阐述研究的内容，应该按照一定的逻辑顺序将分散的观点有机组合在一起，按照逻辑顺序的不同，本论的安排有以下几种形式：

并列式，也即横式结构，对毕业论文（设计）所涉及的问题从不同的角度、不同的方面分别进行论述，层次与层次之间的关系是平行的。或者，将从属于总论点的若干分论点并列起来，逐个加以论述。

递进式，也即纵式结构，采取层层深入、步步发展的方式进行论述，是逐层推进的关系。

综合式，也即纵横结合式，以一种安排形式为主，中间某些部分掺杂其他形式。对毕业论文（设计）而言，两者相互结合，十分常见。

当然，主体部分没有绝对固定的结构方式，不同学科研究的内容不同，毕业论文本论的写法有很大差别，应根据具体情况采用适当方法科学地安排层次。

社科类毕业论文一般包括论点、论据、论证三个部分。论点是作者对所论述的问题提出的观点；论据来源于前期搜集的材料，是作者建立自己观点的依据，包括正确、完整的科学理论，真实确凿的数据、图表；论证是作者用论据说明论点的过程，亦即作者运用归纳、演绎、类比等逻辑分析方法，用论据科学地说明论点的正确性。

毕业设计是以实践为基础，进行实验、试验和观察，其内容包括其装置材料、方法、结果与讨论。对结果的讨论要以实践结果及科学理论为依据，论证有哪些成果、哪些缺点、有什么新发现以及对前景的展望。

在毕业论文（设计）中，论点、论据、论证三者关系其实是一致的，论据通过合理论证来支持观点，在这个环节中论证的环节最能体现毕业论文（设计）的水平。在毕业论文（设计）的撰写过程中，有以下几种常用的论证方式。

（1）引证法

引证法也即引用论证法，指引用别人的论点论据来证明自己的论点，一般来说，引证法所引内容要有一定的可信度和权威性，绝不能不加选择地随意将毫无考证的内容加以引用。引用可以直接引用，也可以间接引用，若是直接引用必须严格遵照原文内容，不得任意更改，也不能断章取义，间接引用可以采用意引的方式，但也需要遵循原意，不能强加观点。

（2）例证法

例证法与引证法相似，但是是通过引用客观事例来论证自身观点，事例的选择应该坚持少而精，要与论点紧密相扣，在叙述事例时要简约概括，不能过于铺叙，因为事例本身的细节并不是重点，不应该占用太多篇幅。

（3）归纳法

归纳法是指从一系列事例中归纳出它们的共同特征，抓住共同的本质，从而总结出一个带有普适性的观点。归纳法中所选取的事例同样要确凿而典型，具有一定的说服力，归纳的过程应该严谨而符合逻辑，这样所总结出来的观点才能同样具备说服力。

（4）演绎法

演绎法是利用一般到特殊的推理方法，即通过一定的原理、原则等，推导出原理用于特定事物的结论，即用科学的事理来证明自己观点的正确性，其推理的过程与归纳法的过程刚好是相反的。演绎法中所引用的原理、原则等同样是必须经过验证的客观理论，而不应该凭空引用一些毫无事实根据的理论。

（5）类比法

类比法指通过将两种相同或相近的事物放在一起进行比较、类推，从已知的一种现象或事理的正确性，证明另一种现象或事理的正确性。类比法能够由此及彼地扩大论证的范围，但在运用时，应该尽可能地去寻找用以类比的两个事物之间的共同性，共同点越多，类比就越具有说服力。相反地，若两个事物之间的共同属性还不足以支撑起类比推理，那就不应该采用这种方法，否则只会使论据丧失说服力。

（6）反证法

反证法是从反面间接地证明相关论点的正确性，即从反面入手，证明与论点相反观点的错误性，从而间接地证明观点的正确性。有时候在找不到合适的事例进行正面论证时，采用反证法也有异曲同工之处，比起全部使用正面论证，反证法的恰当使用反而能给人耳目一新的感觉。

（7）因果法

因果法是通过揭示事物之间的因果联系来证明相关的论点，其通过分析事物发生、发展、消亡之间的关系，通过原因来证明结果，或者通过结果来证明原因。因果法的关键在于揭示两种现象之间存在的必然联系，并由此开展推论，但整个推论的过程应该尽可能的缜密严谨，不可以人为地进行干预，为了刻意采用因果法而损害推论的可信度。

3. 结论

结论，是课题研究的最终答案，在结构上是绪论的照应，在内容和意义上是本论的归纳、延伸和升华，而不是论点的简单重复。文章在绪论部分明确研究对象，在本论部分展开充分的论证或设计，最后需要在结尾部分对全文给出结论，并且要在结论中明确表明自己的观点、立场。因此。这个部分的写作要注意与前文的衔接和呼应，使全文形成一个和谐统一的整体。结论的写作可以是对所研究问题的综合归纳，并提出结论性的看法；也可以总结自己的研究，并指出其中存在的不足和缺陷，指明下一步研究的途径或者未来的研究前景等。结论要写得简明概括，态度要鲜明，不能模棱两可，语言要严谨并适当留有余地。

总的来说，毕业论文（设计）的撰写不宜求快，应做到纲举目张，顺理成章，井然有序，详略得当。

（三）修改阶段

初稿的撰写只能代表毕业论文（设计）完成了一半，另外一半则需要经过反复地修改和打磨，对论文的框架结构、遣词造句等进行进一步调整并最终定稿。经过初稿的撰写，学生对原有材料有了更深入的理解，也进一步明确了整个毕业论文（设计）的基本观点，在此基础上进行的修改是对内容的进一步凝练，能让我们以更加全面的视角来考虑问题，进一步加深对客观事物的了解。毕业论文（设计）的修改比学年论文（设计）要求更高，在基本的逻辑、语言规范的基础上，还应考虑更多的因素，除去外在的格式要求，毕业论文（设计）的修改讲究三"看"，即看框架、看标题、看材料。

1. 看框架

框架在毕业论文（设计）撰写前就已基本定型，但是初稿的撰写与原定的框架多少会有些出入，因此在成稿后仍需重新审视整体框架的合理性。首先，要对比不同版块之间篇幅的合理性。例如，在整体框架的审视过程中，如果发现引论篇幅过长，占据了本论的版面，那就应该对其作适当删减，避免整体上的头重脚轻；本论部分各个分论点之间也应该讲究篇幅的基本对称，如果某一分论点内容过长可以考虑将其再作切割，另立论点，某一分论点篇幅过少则可考虑增补材料，或者直接将这一论点剔除。其次，要看框架是否符合科学研究的基本逻辑。论文的框架就是论证的逻辑展开形式，是写作者推理、设计思路的具体展现，因此首先应该理顺研究的思路，检查各个部分是否按照中心论点、中心思想展开布局，各个层次是否清晰严密，并能构成一个有机的整体，结论是否水到渠成等等。这些逻辑上的问题只有在毕业论文（设计）全部成稿后才能清晰地呈现出来，因此在后期的修改过程中应该对此重点关注，使文本的逻辑结构更加自然、合理，符合论题展开的一般规律。

2. 看标题

这里的标题既包括论文的大题目，也包括各个章节的小标题，毕业论文（设计）的标题往往就是其主要论点、中心思想的体现，看标题就是对论文（设计）的主要观点进行深入审视。首先，要看标题是否存在文不对题的现象。如果标题与下文内容明显脱节，出现"强戴帽子"的现象，那必须要进行重新拟定，否则整个毕业论文（设计）都会存在硬伤。其次，要看标题内容是否以偏概全。标题是对所用材料内涵的提炼，如果标题不能基本涵盖所用材料的观点，说明这个标题的提炼是不成功的，也并没有起到突显主旨的作用。再次，要看标题是否客观鲜明。标题的作用就是要突出重点，彰显毕业论文（设计）的中心思想以及创新之处，因此在毕业论文（设计）成稿之后，有必要对标题进行重点修改，以发挥标题该有的作用。

3. 看材料

材料是毕业论文（设计）观点和内容的重要支撑，在毕业论文（设计）成稿之后，应该对材料的使用情况进行分析。首先，要看材料对观点的支持是否单薄。如果所用材料在数量和质量上都无法支撑起相关论点，那就有必要对有核心材料进行重点增补。其次，要看材料的使用是否过杂。毕业论文（设计）在撰写之前需要搜集大量的资料，但是毕业论文（设计）本身并不仅仅是材料的堆砌，我们应该围绕毕业论文（设计）的主旨选择最为典型、最具有说服力的材料放入文本中。如果对材料的使用不加选择，只会使文章杂乱无章，反而破坏了整体的阅读感。再次，要看材料的使用是否真实。这种真实指的是材料本身是真实的，材料的使用过程是真实的，材料使用的结果是真实的，只有保证完全的真实，才能使论据充分、确凿，以强有力地支撑起相关的观点。

优秀的毕业论文（设计）都是改出来的，不仅要自己改，还要找老师改，学生应该充分听取指导教师的修改意见，对毕业论文（设计）进行反复的调整。毕业论文（设计）的修改，可以趁热打铁，及时改，也可以放几天，等头脑冷静，思维跳出原来的框架后再去修改。不管是采用什么方式、什么时序，只有不厌其烦地打磨，才能写出经得起推敲的、优秀的毕业论文（设计）。

毕业论文（设计）修改定稿后还需要认真撰写论文摘要并提取关键词，摘要的写作规则与学年论文（设计）的要求一致，包括研究的目的、对象、方法、内容、结论等，即主要讲清楚为了什么目的，采用何种方法，围绕什么对象的什么内容展开的研究，其研究的结果如何。但是毕业论文（设计）中涉及的内容和层次较多，因此摘要篇幅可以稍长一些，字数一般在 500 字至 800 字之间。

（四）答辩阶段

高校的毕业论文（设计）与其他类型学术论文的不同之处还在于最终的考核性质，只有通过最终的评审，才能达到毕业的基本条件，这个评审的环节也即学生所要经历的毕业论文（设计）的审阅与答辩阶段。毕业论文（设计）的审阅首先要求通过论文查重，即保证文章的重复率不高于某一指标，其次还有一些相关的格式要求，只有符合了基本要求，经指导教师签署同意之后才能参加答辩，以下重点谈一下答辩环节的基本准备。

毕业论文（设计）的答辩活动重在考查学生的毕业论文（设计）是否独立完成，是否对所研究的问题有深入的理解，是否掌握了相关知识点的运用，是否具有思辨能力与现场反应能力等。学生通过答辩，让答辩专家进一步了解研究的重点和立论的依据，了解自身处理问题的实际能力，这是学生与专家之间通过对话获得锻炼和提高的宝贵机会，一定程度上讲，是治学的起点。

1. 答辩的基本流程

在答辩活动开展前，由各专业成立答辩委员会，并由一名主席主持答辩会。答辩的基本程序如下。

（1）学生陈述毕业论文（设计）的内容与写作情况。这部分的内容陈述可以分成三大部分：第一部分先谈选题的依据、意义及创新之处，其基本内容可以参考开题阶段中涉及的几个方面，属于对选题背景的介绍；第二部分谈毕业论文（设计）的主要内容，需要明确具体的研究对象、研究范围、主要观点、主要结论等，是对正文内容的逻辑阐述，需做到条理清晰；第三部分谈毕业论文（设计）中存在的不足及进一步研究的方向，也可以再简述研究的心得体会等。整个陈述一般控制在 10 分钟左右,在陈述过程中应合理考虑各部分内容的时间长度,同时,应做好口头表述的准备。答辩委员会成员一般在答辩之前都仔细审读过论文,因此学生在陈述情况时不应全程宣读论文。

　　(2) 答辩委员根据毕业论文(设计)提出问题。一般而言,每个答辩小组会有三至五位答辩委员组成,所提问题一般为 2 至 3 个,多结合毕业论文(设计)的内容以及学生所作自述的内容进行提问,正常情况下不会随意生发。

　　(3) 学生回答答辩委员的问题。通常情况下,答辩委员会给学生一定的准备时间,在学生回答的过程中,答辩委员可能会就学生的回答和毕业论文(设计)的内容再作追问,以便于学生就相关问题作进一步说明。

　　(4) 根据回答情况,答辩委员写出评语,给予成绩,并交学位委员会审定小组审定。答辩委员对各个学生的论文质量、答辩情况逐一评述,指出其优缺点,并给定评语,评语的内容可包括论文价值、作用、理论和实践意义,观点是否正确、鲜明,材料是否充分真实,有无提出和解决新的问题,文字是否通顺简洁等。

2. 答辩前的准备

虽然学生无法提前知晓答辩委员会所提问题,但围绕毕业论文(设计)所展开的基本问题是可以提前做好准备的。绝大部分学生都是初次参加毕业论文(设计)的答辩,因此难免有紧张情绪,事实上,答辩委员在提出相关问题时往往也需遵循一定的原则,例如所提问题必须要有明确性和针对性,不能随意生发、节外生枝等,因此很多常规问题的答案是可以提前做好梳理的。以下这几个问题是学生在参加答辩前,应该做到心中有数的。

　　(1) 为何要选择这个题目开展研究?
　　(2) 研究这一选题的理论意义和实际意义是什么?
　　(3) 这个课题前人做过哪些研究,取得了哪些成果,有哪些问题有待解决?
　　(4) 选题的创新之处有哪些?
　　(5) 文章的基本观点和立论的基本依据是什么?
　　(6) 文中所提出的见解的可行性有多少?
　　(7) 课题研究还存在哪些不足之处,为什么会出现这些问题?
　　(8) 开展毕业论文(设计)工作的经验有哪些?

当然,对以上这些问题的梳理只是答辩阶段的基本准备工作,更重要的还在于如何现场应对答辩委员的各类问题。答辩过程中所涉及的问题一般都从毕业论文(设计)中来,实际是有章可循的,根据学生的知识水平、答辩能力,一般会从以下三个方面提出问题:一是围绕毕业论文(设计)的真实性提出问题;二是围绕毕业论文(设计)本身的薄弱环节提出问题;三是围绕毕业论文(设计)中存在疑惑的地方进行提出问题。根据这个思路,学生可以在答辩前对毕业论文(设计)的内容梳理一遍,将一些可能会被问到的问题提前做好准备。

3. 答辩的技巧

在答辩过程中,如何更好地回答问题也有一定技巧。首先,要认真审题,准确理解题意,审题时要明确问题的内涵是什么,针对的是什么,如果对问题所涉及的基本内涵理解不清,就易答非所问,如果抓不住问题的主要方面,就容易本末倒置,偏离重点,这两种情况都不是理想的答辩状态。其次,应明确答题要点,层次清晰。如果准备时间充裕,可以拟出回答的提纲,要把要点、关键词记下来供答辩时使用,在回答问题时应重点突出,抓住主题、分层阐述,给人以逻辑清楚、层次清晰之感。再次,阐述问题应开门见山,不绕弯子。在回答问题时,学生应该给出明确的起始语句,例如先念一遍所要回答的题目,然后以"我的回答如下"开始,最后以"我的回答完毕"收尾,让答辩委员更好地听清主干内容。任何问题都应该正面回答,不转换话题,更不要答非所问,用词要准确,表达流畅,自信大方。

值得注意的是,如果问题本身并不难,学生应该尽量全面回答,申明理由,力求简明、准确,如果问题有一定难度,根据自己的理解,实事求是,能答多少是多少,不要缄口不语,更不能强词夺理,可以表示出将进一步钻研的态度。答辩本身就是一个互动的环节,问题有难易之分,有一些问题一时回答不了,也是很正常的事情,这种情况下更应该沉着冷静、大方谦逊。若发现自身观点与答辩委员的观点有不一致之处,学生应虚心请教,同时保留自己观点,在"答"的过程中要"辩",尽量让答辩老师清楚地明白自己的观点,但不能狂妄自大。答辩的过程会涉及一些新的观点、新的方法,学生不仅能够知道还存在哪些问题,更由此获得了更多的信息,扩大了视野,也展示了自己的才智和能力。但是答辩并不是整个毕业论文(设计)工作的终结,在答辩结束后,学生还需要根据答辩委员会的意见对毕业论文(设计)进行再修改,修改完成后再正式提交。

四、注意事项

毕业论文(设计)的撰写要经历的环节最为复杂,对综合能力的要求也最高,我们在写作过程中应该注意以下几个方面。

1. 选题不能求全

毕业论文(设计)的选题对于文章的撰写起着至关重要的作用,选题如果选不好,会直接影响研究工作的开展。很多学生在经过学年论文(设计)的训练后再开展毕业论文(设计)工作,为了体现出毕业论文(设计)有别于学年论文(设计)的综合性,往往会走向另外一个极端,那就是选题过全、过大。毕业论文(设计)是整个修业期中最具有代表性的学业成果,是对多年学习的一个总结,但是毕业论文(设计)本身并不可能涵盖这几年内学习的所有专业知识,它只能是对某个领域、某个知识点的一种探索式研究,是以点带面式的学业考核方式,通过毕业论文(设计)展现的是学生对知识的理解与运用,对科研方法的掌握等综合技能,而不仅仅是某个知识点本身。选题过全、过大,会使整个研究要么无从下手,要么浮于表面、泛泛而谈,起不到该有的培养与考核作用。因此,学生在选题过程中应该抓住毕业论文(设计)的本质,选题恰当、合适,既能保证有话说,又能保证有自己所见,不是人云亦云,既能有明确的切入口,又能以小见大、以点带面,综合展现运用知识的能力。

2. 论证不是材料的堆砌

毕业论文(设计)中更注重学生灵活运用各类材料的能力,这种能力尤其体现在论证的环节上。论证就是将收集到的各类材料用作论据,来证明相关的观点,毕业论文(设计)在前期的资料搜集过程中往往会占有大量材料,但是很多学生不会把它们有机结合在一起,而是机械堆砌,分析推理不够。毕业论文(设计)中使用的材料更强调质量,而非数量,我们应该对材料进行深入分析、发掘,使其和论点发生内在联系,应该学会将材料有效地放入自己的文章中,使材料为我所用,而不是观点加例子的简单式拼凑,那结果只能是空泛议论,不能具有更好的说服力。只有注意研究论点和论据之间的内在联系,使用合适的分析方法,这样的论证才合理严密。

3. 要突出创新价值

毕业论文(设计)是修业期内最规范、最严格的一次科学研究活动,它不仅仅注重过程性,也体现最终的成果性,即所研究的过程能体现综合科研能力,研究出来的结论能代表个人独立、独特的观点主张,这个结论不应该是对别人观点的简单复制,否则就失去了思维训练的意义。毕业论文(设计)是学生运用已学的知识对未知的知识进行探索和研究,是获取新知识、新信息的一种创造性劳动,应该具有新的见解、新的发现、新的发明。有无创新性,是衡量毕业论文(设计)价值的根本标准,有创新才有价值,如果没有独到的看法,只是重复别人已论证、论述过了的观点,就失去了论文的价值。因此,毕业论文(设计)的写作不能满足于照搬已有的结论,不人云亦云,要勇于提出创新性的见解。

【微信扫码】
学习辅助资源

第七章

求职专题

进入 21 世纪后,随着我国普通高校的连年扩招和市场经济的日趋成熟,大学生就业难已是不争的事实,究其原因相当复杂。许多学生写不好求职文书,不善于自我推销,则是择业屡次失利的因素之一。那么面对人才市场的激烈竞争,怎样写好求职文书,怎样在求职文书中展示才华、表达意愿,成功推销自己,增加被录用的机会,这已成为当今青年,特别是即将走出大学校门学生所面临的首要问题。

第一节　求职文书概述

一、求职文书的性质与作用

求职文书是指求职者在求职过程中用以向用人单位讲述个人自身的学识能力、专业技能、职业特长和求职愿望,强调自己与职业高度匹配、请求被录用的一种书面材料。求职文书一般需要回答四个问题:"你是谁?""你做过哪些事?""你有什么见解?""你有哪些证据?"它们常以私人事务为内容,以公务书信的形式出现,在个人与单位之间起到牵线搭桥的作用。在市场经济条件下,求职文书的写作是职业人必备的基本功之一。

求职文书的作用主要体现在以下三个方面。

第一,求职文书是用人单位了解求职者的重要途径,能使招聘单位进一步感受到"求职者"的鲜活形象,尤其是求职者的学习工作经历、能力、志趣等各方面的内容,能给用人单位一个全面的认识和基本评价。

第二,求职文书能使招聘单位感受到求职者的诚意。求职文书的写作需要做到"知己知彼",除了全面介绍求职者的情况外,还需要对招聘单位有一个基本的了解与认识,这些内容的体现,足以显现求职者的"有备而来",让对方感受到求职者的诚意。

第三,求职文书是获得求职单位青睐的重要形式,能够增加面试或被录用的机会。一份好的求职文书能使求职单位对求职者初步产生好感,进而产生面试的愿望。

求职文书的根本功能是把求职者的有效信息和竞聘优势传递给社会和用人单位,以求得人才与社会需求的有效配置。现在,随着社会的发展,人才管理机制的改革,社会就业方式转向市场调节,人才流动的范围越来越大,流动的频率也越来越高,求职类文书的写作也就越来越得到人们的重视。

二、求职文书的文体种类

（一）求职文书的分类

按不同文种的特点及其在求职中的作用，将其大致分作四类。

（1）传志文书：如求职书信、自荐信、应聘信、个人简历、自我介绍及综合自荐材料等。

（2）总结述职文书：如大学生生活总结、个人工作总结、自我鉴定、竞聘书等。

（3）演讲文书：如竞聘演讲稿、就职演讲稿和离任演讲稿等。

（4）面试文书：如面试通知单、面试提纲、面试成绩录取单、录用通知书、辞谢通知书等。

（二）常见求职文书的区别与联系

（1）传志文书在日常生活中使用广泛，对人物的思想、生平、事迹都可进行详细介绍，广义上看属于事务性文书，这类文书的写作表达方式比较灵活，可以采用文章的形式也可以采用表格的形式出现，方便个人推销。

（2）总结述职文书偏重介绍自己在工作上的成绩与得失，突出的是"我""职""实""述"，目的在于总结经验和教训，便于今后工作更好地开展。

传志文书和总结述职文书的共同之处在于都是对主体的介绍与推荐，传志注重的是多角度介绍；总结述职侧重的是成绩、经验，更强调职位性、针对性。

（3）演讲与面试文书在写作和表达过程中更为灵活，既需要语言表达能力也注重文字写作能力，相对于传志文书和总结述职文书来说，更具有直接性和竞争力。这类文书的效果如何，还要依托求职者个人的综合素质和临场发挥情况。

三、求职文书的特点

（一）具有明确的目的性和指向性

求职文书是求职者为获得某一工作职位，向有关用人单位和人员"推销"自己而写的文字材料。它的目的，就是促使用人单位能够对自己感兴趣，最终被录用。求职文书的目的和指向是非常明确的，因此，求职者应紧扣求职中心，收集整理材料，重点叙述与所求职位相关的专长、才能、经验、兴趣等。

（二）内容具有竞争性

求职文书的目的是为了突出"人无我有，人有我强，人强我新"的优势，甚至还要把本来是"劣势"的东西换一个角度讲成"优势"，这就需要求职者"八仙过海，各显神通"，在尊重事实的基础上尽量彰显自己的能力，争取打动应聘方，达到成功求职的目的。

（三）语言表达突出技巧

求职文书的目的是为了打动对方，引起情感上的共鸣和理性上的认可，相对于其他文书来说，词句更加精炼，语言更加严谨和诚恳，谦辞和敬语的使用会增加求职文书的感染力。

（四）形式新颖，使用灵便

求职文书的形式不是一成不变的，同样的内容可以用多种形式灵活表述。常见的格式有三种：一是表格式，如简历表、毕业生推荐表；二是信函式，如求职信、自荐书；三是文章式，如大学生活总结、个人简介、竞聘演讲稿等。

四、求职文书的写作原则与注意事项

(一) 求职文书的写作原则

求职文书因为关系着求职者的就业前景和人生规划,所以在写作时应遵循以下原则。

1. 篇幅适中

求职文书不同于一般私人书信,它们带有私事公办的意味,可以当作求职者的脸面。而这一脸面的印象如何,往往决定着求职者与招聘方能否有第一次见面的机会。招聘者忙于来自全国各地的招聘,很难细读冗长空洞的求职材料,这就要求求职文书篇幅适中,言之有物。

2. 客观真实

求职文书传递的信息要真实,这也是招聘方所看重的。如果求职者确实没有什么特别的才能,宁可如实反映在求职文书中,也不要在写作中小题大做,过分渲染。附上能代表自己才能的材料,要比自吹自擂,更容易获得对方的信任和好感,获得成功的机会更大。

3. 有的放矢

求职文书的写作,一是要针对所求职位的需要来写,二是要针对招聘人员的第一读者来写。不能信马由缰把什么材料都写进去,"开放"不等于"放开",立体展示并不代表面面俱到,"四面撒网,广种薄收"的办法往往会使人失去机会。

4. 讲求礼貌

礼貌是拉近人与人之间关系的桥梁,是对人的一种尊重,它不仅是交往的必要,也是求职类文书写作的必要。一份用语严谨、态度谦虚、低调内敛的求职文书,能让阅读者感到被尊重,也可以体现求职者的文化修养,是实现求职成功的第一步。

(二) 求职文书的注意事项

1. 目标明确,提纲挈领

求职文书的写作目的是谋求职位,不要谈生活中的琐事或将自己的人生观作太详细的解释。要恰如其分地介绍自己的能力和特长,表达为何对所应聘的工作感兴趣。

2. 切忌过分推销自己,给对方施压

求职文书的写作需要巧妙地表达自己的长处,但无须自吹自擂,更不要给对方施加压力。"如果你不能尽快地安排一次面谈,你将犯下难以弥补的错误。"类似这样的话,只会使阅读求职文书的人望而却步,产生反感。

3. 不宜有文字上的错讹

求职文书不仅能体现求职者清晰的思路和良好的表达能力,还能考察出求职者的性格特征和职业化程度。所以一定要注意措辞和语言,切忌有错字、别字、病句及文理欠通顺的现象发生,否则就可能使求职文书"黯然无光",或带来负面影响。

第二节　传志文书

一、传志文书的性质与文体种类

(一) 传志文书的性质

"传志",指记载人物生平事迹的文章或书籍。人物的生平事迹广义上来讲,借用心理学的归纳,既可以是"自我"的,即自我对存在状态的认知,是个体进行自我评价的结果,常由自己写作;当然,作为客体的"我",也是被感受被认知被观察的对象,于是,传志本身也是"镜我"的,即他人眼中的"我",也就是他人对"我"的评价,这当然由他人来评定。

传志文书,实际上是"自我""客我""镜我"的结合,是概述人物生平、总结人物特点、品行、才能等内容的事务性文书。

传志文书实际上是总结的一种,但其总结的主体、客体、内容、目的与机关单位的总结明显不同。传志文书在日常生活中的使用相当广泛,一个人向另一个人介绍自己,要自我介绍;求职找工作,要写自荐信,制作个人简历;评职称、求鉴定,要写个人小结;打开电脑,对社会名流,无论古今中外,不管忠奸好坏,都能在百度看到个人生平或人物介绍。总而言之,社会的组成细胞是人,涉及人,就必须涉及传志文书。

(二) 传志文书的文体种类

1. 求职信、应聘信、自荐信

求职信,是求职者向用人单位介绍自己情况以求录用的专用性文书。它集自我介绍和自我推销于一身,是求职者应聘求职的重要方式。求职信配合履历表,归纳总结履历表中的相关内容,并重点突出背景材料中与未来雇主最有关系的内容。

根据有无明确的用人单位,求职信还可以具体分为应聘信和自荐信。应聘信是指求职者根据用人单位发布的招聘职员的广告、通知和其他有关招聘信息,有目的地表达求职意向的信函。自荐信是自我推销采用的一种形式,推荐自己适合担任某项工作或从事某种活动,以便对方接受的一种专用信件。

求职信、应聘信、自荐信是一个类型,都属于应聘文书,这三种文书虽然名称不同,但是基本作用都是为了谋求一个职位。三者的结构相同,只是在正文的内容上有所侧重。另外,写作的要求也相同。

2. 自传、自我介绍

自传是传记的一种,以记述自己的生平事迹为主。自传是以叙述形式出现的个人简历。自传的内容一般应包括姓名、性别、年龄(或出生年月)、家庭情况、学历、工作经历、理想与抱负等。由于求职者千人千面,各人实际情况不同,因而要根据个人的实际情况增加内容或删减内容,在真实的基础上可以适当发表一些评论,以表达自己的见解和主张。自传的作用不同于简历。自传更侧重于文学色彩,从中可以看出求职者的文化素质和语言表达能力,也可以看出求职者的内心精神世界;而简历只是机械地说明一个人的经历。

自传是一种实用性很强的文章,从表现形式上划分,可分为实录性自传和文学性自传。

实录性自传重在说明作者客观生平事迹,态度纯正,文字平实、朴素、简洁,仅对自己做轮廓性勾勒,如"自我简介"性小传。文学性自传也讲究实用性,但融实用性与文学性为一炉,文学性强,可当文学作品阅读,是一种文质皆美的,有较强感染力表现力的自述文字。内容一般较丰富、生动、感人。

自我介绍是向别人展示自己。自我介绍好不好,甚至直接关系到给别人的第一印象的好坏及以后交往的顺利与否,同时,也是认识自我的手段。自我介绍是每一个职场中人都必然要经历的一件事情,只不过,有的人一年用不上几次,而有的人则一个星期可能需要做很多次。众所周知,自我介绍是日常工作中与陌生人建立关系、打开局面的一种非常重要的手段,因此,让自己通过自我介绍或得到对方的认识甚至认可,是一种非常重要的职场技术。比如在招聘面试中的自我介绍,目的是使招聘者明了求职者的三个问题:你现在是干什么的(应该在共同点中强调不同点);你将来准备干什么(应力求具体、合理);你过去干过什么(应保持与将来的一致或连贯性)。

根据场合和最终目的的不同,自我介绍被分成三种类型。

一是以求职为目的的自我介绍。这一类自我介绍主要应用于面试过程中,因为其目的是应聘某个职位,所以,自我介绍的信息除了个人的自然情况以外,通常还要涉及既往所取得的成绩、对目标岗位的认识、与目标岗位匹配的原因、特殊的才能或才艺等信息。

二是以推销为目的的自我介绍。与求职为目的的对个人的推销不同,这里说的主要是对具体产品或服务的推销,基于这一目的的自我介绍,关键是要从客户的兴奋点出发,抓住对方的需求甚至是潜在需求,引导对方说出他们对产品或服务的预期(包括功能、便捷性、后续服务、性价比等等),逐步地引出公司的产品或服务,分析其优势,甚至可以与同类竞争性产品做简单比较。

三是以便利日常工作为目的的自我介绍。这个主要涉及的是日常工作中可能会有较多接触的部门或个人,第一次去办事时简单做自我介绍,主要是介绍个人所负责的工作情况,并诚恳地希望得到对方的指导和帮助,关键在于表达诚意,别让人觉得看到你这个人就立刻有兴趣了就可以了;在之后的接触中可以逐步聊一些其他的话题,甚至可以"捧"一下对方,赞扬他的工作态度等。

3. 简历

简历就是一个人的简明扼要的履历。它是求职者和在职员工在求职或转换工作单位的过程中,向用人方证明自己具备某项工作资历与条件的一种专用文书。一般采用一览表的形式,所以也叫简历表或者叫履历表。

简历是对个人学历、经历、特长、爱好及其他有关情况所作的简明扼要的书面介绍。简历是有针对性的自我介绍的一种规范化、逻辑化的书面表达。对应聘者来说,简历是求职的"敲门砖"。简历主要可以分为功能型简历、年表型简历和综合型的简历,不同的简历类型有各自的特点,且求职企业的不同也应以不同简历应对。

功能型个人简历就是以申请职位的职能类型来介绍求职者的工作经验、技能以及相关背景的一种简历形式。以申请职位的职能为写作主线和顺序,选择和强调那些与申请职位相关的工作经验,淡化甚至省略那些无关的工作经历。

年表型简历是按时间顺序列出求职者相关职业背景信息的一种简历形式。以时间为写作主线,不要出现任何时间中断或空白。

综合型简历是一种既罗列了与申请职位相关的各种个人信息，又能够呈现出职业发展时间特点的简历形式。以时间为主线选择和强调那些与申请职位相关的工作经验。

求职信、自我介绍、个人简历这类文书的制作都是求职者为了推荐自己，以便寻找一个恰当的工作岗位，能更好地实现自己的人生价值；同时，这类文书也有利于用人单位发现人才，使用人才。本章节主要聚焦求职信的写作和简历的制作。

二、传志文书的作用与特点

（一）传志文书的作用

传志文书，在人们的社会交往中有着重要的作用。

1. 发现"自我"，回顾总结

求职信是自我表白，实现自己的求职目的。这要求求职者必须充分扬长避短，突出自我优势，在众多的求职者中崭露头角，以自己的某些特长、优势、技能等吸引用人单位。表现自我，意在录用，也是求职信的又一基本功能。

简历与求职信在某种程度上的作用是一致的，都是由求职者向用人单位展示自己。

2. 沟通"他我"，架桥铺路

求职信是沟通求职者和用人单位之间的桥梁。通过一定的沟通，在相互认识、交流的基础上，实现相互的交往，是求职信的基本功能。实现交往，求职者才可能展示才干、能力、资格，突出其实绩、专长、技能等优势，从而得以录用。

简历是用人单位了解求职者的第一扇窗口，是求职者和单位沟通的第一通道，是招聘人员了解求职者的第一个途径。适度地引起用人单位的兴趣对于制作一份优秀的简历来说是很重要的。一份好的简历，可以在众多求职简历中脱颖而出，给招聘人员留下深刻的印象，然后决定给你面试通知，它是帮助你应聘成功的敲门砖，为你的求职打通了第一关。

3. 认知"镜我"，概括定性

绝大多数的企事业单位的录用过程大多包括两个过程：初次筛选与面试筛选。多数用人单位都要求求职者先寄送求职材料，由他们通过求职材料对众多求职者有一个大致的了解后，再通知面试或面谈人选。因此，求职信、应聘信、自荐信和简历的主要功能与作用，是展示自己的人格魅力，给用人单位留下印象，以争取更进一步的相互了解，甚至是获得职位的机会。求职信、简历的好坏将直接关系到求职者是否能进入下一轮的角逐。

求职信作为新的日常应用类文体，使用频率极高，其重要作用愈加明显。求职信的概念，就跟推销一样，目的都是要引起雇主兴趣，达到成功推销自己的效果。求职信就是用文字语言在推销自己，是简历的一个重要组成部分。求职者除了要在信中表达求职意向外，最重要的就是必须阐述与职位相应的知识与能力。

简历是用于应聘的书面交流材料，它向未来的雇主表明自己拥有能够满足特定工作要求的技能、态度、资质和自信。成功的简历就是一件营销武器，它向未来的雇主证明自己能够解决他的问题或者满足他的特定需要，以此确保能够得到会使自己成功的面试。

写一份好的简历，单独寄出或与求职信配套寄出，可以应聘自己感兴趣的职位。参加求职面试时带上几份，既能为介绍自己提供思路和基本素材，又能供主持面试者详细阅读。面试成功之后，还可以供对方存入计算机或归档备查。

（二）传志文书的特点

传志文书是最常见的应用文体之一。要写好它，必须熟悉它的一些共同特点。

1. 纪实性

由于传志文书是对人物生平、人物的思想行为和才能的记载，因此，它必须实事求是记录所涉及的对象，对人物的履历和所任职务准确介绍，对人物定性力求完整客观，不夸大、不贬低，不涂脂抹粉，更不暗箭伤人。诚信是做人之根本，如果在求职材料中弄虚作假，将会失去更多的机会。因此，求职者一定要做到客观、准确、真实，不过于自大，也不能自卑，应该适度地表现谦虚，做到自信而不自大，可根据自身的情况结合求职意向进行纵深挖掘，合理优化，而非夸大其词，弄虚作假。

2. 针对性

任何传志文书，总是针对具体的人而作的，它是对一个人的一生或阶段所做的总结和评价，其内容都是对于特定个体而言的。用人单位对不同岗位的职业技能与素质需求各不相同。因此，建议在写作时最好能先确定求职方向。求职信讲究层次分明，使受信者一目了然，介绍个人情况时，尽量介绍你能为公司做什么。忌一份简历"行走江湖"，应根据招聘企业的特点及职位要求进行量身定制，从而制作出一份针对性较强的简历。

撰写求职信也好，填写简历表也好，都要注意突出重点，强化优势。一是目标要突出，应聘何岗位，如果简历中没有明确的目标岗位，则有可能直接被淘汰；二是突出与目标岗位相关的个人优势，包括职业技能与素质及经历，尽量量化工作成果，用数字和案例说话。

3. 概括性

一个人的一生或阶段所涉及的人和事很多，一天二十四小时，一年三百六十五天，人们都在思考、学习、工作，总会与各种对象打交道，总会在处理各种事务中度过每一个时间段，传志文书不可能把一个人的吃喝拉撒全部记下，也没有必要记下，就是古代的各种起居录，记载的内容也是相对的、有取舍的、有导向的。传志文书也只是概述一个人的主要事迹，找出人生的闪光点，对履历和所任职务等作概括性介绍。因此，传志文书具有高度的概括性，用词用语非常凝练。

求职信不在于长，相反是越简短越好，没有人愿意在快节奏的今天来看你的长篇大论。求职信内容宜简不宜繁，通常控制在一页（A4 纸）的篇幅内比较合适，内容上要围绕求职主题，直截了当，道明写信意图。简历贵在"简"。大多数岗位简历的篇幅最好不超过两页，尽量写成一页（技术相关工作岗位可写成两至三页）。一般使用 A4 纸打印。

4. 多样性

"有一千个读者，就有一千个哈姆雷特"，同样，有一千个人，就有一千张面孔。社会上的人形形色色，各自的经历、所任职务、时间切割、行为担当、思想品德也千差万别，作为表现人物的传志文书，其内容必然是多样的，因对象的独特性，传志文书就像人的面孔，呈现出千变万化的特点。

5. 得体性

求职信的用语要有礼貌，既要尊重对方，又要切忌迎合、恭维或表现得过分热情，态度要不卑不亢。获得招聘信息后应及时写求职信，拖延时间也是不礼貌的。语言表达能力是一个人文化素质的直接体现。写作中语言要做到达意准确，多用书面语、少用口语，措辞要严密，避免出现语法上的错误。

填写简历时要注意语言表达技巧、描述要严密,上下内容的衔接要合理,教育及工作经历可采用倒叙的表达方式,重点部分可放在简历最前面。

三、传志文书的格式与写法

(一) 求职信(自荐信、应聘信)

求职信、自荐信、应聘信的格式大体相同,在写法上基本相同。一般是由标题、称谓、正文、落款、附件等五个部分组成。

1. 标题

第一行居中直接写"求职信""自荐信""自荐书""应聘信""应聘书"等。

2. 称谓

称谓顶格写。由于我国特有的政治制度,用人单位性质有别,因此称谓上存在一定的差异。对国有企事业单位,称谓一般是单位名称或单位的人事处(或组织人事部);对私营企业,称谓一般是人事部负责人(例如人事经理)。

有特定的用人单位,直接写明单位名称或负责人的尊称,单位名称要使用单位全称或规范化的简称,对负责人的尊称一般都在职务前加敬语做修饰,如"×××公司""××人事处""尊敬的××经理"等。如果没有特定的用人单位,可泛称,如"尊敬的领导"或单位名称后加"负责同志"等。个人姓名后可加"先生""女士""同志"等。在称谓后写冒号。

求职信不同于一般私人书信,受信人未曾见过面,所以称谓要恰当,郑重其事。

3. 正文

正文要另起一行,空两格开始写求职信的内容。正文内容较多,要分段写。一般包括开头、主体、结尾三个部分。

(1) 开头

开头先写问候语,例如,"感谢您百忙之中垂读我的求职信(自荐信或应聘信)",接着交代写信的目的,表明求职意向,例如,"我拟应聘贵公司招聘的××××职位……"

当然,除了例行问候与表达求职意向外,还可以加入求职动因、求职信息来源等,随个人喜好而定。

如:

> 我是××职业技术学院财会专业的大专毕业生,现在读××广播电视大学本科会计学专业,即将毕业。近日悉知贵行招聘工作人员,对于我而言,这是一次在金融业发展的机会,希望能应聘贵行储蓄柜面岗位。

如:

> 本人久慕贵公司盛名,深知贵公司实力雄厚、工作氛围活跃、工作态度严谨、极具活力。

这是正文的开端,也是求职的开始。介绍有关情况要简明扼要,对所求的职务态度要明朗,而且要吸引受信者有兴趣将信读下去,因此开头要有吸引力。

（2）主体

主体是重点，是关键，要针对单位的需求，简明扼要地介绍求职者的条件。内容可以因具体情况有所不同，但自我介绍和求职意向两部分内容是必不可少的。

自我介绍主要包括个人的学历、专业及学习的主要课程；爱好特长、能力及获奖情况；专业实习、社会实践经验；应聘的岗位、职务；待遇要求（可不写）；通信地址、电话、电子邮箱等联系方式。所写内容可以根据自身的实际情况灵活取舍。

例如：

我具备应聘柜员岗位的技能，熟练掌握财会基本知识，持有会计上岗证、会计电算化证书、普通话证书和反假货币上岗资格证书。同时具备半年实习的柜面各项业务操作经验，较好掌握办理储蓄存款、取款、转账业务过程中的接柜、记账、计息、收付现金到日常整理票币、柜台轧账等业务操作环节和日常业务处理的中间业务收费，现金出纳业务，单位结算业务，单折业务，银行卡业务，贷记卡业务，客户信息管理，资产业务，表外业务，国债业务，网上银行业务，电话银行业务，收银行业务以及对公支付结算业务，联行业务中的网内往来业务，大小额支付等业务。

通过半年实习，较好掌握和熟悉电脑储蓄业务和现金出纳工作的各项规章制度，并掌握储蓄挂失、托收等较复杂业务的操作要领；掌握现金出纳工作的操作规程，具有现金整点、识别假钞的基本技能。

我为人真诚，谦逊，自信，有着很强的拼搏意识，喜欢有挑战性的工作，踏实肯干，有良好的快速学习能力和分析能力、团队合作能力和沟通交流能力，做事认真、谨慎、细心、稳重，个人形象气质佳，品行端正，无不良嗜好和违规违纪行为，在参加工作这一年里，我始终保持着良好的工作状态，以一名合格的银行员工的标准严格地要求自己。

我希望凭借自身所具有的工作实践经验、银行知识和各项业务操作技能以及自身的刻苦努力、进取精神，为××银行的未来发展做出自己贡献。

求职者从能为未来雇主做些什么的角度来介绍自己，而不是他们为自己做什么；简要突出求职者的相关特点，即为什么自己比别人更适合这个位置，强调所受过的培训、经历、技能或成就。

自荐信又可以称为自荐书，有两种形式：一是不知用人单位是否需要招聘人的自荐求职；二是在获知用人单位公开招聘职位的自荐求职。不管什么形式，都是为了推销自己。

自荐书的主体有四部分：说明原因、推销自己、表达认识及表明态度，这是全文的核心内容。

首先，简单说明求职的原因。譬如有的刚毕业欲谋职；有的为了学以致用，发挥所长；有的"为家乡效力是我最大的心愿"……如明确对方招聘的职位，则应说明信息的来源。如"近日阅《福州晚报》，敬悉贵公司征聘会计一名……"或"昨日从福建电视台广告节目中得知贵公司急聘商检人员一名，十分欣喜……"等。

其次，推销自己，即在信中具体介绍自己的学历、资历、专长等。例如："我叫×××，是广东商学院管理学院20××届人力资源管理专业的学生，将于20××年7月毕业。"因是即将毕业的学生,可不用写工作经历,而着重写在校的表现及所取得的重要成果,目的在于突出学习好,能力强。学习好,如"在学习上勤奋严谨,刻苦钻研,力求深刻理解,认真掌握了人力资源管理各个板块的专业知识,并考取了'国家高级人力管理师三级证书';另外,我注重拓宽自己的知识面,对课外知识也有比较广泛的涉猎;同时,为了全面提升个人素质,我积极参加各种课余活动和科技学术创新比赛,除了获得了很多的奖励外,这些经历使我认识到团结合作、知识创新的重要性,也学到了很多社交方面的知识,增加了阅历,相信这对我今后投身社会将起到重要作用。我还注重参加各种实践活动,不但参加了很多的兼职,还到了很多企业去实习,从现实中提升自己的素质"。能力强,如"大学四年,最令我自豪的是:在家庭贫困无法供我读书的情况下,我通过参加勤工俭学和兼职活动赚取学杂费和生活费,出色完成了学业,完成人生的蜕变,例如连续两年获得'广东商学院自强之星'和'全国自强之星提名奖'(全校仅我一人),这是对我'艰苦奋斗,自强不息'的肯定,对未来,我也有了明确的职业生涯规划,曾经参加全国性和广东省的大学生职业规划大赛,获得'职业规划之星'就是见证,我也自己创办了大学生职业生涯规划网,获得学校学生学习创新网站项目比赛的一等奖,为构建学校的大学生职业生涯规划平台做出了很大的贡献,受到学校领导的一致好评",以事实说明。有的人没当过任何学生干部职位,也未获过任何荣誉,可写除专业外的各种考试情况。如果是应聘某一职位,则是针对这一职位的特点和要求,有主有次地介绍自己如何有能力胜任。

介绍专长时只需选择主要的一两项简单说说即可。有的人说"还擅长书法、绘画、写作、演讲",并获过奖项,这些均可纳入你的专长里,但点到为止。

此外要注意考虑自己有没有比别人更有利的条件,以便增加录用的机会。如有当地的户口,有住房,懂一两门外语或当地的方言等,有时这些小细节反而成为胜出的资本。

再次,表达认识及表明态度,即简单阐述对用人单位的认识,以拉近与用人单位的距离,争取亲和感,同时表达对进入公司或对某一职位需求的迫切程度。对单位的认识可写它的发展前景或厂史、宗旨,意在说明对单位的重视,强调这个单位是最适合自己发挥才干之所。如"贵公司在短短的八年间从众多乡镇企业中脱颖而出,绝非偶然,而是靠领导高卓的远见及员工强大的凝聚力,才使某某产品名扬海内外,在市场经济浪潮中独树一帜。这是青年人锻炼、发挥才能的好时机、好场所,我愿在毕业后到贵公司效力,不知贵公司尚有职缺否?"也可以"我自信能胜任贵公司征聘的职务,故自荐应聘"。

自荐信除了可以用来求职外,还可以用于在职人员推荐自己从事某一活动,或担任某一职务。

相对于求职信而言,应聘书的求职目标比较明确,对用人单位的用人条件和相关要求心中有数,减少了求职的盲目性,与此同时又增加了求职的被动性,因此主体部分需针对用人单位的招聘条件有针对性地介绍自己,表达应聘请求。写作格式和规范与上文介绍的自荐书有相似之处,这里不再赘述。一般而言,求职者呈递应聘书时是有针对性地单独传递,不像求职信那样可以群发。

(3)结尾

求职者可以表达希望被录用的愿望,说明自己对本工作的喜爱和求职的迫切心情,还可以简明扼要地谈谈入选后的想法、打算或计划。例如,"希望领导给我一次面试的机会""盼望答复""静候佳音"等。

如果没有附简历的,则要认真留下自己的联系方式、通信地址、邮编等必要信息。

结尾处还不能缺失祝颂语,主要是信函格式,如"此致""敬礼","此致"写在正文的下一行,左空两格,"敬礼"在"此致"的下一行顶格写。这两行均不点标点符号。或者写"祝工作顺利""事业发达"等相应词语。

4. 落款

落款由签名和日期构成。手写签署求职者的姓名,日期一般是将"年、月、日"三项留好空格打印,具体的时间则手填,以示庄重。

5. 附件

由于求职信的限制,有关材料要随求职信一起寄给招聘单位,即附件材料。附件是不可忽视的组成部分,是对求职者鉴定的凭证。附件不需太多,一般是证书及相关佐证材料的复印件,主要包括学历证书、学位证书、成绩单、技能等级证书、职业资格证书、获奖证书、发表的论文论著、专家或领导的推荐信等。

如果附件材料多,可用目录先标明序号。编排顺序是先近期,后远期;先重要,后次要;先技能,后学历;根据要求灵活调整。

尽量将所有的证明材料扫描后分类整理,并做文字说明;尽量避免复印过程中材料放置偏歪、复印效果不好等现象。

(二) 简历

简历一般由标题、主体和附件三部分组成。简历有时以表格形式呈现,也可用其他形式呈现。

1. 标题

一般有三种写法:用"简历"两字做标题;用"个人简历"做标题;用"姓名＋简历"做标题。

2. 主体

主体一般包括个人基本信息、学历情况、工作资历情况、求职意向四大部分内容。

(1) 个人基本信息

包括求职者的姓名、性别、年龄、籍贯、政治面貌、学校、系别及专业、婚姻状况、健康状况、身高、爱好与兴趣、家庭住址、电话号码等。

(2) 学历情况

受教育经历一般从大学写起,不写高中。写明曾在某某学校、某某专业或学科学习,以及起止期间,并列出所学主要课程及学习成绩,在学校和班级所担任的职务,在校期间所获得的各种奖励和荣誉。例如:"××××年×月——××××年×月,×大学×专业毕业,×学士,学习成果怎样,获得哪些奖励,取得哪些资格等",这中间每个阶段表述有一定的技巧,可以适当凸显自己的优点。

(3) 工作资历情况

按照时间顺序详细列明工作经历,首先列出最近的资料,后详述曾工作单位、日期、职位、工作性质。例如:"××××年×月——××××年×月,在×单位担任×职务,在×单位获得的成就(如优秀员工奖,优秀工作者,有哪些发明专利,有哪些工作业绩等)"。如有多次工作经验要把每次的时间节点写清,时间一定要连续,不中断,时间的衔接要经得起推敲,符合相关的规定。

应届毕业生可以写大学期间的学生工作、社会实践实习工作、兼职经历等。例如:"××

××年×月——××××年×月,在×单位×职位实习,情况如何,工作怎样,有何评价等"。应届生的工作资历一定要分别突出学习、实习、实践等,这样才能更好展示自我。

(4) 求职意向

即求职目标或个人期望的工作职位,表明你通过求职希望得到什么样的工种、职位,以及你的奋斗目标,可以和个人特长等合写在一起。

这四部分的排序及组合会根据不同人群的特点和实际情况略微变化。

3. 附件

正文提到的学历证书、有关等级证书、资格证书等,在附录里一一列出。如:

附录:1. 毕业证、学位证复印件各 1 份。

2. 英语四级、计算机二级证书复印件各 1 份。

3. 获奖证书复印件×份。

四、传志文书的写作要领与注意事项

(一) 传志文书的写作要领

1. 突出重点,强化优势

写作时要紧紧围绕招聘单位的要求、自身的条件和与招聘要求相契合处等几个方面来组织材料,重点展示自己适合此职位的长处和才能。要换位思考,从用人单位的角度出发考虑问题,针对某家招聘单位的某个招聘职位,有针对性地提供自己的背景材料,切忌随意发挥。

2. 内容真实,实事求是

在介绍个人情况时要符合自身实际,实事求是地介绍自己。可根据自身的情况结合求职意向进行纵深挖掘,合理优化,而非夸大其词,弄虚作假。

3. 语言简练,言辞得体

切忌长篇大论,在一页纸紧紧围绕"我符合要求、我定能胜任、我有诚意应聘",尽可能使招聘者感到他们需要你、这份工作很适合你。在充分展示自我的同时,要做到自信而不自傲,谦逊而不逢迎。面向比较正统的行业职位(例如行政类职务),一定要规范;强调个性的行业岗位,可以突出一些个性。

(二) 传志文书的注意事项

撰写求职信及简历前要做的预备工作是读懂、读透招聘广告中列出的职位要求,如学校层次、专业、外语语种及水平、计算机能力、专业技能、生源要求、性别、身高等显性需求,如职业道德、团队精神、个性特征、宗教信仰、政治素养等内在素质的隐性需求,列出自己的相关技巧和经历,对比衡量自己是否符合条件,是否需要应聘,避免做无用功。找到闪光点为切入点展开求职信及简历的写作。

制作求职信和简历必须注意以下几点。

1. 要仔细检查已成文的个人简历,避免出现错别字、语法和标点符号方面的低级错误。

2. 必须突出重点,与申请的工作无关的事情尽量不写,而对申请的工作有意义的经历和经验绝不能漏掉。

3. 一定要用积极的语言,切忌用缺乏自信和消极的语言。

4. 不要用简称,避免让用人单位认为态度不慎重;慎用第一人称,避免留下自高自大,思想不成熟的感觉。

第三节　总结述职文书

人们想在学习工作中继续求得发展就必须掌握和了解总结述职类文书,这类文书是个人才华和形象的书面表达,写作这类文书是职业生涯中的必备技能。总结是人们在实践活动中应用非常广泛的一种事务性应用文,种类繁多,还有一些衍生文种,如述职报告、调查报告、典型(经验)材料、情况介绍、情况反映、工作研究、工作回顾、评估报告、考核材料以及各种做法、体会、收获、汇报之类的文书。本节重点介绍总结和述职报告两类文书的相关内容。

一、总结

(一) 总结的性质与文体种类

1. 性质

通常情况下,机关、团体、学校或个人在某项工作、学习或活动告一段落时,为肯定成绩、总结经验、找出差距、吸取教训,明确下一步努力方向以推动今后工作,都要根据党的路线、方针、政策,对照事先所订立的计划,进行全面、系统的检查、分析研究,评价工作进展的具体情况,把工作实践中的感性认识升华为理性认识,从中找出带有规律性的东西,并用书面形式表达出来,这就是总结。

总结作为一种指导今后工作的回顾反思性文书,它本身不具有行政约束力,而具有提高认识的作用。认识是行动的先导,有无正确的决策取决于有无正确的认识。因此,总结广泛应用于各级各类机关和企事业单位。虽然总结与计划、调查报告有一定的联系,但它们又有着明显的区别,只有弄清总结的含义与性质,理解它与其他几种事务文书的区别和联系,才能有效地进行写作。

2. 文种及区别

总结类文书在工作和生活中广泛使用,因此其种类很多,可以从不同角度进行分类。

根据内容的不同,可以把总结分为工作总结、生产总结、学习总结、教学总结、会议总结等等。

根据范围的不同,可以分为全国性总结、地区性总结、部门性总结、本单位总结、班组总结等。

根据时间的不同,可以分为月总结、季总结、年度总结、阶段性总结等。

从内容和性质的不同,可以分为综合性总结和专题总结两类。综合总结又称全面总结,它是对某一时期各项工作的全面回顾和检查,进而总结经验与教训,综合性总结结构比较复杂,篇幅较长,通常用于向上级领导部门汇报和领导向群众作总结报告。专题性总结是对一定时期内所完成的某项工作或某一方面的工作进行专门总结,针对性较强,内容比较集中。专题总结一般比较细致和具体,是对某项工作或某方面问题进行专项的总结,尤以总结推广成功经验为多见。总结也有各种别称,如自查性质的评估及汇报、回顾、小结等都具总结的性质。

（二）总结的作用与特点

1. 作用

总结的具体作用，至少有以下几个方面。

（1）积累经验，掌握规律，认识客观事物的手段

总结的目的就是在于全面、系统、客观的分析以往工作的情况，肯定成绩，发现问题，并且增强工作的自信心。通过总结，可以看到劳动成果，从而产生自豪感，对于今后的工作是一种推动；另一方面通过总结也可以发现工作中存在的不足和缺点，正视存在的问题才能防止骄傲自满，冷静面对工作中的缺点，找出解决办法。

（2）交流经验的便捷方法

总结的结果是容易树立典型，为同行业或其他部门提供可借鉴性的经验，以便于加强管理和指导。因此，上级机关经常把下级机关报送的总结批转给有关单位学习参考；报纸杂志时常刊登总结，传播先进经验；先进单位的代表也常常被其他单位请上"传经送宝"，这些"经""宝"都是经过总结而归纳出来的。总之，总结不仅对搞好本单位的工作有重要作用，而且对推动其他单位的工作也有重要意义。

（3）进行决策的重要依据

科学的决策是决定事务成败的关键，但实际工作中，人们对如何做好工作有时会有不同的看法。总结可以深化认识，帮助人们更全面、更理性地认识事物的本质，为群体或个人制订科学的决策提供依据，避免走各种弯路。所以，经验总结就可以将经验上升到指导实践的理论，推而广之就能提高工作效率，推动社会发展，具有指导实践的重大意义。

2. 特点

（1）自我性

总结是所在部门、单位自我实践的产物。它以自身的工作实践为材料，以回顾自身工作情况为基本内容，以客观评价自身的经验教训为目的，采用的是第一人称写法，其中的成绩、做法、经验、教训等，都有自指性的特征。对象的自我性是总结的本质特点。

（2）客观性

总结是为了对后来的工作起到指导性作用，有借鉴意义，因此写作过程中所列举的事例和数据都必须完全可靠，确凿无误。虚假的、不尊重事实的杜撰、甚至夸大歪曲事实的随意分析，会破坏掉总结的实际应用价值。总结的客观性，不仅要求事实和数据的绝对真实，还要求对事实和数据的分析、评说、结论也完全符合实情，只有这样的总结才有意义。

（3）回顾性

从总结的性质和内容来看，总结主要是对前段工作、学习、生活等方面进行的全面理性检查和评价，因此具有明显的回顾性特征。但是总结回顾性的目的又是为了能够避免不足、克服缺点，提高工作效率，更好的指导今后的工作。

（4）经验性

总结在写作过程中往往是针对工作进行详细分析，做了哪些事情，结果怎样，有什么收获，重点是提出正反两方面的经验，得出规律性的认识，因此在行文中要进行较多的分析，从实践中找出规律，理论性较强。通过理论分析，找出正反两方面的经验，得出规律性认识，这样才能达到总结的目的。

（三）总结的格式与写法

总结一般由标题、正文、落款三部分组成。

1. 标题

总结的标题有公文式标题、文章式标题、双标题三种形式。

（1）公文式标题

一般由单位名称、时间、内容、文种构成，如《××公司 2018 年工作总结》《××外贸局 2018 年进出口贸易总结》。公文式标题是由公文标题的三要素加上时间要素组成的。标题中四项内容可根据需要进行省略，可省略发文机关名称，只写时间、内容、文种，如《2016 年招商工作总结》；可省略发文机关和时间，只写内容和文种，如《招生工作总结》。标题各项是否省略以及如何省略，要根据实际情况来定。

（2）文章式标题

文章式标题是对总结内容的概括，不出现总结字样，其作用是突出总结的中心。如《一年来的谈判及前途》《走活三步棋，选好"一把手"》《内外兼修，争创名校》。

（3）双标题

双标题又称混合式标题。正标题点明文章的主旨或重心，副标题具体说明文章的内容和文种，如《构建农民进入市场的新机制——运城麦棉产区发展农村经济的实践与总结》《加强医德修养树立医疗新风——南方医院惠侨科精神文明建设的经验》。

2. 正文

总结的正文一般包括开头、主体、结尾三部分，再完整一些，还应包括落款部分。有的总结省略开头和结尾，只有主体部分。

（1）开头

简略介绍所要总结工作的目的、根据、缘由、背景、时间、内容等；有的还对主要成绩和经验进行概括，以收到开门见山的效果。这部分内容写得简明扼要。开头常有以下写法。

① 概括式。将总结的内容做概括的提示，不具体介绍经验，只提示总结的内容和范围。如："几年来，我们围绕企业改革和生产建设，广泛深入地开展理想教育。我们的主要做法是：……"

② 提问式。提出问题，点出总结的重点，引起读者的关注。例如，朱德同志的《八路军抗战两年来的经验教训》一文的开头："八路军抗战两年以来，我们得到了一些什么经验教训呢？"

③ 结论式。先摆出总结的结论，然后重点介绍经验或概括工作成绩。要写出经验是什么或者成绩在哪里。前者也称经验式写法，后者也称成绩式写法。如"半年来，在领导和同志们的帮助下，自己在政治思想和工作方面都取得了一些成绩，下面我将上半年的工作总结汇报如下，敬请各位师生提出宝贵意见及建议。"

④ 对比式。将前后或正反两种情况进行对比，从而给出成败优劣，突显经验成绩，引出下文。例如："党的十一届三中全会以来，我县工农业生产有了很大发展，初步改变了落后面貌。1985 年工农业总产值可达 24 万元，比 1980 年翻一番。实现了财政收支平衡，略有结余，比 1984 年增长了 45.19％，比 1980 年增长 31.7 倍。1985 年县办工业亏损企业由 1980 年的 13 户减少到 4 户，国营预算内工业企业全部消灭亏损。结束了我县工业连续 4 年亏损的历史。"

（2）主体

这是总结的重点部分。其惯用模式为："基本情况＋主要经验（即做法和体会）＋存在问题＋今后打算。"

① 基本情况。首先介绍基本情况，开头部分即使已有概括，也应具体展开，介绍做了哪些工作，取得了哪些成绩或经验。如《深化医药卫生体制改革 2018 年工作总结和 2019 年重点工作任务》开头简要介绍了 2018 年做了哪些工作，接着从两个大方面和十个小方面具体论述了主要做法和经验。

② 主要经验。写明工作的步骤，采取了哪些措施和办法，取得了哪些成绩，并分析取得成绩的主客观原因，从中可以得出哪些经验，供今后的工作参考借鉴。如《2017 年辅导员个人工作总结》一文，从"坚持学习，勇于探索，努力提高自身综合素质""爱岗敬业，乐于奉献，坚持贯彻服务育人理念""精心谋划，细化举措，认真做好日常管理工作""明确目标，强化责任，认真落实条块工作"四个方面总结了工作措施、成绩和经验，供今后工作参考，也给同行提供了借鉴。

③ 存在的问题。总结既要看到成绩又不能忽视存在的问题和不足之处，以及给工作带来的消极影响和造成的损失，要分析失误的原因，从中总结经验教训，以免今后再发生类似的情况。如《中医医院全年工作总结》一文中指出"2018 年，在全院干部职工的共同努力下，取得了很多成绩，但也存在诸多困难和不足：一是医院离三级中医医院的标准还有很大距离，创建工作是一项非常艰巨的任务；二是医院空间不足，阻碍了医院发展；三是很多学科发展步伐缓慢，甚至有倒退现象"。通过总结发现了存在的问题，为今后继续开展工作奠定了基础。

④ 今后打算。针对前面指出的存在问题和教训，提出切实可行的改进措施，并根据实际情况和上级的要求，提出今后的工作设想和新的奋斗目标。这部分内容多数写得比较简略，因为制定解决问题的具体方案是计划的任务。如《中医医院全年工作总结》提到今后的打算："2019 年，我院将迎难而上，抢抓机遇，同心协力，夯实基础，开拓创新，打好'三级中医医院'攻坚战，推动中医药事业更快更好地发展。"

（3）结尾

结尾是正文的最后部分，应简短有力，有以下几种写法。

① 自然型。总结正文的主题内容写完后，即可自然结束，不需要添加结尾。

② 总括型。结尾将总结内容进行概括，或做出结论。如"总的来说，辅导员工作就好比春种秋收。没有付出就没有收获，只有真心的付出，才能体会到收获的喜悦。特别是当看到自己的学生走向了适合的工作岗位，考研的学生考上了理想的学校，一种成就感油然而生。因此在今后的工作中，我将会以更加饱满的工作热情来开展我的工作，与同学们共同进步。"

③ 谦虚型。结尾表示谦虚的态度，如："虽然我们的工作取得了一定的成绩和经验，但还存在不少缺点和不足，跟先进相比，还有不少的差距，今后要谦虚谨慎，戒骄戒躁，百尺竿头更进一步。"总结经验往往用这种结尾。

④ 展望型。结尾表示决心，展望未来，信心满怀，团结一致争取更大成绩。大会总结或面向群众的总结，往往用这种结尾。如"总之，在以后的工作中，我将不断地总结和反省自己，不断地鞭策自己并充实能量，通过与同事们相互交流、相互学习，取长补短，提高自身的素质与业务水平，以适应时代和企业的发展，更好地为本公司贡献自己的一分力量。"

3. 落款

在正文下方写明单位名称(个人总结写明个人姓名),在落款下面写明制定总结的具体日期。单位名称已经在标题下出现的,此处可以省略。

由于总结的种类较多,内容复杂,在结构形式上没有、也不可能有统一固定的格式。就一般情况看,主要有以下四种写法。

第一种是以基本内容为依据,分三大块组织层次。第一块是前言,简要介绍基本情况;第二块是过程与做法,可以由做法一、做法二、做法三……组成;第三块是基本经验,可以由经验一、经验二、经验三……组成。此结构常用于个人小结、经验体会等,内容比较单一的单位总结也可以用。如《公务员年终个人总结》:第一块前言部分先总体介绍了自己一年来的工作内容和存在的不足,第二块重点介绍了"内强素质、外树形象""强化理论和业务学习,不断提高自身综合素质""努力加强党性锻炼、不断增强拒腐防变能力""努力工作,按时全面完成各项工作任务"四种工作做法,第三块基本经验部分和第二块融合到一起,在各种做法里面总结出了经验。

第二种是以工作进展的每个阶段为依据,分若干块组织层次,第一块是工作阶段一,分基本情况、过程做法、经验体会三方面写;第二块是工作阶段二,同样分三块写……有几个工作阶段就分几块。此结构按工作进展阶段安排层次,易体现事物的纵向运动轨迹,所以习惯称为"纵式结构",用这种结构需要注意避免写成流水账式。如《党建年度工作总结》中分了"加强领导、健全机构""广泛动员、精心部署""坚持标准、务求实效""找准问题、整改提高""巩固成果、健全制度"五个工作阶段,这五个阶段呈现前后因果的层次性,总结到位,具体做的工作一目了然。

第三种是以思想观点为依据,以思想观点为依据,分若干块组织层次。第一块是前言,基本情况概述;第二块是主体,分几个观点写,观点之一统率下的过程、做法、经验、体会,观点之二统率下的过程、做法、经验、体会……有几个观点就分几层写;第三块是结尾。此结构依据作者对整个工作的全面认识和把握,归纳、提炼成几个观点,再按观点一、二、三……去安排层次,体现了作者的思维按照认识的不同性质横向展开,所以习惯称为"横式结构"。如《学习"开展党的群众路线教育实践活动"心得体会》一文就是典型的以思想观点为依据,主体部分由"党员干部要学会'照镜子'""要公正无私""党员干部要'洗洗澡'""要'治治病'""要提高素质、勤奋学习""要深入群众"等几个方面组成,体现了作者的思维是按照不同的认识横向展开的,内容丰富,很具有说服力。

第四种是以工作的各个方面为依据,分若干块组织层次。第一块为第一个方面的工作,分基本情况、过程做法、经验体会、问题方向等几段写;第二块为第二个方面的工作,同样分基本情况、过程做法、经验体会、问题方向等几段写。有几个方面就分几块。此结构把所做的工作归纳起来,一个方面一个方面地写,每一个方面的工作就是一个大层次,用小标题或数字序号作层次的标志,每个大层次内又分几个小层次,具体展示。此结构习惯称为"总分式",宜用于综合总结、单位的全面总结等。写作时应注意力避平均使用力量,面面俱到,应有所侧重,详略得当。如《××高校行政管理人员年度总结》中总结了一年中开展的五个方面的工作,这五个方面中又分了几个层次,在论述"爱岗敬业、勤奋工作"这一个方面时就分了"办公室工作""科研工作""新闻信息审核工作"三个层次进行了分别论述。此类型的总结难度较大,需要充分的理清自己的工作内容,逻辑思维要清晰。

（四）总结的写作要领与注意事项

1. 写作要领

（1）要深入调查研究，全面、充分的占有材料

掌握材料，这是写好总结的前提。只有材料详备，才能选择最典型、最生动、最有说服力的事例、数据等来说明情况、分析问题，找出规律性的东西。

（2）写出特点，突出重点

总结一定要抓住事物的特点，写出本单位的特色。总结所反映的对象，只限于本单位前一段时期的工作实践，因此要特别注意比较同以往及别的单位不同的地方，写出独具特色的新鲜经验和教训。这种有创见、有新意、有独到之处的总结，才能加深人们对规律性的认识，推动工作向前发展。

（3）内容有新意，语言要质朴

总结要避免一般化、老一套、写不出新意；要避免面面俱到，堆砌材料；要避免搞花架子，报喜不报忧。应该有一说一，不夸大，不文饰。文字不要刻意雕琢，多用新鲜活泼的群众语言。

2. 注意事项

（1）实事求是，切忌"假、大、空"

写作必须实事求是，如实地反映本单位、本部门的工作情况，再现事物的本来面目，材料真实、观点正确、不溢美、不隐晦；总结所涉及的人物、事件、时间、地点、数据、成果等，一定要确实可靠，成绩不夸大，缺点不缩小，问题不回避。不可先入为主，带着框框看问题，把材料纳入自己的臆想之中，使总结带有主观性和片面性。

（2）常用说明和议论两种表达方式

介绍工作的基本情况、过程、做法时，用说明而不是叙述，因为叙述的基本含义是再现事物的具体过程，总结在表述实践活动时，只着重结果而略去详细过程。另外，总结的这种表述，是为议论、分析提供基础，所以是说明式的议论；写工作中的经验、体会等，对工作的本质、规律进行分析和归纳时用议论，但不同于理论文章的议论。总结中的议论，一般只是对工作实践的直接判断，不使用概念去展开逻辑推理。总结中的说明和议论的关系，从整体和中心看，议论是主导，说明处于从属地位；从具体篇幅看，议论用的少而说明用的较多。

（3）注重理性思考，不记流水账

总结过去的关键，是看到问题并寻找解决问题的方法和对策，如果只是停留在过去做了什么，就无法发现问题的实质。对过去，既要认知做了什么，还要思考为什么要这样做，过去的做法哪些是成功的、哪些是失败的，对成功的如何继续发扬并不断取得进步，对过去不足和失败的地方如何去克服，这样才能由感性上升到理性，才能有明确的认识，才能从思想意识层面看到问题的不足，并进而在今后的工作中有所改进。把总结看成是只对过去成绩与缺点的罗列是十分错误的，这样的写法也是毫无新意的。

二、述职报告

（一）述职报告的性质与文体种类

1. 性质

述职报告是指各级、各类机关工作人员，从德、能、勤、绩、廉等几个方面进行自我回顾，

向主管部门、组织人事部门或本单位的职工群众陈述任职情况、评估自我任职能力的书面报告。

近几年来,我国进行干部体制改革,实行了岗位责任制和干部聘任制。受聘的干部或由选举出任的干部,在一定时期内,要向有关部门报告其在任期内的工作成绩,述职报告也越来越受到社会的重视。

述职报告与工作总结既有联系又有区别。工作总结,可以是单位的、集体的,也可以是个人的,其写作角度是全方位的,即凡属重大的工作业绩、出现的问题、经验教训、今后工作设想等都可以写。而述职报告却不同,它要求侧重写个人执行职守方面的有关情况,往往与本部门、本单位的总体业绩、问题相掺杂,但是只要写出自己工作的部分,而且必须与自身职守相关,与自己履职情况无关的内容一般不涉及,对未来的工作安排和设想不去作过多的展望和规划,对履职的不足和缺点可以少写,尽可能写得概括些。

2. 文种及区别

述职报告的分类,可以从不同的角度进行划分,因而存在着交叉现象。

(1) 从内容上划分,有综合性述职报告、专题性述职报告和单项工作述职报告。

综合性述职报告,是指报告内容是一个时期所做工作的全面、综合的反映。

专题性述职报告,是指报告内容是对某一方面的工作的专题反映。

单项工作述职报告,是指报告内容是对某项具体工作的汇报。这往往是临时性的工作,又是专项工作。

(2) 从时间上划分,有任期述职报告、年度述职报告和临时性述职报告。

任期述职报告,是指对从任现职以来的总体工作进行报告。一般来说,时间较长,涉及面较广,要写出一届任期的情况。

年度述职报告,是一年一度的述职报告,写本年度的履职情况。

临时性述职报告,是指担任某一项临时性的职务,写出其任职情况。比如,负责了一期的招生工作,或主持一项科学实验,或组织了一项体育竞赛,写出其履职情况。

(3) 从表达形式上划分,有口头述职报告、书面述职报告。

口头述职报告,是指需要向选区选民述职,或向本单位职工群众述职的,用口语化的语言写成的述职报告。

书面述职报告,是指向上级领导机关或人事部门报告的书面述职报告。

(二) 述职报告的作用与特点

1. 作用

述职报告是我国社会主义现代化建设过程中,建立和实行新的干部人事体制和专业技术人员管理和考核体系的一个重要工具,其作用非常明显。

(1) 有利于完善干部管理体制

述职报告是评判干部工作能力的一块试金石,述职报告的撰写是对领导干部的理论水平、道德品质、文化修养、业务能力、廉洁自律情况进行全面细致的考察,能够为干部管理部门提供借鉴,有计划有目的地进行选拔、培养、使用干部。

(2) 给群众提供评判的依据

述职报告便于人民群众的监督、评议,对于强化干部的公仆意识和为人民服务的精神,强化人民群众的主人翁地位和当家做主意识,都具有极大的作用。

（3）督促述职者提高自己

被考核人员在某个岗位上工作一段时间后，通过撰写述职报告的方式对自己前一段的工作实践进行回顾，总结以前的经验教训，强化自己的职责观念，努力提高自身的政治思想水平、领导才干和业务素质。

（4）有利于提高述职人的表达能力

述职报告多以口播形式出现，需要当众宣读，或呈送上级领导阅处，因此，述职人对自己的述职报告多精心制作，对报告中观点的阐述、材料的取舍、内容的选择、结构的安排、语言的运用都格外用心，因为他们都直接反映着述职者的工作实绩、工作态度和基本素质，以致影响着述职者的形象和前程。由于人们的倍加重视，述职报告对于提高述职人的文字水平有很大帮助。

2. 特点

（1）个人性

述职报告是对自身所负责的组织或者部门在某一阶段的工作进行全面的回顾，按照法规在一定时间（立法会议或者上级开会期间和工作任期之后）进行，要从工作实践中去总结成绩和经验，找出不足与教训，从而对过去的工作做出正确的结论，相对其他的文体来说，述职报告特别强调个人性，在写法上，以叙述说明为主，叙述不是详叙，是概叙；说明要平实准确，不能旁征博引，还要据实议事，运用画龙点睛式的议论。

（2）真实性

述职报告的内容一般是根据某一职位和职责的履职标准，着重汇报个人履行某职的情况，是干部工作业绩考核、评价、提升的重要根据，述职报告的内容是既定的、明确的。述职者一定要实事求是、真实客观地陈说，正确地反映述职者在所在岗位履行职责的情况，对成绩和不足，既不要夸大，也不要缩小。

（3）规律性

述职报告要写事实，但不是把已经发生过的事实简单地罗列在一起，它必须对搜集来的事实、数据、材料等进行认真的归类、整理、分析、研究，通过这一过程，从中找出某种带有普遍性的规律认识再应用于今后的工作实践中。述职报告的规律性认识也影响着今后的工作计划，同时具有了继承性和创新性特点。

（4）通俗性

述职报告主要是个人代表自己或集体进行的工作业绩汇报，这就要求在写作时照顾到受众群体，把专业的语言通俗化、口语话；把深奥的理论知识浅显化；把结构格式化，让听者理解，这是区别于一般行政公文的最主要的特点。

（5）时效性

述职报告一般是任职期满、试聘期满、年度工作结束或一项工作告一段落时才使用，因为会涉及对单位和个人的考核，所以写作的时间是具有一定限制的，需要在规定的时间内写完，发挥它应有的评判作用。

（三）述职报告的结构与写法

述职报告一般由标题、署名、主送机关或受众、正文、落款几个部分组成。

1. 标题

述职报告的标题有多种，常见的写法有五种。一是只写文种名称，即《述职报告》；二是人称代词加上文种名称,如《我的述职报告》;三是文种名称前加上述职的时间范围,如《2018年度述职报告》《2017 年—2018 年试用期述职报告》;四是文种名称前加上任职期限和任职名称,如《20××年—20××年任××学校校长职务的述职报告》;五是使用主副标题,主标题一般为述职报告的主旨、基本观点、基本经验等,副标题使用前面四种形式中的一种,如《思想政治工作要结合经济工作一起抓——××造钢铁厂厂长王某的述职报告》。

2. 署名

一般在标题下或正文之后的落款处署上述职人的姓名。若标题中已经出现了述职人的姓名,则不必再有单独署名。

3. 主送机关、受众

作为机关事务文书和个人日常应用文书,述职报告有特定而明确的受众对象。书面报告的抬头,写主送单位名称"如××党委""××组织部"或"××人事处"等;若在一定场合当场向领导或下属口述报告的,则应当使用对人的一般称谓,如"各位委员""各位代表""各位领导""各位同志"等。

4. 正文

正文是述职报告的主体部分和核心部分,其质量的优劣决定了文章的成败。述职报告的正文一般由开头、主体、结尾三部分组成。

(1) 开头

开头又叫引语,一般交代任职的自然情况,包括何时任何职,变动情况及背景;岗位职责和考核期内的目标任务情况及个人认识;对自己工作尽职的整体估价,确定述职范围和基调这部分要写得简明扼要,给听者一个大体印象,如:"我于××年 10 月被任命为市统计局局长。任职三年多来,按照市委、市政府赋予的职能任务和市人大的任命要求,在新的工作岗位上,团结带领全局同志扎实工作,努力创新,较好地完成了各项统计工作任务,单位面貌发生巨大变化,两个文明建设获得新的发展……"

(2) 主体

主体,阐述工作业绩、经验、问题和教训。重点强调工作中取得的成绩,集中表现自己的敬业精神、业务能力;指出工作中存在的问题,分析问题产生的原因;提出今后的设想和决心。

这是述职报告的核心部分,可根据工作内容的不同分成几个方面来写,每个方面归纳出一个观点,分条列项,逐个阐明。每个观点可先写工作对象或成绩,再写认识和体会。要突出个人的工作能力和水平,特别是管理能力和政策水平,体现领导才干。如《酒店经理年度述职报告》一文中将工作内容分成了"解决前期工程遗留问题""广布信息,开展各类招标活动""确立人员编制、架构""规范管理,完成建章立制,实现办公电子化""确立市场定位,加强营销推广"五个方面来写,又分别对每一项内容进行了具体化的分解,论述了工作亮点和成绩,展现了工作水平和能力。

撰写工作业绩时,要详略得当、抓住主要方面,要把较大的篇幅放在主要业绩的完成情况及具有创造性、开拓性的亮点工作说明上,以任期内工作成果最突出的成绩来写,主要围绕采取了哪些措施,解决了哪些实际问题,取得了哪些成效来写。如《物价局述职述廉报告》一文,从五个方面介绍了工作业绩,重点介绍了工作亮点"进一步完善明码标价",然后又分别介绍"配合市检查分局在文昌路开展'明码标价示范一条街'活动""在区属较大医院实行住院费用清单制""积极培育和指导学校收费规范化"三项措施。这种写法不仅能够展示自己的成绩,也能给同行业提供有效经验。

述职者应实事求是写明工作中存在的主要问题(包括缺点、不足和失误),造成的损失,应承担的责任,需要吸取的教训等。

今后的设想和决心,主要写下一步工作改进的方向和所要达到的目标,以及为实现工作目标而计划采取的措施。这部分应写得简要精当,合情合理,最主要是要体会上级的意图,结合职工群众的呼声,对照自身存在的问题和不足。如《2017 年办公室主任述职报告》一文中所写"一年来,本人立足本职,扎实工作,较好地完成了各项工作任务,取得了一些成绩,但与区委和区委领导的期望和办公室干部职工的愿望还有一定的差距,参谋助手作用的发挥还不够充分,服务层次和水平还有待进一步提升,各项工作制度仍需不断完善。今后,我将进一步加强学习、改进方法、围绕中心、服务大局,不断提高自身能力和办公室的整体服务水平,为我区经济社会跨越发展做出新的更大贡献。"

主体部分可选择以下两种常见的结构方法。

一是横式结构。即按照事物的性质和逻辑关系组织材料,多角度、全方位地表现述职人的工作情况。这种结构的关键是要安排好述职人的各项工作的内在逻辑关系,分清主次,摆正因果。如《2018 国土局领导班子述职报告》中多角度、全方位地介绍了国土局领导的工作:

> (二)统筹推进,全力推进高标准基本农田建设。进一步完善工作机制和责任机制,凝聚工作合力,多元保护资源有实效。
>
> 1. 按时完成高标准基本农田上图工作。完成 20××年后金湖县高标准农田上图入库工作,共涉及发改委、农委、水利、农业开发局等部门 28 个项目,建设规模 20212.77 公顷,建成高标准基本农田 16 979.16 公顷。
>
> ……
>
> 7. 开展耕地质量等级年度更新工作。根据省、市统一部署,会同协作单位通过调查土地利用方式、农业基础设施建设、耕地自然状况、耕地投入产出水平等相关资料,更新我县耕地自然状况、利用质量状况、经济质量状况的相关数据,对现有耕地质量成果进行补充完善,完成了 20××年耕地质量等级年度更新评价与监测成果上报工作,为全县国土资源管理使用提供了基础数据和技术支撑。

横式结构能够全方位的了解述职者的工作内容,具有直观性和丰富性的特点。

二是纵式结构。一般的年度述职、阶段性述职可采用纵式结构,按时间顺序分几个阶段陈述,也可以把某项工作或任务按进程分阶段说说,然后得出综合结论。这种结构对任职时间长、任期内的工作变动大的述职人最为有利。但运用这种结构,切忌把述职报告写成"流水账",同时也要注意各段落之间的过渡、连贯。如《市环境监测站纪检组长述职述廉报告》中述职者按照任务进程分别从"遵守廉洁自律规定""强化党风廉政建设监督责任""执行廉洁自律规定"等方面说明了自己一年来的工作业绩,最后得出了"能认真贯彻落实党风廉政建设有关要求"的结论。

主体写完后,一般要在述职报告的末尾有个明确结束语作为标志,既显示了自己对上级领导或下级群众的尊重,也在一定意义上表示了自己做好工作的愿望,如"以上述职,请予审查""以上报告,请批评指正""述职至此,谢谢大家"等。

5. 落款

在述职报告文本的最后写上述职者的职务、姓名、成文日期。如标题下已有署名,此处可略。

(四) 述职报告的写作要领与注意事项

1. 写作要领

(1)实事求是。述职报告要讲真话、讲实话、讲心里话,以诚感人。无论称职与否都要与事实相符。要正确处理个人与集体、主观与客观的关系,要分清功过是非。承担责任要恰如其分,既不争功,也不必揽过。

(2)内容要周详,述职报告要重点突出。在全面汇报任职期间所做各项工作的基础上,要突出任职期间的重大成绩和创造性业绩,以表明自己的能力和事业心。应当明确,述职报告必须围绕"职责"二字做文章。它的写作目的,不是评功摆好,而是为了说明是否称职。

(3)情理相宜、态度诚恳。写作述职报告之前,应对自己进行认真的全面的反思,并虚心听取群众的意见,弄清群众的不满和要求,对群众意见较大的问题尤其要如实阐述,以坦诚的胸怀,赢得群众的谅解和支持。接受群众的监督,也是写好"述职报告"的前提。

2. 注意事项

(1)突出特点。不同的岗位、不同的层次、不同行业的领导有不同的工作内容和方法,即使同一职务的领导也会因分工的不同有不同的工作重点,至于工作方法,就更是各具特色了。鉴于这种情况,述职者要突出自己工作的特点,显示自己的工作个性,尽量避免那种千部一腔、千人一面,没有特点没有个性的写法。

(2)抓住重点。不论是按工作内容分类,还是按时间顺序叙述,述职报告都不要事无巨细、面面俱到,否则,很容易写成一篇平淡冗长的流水账。要有意识地抓住核心问题,突出重要成绩,总结主要教训。凡重点部分,要写得详细、具体、充分、全面。次要部分,则可约略提及,一笔带过。

(3)虚实结合。"虚"指理论观点,方针政策;"实"指具体工作情况。述职报告应该以叙事为主,论理为辅,用叙议结合的方式来表达。既不能像大事记或记流水账那样就事论事,堆砌材料,也不能像理论文章一样,通篇理论阐述,缺乏事实根据。最好的方法是叙议结合,在事实的基础上加以概括总结,使理论与事实二者有机地结合起来。

(4)语言简练。述职报告的语言要精练,要尽量写短一些、精粹一些。述职报告的撰写需要一定的综合概括和文字表达能力,切忌数字化和概论化,也不必过于追求文字的华美。要尽量少用形容词和诸如"大体上""差不多"之类模棱两可的话。对情况的交代、过程的叙述以说明问题为宜,切忌冗长空泛,拖泥带水。

第四节　演讲与面试文书

对于刚毕业的学生来说,毕业后去公司面试常常会受到一定的阻碍或者困难,当然怎么样来应付这样的情况发生呢? 演讲的口才与自信以及面试文书的充分准备自然成为你的两大助手,当然还是需要很大一部分的技巧的。

一、演讲稿

演讲是在较为隆重的仪式或公开场合,凭借演讲者的语言、姿势、形象,表达个人的见解、观念和主张,对听众进行感情和思想的传递交流,从而影响和感召他们的一种社会活动。

演讲稿是为了演讲而准备的文字材料,又叫演讲词、讲话稿、讲演词。它是演讲内容的书面呈现,体现着演讲的目的和手段。广义的演讲稿包含了政治演讲稿、学术演讲稿、活动演讲稿、宗教演讲稿等各个类别。

学生在校期间和毕业后,会涉及大量演讲,撰写好演讲稿是能否做好演讲、提升表达能力的关键。对大学生来说,好的演讲和撰写优秀的演讲稿是进步的纽带和职业生涯的关键环节。

本节是在求职的背景下体现演讲稿的性质,因此将演讲稿的运用范围缩小到就业过程中的演讲环节。作为评判求职者能力的重要方式之一,演讲能快速集中地展现演讲者在思维反应、逻辑建构和语言表达上的能力,因而在当今社会的人才选拔和评价中得到了广泛的应用。

(一) 演讲稿的文体种类

1. 演讲稿的分类

(1) 即兴演讲稿

即兴演讲是演讲者在预先没有准备的情况下,通过短暂思考,临场发挥,从而展现其潜在能力的表达行为。这需要演讲者具备敏捷的思维力、丰富的想象力、大量的知识储备、得体的言谈举止以及合格的心理素质,是演讲中难度较高的一种形式。常见的类型有命题演讲、情景演讲、材料演讲、串词演讲等。这里的即兴演讲稿主要指演讲者在短时间内想法和构思的呈现。

(2) 竞聘演讲稿

竞聘演讲稿,又叫竞聘讲话稿、竞聘报告、竞聘演说词、竞聘书,是指竞聘者为了竞争岗位,在竞聘之前撰写的表述竞聘缘由、竞聘条件和优势、对竞聘职务的认识以及被聘任后的工作设想和打算的演讲文稿。竞聘演讲稿的目的是让竞聘者将自己的知识能力、才干品行充分地展现出来,从而赢得竞争优势。竞聘演讲稿的写作关系到竞聘成功与否,每一位竞聘者都要对此足够重视。

(3) 就职演讲稿

就职演讲稿是新当选或连任的政府首脑、地方长官以及企事业单位的领导就职时,针对如何处理国家、地方和部门的政务而发表的演说文稿。现如今,就职演讲已经成为就职者展现其管理素质和人格魅力的重要方式之一。

(4) 离任演讲稿

离任演讲稿是指在离开某个职责岗位时的讲话。离任演讲稿主要陈述自己离任时的态度、对上级安排的认可和对继任者的展望、对自己在履行某个或某些职责时的体会和感受,这是一种充满激情的、口播式的工作总结,也是一种比较特殊的述职报告。由于这类演讲稿是对自己履职情况的回顾展望,承载着很多的情感,往往有很多可圈可点之处。如曾任南通市市长的韩立明的离任演讲稿《毕竟南通不虚到》,就写得声情并茂,异常出众。

2. 各种演讲稿的区别

（1）即兴演讲稿与竞聘演讲稿的区别

① 准备时间不同

即兴演讲稿因其即时性的特征，准备时间非常短暂，演讲者只需简要写出与之相关的关键性语句用于演讲提示，其余全靠其临场发挥和快速反应。而竞聘演讲的时间一般会提前告知，有足够的时间进行撰写修改、斟酌字句，没有临场仓促构思的压力。

② 内容范围不同

虽然面试中的即兴演讲以及竞聘演讲都是为了竞争上岗，但二者的内容范围却不相同。竞聘演讲稿主要是围绕演讲者个人的基本情况、竞争优势、工作设想来展开。而即兴演讲的范围则包括面试者对指定题目发表看法，或者设置某一活动场景，按拟定人物身份进行演讲，或者将给定的词汇串联起来做自由演讲等。即兴演讲的内容和竞聘演讲有所重合，但开放性更大。

③ 作用表现不同

即兴演讲内容的开放性使得演讲者个人的能力，尤其是解决实际问题的真实能力可以得到更全面地展现，并且受面试时间的限制，一般控制在 3—4 分钟。这对演讲者的思维敏捷度、语言感染力提出了更高的要求。竞聘演讲主要作用是展示自我，强调与岗位的高匹配度，与即兴演讲相比对个人能力的考察较为单一，时间也略长，多在 10 分钟。

（2）竞聘演讲稿与就职演讲稿的区别

① 写作时间不同

竞聘演讲稿是为了得到某一职位而写的，形成于竞职之前；而就职演讲稿是在竞职成功后，就职之前写成的。

② 写作目的不同

竞聘演讲稿有着明确突出的目的，即通过演讲，竞聘者充分展示自己的才华与优势，向在场听众积极地推销自我，从而达到竞聘成功的目的。而就职演讲是就职者上任之前对工作提出展望和设想，表达自己当下对听众的谢意以及对未来的信心。就职演讲的目的是展示就职者的责任感和事业心，获取听众的信任和支持，给予激励和鼓舞人心的力量。

③ 写作对象不同

竞聘演讲稿的写作对象是由招聘单位的领导、部门负责人以及相关专家组成的评委会。竞聘者需要在规定的时间内尽可能地博取他们的好感与青睐，为自己赢得竞争增加胜算。而就职演讲时所要面临的对象是本单位的领导、同事。他们对演讲内容有一定的包容度，也会让就职者心理上更加从容。

④ 写作内容不同

竞聘演讲稿的竞争性决定了其内容要从各个方面突出竞聘者自身的竞争优势。竞聘者在演讲中论及自我的政治素质、业务水平以及工作能力时，要善于进行量化展示，对于自己的特殊经历和优势要特别强调，详细表述，增强演讲的感染力和说服力。在谈论到任职之后的构想时，要紧密联系自身，从实际出发，提出具体翔实、切实可行的工作措施，以此打动评委，增进认同感。

就职演讲稿的内容侧重于展望工作前景，显示个人才情，树立威信。就职者通过向听众阐述自己的任期目标、工作打算和措施，最大程度上获取听众的信任和支持。在演讲的最后,就职者要予以承诺、发出号召,增强凝聚力和感召力。

(二) 演讲稿的作用与特点

1. 即兴演讲稿

(1) 即兴演讲稿的作用

由于即兴演讲的思考写作时间较短,即兴演讲稿的作用表现在通过关键性的语句撰写对演讲者进行提示,帮助演讲者提供必要的演讲内容,理清演说层次,强化表达的逻辑性和流畅性。

(2) 即兴演讲稿的特点

① 简约性。即兴演讲稿受时间的制约,相较于其余类型的演讲稿,不需要呈现完整的演讲内容,也不必在意写作格式,只需层次鲜明地列出表现主题的语句即可,有着极强的简约性。

② 灵活性。由于即兴演讲稿只是演讲者在面试时的参考,因此演讲稿中的内容不一定会被一字不漏表达出来。此外,针对面试官对演讲所产生的各种反应,演讲者都要做好临场的反馈,灵活自主地即兴发挥,随时对演讲稿上的内容进行修改完善,从而达到更好的表达效果。总之,即兴演讲要有可伸缩的余地,体现演讲者必要的控场能力。

③ 口语性。即兴演讲稿主要是通过口头表达的形式出现。即兴演讲稿的言语表达应追求质朴、亲切感,切忌过于书面化的表达方式,否则会让人觉得生硬,有距离感,而且不宜让受众听清楚演讲内容。

2. 竞聘演讲稿

(1) 竞聘演讲稿的作用

竞聘演讲作为一种考察方式,不仅给在场听众提供了一个可以了解竞聘者的有效途径,并且能通过语言的表达整体上展现竞聘者的气质和风采。一份优秀的竞聘演讲稿可以通过精巧的构思、准确的语言将自己最强大的优势精简凝练地传达给评委,并得到认可乃至欣赏。

(2) 竞聘演讲稿的特点

① 竞争性。竞争性是竞聘演讲稿最突出的特性。竞聘演讲的过程实际上就是比较竞聘者的工作条件、工作思路孰优孰劣的过程。竞聘者除了要展示基本的素质条件之外,更重要的是要凸显出自己在工作设想上特有的、先进的、创造性的竞争优势。这是一篇竞聘演讲稿成功的关键因素。

② 实际性。竞聘演讲稿要充分地展示竞聘者对未来职位的工作设想过程。在论及竞聘职位的工作内容和方法时,竞聘者需要在前期调查研究的基础上,提出具有实际操作性的工作构想,否则就是空话、套话,无益于解决实际问题。

③ 客观性。竞聘演讲稿要求竞聘者极大地突出自己各方面的优势,但在具体的撰写过程中也要注重对自我评价的客观性。在通过一些具有细节的例子进行论证的同时,材料要真实,不虚构,合情合理,真诚地展示自己的个性。

3. 就职演讲稿

(1) 就职演讲稿的作用

就职演讲稿的作用在于就职者向公众明确工作计划,并以此进行自我约束,提高自身素质。就职者通过演讲也能够和领导、同事有所交流,树立自己的工作威信。

（2）就职演讲稿的特点

① 针对性。就职演讲稿的撰写需要就职者关注本单位的实际情况，对岗位形成深刻的认识。只有针对现实中最需要解决的问题提出系统、科学的工作思路，才能更好地获取听众的认同感和支持。

② 真诚性。作为即将上任的就职者，就职演讲稿不需要用夸张浮华的语言来粉饰自己，以此哗众取宠。就职演讲稿要实事求是，给人以真实感。演讲者要用真挚诚恳的感情表达自己对工作的想法，以感染听众达到共鸣的效果。

4. 离任演讲稿

（1）离任演讲稿的作用

领导干部调离现任岗位或者退休离岗，面对朝夕相处的同事需要进行话别演讲。作为任某职期间的最后一次公开交流，领导干部可以在离任演讲稿中对工作进行总结回顾，表达自己对领导、同事、群众的感谢以及对工作的眷恋和祝愿之情，从而为自己的任职生涯画上一个圆满的句号。

（2）离任演讲稿的特点

① 直接性。离任演讲稿的直接性体现在以下两点：一是领导者在面对工作和人际交往中难免有过的失误和误会要认真总结，诚恳地进行自我批评，消除误会，表现出坦荡的心胸。二是领导者可以根据自己的经验和见解，直截了当地指出同事的不足之处，并对以后工作的开展提出中肯的建议。这样直接而真诚地相告会让大家易于理解和接受，同时也显得更加珍贵。

② 情意性。在离任的特定场景下，演讲中除了要回顾工作经历，更多的是对往事的回忆和感慨，对身边人的感谢以及依恋。在这样一种心情的触发下，演讲者的言语必然带有强烈的情意性。因此离任演讲稿需要注意真情实感的表达，以情感人，引发大家的共鸣。

（三）演讲稿的格式与写法

1. 即兴演讲稿的格式与写法

即兴演讲稿没有固定的格式和写法，这里介绍的是快速组织和搭建即兴演讲稿主体框架的方法。

和大多数演讲稿一样，即兴演讲稿一般由标题、开头、主体和结尾四部分组成。

（1）标题

常见的即兴演讲题型就是主题演讲和情景演讲。主题演讲，即演讲者根据指定题目谈谈自己的看法。情景演讲则是处于规定的场景或者面对指定资料，演讲者自己提炼出演讲的中心观点，直抒胸臆或是发出号召，以此作为演讲的标题。

（2）开头

开头又叫开场白，新颖独特的开头能瞬间吸引听众的注意力、调动起他们的情绪，为接下来的演讲作更好的铺垫。常见的开头方法有开门见山、制造悬念、解释题目等等。

例如在《下一个》演讲稿中以结合故事的开篇方式开门见山，言简意赅，直截了当地点明了演讲的主题：

> 当球王贝利踢进一千个球时，有位记者问他，"哪一个最精彩？"贝利回答说："下一个！"努力追求"下一个"，是优秀运动员和各行各业先进人物的共同品格。

又比如在以时间为主题的演讲开头这样讲道：

> 大家看我手中拿的是什么？是一片落叶吗？不错。然而仅仅是一片落叶吗？不，它是穿过时空隧道的过客，是一叶凝聚的时间，是一首哀叹时间一去不回头的诗。我们读它，仿佛是在与那来去无踪的时间对话。从这里，我们看到了时间的力量和冷峻。绿叶婆娑，那是时间的恩典。黄叶飘零，那是时间的摧残。面对它，我们还有什么理由不加倍珍惜时间呢？

这个提问式开篇由物而发，一开始就抛出"这仅仅是一片落叶吗?"的疑问成功地吸引了听众的注意力，进而导向时间的主题，颇有新意。

（3）主体

要在较短的时间内快速构思演讲内容是有一定的挑战性的，很多演讲者因为紧张往往会觉得无话可说。这里介绍一个"三式"框架法，用来快速构思成篇。

一是讲"三个"层次，即我们常说的"是什么""为什么""怎么做"这三个解决问题的步骤。在具体演讲时，这个模式可以为演讲者提供思考路径，明晰演讲层次，不至于思维混乱、毫无头绪。

二是提"三个"时间，即现在、过去和将来。在公司联欢会、同学会、颁奖会等规定场景中，演讲者按拟定身份做即兴发言，可以通过"感谢现在""回顾过去""展望将来"的思路构想发言内容，言之有物地发表感想。

三是用"三个"法则。根据演讲主题，可以讲"三个"问题。每个问题可以讲"三个"方面。每个观点可以有"三个"论据。这里并不是说要将"三个"法则层层运用于整篇即兴演讲稿中，而是考虑到时间限制，演讲者立时无法将问题考虑得面面俱到。在演讲时适当地用"三个"法则展开话题，例如"我给大家讲三个故事""我从三个方面谈谈自己的看法""我们目前有三个急需解决的问题"等，有利于演讲者打开思路，展现逻辑思维能力，使演讲内容不单一，更富于整体感。

（4）结尾

结尾没有固定的格式，演讲者可以对演讲内容进行简短的小结。最好能在听众兴趣到高潮的时候果断结尾，给听众以思考和回味，从而留下深刻的印象。

2. 竞聘演讲稿的格式与写法

竞聘演讲稿一般由标题、称谓、开头、主体、结尾和落款六部分组成。

（1）标题

标题的写法有三种。一是文种标题法，只写"竞聘演讲稿""竞聘演讲词"；二是公文标题法，即由竞聘职位和文种构成的标题，如《关于竞聘××公司××部门经理的演讲》；三是文章标题法，即用醒目、鲜明的标题高度概括演讲的内容，可以采用单行标题的形式，也可以用正副标题进行拟制。如《在平凡的岗位上，做不平凡的工作》《新起点，新贡献——竞选××办公室主任职位的演讲》。

（2）称谓

即对评委或听众的称呼，一般用"各位评委""各位听众""尊敬的各位领导、同志们"这样的口语化表述即可，竞聘演讲稿的称谓要得体、谦虚、周全。

（3）开头

竞聘演讲稿的开头应写的自然真切，营造友善、和谐的氛围。如用"感谢给我这样的机会参加竞聘""恳请各位评委、同志们指教"等礼节性致谢词表达自己真挚的谢意，从而导入正题，接下来再对内容进行展开。

（4）主体

主体是竞聘演讲稿的重点和核心部分，一般围绕个人情况介绍、竞聘优势条件、对岗位的设想和打算这三个方面进行组织。

① 个人情况介绍。向评委和听众介绍自己的姓名、学历、职务和经历等，表明自己的竞争职位，让评委对演讲者有初步的了解。

② 竞聘优势条件。竞聘的优势主要包括竞聘者的特长、工作能力以及学识素养等各方面的条件。在阐述竞聘的优势时要重点强调自己和竞聘岗位相关的业务能力，做到实事求是、有的放矢。在介绍自己的工作能力时，可以选取典型事例和数据加以印证，体现自己的独到之处，让听众认识到自己确实适合这份工作并具备不断发展的潜力。

③ 对岗位的设想和打算。竞聘者预先要了解竞争岗位的情况，明确岗位职责，提出工作设想和打算。这部分要着重突出岗位工作的焦点和难点，用简明扼要的语言表明自己的工作目标，并有切实可行的措施进行保证。

如在《关于竞争审计厅办公室副主任的演讲》的主体部分中，演讲者在表述了自己的基本情况和竞争优势后，阐述了对今后工作的打算和设想，主要内容如下：

> 第一，提高人员素质是提高工作效率和工作质量的保证。我将保证在办公室各方面工作协调运转的情况下，采取各种形式，定期培训各个岗位上的工作人员，有计划地使工作质量和效益稳步提高。
>
> 第二，协助领导抓好全省审计项目计划管理工作。一是在厅党组的领导下，协助主任紧紧围绕党和政府的中心工作和审计署部署的工作，结合我省经济发展的实际，制定年度审计项目计划。二是协助分管厅领导健全和完善全省审计项目计划的检查考核制度，以保障国家宏观调控政策的贯彻执行，准确、及时、完整地反映审计工作成果，为领导宏观决策提供依据。
>
> 第三，财务工作要注重开源节流，要在职权范围内处理和协调好厅内外、上下级等各种关系，树立为审计业务、为全厅职工服务的思想，协助主任为领导和全厅职工当好家理好财，以管好为手段、用活为目的，把有限的资金用到更需要的地方。

文章在工作设想部分详细阐述了作为办公室副主任的三项工作设想，特别是在财务管理和计划工作方面的实绩，具体实在，可以看出竞聘者对岗位了解的深刻。

（5）结尾

结尾是主体内容的自然延伸，好的结尾应写得精练、简洁、有力。常见的结尾方式主要有两种。

一是表明自己竞聘的决心和信心，恳请评委能考虑自己的愿望，希望大家能予以支持。如《关于竞聘科技部总经理的演讲》的结尾：

同志们，面对浩瀚的蓝天，雄鹰选择了奋飞；面对汹涌的巨浪，水手选择了搏击；面对至爱的事业，我选择了拼搏和创新！我相信，有了大家的信任、支持和帮助，有了大家的执着和努力，我们定能发挥科技部的巨大作用，用科技为金融安全保驾护航，在不断发展的壮丽画卷上留下最绚烂的一笔，让我们带着这个美好的愿望一起上路吧！我的演讲完毕，谢谢大家！

二是表明自己的竞选态度，坦诚表达此次竞选的感受，真诚答谢听众。例如《竞选××统计局办公室副主任职位的演讲》的结尾：

"好风凭借力，送我上青云"，我愿借这次竞聘的东风，扬起达到胜利彼岸的风帆，但我又深深知道，竞争就会有风险，如果我不能被聘用，我将保持一颗平常心，一如既往，干好本职工作，对于我衷心热爱的统计事业，千磨万击终无悔，献身何惜人憔悴。谢谢大家！

演讲的最后以"千磨万击终无悔，献身何惜人憔悴"作结尾，卒章显志，意蕴言中，会给评委和听众留下深刻的印象。

（6）落款

正文右下方写竞聘者的姓名和日期，但在演讲时不必说出。

竞聘演讲稿和就职演讲稿、离任演讲稿的写作格式类似，考虑到大学生的实际需求，这里只介绍即兴演讲稿和竞聘演讲稿的写法，就职演讲稿、离任演讲稿从略。

（四）演讲稿的注意事项

1. 即兴演讲稿的注意事项

（1）主题鲜明，符合语境。在面对情景演讲时，演讲者应紧扣主题，迅速组织语言，把演讲的重点放在符合情景上。比如在公司的周年庆典上，你要代表你们部门的员工进行发言。这就需要演讲者结合部门的实际情况和周年庆的具体情境组织自己的演讲稿。

（2）逻辑清晰，思维发散。即兴演讲的开放性高，是对演讲者自身思维深度和敏捷度的一项直接考察。演讲者在组织演讲内容时一定要注重逻辑性和条理性，让听众能清楚快速地了解你的演讲内容。

（3）语言简洁，随机应变。即兴演讲的时间有限，这对演讲者的语言表达提出了很高的要求。演讲者要把握住这样一个展现自己的机会，尽可能地用简练有力的语言把自己的想法表达出来，可以使用古诗名句、切中时代利弊的新词，吸引听众。同时注意调整语速，随机应变，临场发挥。

2. 竞聘演讲稿的注意事项

（1）注重前期调查，有的放矢。竞聘者在撰写演讲稿之前，要深入细致地了解就职岗位的焦点、难点问题及根本原因，以便在演讲时能直截了当地讲出解决方案，使内容更具针对性。

（2）强调实事求是，感情真挚。对于竞聘的优势，演讲人的例证应做到实事求是，有一说一，不要过分地抬高自己，也不要空许承诺，言不由衷。竞聘演讲要让人感到诚实可信，就需要演讲人的感情表达特别真挚诚恳。只有这样才能产生一种入心的情感，引起听众的共鸣。

（3）语言通俗生动，富于变化。竞聘演讲稿的语言应通俗易懂，平实质朴。行文时避免平铺直叙，多注意使用设问、比喻等修辞手法，这样不仅显得演讲内容有张有弛，富于变化，也能够更好地把握演讲节奏，增强语言表达效果。

例文：《谋长远，抓服务，开新业——竞争省检察院政治部办公室主任职位的演讲》《蔡元培就任北京大学校长之演说》（见章末二维码）

二、面试文书

面试是大学生求职过程中的重要环节。在面试过程中，求职者不可避免地会接触到不同类型的面试文书。提前了解这些文书的形制和特点可以帮助学生更直观地认识到面试的流程和注意事项，为准备面试提供一定的参考。同时，了解面试环节及评价标准，也可以让我们更好地为面试做出相应的准备。

（一）面试文书的性质与种类

1. 面试文书的性质

面试是用人单位通过与应聘对象直接见面、谈话的方式考察应聘对象深层次能力的评定方法。面试文书就是在面试环节的人才联系、评估考核等过程中所出现或使用的各种书面文字材料的总称。

2. 面试文书的种类

（1）面试通知单（书）。指用人单位通知初试合格的求职者进入面试环节并在规定时间、规定场合按照规定要求参加面试时使用的文书。

（2）面试提纲。面试提纲是事先拟定的以工作岗位要求为中心的面试提问大纲。面试官可以通过面试提纲的精心设计，获得更多与求职者有关的有效信息。

（3）面试成绩通知（告知）单。指招聘单位综合评定出每位面试官对面试者的评比分数之后，给予面试者的成绩结果通知书。

（4）录用通知单（书）。指用人单位告知求职者被录用事项的文书。录用通知书也常常用作给面试合格者的报到通知书。

（5）辞退（谢）通知单（书）。指用人单位告知求职者不予录用，对求职者参与招考过程表示感谢的通知。

（二）面试文书的作用与特点

1. 面试文书的作用

（1）沟通作用

面试文书是维系面试官、面试者以及招聘单位的桥梁和纽带。通知单（书）可以起到一般性的知照作用，面试提纲则保证了面试信息沟通的顺畅，提高了面试管理效率。

（2）凭据作用

面试文书反映了面试过程中的真实情况，面试成绩通知（告知）单、面试通知单（书）和录用通知单（书）一方面可以证明面试者的资格和才能，一方面也是面试双方交流的有效凭据。

（3）参考作用

作为招聘工作的重要环节，面试文书是不可或缺的参考资料。每一次的面试工作总结以及日后与面试相关工作的开展都需要面试文书作为基础支撑。其中,录用成绩通知(告知)单、录用通知单(书)等也是比较重要的档案资料。

2. 面试文书的特点

(1) 语言的简明性

无论是面试前后使用的通知单(书)还是面试中的面试提纲,面试文书的语言都讲究简洁明确,没有歧义。通知单(书)中需要写清时间地点等注意事项,面试提纲里要简明扼要地写明面试考察的问题和侧重点。面试文书常常要从法律的角度提出明确的认定要求和文字提醒。这些都是面试文书发挥作用的基础和前提。

(2) 格式的灵活性

相较于法定的应用文书,面试文书的格式相对灵活。例如对面试提纲的制定,每个招聘单位可以根据招聘的能力要求和岗位匹配设计格式,不必千篇一律。

(3) 制发的限定性

面试文书是在紧凑的面试环节中用于招聘管理的文书,对时限的要求较高。例如面试通知单(书)就必须要在面试开始之前送达,否则就无法正常开展后续的面试工作,而面试成绩通知(告知)书常需要在面试现场出具,以体现面试的公平公正性。

(三) 面试文书的格式与写法

1. 面试通知单(书)、面试成绩通知(告知)单、录用通知单(书)、辞退(谢)通知单(书)的写法与格式

各类通知单(书)一般由标题、称谓、正文、落款四部分组成。

(1) 标题

面试通知单(书)标题一般有两种写法。一是直接以文种"面试通知单(书)"作为标题;二是由招聘事由和文种构成,如《××年××企业招引急需紧缺专业人才面试通知单》《××市××年选拔普通高校毕业生到基层小学岗位面试通知单》。

录用通知单(书)、面试成绩通知(告知)单和辞退(谢)通知单(书)一般直接以文种作为标题,或者由招聘单位和文种一起构成标题,如《××公司录用通知书》《××年××市公开招聘高中教师面试成绩通知单》。

(2) 称谓

面试通知单(书)、录用通知单(书)、辞退(谢)通知单(书)对面试者一般以"××先生/女士"或"××同志"进行称呼。

面试成绩通知(告知)单因涉及面试的公平性,一般以"××号考生"称呼。

(3) 正文

面试通知单(书)的正文没有统一的写法,可以采用分条列项的文章式写法,也可以采用表格式的形制,一目了然。面试通知单(书)的正文主要包括面试时间、地点、联系方式以及相关注意事项等。部分面试通知单(书)里还会在开头表达"恭喜您通过笔试环节,现您应聘的职位已初步通过资格复审。"或者"感谢您应聘本公司××职位,您的学识、经历给我们留下了良好的印象。"这样祝贺和感谢面试者的话。

录用通知单(书)正文所包含的要素,包括:录用职位、薪酬福利、报到时间、地点、需要携带的个人资料、相关注意事项等内容。

辞退(谢)通知单(书)的正文主要表达感谢、辞退原因、祝福这三部分内容,篇幅短小。

面试成绩通知(告知)单的正文比较简单,一般直接写明考生面试成绩即可。

(4) 落款

落款一般为发送的单位名称和成文日期。有的面试成绩通知(告知)单中的落款也可以是主考官、监督员的姓名(签名)和成文日期。

2. 面试提纲的格式和写法

(1) 标题

面试提纲的标题一般以"事项＋文种"方式呈现。例如《××年××企业招聘工作人员面试提纲》。

(2) 导入语

面试导入语并不是面试提纲的书面必备要素。面试官会在面试刚开始向面试者介绍此次面试的目的、面试安排是怎样的,让面试双方相互了解,彼此熟悉。常用面试提纲需要在向面试人员表示感谢后说清楚本次面试的题目数量、题型、面试时长、答题时的注意事项、对面试者答题的希望和要求等。例如这样的开场导入语:

> ××号考生,你好! 我是负责此次面试的招聘专员。首先,恭喜你顺利通过笔试进入了面试。在此次面试中,我会向你询问一些关于工作学习的具体问题。在回答问题之前,你可以稍微思考一下再作答,希望你不要紧张,尽可能详细具体地表达你的真实感受。你准备好了吗? 现在我们开始……

再比如,在结构化面试过程中,面试考官常常还会将面试题目的数量、作答要求等作为导入语。如:

> ××号考生,你好! 欢迎参加今天的面试。本次面试共 4 个题目,20 分钟。20 分钟包括阅读题本、思考和作答时间。回答问题前,你可以进行简单的思考。你可以思考一题回答一题,也可以思考完毕一起作答。回答问题时请不要紧张,尽可能表达你的真实感受。现在我们开始……

面试官用这样轻松友好的语言开场,有利于拉近双方的距离,减少面试者的紧张情绪,使应试者渐入佳境。

面试除采用结构化外,还有无领导小组讨论考核方法。近年来比较流行的一种结构化小组面试形式,要求参考人员对导入语高度关注,考官会在不同阶段使用不同的导入语,如果参加面试的人员稍不留意,就会答非所问,丢失机会。结构化小组面试法是将结构化面试与无领导小组讨论结合使用的一种方法。一般面试前会对考生进行抽签分组,每组 3 人(考友 A、考友 B、考友 C),3 人提前 15 分钟(或 20 分钟)进入候考室,在候考室每人有一份结构化小组面试题本和准备用纸,考生可以在准备用纸上做好适当记录。进入考场后,首先是轮流作答环节,A、B、C 考友分别按照 1、2、3、2、3、1、3、1、2 的顺序轮流作答,每道题一般答题时间为 2 分钟。答题完毕,考官会引导参考人员进入第二个环节,即互评环节。互评环节一般分为点评与回应两个部分。点评环节顺序是:A 考友点评 B、C 两位考友的作答情况,B 考友点评 A、C 考友的作答情况,C 考友点评 A、B 考友的作答情况。点评时间一般为 2 分钟/人,三位考生点评每人用时4分钟。每位考生点评结束后,另外两位考友对点评分别进行回应,回应时间一般为2分钟/人。根据实际情况,每组也可以由4人或2人组成。结构化小组面试法是一种省时、便于区分、要求较高的面试方法。要求参与考试的人员沉着、冷静,仔细听取考官的引导语。

(3)主体

面试试题是面试提纲的主要内容,每道试题都会对相应的测评要素进行说明。这样能更好地考察面试者是否拥有就职岗位所需要的相关能力。面试试题的提问分为两种。

一是面试官严格按照面试试题逐一进行提问。这样的试题往往是根据考察的能力要素进行设计,每道试题后还会有相应的测评要素和参考要点进行解析说明。例如2014年2月国家公务员考试中对外联络部、中国贸促会、三北防护林建设中的面试题。

题目:古城区直接进行拆除、改建绿地和公园,有的人叫好,说有利于城市绿化面积扩大,也有人反对,说老城区有其历史文化意义。你怎么看?

测评要素:综合分析能力

参考要点:① 辩证看待古城区直接拆除、改建绿地和公园的做法。② 分析古城区拆除的必要性和合理性。古城区占地大、城市绿地和公园有利于改善城市居民的生活环境。③ 分析古城区拆除需要注意的问题,比如避免盲目大拆大建、对古城区的开发和改造要合理合法等。④ 政府要权衡利弊,切实处理好历史文化资源保护和城市宜居环境建设的问题。⑤ 其他合情合理回答。

二是面试官根据现场面试者的回答随机提问。这样的问题设计往往遵循由浅到深,由易到难的规律。面试者可以通过前期的回答慢慢调整好状态,在回答比较复杂的问题时能更好地思考,发挥出自己的正常水平。下面列举一些常见的面试问题。

① 了解面试者的基本信息:

请用三分钟简单介绍一下你自己。

你有哪些业余爱好?

② 了解面试者的应聘动机和职业规划:

我们公司的哪些东西吸引了你前来应聘呢?

你是应届毕业生,缺乏经验,如何能胜任这份工作?

③ 了解面试者的道德素质和品行:

你遇到的最大挫折和获得的最大成就是什么?

你怎么评价自己的责任心? 请举一个具体的例子说明一下。

(4)结束语

面试官的结束语轻松自然,可以询问面试者是否需要对之前的作答进行补充或者对企业有无要了解的问题,让面试者能把握机会,弥补缺憾,展现更多的个性特质,但面试官也要注意不能流露出个人的态度倾向。

3. 面试成绩评分表的格式与写法

(1)面试成绩评分表的写法

面试成绩评分表主要包括以下几个要素。

① 面试者的考号、性别、年龄、报考的职位等个人信息；

② 面试的考核要素；

③ 面试的评价标准和等级；

④ 面试的录用建议或决定；

⑤ 面试官的署名、日期等。

（2）面试成绩评分表的格式

① 问卷式面试成绩评分表。这是将针对面试者的考察项目用问卷的形式列举出来，面试官根据面试者的表现在对应的行为特征后进行等级评定。如表 7 - 1 所示。

表 7 - 1 问卷式面试成绩评分表

考号		姓名		性别		报考职位			
考官注意：请根据求职者的答题情况，用打√的方式选择一项评分等级。									
序号		评分项目					评分等级		
1		求职者的仪表和姿态是否符合职位要求？					好	中	差
2		求职者的专业特长是否符合职位要求？					好	中	差
3		求职者的综合分析能力如何？					好	中	差
………									
综合评语及录用建议： 考官签字： 日期：									

② 等级标准面试成绩评分表。即按照考察要求列出考察要素，如"专业知识""实践经验""举止仪表""思维应变""语言表达"等。每一考察要素有若干标准等级，面试官依此进行等级评定。如表 7 - 2 所示。

表 7 - 2 等级标准面试成绩评分表

考号				报考职位				
面试要素		专业知识	实践经验	创造创新	语言表达	思维应变	工作动机	举止仪表
权重		20	20	15	15	10	10	10
考察要点								
评分标准	好							
	中							
	差							
要素得分								
考官评语								
						考官签字： 日期：		

（四）面试文书的注意事项

1. 面试通知单（书）、面试成绩通知（告知）单、录用通知单（书）和辞谢通知单（书）的注意事项

（1）面试通知单（书）、面试成绩通知（告知）单和录用通知单（书）往往一式两联，一份交给面试者，一份在用人单位处留好存根。

（2）通知单（书）的撰写语言应准确严谨，语意肯定，但也要注意体现用人单位的和谐友善，避免语气的生硬。

2. 面试提纲的注意事项

（1）结合岗位设计题型。面试试题一般以包括综合分析能力、逻辑思维和语言表达的一般能力、计划组织决策沟通的领导能力、人际沟通协调能力、突发状况的应变处置能力、气质情绪爱好等个性特征这几个方面的能力作为测评要素。题型分为简答题、案例分析题、情景模拟题、即兴演讲题等。设计面试试题时要根据任职岗位的测评要素选择恰当的题型，使考核更具针对性。

（2）全面考虑考核要素。在设计面试试题时要综合考虑考核要素的平衡，包括题目的难度，答题时间、分值权重分配的合理性等。任何一个要素都将会影响面试提纲的内在协调性，从而改变了试题的整体质量和效果。

3. 面试成绩评定表拟制的注意事项

（1）格式规范，突出重点。面试成绩评定表的栏目设置要合理，便于填写，必要的信息要素要包含。重点测试的面试要素，即对面试者的主要素质要求要在评定表中凸显出来。

（2）标准统一，量化评定。面试虽然没有固定标准的答案，但在设计面试成绩评定表时需要对面试的测评要素统一评分标准。如将评分标准划分为好、中、差三个等级，或者确定每个标准的分数值范围，按优良等级赋值。这样能够将面试者的表现进行量化，减少评分的主观随意性。

例文阅读:《××公司面试通知单》《××公司录用通知单》《辞谢通知单》(见章末二维码)

【微信扫码】
学习辅助资源

参考文献

[1]［美］威廉·W·韦斯特. 提高写作技能［M］. 章熊、章学淳译, 福州: 福建教育出版社, 1984(9).

[2] 陈一收. 大型活动公关［M］. 北京: 北京大学出版社, 2010(5).

[3] 周国兴、朱萍. 参与式应用文写作教程［M］. 杭州: 浙江大学出版社, 2010(8).

[4] 王云奇. 会议文书写作规范与实用例文全书［M］. 北京: 中国纺织出版社, 2011(1).

[5]［英］格里瑟姆. 本科毕业论文写作技巧［M］. 王灵芝译, 大连: 东北财经大学出版社, 2011(3).

[6] 丁晓昌、冒志祥、胡元德. 新编应用写作学［M］. 南京: 南京师范大学出版社, 2013(4).

[7] 武斌. 新闻写作案例教程——范例思路与技巧［M］. 北京: 广东南方日报出版社, 2014(2).

[8] 韦红宁、庄小彤. 商务文案写作实训教程［M］. 北京: 北京交通大学出版社, 2014(3).

[9] 孙洁. 毕业论文写作与规范［M］. 北京: 高等教育出版社, 2014(11).

[10] 邓云川. 新编应用文项目实训写作［M］. 北京: 中国人民大学出版社, 2015(4).

[11] 武丽志、陈小兰. 毕业论文写作与答辩［M］. 北京: 高等教育出版社, 2015(4).

[12] 金岩. 实用文案语活动策划［M］. 北京: 中华工商联合出版社, 2016(4).

[13] 杨文丰. 实用经济文书写作(第五版)［M］. 北京: 中国人民大学出版社, 2016(9).

[14] 胡小英. 新闻传媒写作精要与范例实用大全［M］. 北京: 中华工商联合出版社, 2017(1).

[15] 陈晓兰. 新编财经应用文写作［M］. 上海: 上海交通大学出版社, 2017(1).

[16] 卢长宝. 项目策划［M］. 北京: 电子工业出版社, 2017(7).

[17] 庄庆威. 金牌文案: 文案策划与活动执行［M］. 北京: 清华大学出版社, 2017(9).

[18] 叶龙. 活动策划与执行大全: 文案创意 执行步骤 技巧案例(新媒体版)［M］. 北京: 清华大学出版社, 2018(4).

[19] 柳宏、冒志祥. 秘书写作［M］. 北京: 高等教育出版社, 2018(9).

[20] 丁柏铨. 新闻采访与写作［M］. 北京: 高等教育出版社, 2019(1).

后 记

本书是教学改革实践的结晶。

南京工程学院教授、南京工业大学浦江学院公益慈善管理学院副院长严蓓蓓老师高瞻远瞩,力推教学改革,希望以教改为抓手,不断提升应用型专业大学生的综合素质和全面能力。教改的实践需要有配套的教材,于是,"高等学校应用型系列规划教材"的编写应运而生。

2018 年 6 月的一天,严蓓蓓副院长与陈露、庄怀芹一起来南京师大南大楼找到我,希望编写一本适合高等学校应用型专业教学需要的《应用写作》教材,于是,我们一拍即合,当即根据教学改革的思路设计了编写《大学应用写作教程》的提纲,是为本书编写的椎轮大辂。

应用写作教材可谓汗牛充栋,如何让《大学应用写作教程》适合应用型专业的教学实际,我们商讨的思路大致如下。一是遵循渐进式教学实践的需要,尽可能呈现应用型专业大学生需要了解的应用写作知识体系,注重做好应用型专业大学生的"两个转型":从高中生向应用型专业大学生的转型,从大学生到社会工作者的转型。以衔接推动教改,以转型促进发展,全面提升应用型专业大学生的沟通协调和表达能力,更好地为应用型专业大学生的全面发展提质升级;二是采取专题式编写方法,各章节既强调规范要求,也允许个性展现,更好地适应教学需要;三是根据培养目标和能力提升需求,对内容进行适应性增减,有些章节可以辅助图表帮助理解知识点。据此,除绪论外,设置了六个专题,分别是管理专题、策划专题、会务专题、信息与经济专题、学年与毕业论文(设计)专题、求职专题。全书本着能力培养渐进式的要求安排章节,适度弱化党政机关公文,适应项目管理的需要,增加策划专题,同时,根据应用型专业培养的目标,专设学年论文(设计)和毕业论文(设计)章节。

本书是集体智慧的结晶。

作为"高等学校应用型系列规划教材"的组成部分,本书开始设计章节时,严院长、我、陈露、庄怀芹就根据应用型专业教学实际,综合考量,后对各个章节的内容组成和写作要求反复商量。在写作过程中,各位编写者也及时与我沟通,根据写作实际提出写作建议。本书各章节具体分工如下。

第一章:冒志祥(南京师范大学)

第二章:庄怀芹(江苏第二师范学院)

第三章第一节、第四章、第七章第二节:陈露(南京工业大学浦江学院)

第三章第二节、第四节:端传妹(南京师范大学)

第三章第三节、第五章第三节:杨奇维(南京工业大学浦江学院)

第五章第一节、第二节、第四节:郝学华(聊城大学)

第六章:肖虹(常熟理工学院)

第七章第一节、第三节:庞东霞(安徽工业大学)

第七章第四节:庄亦男(南京师范大学)

全书由主编和副主编统稿。

曾记得,严院长、我、陈露、庄怀芹多次在茶社对初稿进行审读,提出修改意见,并各司其职,联系老师们进行调整的情景。

曾记得,2019年4月底的一天,严院长、我、陈露、庄怀芹、杨奇维,从下午4时到第二天凌晨2时,对稿件再次审读的情景。

曾记得,每位老师将初稿发给我时,对行文、格式、例文等如何调整,我在"写作群"里反复叨扰各位老师的情景。

……

本书是各位老师共同努力的结晶。

在各章的编写中,各位编写者力图深刻理解编写的目的和宗旨,尽可能考虑到本书作为"高等学校应用型系列规划教材"的定位,多次对章节内容进行取舍,为了适应教材定位,各位编写者不得不对自己熟悉、拿手的得意之笔进行砍削,尽可能从教学实际出发。尽管有些章节与初步设想还有某些距离,但在这么短的时间内,大家都尽力了。尤其是策划章节的内容,端传妹、杨奇维两位老师结合课堂教学,付出了很大努力。在此,希望我们的教材能对应用型高等学校大学生的能力提升有所帮助。

感谢严院长的支持!

感谢责任编辑徐媛为此付出的努力!

感谢各位同仁的帮助、协助!

感谢各位同道对教材的包容和宽待!

冒志祥　己亥年农历五月辛卯日